親切的、活潑的、趣味的、致用的

實用歷史叢書

遠流出版公司

千古大變局

影響近代中國的十一個關鍵人物

作　　者——曾紀鑫
主　　編——游奇惠
責任編輯——陳穗錚
發 行 人——王榮文
出版發行——遠流出版事業股份有限公司
臺北市10084南昌路2段81號6樓
電話／2392-6899 傳真／2392-6658
郵撥／0189456-1
法律顧問——董安丹律師
著作權顧問——蕭雄淋律師
2009年7月1日　初版一刷
2012年3月16日　初版二刷
行政院新聞局局版臺業字第1295號
售價新台幣 380 元（缺頁或破損的書，請寄回更換）

ISBN 978-957-32-6488-0
YLib 遠流博識網
http://www.ylib.com　　E-mail:ylib@ylib.com

實用歷史叢書

千古大變局

影響近代中國的十一個關鍵人物

《實用歷史叢書》

出版緣起

王榮文

‧歷史就是大個案

《實用歷史叢書》的基本概念，就是想把人類歷史當做一個（或無數個）大個案來看待。本來，「個案研究方法」的精神，正是因為相信「智慧不可歸納條陳」，所以要學習者親自接近事實，自行尋找「經驗的教訓」。

經驗到底是教訓還是限制？歷史究竟是啟蒙還是成見？——或者說，歷史經驗有什麼用？可不可用？——一直也就是聚訟紛紜的大疑問，但在我們的「個案」概念下，叢書名稱中的「歷史」，與蘭克（Ranke）名言「歷史學家除了描寫事實『一如其發生之情況』外，再無其他目標」中所指的史學研究活動，大抵是不相涉的。在這裡，我們更接近於把歷史當做人間社會情境體悟的材料，或者說，我們把歷史（或某一組歷史陳述）當做「媒介」。

・從過去了解現在

為什麼要這樣做？因為我們對一切歷史情境（milieu）感到好奇，我們想浸淫在某個時代的思考環境來體會另一個人的限制與突破，因而對現時世界有一種新的想像。

通過了解歷史人物的處境與方案，我們找到了另一種智力上的樂趣，也許化做通俗的例子我們可以問：「如果拿破崙擔任遠東百貨公司總經理，他會怎麼做？」或「如果諸葛亮主持自立報系，他會和兩大報紙持哪一種和與戰的關係？」

從過去了解現在，我們並不真正尋找「重複的歷史」，我們也不尋找絕對的或相對的情境近似性。「歷史個案」的概念，比較接近情境的演練，因為一個成熟的思考者預先暴露在眾多的「經驗」裡，自行發展出一組對應的策略，因而就有了「教育」的功能。

・從現在了解過去

就像費夫爾（L. Febvre）說的，歷史其實是根據活人的需要向死人索求答案，在歷史理解中，現在與過去一向是糾纏不清的。

在這一個圍城之日，史家陳寅恪在倉皇逃死之際，取一巾箱坊本《建炎以來繫年要錄》，抱持誦讀，讀到汴京圍困屈降諸卷，淪城之日，謠言與烽火同時流竄；陳氏取當日身歷目睹之事與史實印證，不覺汗流浹背，覺得生平讀史從無如此親切有味之快感。

觀察並分析我們「現在的景觀」，正是提供我們一種了解過去的視野。歷史做為一種智性活動，也在這裡得到新的可能和活力。

如果我們在新的現時經驗中，取得新的了解過去的基礎，像一位作家寫《商用廿五史》，用企業組織的經驗，重新理解每一個朝代「經營組織」（即朝廷）的任務、使命、環境與對策，竟然就呈現一個新的景觀，證明這條路另有強大的生命力。

我們刻意選擇了《實用歷史叢書》的路，正是因為我們感覺到它的潛力。我們知道，標新並不見得有力量，然而立異卻不見得沒收穫；刻意塑造一個「求異」之路，就是想移動認知的軸心，給我們自己一些異端的空間，因而使歷史閱讀活動增添了親切的、活潑的、趣味的、致用的「新歷史之旅」。

你是一個歷史的嗜讀者或思索者嗎？你是一位專業的或業餘的歷史家嗎？你願意給自己一個偏離正軌的樂趣嗎？請走入這個叢書開放的大門。

目錄

千古大變局

影響近代中國的十一個關鍵人物

曾紀鑫 著

〈楔子〉千古大變局

一個老邁昏聵、日薄西山、風燭殘年的老大帝國，除了鳳凰涅槃、脫胎換骨、死而復生外，難道還有別的出路與選擇嗎?!

1

暴風驟雨就要來了，可屋內的人渾然不覺。滿屋子的人，自古以來曾經「出產」過那麼多號稱通天達靈、先知先覺的巫仙神怪，卻沒有一人產生哪怕一星半點的預感。真的沒有，一個也沒有!

由多子多福之家、三世同堂之家，到家族宗族之家、家國同構之家，經家庭而家族到國家，最終形成「家天下」的大一統模式——一間伸張無際的「屋子」，一個龐大無比的「家國」

，便是囊括一切的「天下」了。「天不變，道亦不變。」儘管「天下」之人一代又一代，後浪推前浪生生不息，卻始終依照固定不變的模式，循著一以貫之的軌道，保持從容不迫的淡定。不知不覺間，幾千年的光陰就這樣轉瞬即逝。幾千年啊！什麼天災人禍、驚濤駭浪、艱難險阻、坎坷挫折沒有經歷過？可大家就這麼過來了，不僅過得挺好，而且形成綿延不絕的悠久歷史與熠熠生輝的燦爛文化。因此，安之若素、泰然處之、遊刃有餘、傲視天下不僅是一種自我陶醉的天朝心態，也是一種自適自足的理想境界。「車到山前必有路，船到橋頭自然直。」什麼都不必擔心，不必憂慮，不必張皇，後人循著前人的足跡，前人依著先人的傳統，先人傍著古人的經驗，儘管走下去就是了。哪怕少有的「先天下之憂而憂」，也並非當下人們視野裡的憂患意識，並非追尋美好的社會制度，探索理想的發展之路，以超越歷史與傳統，而是如何求取「居廟堂之高」與「處江湖之遠」的為官從政之道，如何保持統治者與人民之間的平衡、穩定與和諧，如何因循過去的推力與慣性維護舊有的傳統範式……

然而，「狼」來了，說來就來，來得那樣迅猛凌厲，出人意料！

昔日之「狼」，源於邊關陸地——西南不足慮，只要防著鐵騎奔突、為患最烈的北狄西戎即可。

而今之「狼」，卻來自大海，乘著高大的鐵甲堅船，由東南沿海奔襲而來。漫漫千里海岸，軍力有限，捉襟見肘，防不勝防；即使布陣對壘，八旗綠營使用的大刀長矛，怎能抵擋英軍洋槍洋炮？原始與現代抗衡，過去的經驗不靈了，傳統的模式不行了，幾千年不變的「天」說變就變，刹那間烏雲密布狂風勁吹飛沙走石。而「道」呢？「道」一下子失卻根基，突然間眼花繚亂莫名其妙找不著北……

是的，而今之「狼」初來乍到之時，從上到下，誰也不知其本性與厲害。

事情得從道光十八年（一八三八）說起。

其時，古老的中華帝國已進入封建末世，一股衰朽的氣息彌漫開來，深入、滲透於社會的內在肌理。而表面呈現的，仍是平安無事，一片祥和。道光皇帝並非像此後某些書中描寫的那樣乏善可陳，集邪惡與昏聵於一身。他雖然平平庸庸，無甚大才，但也算得上忠於職守，勤勉有加。道光的執政總原則就是守成——守住祖輩傳下的龐大產業。一般而言，開國皇帝意氣風發勇猛精進，而繼承者能留住先人的輝煌與夢想，就相當不錯了。因此，我們無須苛求道光帝旻寧，況且，他是清朝所有皇帝中最為節儉的一位，有「小氣鬼」之稱。道光怕花錢，盡可能地將一應開銷節省到最低限度，有時簡直達到了吝嗇的地步，與皇帝的身分極為不符。道光規定「宮中歲入不得超過二十萬」，「宮中用膳，每日不得超過四碗」。有人戲言，如今規範官場鋪張浪費的「四菜一湯」，其始作俑者便是道光皇帝。他「極崇儉德，平常穿湖縐，褲腿膝上穿破一塊，不肯再做，命內務府補之」。堂堂皇帝穿補丁褲子，不唯清朝，恐怕在中外所有皇帝中，也算得上極其少見的典型與模範了。只是後來被一批馬屁精弄得扭曲走樣，他們揣摩「聖意」，上行下效，以穿補丁褲子為榮。普及開來，當時朝中大臣，人人都穿一條打補丁的褲子。本是一件節儉好事，結果以一種滑稽的方式留傳於世。

國人心中，當皇帝是天下最美的差事，三宮六院綾羅綢緞山珍海味享不盡的榮華富貴，統馭天下號令一出大地震顫誰敢不從？皇帝，簡直就是為所欲為的同義詞。因此，國人在潛意識裡，都有一份想弄個皇帝當當、玩玩的慾望與念頭。其實，皇帝也有皇帝的苦衷，受制於無形的傳統、家法、諍諫不說，僅每天上朝聽取大臣彙報，批閱公文處理重大事務，這一馬拉松似的無休止勞役就夠受罪一輩子的了。風光無比的康熙皇帝就曾訴苦似地寫道：「皇帝的責任沉重不堪，簡直無法規避……臣吏如願侍奉則侍奉，如願息止則息止，而為人君者則終生碌碌不已，無處可以休息。」並且有人做過統計，皇帝是所有職業中風險最大的一種，隨時都有掉腦袋的可能，善終者的比例微乎其微。這不，道光帝就因國人大量吸食鴉片這一長期無法解決的事情所困擾，弄得他寢食不寧心力交瘁。

自乾隆初年起，吸食鴉片成為一種流行的時尚，使得拖著長辮、邁著裹腳的男男女女、老老少少趨之若鶩。鴉片，這一源於西方的黑褐色凝結物，猶如吸血魔鬼，只要你染上它吸食成癮，就會耗盡家財變得萎靡不振形銷骨立。因此，早在道光之前的一百多年，即雍正七年（一七二九），清廷便頒布了禁煙律令。頗具諷刺意味的是，朝廷越是嚴加查禁，百姓越是吸食成風。雍正七年初禁時，西方輸入鴉片二百箱；近百年後道光執政之時，也即道光元年（一八二一），輸入鴉片四千七百七十箱；道光七年（一八二七），達到一萬零二十五箱；道光十八年（一八三八），數字為二萬八千三百零七箱！據有關資料統計，全國吸毒人數超過四百萬，其中就有政府文官二十萬，清軍官兵二十萬（清軍總計八十萬）。因鴉片而造成的國民身體素質之低下，精神之衰疲，道德之敗壞，到了不忍正視的程度。對一位節儉皇帝來說最為擔憂與寒心的，便是白銀的大量流失，國庫空虛，入不敷出。

事已至此，道光皇帝不得不痛下決心，徹底禁煙！

禁煙禁煙，說說容易，真要徹查嚴禁，實在難之又難。不然的話，何以禁了一百多年，卻越禁越泛濫，越禁越猖獗？道光明白，要想禁煙成功，首先得有一位辦事精練、堪當大任的重臣不可。道光雖然才德平庸，可置於深宮的他挑選人才的眼力卻半點也不差，一下子就選中了時任湖廣總督的大臣林則徐，下旨緊急召見。

林則徐由武昌匆忙啟程，十二月二十六日（西曆）抵京，二十七日一大早就被召入皇宮，可見道光心情之迫切。在京逗留十三天的日子裡，林則徐被召見八次密談磋商。第四次召見時，道光特地下了一道手諭，給林則徐以少有的恩典——「紫禁城賜騎」。當林則徐騎在飾滿彩纓的高頭大馬上，緩緩進入皇宮之時，這一被稱為「國初以來未有之曠典」的殊榮場面，就連道光本人也未曾見過，不由得早早候立殿外，觀賞這一由自己親手導演的稀世奇觀。

皇上越是重視，林則徐就越是感到肩頭責任的重大。受命臨行前夕，林則徐拜訪座師沈鼎甫侍郎，面對禁煙任務的艱難、複雜與嚴峻，師生倆談至動情之處，不由得「相顧涕下」。林則徐道：「死生，命也；成敗，天也。苟利社稷，敢不竭股肱以為門牆辱？」只要有利於國家社稷，他已將個人生死榮辱置之度外。

儘管林則徐意識到了禁煙危難並決心拚盡全力以報效皇帝的知遇之恩，但怎麼也沒想到，他所面對的再也不是過去隸屬於天下範疇之內的所謂蠻夷，而是一種聞所未聞的新型異質文明，一個最早進入世界資本主義先進文明行列的大不列顛帝國。古老而封閉的中華帝國將由它的禁煙運動而進入一個陌生時代，在血與火的洗禮中以極不情願的角色與迫不得已的姿態，被納入世界一體化秩序之中重新定位。這一不可預測的變數誰也沒有料到，林則徐本人沒有料到，林則徐摯友、學界文壇比肩而立的兩顆巨星魏源、龔自珍沒有料到，道光皇帝更是不可能預料得到——他對林則徐的要求是既達到禁煙之效，又不可輕啟邊釁，作為一個吝嗇守成的皇帝，穩定壓倒一切，他可不願因此而爆發一場動亂與戰爭。

清乾隆帝在一七五七年詔告天下，劃定廣州十三行為唯一對外貿易口岸，史稱「一口通商」。這也是中國通向外部世界的唯一通道，不，根本算不上通道，只是一線又狹又窄的門縫，一個又細又小的洞口而已。即使無孔不入的鴉片，由外進入中國，也只有通過廣州十三行這唯一孔洞方可。因此，林則徐禁煙的目的地就是廣州，目標就在十三行！

一八三九年一月八日，林則徐以一人之下、萬人之上的欽差大臣身分，乘坐十六人抬槓大轎，離京南下。

歷經六十二天行程之後，林則徐剛剛抵達目的地，就開始了一場雷厲風行、前所未有、轟轟烈烈的查煙、禁煙運動。他沒有像過去那樣不痛不癢地從中國人手中收繳鴉片，因為這些中國人充其量不過是些「二道販子」而已。真正的毒源在於外國商人，是他們不遠萬里將鴉片運到中國，利用廣州十三行這一清廷許可的特殊通路，不惜一切手段瞞天過海，將罪惡的種子撒向中華大地。於是，林則徐棋高一著地頒布一條新的查禁手諭：責成外國商人呈繳鴉片！於是，就有了直到今日仍令人慷慨激昂、回腸蕩氣不已的虎門銷煙——從英商手中收繳二萬多箱，總重量約二百四十萬公斤的鴉片被林則徐下令全部銷毀。這些鴉片若用現在的四噸載重卡車裝運，約需三百輛，足以排成三里長龍。虎門銷煙，是人類有史以來規模最大的一次反毒禁毒活動，因製造毒品的技術含量與濃縮程度越來越高，估計今後也難有一次性焚毀毒品超過二百四十萬公斤的超常紀錄了。

然而，虎門銷煙觸及了英國政府的利益，惹惱了一批素以文明自居的英國議員，更為一直對中國虎視眈眈的好戰分子找到了藉口。他們不惜冒天下之大不韙，不惜踐踏人類公正，不惜蒙上永久恥辱，發動一場不齒的以保護鴉片貿易為目的的侵略戰爭。

人類歷史上，勝利女神時常置公平、善良、正義於不顧，將天平的砝碼傾向邪惡一方。鴉片戰爭即是典型的一例。

這是一場雙方都自認為不在話下的戰爭。清廷不僅沉醉於開國以來的赫赫武功，也陶醉在幾千年的中華傳統文化之中。在清廷眼裡，不知從哪兒冒出來的小國島夷，膽敢與堂堂大清王朝為敵叫板，不是不自量力以卵擊石嗎？要知道，清朝從東北起家，入關南下，指東打西，無往而不勝，還從未遇過真正對手呢！只是天朝國策，先文後武，先禮後兵，先撫後剿而已。既然文、禮、撫不成，自然只有剿滅一途了。而英人在經過前所未有的工業革命之後，殖民地遍及亞洲、非洲、美洲、大洋洲所有大陸板塊，國力之強大，無與倫比，無人敢攖其鋒，自稱為

「日不落帝國」。

滿清陶醉於昔日的成就與榮光之中，所持有的是一種盲目的自傲。而英人所憑恃的，則是現有的實力與資本，其自信建立在科學的分析、調查與瞭解之上。兩個自負的對手，狹路相逢，互不相讓，戰爭，終於不以個人意志為轉移地爆發了。

其實，這根本就不是一場實力對等的戰爭。曾先後十八次到過中國從事鴉片貿易的商人安德魯（Andrew），在致英國政府的一封信中，認為中國「現在是世界上最弱的國家，只靠著系統的謊言、妄誕的諭旨、人民的愚昧來維持……對其勇敢地施用武力，可以收到意外的效果。」早在一八三二年，英國駐廣州商員胡夏米（Hugh Hamilton Lindsay, 1802-1881）就曾率員七十多人乘阿美士德號（Lord Amherst）英輪由澳門出發，以考察商情為名，對廣州、廈門、福州、舟山、寧波、上海、威海等地進行過一番軍事偵察，對中國沿海所設炮位、守備兵力、武器裝備、戰船數量等瞭解得一清二楚，並測量繪製了沿途航道、河道、海灣的詳細地圖。在上海，他們發現清軍使用的武器還是原始的弓箭、大刀與藤牌，雖有少量火槍，但已成為擺設，因為上面全都生鏽了。於是，胡夏米不由地輕蔑說道：「只要有五十名意志堅定、訓練良好的士兵，或比這個數字更少，就可以徹底消滅比這五百人更多的軍隊。」他認為只需三個月，就可武力解決中國。另一隨行的德國醫生兼傳教士甲利（即郭士立，Karl Friedrich August Gützlaff, 1803-1851）更是狂妄地說道：「由大小不同的一千艘船隻組成的整個中國艦隊，都抵禦不了一艘戰艦。」不幸的是，他們的話在此後的戰爭中竟多次應驗。鴉片戰爭期間，清軍總兵力八十萬（八旗二十萬，綠營六十萬），因兼有警察、內衛、國防三種職能分駐全國，作戰時不得不從各地抽調，清廷實際用於作戰的部隊約十萬。侵華英軍最初四千，後增至一萬多。可就這約占英軍總數十分之一的軍隊，竟打敗了十萬清朝大軍，一比十，可見胡夏米所言並非虛妄。而甲利所言之實就更加令人沮喪不已，因為不僅鴉片戰爭期間中國水師未能擊沉一艘敵艦，就是此後建立了近代化海軍北洋艦隊之後，直至清朝覆亡，也未能擊沉哪怕一艘敵人的艦艇。

不論武器，還是素質，清、英兩軍都不屬於同一檔次與層面。在英軍殺傷力極強的火炮與來福槍面前，清軍的大刀、長矛、箭戟及少量土炮、土銃，實則比手無寸鐵強不了多少，與赤手搏狼並無二致。清軍的武器裝備至少落後二百年，而個人素質也乏善可陳。清朝實行募兵制，一旦進入軍營就意味著終生服役。於是，老弱病羸常常充斥其間，眷屬也隨住兵營。官兵不習文化，不事操練，更有不少吸食鴉片、聚場開賭者。而英軍全都經過嚴格而正規的軍事訓練，是世界上最為強大的近代化虎狼之師。更要命的是，清兵毫無鬥志，剛一交戰便被聞所未聞的驚天炮聲嚇得喪魂失魄，不到幾個回合就左右觀望，稍一受挫則望風而逃。常言道，兩強相遇勇者勝。清軍遠非強者，又與勇敢絕緣，因此，整個鴉片戰爭期間，清兵要麼慘遭屠戮，要麼潰不成軍。

版圖與人口，再也不是衡量國力的主要因素。說到底，這是一場不同文明——農耕文明與工業文明——的交鋒與較量，也是一場實力懸殊清軍不可能取得勝利的戰爭。然而，關於這場戰爭，卻出現了許多直到今天仍未徹底澄清的神話。

一八四〇年六月下旬，英國遠征軍進抵澳門海口，以六月二十八日封鎖珠江口為標誌，鴉片戰爭正式爆發。然而，英軍僅留少量兵力圍而不打，他們有意繞開廣州，在廈門遞交戰書，主力長驅北上，進犯閩浙沿海，七月六日攻陷浙江定海，八月中旬抵達天津大沽口外。於是，就有了英軍懼怕林則徐之說，認為他在廣東採取的佈防措施使得英軍無隙可乘，不敢輕舉妄動。不僅他人這樣認為，林則徐自己也持如此看法。當他得知定海失陷的消息之後，並未反省己不如人，而是指責浙江方面沒有像廣東那樣嚴加防範。其實，英軍壓根兒就沒想過害怕誰的問題，只是其著眼點並非廣州。英國外相巴麥尊（Henry John Temple Palmerston, 1784-1865）在致海軍部的公函中明確強調，在廣東「不必進行任何陸上的軍事行動」，「有效的打擊應當打到接近首都的地方去」。戰爭不是目的，而是手段，一種外交手段的延伸。英國政府很清楚，只有直搗京津，讓清廷震悚，才能達到他們所要達到的有效目的。英軍的作戰行動，顯然是在執行巴麥尊的訓令。

此後，南下發動廣州戰役。面對兇猛而凌厲的攻勢，清軍經過三天保衛戰，便以慘敗告終，廣州城不得不升起求和白旗。對此，英國參戰軍官麥華生（Duncan MacPherson）在《在華二年記》（*Two Years in China*）中不無得意地敘述道：「這個驕傲的城市，我們在此常被藐視，國旗常被侮辱。它的人口有一百萬，軍隊誇稱五萬，現在它要在僅占它兵力的十二分之一的人面前受辱。」

鐵的事實說明，廣州並非固若金湯，在英軍的槍炮前它無力防守。然而，關於林則徐不可戰勝的神話卻因此而越編越圓，越傳越遠。因為廣州之戰爆發前，林則徐便以「誤國病民，辦理不善」的罪名被革職了。道光皇帝曾一再交代不要輕啟邊釁，林則徐的違逆顯然使他大光其火，予以懲處也屬意料中事。由此可見，林則徐被道光選為查禁鴉片的欽差大臣之始，就注定難逃厄運了。既要堵住鴉片源頭，杜絕鴉片流入內地，又要保持天下安寧不致發生戰亂，這是一個近於悖論的兩難，任是誰也無法化解。也就難怪林則徐本人，他的座師，還有友人早就為他的前途與命運而深深擔憂了。其實，廣州之防守，就建立在林則徐任欽差大臣時的準備之上。廣州備戰期間，林則徐雖被革職，卻沒有離開廣州，一直協助新任統帥佈防，且不時建言建策，並得到了有效的採納。

堂堂天朝竟然敗於一個名不見經傳的小小島夷之手，廣大民眾，包括政府官員、知識分子、普通百姓怎麼也接受不了這一嚴酷的事實。於是，他們將英軍北上歸於害怕林則徐，將後來廣東的戰敗歸於林則徐的革職，將各地戰事一敗再敗歸於當地沒有林則徐這樣的人物。林則徐革職不久，新任閩浙總督顏伯燾及新任浙江巡撫劉韻珂就不顧觸犯龍鱗之罪，要求重新啟用林則徐以對付英人，理由之一，就是「該夷所畏忌」。此後，廣東民眾面對英軍進犯，在一份檄文中不禁質問道：「汝已稱厲害，何以不敢在林公任內攻打廣東？」就連鴉片戰爭結束後撰述的《中西紀事》、《夷氛聞記》、《道光洋艘征撫記》三部史書，也認為最初英軍北上，緣於林則徐在廣東嚴加防守、無隙可乘之故。

從某種角度而言，道光對林則徐的懲處——革職流放，反而成全了他，成就了一個民族不可戰勝的神話。這一神話猶如一柄出鞘的雙刃劍，既可堅定民族信念，樹立民族自尊，卻也遮蔽了有關事實真相，繼續維持清廷的妄自尊大，迎合國人的盲目自信。

三元里抗英也是一個滾雪球般不斷擴大的神話。在此，我們有必要還事實以真相。

三元里抗英，是一次少有的勝利，也是整個鴉片戰爭期間一個極其閃光的亮點。這次民眾自發的保衛家園戰鬥之所以取得勝利，一個最為重要的原因，便是天時、地利、人和。天時：大雨淋濕了英軍的燧發槍，火藥不能發射，使得三元里百姓手中以農具為主的武器上升到與英軍武器同等的水準；地利：英軍縱深追擊不諳地理，被引入全是「爛泥塘」的牛欄岡、唐夏村一帶，因迷路而被團團包圍；人和：三元里民眾為保衛家園奮起抗爭，同仇敵愾萬眾一心，氣貫長虹令敵喪膽。即便如此，三元里抗英戰績也並非後來宣傳的那樣擊斃伯麥（Commodore James John Gordon Bremer, 1786-1850）、畢霞（Beecher）等英軍主將，殺敵數十、一百、兩百、三百乃至七百四十八人等諸多說法。據英人所述，陸軍司令郭富（Viscount Hugh Gough, 1779-1869）於一八四一年五月三十日晨親率三個步兵團及部分孟加拉志願軍開進三元里追擊鄉民，不久突遇大雨，郭富急令撤退。因「天氣陰霾，辨識道路並不容易，稻田成為一片汪洋」，於下午四時才撤出數以萬計的村民包圍圈。撤出後卻發現三十七團第三連約六十人失蹤，郭富急忙調來兩個水兵連前去接應。這兩連水兵配備裝有雷管機、不怕雨水淋濕的「新洋槍」，他們循著槍聲及喊殺聲找到「在稻田上排列成正方形」的失蹤士兵，用排槍驅散圍攻鄉民，終於在當晚九時左右將其接應歸隊。

綜合各方面資料，英軍傷亡的實際數字為死亡五至七人，受傷在二十三至四十二人之間。儘管如此，三元里抗英在鴉片戰爭期間所進行的諸多戰役中，英軍傷亡人數排列第四。沒有經過軍事訓練的普通民眾與近代化武裝的英軍對陣，能獲得如此戰績，用於宣傳鼓舞士氣，喚醒普通百姓的民族愛國熱情，自然十分必要，但若誇大其作用，認為只要廣泛發動民眾，就可取得鴉片戰爭的最後勝利，便有可能陷入另一種迷誤。此後慈禧太后利用義和團運動的徹底失敗就是一種明證。三元里抗英第二天，一萬多民眾乘勢包圍了英軍據守的四方炮台，幸而被廣州知府余保純勸退，不然的話，在威力強大的巨炮與射擊準確的來福槍面前，當地民眾將遭遇一場殘酷的屠殺。

關於鴉片戰爭的真相，此外還有許多弄虛作假、篡改偽造、刻意掩飾。

每次戰役，各地官員、將帥總是無一例外地誇大戰績，有時達到了不著邊際的地步，動不動就是殲敵數百數千，擊毀擊沉敵艦無數。果真如此，由十六艘海軍戰艦、四艘武裝輪船、二十八艘運輸船、五百四十門大炮、一萬多官兵組成的英國「東方遠征軍」恐怕早就在中華大地消失殆盡了，又何來迫不得已簽訂的中英《南京條約》？即以廣州保衛戰為例，一八四一年五月二十六日，廣州城已被英軍重重圍困不得不升起白旗，靖逆將軍奕山還在給道光皇帝的一道奏摺中宣稱清軍連續三日頻頻獲勝，並擊沉英軍輪船一艘，焚毀英人三桅兵船一艘。

整個鴉片戰爭期間，英軍傷亡的實際情形是，死於疾病的數字遠遠大於陣亡。縱觀歷次戰役，英軍損失最多的一次是當屬鎮江之戰，計三十九人死亡，一百三十人受傷，三人失蹤。儘管如此，英軍僅用一天時間，就攻下了鎮江。

鎮江陷落，清朝第二大都會南京失去屏蔽，貫通南北的大運河被攔腰截斷，江南的大量漕米、稅銀無法運輸北上，供給需以大運河為支撐的北京受到了直接威脅。仗打到這個份上，彷彿咽喉被人扼住，獲勝的希望實在是太渺茫了。外患既不可去，而漢人乘機造反的內憂更是弄得道光皇帝寢食不寧，只覺得座下的龍椅在一個勁地震顫不已。於是，他不得不發出一聲無可奈何的長歎，罷兵求和。

2

中國的優越感由來已久。

由遠古至西周形成的中原文化與周邊諸文化相比，有著明顯的優勢。幾乎與疆域擴充同步，華夏文明不斷地向周邊地區滲透開來，雖不乏武力要挾，但更多的則是傾心向慕、主動皈依。經過長時期的補充與融合，逐漸形成了以中原文化為主導的華夏文化體系，所謂「東夷、北狄、西戎、南蠻」，紛紛歸化，納入其中。至隋唐時期，中國漢文化圈差不多擴展到了整個東亞地帶。

華夏文明一枝獨秀地在相對封閉的自然環境中形成，從未遇到過真正有力的強勁對手。東漢時期，雖有自成體系、思辨精深、內容豐盈的印度佛教文化傳入中國，與華夏文化各有所長、難分伯仲，可並未對傳統文化構成明顯的優勢甚至威脅，反因交流、吸收、融化佛教文化中的有益成分，使得漸趨僵化、沉寂、式微的本土文化煥發出新的活力與朝氣。

幾千年無與倫比的燦爛文化既可所向披靡地征服、影響未曾開化的偏遠蠻荒之地，也會因過度的自尊自大，造成盲目的自信自負、自我膨脹、目空一切，甚至於陷入無法收拾的境地。

早在西周時期，華夏文明便形成了一種特殊的禮法制度——畿服制。《尚書‧禹貢》具體闡述了「五服」的內容與範圍，以王都為中心劃分，方圓千里之內名甸服；甸服之外，每五百里為一服，依次為侯服、綏服、要服、荒服。甸服逼近王畿，由天子直接管轄，屬文明地帶；其餘則依地理遠近由親到疏，為半開化、野蠻、夷狄地區。《國語‧周語》也有類似記載：「先王之制，邦內甸服，邦外侯服，侯衛賓服，夷蠻要服，戎狄荒服。日祭、月祀、時享、歲貢、終王，先王之訓也。」《周禮‧夏官》則提出了類似的「九服」或「九畿」說，王畿方圓千里，此外每五百里為一服，計有侯服、甸服、男服、采服、衛服、蠻服、夷服、鎮服、藩服。對五服、九服之地的統治，實行朝貢制。天子直轄區由百姓繳納賦稅；其他地區，則依次規定每次朝貢的期限為一年、兩年、三年、四年、五年、六年，貢品分別為祀物、嬪物、器物、服物、財物、貨物等；而那些蠻荒之地，九州之外的番國一世只需入貢一次。先秦典籍中，臣下覲見君主為「朝」，下人給主子獻呈物品稱「貢」，「朝貢制」逐漸成為天子與諸侯之間的一種隸屬關係。此後，五服、九服的具體內容雖有所變更，但朝貢制始終未變，秦漢後成為中原王朝羈縻周邊少數民族的一種模式與制度。

「普天之下，莫非王土；率土之濱，莫非王臣。」中國，是位於世界中心的國家，是整個世界唯一的文明世界，中國就是天下，領土疆域、控制範圍長期模糊，朝廷為天朝、天廷，最高統治者謂天子、萬邦之主。古時中國沒有明確的國家、民族、領土概念，只有夷夏之辨、華夷之分，現代意義的國家、民族概念直到一九〇二年左右才開始出現。因此，在古人特別是那些士大夫眼裡，華夏就是文明的代名詞，夷人則是未開化的野蠻人。處於邊境之外的所有民族不是「蠻貊」，就是「夷狄」，一律冠以蟲、豸、犬之類的標記，不將他們當作人看待，至少不是和我們中國人一樣的人。「非我族類，其心必異。」鴉片戰爭期間，兩江總督牛鑒對英人的動物性曾「活靈活現」地描寫道：「彼（英人）雖畜類，亦具人形，譬如桀犬狂吠，本不足以論是非，及投以肉食，未嘗不搖尾帖服。」不得已而與「蠻夷」交涉時，總認為「犬羊之性」，貪婪狡詐，唯利是圖。直到民國初年，湖南名士王闓運批評郭嵩燾即將出使歐洲，仍振振有辭地寫道：「彼夷狄人皆物也，通人氣則詐偽興矣。」

其實，滿清發跡於東北之時，也被明朝視為蠻夷之族。自一六四四年進關入主中原，他們雖然摧毀了明朝，征服了漢人，卻完全繼承了明朝政權機構模式，建立起滿漢共同管理中國的雙重統治制度。滿人從維護自己統治與利益出發，主動融入漢族大家庭之中，奉儒家文化為主臬，逐步漢化，並以華夏正朔自居。道光之時，滿人與漢人在文化、生活、習俗方面就幾乎沒有什麼差別了。唯一不同之處，可能就在於滿族女子仍保持天足，沒有像漢族女子那樣從小裹腳，成為變態文人欣賞的「三寸金蓮」。這也是清朝為什麼能比元朝蒙古族更能長期有效地統治、管理中華的主要原因之所在。當然，如果從保持民族的多元性、獨特性、原生態這一角度出發，則滿人的主動同化是他們在統治中國二百六十多年的時間裡付出的一個相當沉重的代價。

儘管如此，我們不能忽略滿人屬異族統治中國這一特殊因素。原本「只識彎弓射大鵰」的部落戰士，搖身一變為高高在上的統治者，除沿襲舊制外，一時間不可能有多大作為。又因為滿族人口有限，僅及漢人百分之一，迫不得已大量重用漢人，又時時嚴加防範，牢牢掌控要害部門，維護清朝專制極權。加上遊牧文明、農耕文明對異質文明——海洋貿易、商業文化的本能排拒，因此，防守與排外，成為滿清政權的主要特徵。一句話，由滿人統治而形成的故步自封、閉關鎖國、顢頇無知、妄自尊大更甚於漢族，乃勢所必然。

東漢時期，印度佛教東來，被中華文明吸收融合；唐宋時期，伊斯蘭教文化也來了，由海上進入南方口岸，由西部商路傳入甘肅、陝西，爾後擴展至雲南、貴州等地，中華帝國依然以博大的胸懷，兼收並蓄了；然而，另一從更西的西方叩關而來的基督教，卻以極其另類反叛、桀驁不馴的姿態，引起了上層人士的恐慌，構成了一股潛在的威脅，發生了不大不小的衝突，最終引發了一場鴉片戰爭，在中華這塊古老而板結的土地上，帶來了一場極其深刻的社會變革。

所謂的西學東漸，並非始於鴉片戰爭之後，如果追根溯源，當從一五八三年義大利耶穌會士利瑪竇（Matteo Ricci, 1552-1610）入居肇慶開始傳教時算起。這一被稱為「學術傳教」的首度西學東漸終結於一七七五年。在近兩百年時間內，「中西文化交流蔚為巨觀。西洋近代天文學、曆學、數學、物理、醫學、哲學、地理、水利諸學，音樂、繪畫等藝術，無不在此時傳入。」那一時期，學習西學成為上行下效的一種風氣。比如康熙帝就喜愛西洋數學、音樂，不少八旗子弟也習外語、演幾何，學界領袖徐光啟、顧炎武等人則個個飽讀西洋之書，於曆學、算學特別用心。對此，利瑪竇在一封書信中寫道：「人們爭相拉攏我們，有的刻印我們的作品，有的重印我們的書籍，有的撰述歐洲風土人情的書，有的在自己的著作中引用我們的意見。對我們的教會、倫理、哲學與數學無不欽佩。至論《世界地圖》每年都有出版，或單獨印刷，或附在討論地理的書籍之中。」

與此同時，傳教士也將中國文化介紹到了西方，使得「中國熱」盛行一時。比如法國皇帝路易十四（Louis XIV, 1638-1715）就對中國物事格外喜愛，他喝中國茶，建中國亭子，用中國漆器，看中國皮影戲。經過近兩百年的交融努力，終於在西方的東方學中誕生了「漢學」這門新的研究學問。

那是一個中西會通的黃金時期，也是一段被人們遺忘，或者說忽略了的時期。雙方的心態是平和的，關係是對等的，交流是積極的，只可惜因為一些偶發的重大事件，導致了此次交流的徹底中斷。

就在西學傳入中國不久，明末便有一批頑固守舊的士大夫懷著「用夷變夏」的恐懼，掀起了一場排斥天主教與西洋科學的運動，造成明末逮捕、驅逐西方傳教士的「南京教案」；清康熙初年，圍繞天主教與天文曆法而展開的中西之爭，最終釀成清初的一次最大教難——「康熙曆獄」。

透過「教案」、「曆獄」表面，潛藏的是中西兩種有著本質區別的文明之間的內在衝突。西方傳教士帶來的西方地圓說、五大洲說及歐洲文明，深深地衝擊並動搖了中國士大夫傳統的夏夷觀念。早在春秋之時，《孟子．滕文公上》就有了嚴格的夏夷之分與相互關係：「吾聞用夏變夷者，未聞變於夷者也。」這種被定於一尊的儒家文化優越感牢牢地支配著士大夫的觀念與準則，因此，當傳教士所帶來的世界地圖徹底顛覆了天圓地方的天下觀念，當西洋科技的「外夷小技」誘惑人心，當西洋曆法優於傳統曆法，當天主教「蓋欲掃滅中國賢聖教統」之時，可以想見該會受到多麼強烈的攻擊與排拒。

傳教士利瑪竇的感受比他人尤為深刻，他在《利瑪竇中國札記》（*China in the Sixteeth Century:the Journals of Matteo Ricci*）中寫道：「今天我們通常稱呼這個國家為中國或中華……兩個詞加在一起就被翻譯為『位於中央』。我聽說之所以叫這個名稱是因為中國人認為天圓地方，而中國則位於這塊平原的中央。」因此，他在向中國士人展示世界地圖時，不得不有所變通，「抹去了福島的第一條子午線，在地圖兩邊各留下一道邊，使中國正好出現在中央。這更符合他們的想法，使得他們十分高興而且滿意。」恐怕連利瑪竇也沒有想到的是，我們今天仍然沿用著這一變更後的中國化「世界地圖」，而不是真正通用的世界地圖。由地理的優越自然形成文化的優越，對此，利瑪竇在該書中以一種表面客觀，實則無奈的態度寫道：「中國人把所有的外國人都看作沒有知識的野蠻人，並且就用這樣的詞句來稱呼他們。他們甚至不屑從外國人的書裡學習任何東西，因為他們相信只有他們自己才有真正的科學和知識……甚至他們表示外國人這個詞的書面語彙也和用於野獸的一樣。」

清初反西學人士楊光先在《不得已》一書中，因湯若望（Johann Adam Schall von Bell, 1591-1666）刻印「輿地圖宮分十二幅」反駁西方地圓說時寫道：「果大地如圓球，則四旁與在下之國土窪處之海水，不知何故得以不傾？試問若望，彼教好奇，曾見有圓水、壁立之水，浮於上而不下滴之水否？」真如西人所言，那麼「四旁與在下之國」就會居於水中，「則西洋皆為魚鼈，而若望不得為人矣」。哪怕以主觀直覺的經驗主義思維方法淺薄無知地加以反駁，也不忘譏諷西人一句「不得為人」，因處水中，便不好說他們是野獸了，就說是魚鼈，而魚鼈則比野獸更為低級。

一七〇七年二月七日，羅馬教廷特使多羅（Carlo Tommaso Maillard de Tournon, 1668-1710）在南京公布教皇致在華傳教士公函，天主教徒不許祭孔、祭天、供奉祖宗牌位，不許以天或上帝稱天主。本來天主教徒的禮儀活動就在孝敬父祖、祭祀孔子、男女有別等方面違背了儒家傳統倫理道德而遭抨擊，早有士大夫提出剷除天主教的建議。而由羅馬教廷發難的禮儀之爭更是將雙方的矛盾推向高潮，達致無法調和的地步。康熙針鋒相對，對凡不尊重中國風俗的西方傳教士一概驅逐，解送澳門。

以一七七五年在華耶穌會接到羅馬教廷命令正式解散為標誌，長達近兩百年之久的歐洲天主教在中國傳播基督福音的努力宣告結束，這也意味著明清之際西方文化大規模輸入中國的最後終結。

令人扼腕的是，這是一場真正意義的終結。隨著傳教士身影的消失，東漸的西學如一閃即逝的星星之火，對中國傳統社會並未產生多大影響。

一場不成功的革命與努力帶來的結果，往往是腐朽勢力的更加反動，更加得勢與更加強大。專制的大清帝國，也因此而變得比過去更加封閉，更加停滯，更加衰朽。

歷史，又回到了原來的起點，甚至有所倒退。

一七九三年，英國特使馬戛爾尼（Earl George MaCartney, 1737-1806）率領一支龐大的船隊來到中國。英人此次前來不是傳教，而是帶著兩國互派使節、商定貿易協議的使命。可他們似乎要了一個不大不小的「滑頭」，沒有直接道明目的，而是打著慶賀乾隆皇帝八十三歲「萬壽」的幌子。

萬邦景仰，萬國來朝，自然是一件令人十分高興、足以裝點盛世門面的喜事。於是乎，馬戛爾尼一行受到了「最禮貌的迎接，最殷切的接待」。

然而，事情一旦深入，雙方的摩擦齟齬立時互現。清廷視英國為化外之地仰慕華夏文明之風不遠萬里前來朝貢的島夷與「藩屬國」，時時處處，都以臣屬身分對待。而英人則希望在雙方平等的基礎上建立大使級關係，互通商貿，互通有無，進行平等交流。特別是在覲見皇帝必須雙膝跪地九叩首的禮節上，更是發生了嚴重分歧。數年前，荷蘭人為得到通商許可，曾跪倒在清皇腳下，被倫敦的報紙當著滑稽而有趣的頭版新聞著實報導了一把。英人對中國的這一傳統禮儀實在無法理解，殊不知跪拜是維繫中國傳統社會等級秩序一種不可或缺的方式。在國人眼裡，神人之間、君臣之間、上下之間、父子之間、夫妻之間……唯有跪拜這一禮儀才得以體現。當然，很少有人想過在膝蓋一屈的臣服、認可乃至崇拜中，人格與尊嚴也隨之軟化、消失殆盡。所謂「一到殿廷齊膝地，天威能使萬心降」，如今輪到英人領教中國這一傳統禮儀的威風與滋味了，而馬戛爾尼奉行的原則是：「盡可能地表示對中國皇帝的敬意，但是堅決反對去做任何把英國解釋為中國的藩屬國的事情。」在他的堅持下，乾隆皇帝破格答應英國使臣行西禮而不跪地的請求。據有關資料統計，從一六五六年至一七九五年的一百四十年時間裡，荷蘭、葡萄牙、俄國等歐洲國家及羅馬教皇派遣使節覲見清朝皇帝達十七次之多，唯有英使馬戛爾尼未行三跪九叩之禮。乾隆雖然「寬大為懷」，但內心的不滿與惱怒可想而知，馬上降旨令其早日出境。至於英人提出的通商貿易請求，根據天朝的古老傳統，藩屬國敬獻貢品，皇帝予以大量賞賜，原本在朝貢體制之內，根本就不存在其他方式與可能。雙方認識不一，理解不同，於是，英人此行的結局，只能是受到「最嚴密的監視，最文明的驅逐」。

清廷怎麼也想不到，就是這一被他們視為外夷藩屬的英國，經過工業革命洗禮，在大不列顛國土上，有著鐵廠、船廠、酒廠、造紙廠、紡織廠、麵粉廠、自來水廠等數以萬計的工廠，已是「海上霸主」、「世界第一工業強國」。因此，當馬戛爾尼看到乾隆皇帝「出狩圖」中使用的仍是長矛弓箭時，覺得不可思議，主動向清廷將軍福康安提出表演歐洲火器。不料福康安將軍不以為然地說道：「看也可，不看也可，蠻夷小邦會有什麼了不得的稀罕之物？那些火器操法，哪有天朝上國的大刀長矛管用？」究其原因，在於「以滿洲夙重騎射，不可專習鳥槍而廢弓矢」，於是以福康安將軍為代表的清朝官兵普遍認為弓弩刀矛勝於西洋火器。而馬戛爾尼不遠萬里獻給中國的一份厚禮——一批包括天體儀器、光學儀器、銅炮、榴彈炮、連珠炮、毛瑟槍、望遠鏡等足以代表西方近代文明與先進技術的賀壽禮物，則被送往圓明園，全部陳放著，成了一堆真正的廢品，直到近七十年後英法聯軍攻入北京，侵佔圓明園之時，才被英國人重新找到。

到了一八一四年拿破崙戰爭結束，英國政府再次將目光投向東方，關注在華市場。經過一番準備，一八一六年，英國政府派遣阿美士德勳爵（William Pitt Amherst, 1773-1857）第二次出使中國。雙方仍在三拜九叩的禮儀問題上發生爭執，此時的嘉慶皇帝已沒有乾隆的包容大度，不由得在傳給英使的詔書上寫道：「中國為天下共主，豈有如此侮慢倨傲，甘心忍受之理？是以降旨逐其使臣回國，不治重罪。」在經過兩百多天的遠洋飄泊之後，阿美士德一行於一八一六年八月行至圓明園，突接此旨，只得無可奈何地帶著女王的國書無功而返。

阿美士德對出使中國遭受驅逐的不公正待遇一直耿耿於懷、憤憤不平，在拜訪因兵敗滑鐵盧（Waterloo）而被囚禁在聖赫勒拿島（Saint Helena）的拿破崙（Napoléon Bonaparte,

1769-1821）時，明確向他表示英國準備動用武力征服中國的強烈願望。拿破崙聞言，深感不安，覺得這不是文明人所應做出的文明理智之舉，不禁說出了一句我們一直沿引至今的名言：「中國是一個多病的、沉睡的巨人，但是當她醒來時，全世界都會顫抖！」可問題的關鍵是，她什麼時候才能睡醒呢？她一時醒得過來嗎？即使醒來，是否伸一個懶腰，打一個呵欠，然後又繼續昏睡不已呢？

歷史常以驚人相似的面目出現，如果說第一次是喜劇，第二次是正劇，那麼第三次就有可能是一齣悲劇。

一八四〇年，英人第三次來到中國，仍是龐大的船隊，不過大多都是近代化軍艦，軍艦上是訓練有素的官兵以及準備訴諸武力的洋槍洋炮。此行的目的與前兩次仍然一致，要求平等對待、通商貿易、互惠互利，只是附加了賠償鴉片損失的內容。

鴉片戰爭就這樣爆發了，這是一場無法避免的戰爭，沒有鴉片的查禁，也會以其他藉口、理由爆發，只不過時間或遲或早而已。戰爭的可能與結局，不外乎三種：勝利、失敗、和談。勝利絕無可能，即使打贏，只會使清廷變得更加封閉落後、驕橫顢頇、夜郎自大；和談也不可能，自古以來沒有華夷平等的傳統，哪怕積貧積弱的宋朝，面對強大的金、遼、夏，只要一提和談，就與投降、漢奸劃上了等號；於是，唯一的結局便是戰敗，屈辱地接受強加在頭上的條款。以今日觀之，哪怕其中的條款只求民族間的平等溝通與交流，並無苛刻壓迫之意，因為屬於強加，所有的一切，便成為不平等。如果中國不是以刀架脖子的被迫方式打開大門，裹挾進世界貿易體系，而是主動開放，溝通交流，就不會產生遭受屈辱、壓抑之後導致的一連串狂暴、扭曲乃至失控。

英國政府出兵中國，在他們看來，並不是一次戰爭，只不過是對清朝政府沒收鴉片的一個教訓，一次報復，或一場武裝衝突而已。他們並不想讓清廷垮台，也不想將中國變成印度那樣的殖民地，割地賠款、打開門戶、貿易通商的目的一旦達到，也就意味著戰爭的結束。

清廷賠款又割地，堂堂天朝，顏面一掃而盡，可仍然繼續昏睡不已，就是不肯從昔日的迷夢中掙脫而出，不肯正視自己衰弱的病體，不肯睜開眼睛瞭解世界。道光皇帝在一道諭旨中指示手下大臣，讓其派人告知英人：「今汝既有悔罪之意，何不趁此商量，如果能將各船全數退回廣東，即刻罷兵，我必奏明大皇帝，將香港一處，賞給爾國……」慘敗後不得不割讓香港，竟成為大清帝國給予的「恩賜」。

大廈在風雨中開始飄搖了，屋裡的人開始有所警覺，但只是為數極少者。鴉片戰爭並未像後人認為的那樣驚醒了國人的迷夢，除捲入其中的當事人外，大都渾然無知。即使知之，也抱著一種與己無關、漠然視之的態度。於老百姓來說更是如此，他們忘不了滿人對漢人的統治、壓榨與欺凌，無論滿人還是英人「坐江山」，總歸是要交稅受統治，二者並無多大差異。哪怕當事人的驟然驚醒與切膚之痛，也不過是醒來後向周圍世界看了幾眼，就又安之若素，傷痛也隨時間的流逝而慢慢消弭。「都門仍復恬嬉，大有雨過忘雷之意。」當戰端平息，峰回路轉，陣陣驚濤化為點點水沫，從上到下，依然死水一潭，依然在鴉片繚繞的青霧中昏睡不已——包括傳統文化的無形鴉片與可以吞吐吸食的物質鴉片。正如數十年後王韜所述：「其時罷兵議款，互市通商，海寓晏安，相習無事，而內外諸大臣，皆深以言西事為諱，徒事粉飾，彌逢苟且於目前。」

其時，清廷已處於封建末世，民眾不思上進、渾渾噩噩、萎靡不振，才會被鴉片吸引。鴉片也曾流入日本，可大和民族正處於上升期，鴉片打不倒他們；就連鴉片的製造者英國人也不吸食，因為那是大不列顛最為旺盛的「日不落帝國」時代，他們有著無數的佔有、開拓等遠比鴉片更具刺激的事情要做；只有衰疲、腐朽的大清帝國，才需要鴉片提神，而一時的興奮透支所帶來的結果，則是百倍的虛弱與疲憊，不僅僅是無數財富消失於虛空，還有無數生命的青春、健康、道德、活力、激情也隨著鴉片的青煙一同化為烏有。

落後並不可怕，先進也不可恃，它們是一對可以相互轉換、有著內在辯證關係的概念。只要具有清醒的認識，將落後變成壓力與動力，急起直追，迎頭趕上並有所超越，落後就轉換成了先進。令人不可思議的是，我們的落後，西人的先進，經過儒家文化的「詮釋」，就完全變了樣，走了形，並且產生了一種互相置換的效果。比如西方先進的器物，在天朝無所不有的傲慢面前，竟成為「壞人心術」的「旁門左道」與「奇技淫巧」；凡介紹海外的書錄，一概斥之為「海外奇談」；貿易經商遭遇農本主義，變為捨本求末；追逐利潤在理學仁義面前，實屬小人之舉；君主立憲比照皇權至上，有如大臣擅權；英國女王主位，西方男女平等，在男尊女卑觀念影響下，就成了「牝雞司晨」之類的所謂「夷俗」……最先進的東西，在儒學教義的「聚光燈」下，全部變為荒誕可笑的物事。

鴉片戰爭打了兩年多，清軍在歷次戰鬥中一敗再敗，沒有打過一次勝仗，卻從不吸取教訓，想過要去瞭解對方學習對方；中英《南京條約》剛一簽訂，道光皇帝以為天下從此太平，所做的第一件事情就是立即下令沿海各省撤軍，以節省浩繁的軍費。鴉片戰爭結束，東南沿海重築海防工事，各地依照原樣修復，從來就沒有想到應該加以改進。一八四二年十一月，廣東意欲仿造一艘西式戰艦，內地工匠不懂技術，想從澳門雇用「夷匠」，道光得知後，連忙下旨阻止，國家寧可不要近代化的軍艦，也不能讓那些「夷匠」入境傷風敗俗擾亂軍心民心。一八四三年七月三十一日，美國眾議員顧盛（Caleb Cushing, 1800-1879）帶著總統泰勒（John Tyler, 1790-1862）的授權締約證書及呈交清帝的國書乘艦離美，同時帶來的，還有送給清朝皇帝的禮品：航海地圖、地球儀，六輪手槍、步槍，蒸汽戰艦及蒸汽挖掘機模型，關於構築要塞、造船、海陸軍戰術、地質、化學等方面的書籍以及《美國百科全書》，還有電話機、望遠鏡、氣壓計、溫度計等等。這些呈送的禮品固然有炫耀美國軍事科技優勢之意，但確屬戰敗後的中國所急需。然而，它們仍被清朝官員視為「奇技淫巧」給謝絕了……

鴉片戰爭雖使國人認識到了西方的船堅炮利、威不可擋，可就是故步自封不肯學習。以致一八五六年第二次鴉片戰爭爆發，清朝竟沒有絲毫改變，幾乎完全重複著過去的失敗與錯誤。十四年時間，無數將士的鮮血，慘痛的教訓，竟白白付諸東流。五千年的文明歷史既是一種輝煌與驕傲，也會形成包袱與惰性。黑格爾（Georg Wilhelm Friedrich Hegel, 1770-1831）說東方文明是一種凝固而靜止的文明雖有以偏概全之嫌，但也道出了部分事實。凝固與靜止最為突出的表現之一，就是「祖宗之法不可變」——中國最難辦的事情便是改革過去，改變現狀。魯迅先生曾經說過：「中國太難改變了……不是很大的鞭子打在背上，中國自己是不肯動彈的。」又說要想將一張桌子由這個房間搬到另一屋子，都會打得頭破血流。美國著名學者，世界最負聲望的中國問題觀察家費正清（John King Fairbank, 1907-1991）對此也作過相當精闢的論述：「中國有一種深藏不露的文化優越感。當然，正因為這樣，他們在現代落後狀態中受到的恥辱感覺，也就格外強烈。總而言之，中國要現代化不得不比多數國家走得更遠些，改變得更多些，就是因為停滯不前為時太長了。結果是有一種強大的惰性扼制力，使中國的革命性變革有痙攣性，有時內部抑制住了，有時還帶有破壞性。」

4

關於英國到底是一個什麼樣的國家，國人對其認識實在是太模糊了。因為妄自尊大，自認老子天下第一無與倫比，所以從來就沒想過要去瞭解他人，認識那些遙遠而陌生的事物。僅有關英國的稱謂，就有英倫的、英吉利、蘭墩等十多種，致使那些奏議夷務的大臣也錯以為它們屬於不同的國家。而對英國實際情形的瞭解，僅知它是一個遠隔萬里的外夷小國，在西洋諸國中相對富強，而且這種富強也是因為購進中國茶葉轉手賣給其他小國從中獲利所致。清朝大臣孫玉庭就曾得意非凡地對嘉慶皇帝說道：「如果天朝禁止茶葉出洋，則英國會窮得沒法活命。

」嘉慶皇帝一聽，自然是哈哈大笑不已。抱這種觀念的清人並非少數，他們從英商大量進口中國茶葉、大黃的事實出發，想當然地認為英人吃的是牛羊肉磨成的粉，食之不化，離了茶葉、大黃，就會「大便不通而死」。

國人根據遠道而來的西人外形，更是推導出許多啼笑皆非、一廂情願的「事實」，比如從緊身褲與打綁腿的裝束習慣得出所有西方外夷都是「腿足裹纏」；由葡萄牙兵採用踢腿式的「正步」行進方式，推想外夷「屈伸不便」；由英人不願向皇帝行跪拜禮，誤傳其膝關節有問題……所有這些附會臆測加在一起，就得出了如下結論：英人不會彎腿，一旦離開艦艇登上陸地，就會不斷地摔跟頭。即使剛到廣州的林則徐也有過如此見識，他在一封呈給道光皇帝的奏摺中寫道：「一至岸上，則該夷無他技能，且其渾身裹纏，腰腿僵硬，一仆不能復起，不獨一兵可手刃數夷，即鄉井平民，亦盡足以制其死命。」直到英軍上岸攻城掠地，清軍一敗再敗，道光皇帝還是不太相信英人真的能在陸地打仗而不摔跟頭。

其實在中國幾億民眾中，真正睜眼看世界的第一人，則非林則徐莫屬。

到達廣州前，林則徐就已掌握了一些有關英國及西方的情報，但顯得相當零碎不全。「知己知彼，百戰不殆。」作為一位相當成熟的政治家，林則徐認為「欲制外夷必先悉夷情」，抵達廣州後所做的第一件事，就是深入調查，掌握有關英人的第一手材料。他放下欽差大臣的架子，突破官規約束，拜訪對「夷情」與沿海形勢頗為瞭解的梁廷枏，獲得不少「夷務」方面的知識；他找來外國人詢問對外貿易及英國動態，派人打探「西事」，指點「洋商、通事、引水二三十位，官府四處打聽，按日呈遞」；他親自前往澳門視察，瞭解外情；他請來四名英文譯員大量翻譯外文資料，從英國自由貿易派商人主辦的《廣州周報》、《廣州紀事報》、《新加坡自由報》及美國傳教士裨治文（Elijah Coleman Bridgman, 1801-1861）主辦的《中國叢報》中獲取富有價值的信息，將譯成中文的《澳門新聞紙》加工為《澳門月報》，分為論中國、論茶葉、論禁煙、論用兵、論各國夷情等五輯；他翻譯英人慕瑞（Hugh Murray, 1779-1864）的《世界地理大全》（*The Encyclopaedia of Geography*）一書，定名為《四洲志》，最近又新發現了一份林則徐在廣州探求西方知識的珍貴記錄《洋事雜錄》；出於對敵鬥爭及對外交涉的需要，林則徐還著人迅速編譯《國際法》，他也因此而被譽為中國引進國際法的第一人，中國近代外交事業的先行者，中國國際法學的開山者；特別值得一提的是，時年五十五歲的林則徐還積極主動地帶頭學習外語，掌握一些英語及葡萄牙語詞彙……

林則徐對西方的瞭解，主要是歐洲國家的歷史、地理、法制、時事、科學、技術，特別是軍事方面的知識。他瞭解得越多，心中原先所具有的「天朝優越感」就一點點地消失殆盡。林則徐對西方的認識，也經歷了一個相當艱難而痛苦的轉變過程，由「通時務」變為「通夷務」，從嚴禁鴉片過渡為獎勵通商，最後發展為「師夷長技以制夷」。

在鴉片戰爭中，林則徐已敏銳地認識到，中國要想改變政治腐朽、軍隊腐敗、積貧積弱的現狀，要想成為軍事強國不受欺凌，唯一的方法，就是學習、效法西方。為此，林則徐盡其所能地開展了一系列引進、改良軍隊裝備的活動，集資向葡萄牙購買了百門西式大炮裝備沿海炮台，按西方式樣仿造新式兵船，還指令公行商人集資買下一艘西方貨船進行改裝，配備三十四門大炮編入水師。在中國軍事史上，林則徐是把海戰上升到戰略高度的第一人，也是提倡建立近代海軍的第一人……林則徐的努力儘管收效甚微，但這些向西方學習的實踐活動，實為此後洋務運動之濫觴。

當然，作為「睜眼看世界第一人」，林則徐也免不了自身與時代難以超越的局限。比如剛到廣州時，也持「天朝大國」、「物產豐饒」等觀點，認為茶葉、大黃是「制夷之大權」，「中國只要閉關絕市，便能置英國於死地」，夷人若沒有中國的茶葉、大黃，「即無以為命」，所以對不法外商果斷「封倉」，不讓茶葉、大黃外流；他與對手義律（Sir Charles Elliot, 1801-1875）交鋒近一年，兩人卻一次面也沒見過，可能連交流對談的想法也不曾有過。一位對中國頗有好感的美國醫生伯駕（Peter Parker, 1804-1888）鑒於中英交惡而中方對世界一無所知，主動向林則徐贈送一本地圖集、一部地理書、一架地球儀等有用的禮物，竟遇到了清皇接見英使類似的禮節問題，他的部下說禮物可以接受，但得附上一份請願書才行。伯駕聞言，不禁大光其火，立馬將禮物收回；林則徐前往澳門巡視時，對西洋習俗無法理解，抱著一種鄙夷的態度在日記中寫道：「可惜夷服太覺不類，其男渾身包裹緊密，短褐長腿，如同演劇扮作狐、兔等獸的形狀……多長大鬍子，突然見了能叫人驚怕，粵人呼為鬼子。婦女頭髮髮式分梳兩道，或三道，都無高髻，衣服則上面露胸，下拖重裙，婚配皆由男女自擇，不避同姓，真是夷俗也！」英軍准將曾評價道：「林則徐先生是一位有著傑出才能和勇氣的總督，可惜的只是他不懂得外國的情況。」最為關鍵的是，林則徐對西方的認識僅限於朦朦朧朧的「睜眼」，未能洞見藏在器物之後的資本主義經濟、政治、法律、文化等方面的內容。

鴉片戰爭因林則徐禁煙而起，道光皇帝卻總是讓他不斷地遠離戰爭、遠離戰場，從未參與領導一次重大戰役。一八四〇年九月二十八日，林則徐以「誤國病民，辦理不善」的罪名被革職，留在廣東待查。革職待查半年多後，又向林則徐發出一道賞四品卿銜，令其迅速趕赴浙江以候諭旨的命令。林則徐到達浙江鎮海的第十八天，新的諭旨下達：「革去林則徐四品卿銜，並與鄧廷楨從重發往伊犁。」

林則徐雖然對鴉片戰爭有著較他人更為清醒的認識與深刻的檢討，可令人費解的是，他卻有意掩蓋相關事實真相。在遭貶謫赴伊犁途中，林則徐在一封致友人的信函中寫道：「彼之大炮遠及十里內外，若我炮不能及彼，彼炮先已及我，是器不良也。彼之放炮如內地之放排槍，連聲不斷。我放一炮後，須輾轉移時，再放一炮，是技不熟也。求其良且熟焉，亦無他深巧耳。不此之務，既遠調百萬貔貅，恐只供臨敵之一哄。況逆船朝南暮北，唯水師始能尾追，岸兵能頃刻移動否？蓋內地將弁兵丁雖不乏久歷戎行之人，而皆睹面接仗。似此之相距十里八里，彼此不見面而接仗者，未之前聞。徐嘗謂剿匪八字要言，器良技熟，膽壯心齊是已。第一要大炮得用，今此一物置之不講，真令岳、韓束手，奈何奈何！」林則徐在陳述中西差距這些鐵的事實之後，卻叮囑朋友，不要將此信傳示他人。此舉是擔心助長英人威風，是明哲保身以免招致士大夫清流派攻擊，還是極力塑造自己的高大形象以維護那「不可戰勝」的神話？

也許是過於仇恨英人，胸中長期壓抑著一股鬱悶之氣的緣故，晚年引退福州故里後的林則徐，在處理與英人關係上，不免給人以意氣用事之嫌。

依據中英《南京條約》，福州為五處通商口岸之一，英人得以居留福州。這種居留，也帶著排外與防範性質，只讓他們住在城外。其時，哪怕鴉片戰爭結束已經八年，在國人眼裡，英人仍與禽獸無異。就連對英人的稱呼，林則徐也仍一直使用「英夷」一詞。既為獸類，豈可與華人同居一地？而駐福州領事館翻譯官、代理領事金執爾（William Raymond Gingell），卻希望在城內烏石山下的神光寺租借一間房屋，給剛來福州的一名英籍傳教士和一名英籍醫生居住。在得到侯官縣令興廉的蓋印與同意之後，英國傳教士和醫生得以入住其中，首開五口通商口岸英人進城居住之先例。林則徐聞訊，當即拍案而起，聯合當地知名士紳，質問縣令興廉，又帶頭聯名上書福建巡撫徐繼畬，要求官方立即驅逐英人。一時間，各書院肄業書童及士民紛紛響應，消息傳開，民情激憤，很快形成一股浩大聲勢。

關於徐繼畬，下面我們將有所提及，他並非頑冥不化的盲目排外之人，一方面與英人交涉，希望通過外交談判解決爭端，另一方面不動聲色暗中籌劃，勸說百姓不找英人就醫，阻止匠人不為英人修復破舊漏雨的房屋，以迫使英人搬出城外。徐繼畬的談判迂回策略被林則徐視為妥協投降，他再度聯名士紳上書，指出英人租居城內，目的就在於染指福州，並呼籲官府採取強硬措施，調兵演炮，招募鄉勇，保障省城安全。徐繼畬與閩浙總督劉韻珂意見一致，認為林則徐「喜事沽名」，「退居仍復多事」，「不顧後日之隱憂」，並擬上書彈劾。林則徐不為所懼，又飛鴻聯絡京城福建籍官吏引為外援，終於逼迫英人退居城外。對此，福建地方志本傳有所記載，原文不妨摘引如下：

> 英夷因廣東停其貿易不許入城，改而之閩入省城，住神光、積翠二寺，則徐率紳士倡議驅之，慮其以炮船來海口恐嚇，數乘扁舟至虎門、閩安諸海口閱視形勢，函商疆吏。與總督劉韻珂、巡撫徐繼畬意見不合。

出於當時可以理解的民族情緒，林則徐的行為自然受到普通百姓、廣大士紳的熱烈擁護與激賞，而從今天的角度視之，說明他對英人的行為目的、行事準則以及強大實力並未真正瞭解。林則徐雖然睜開了眼睛，並未看清世界格局真相，視野仍局限在天朝版圖之內，沒有投向廣闊的世界，沒有中西通融、兼收並蓄、吞吐萬象的博大與恢弘。當然，這對林則徐來說，似乎過於苛刻，每一生命個體都會受到時代、環境的約束與局限，哪怕大聖大賢也不例外。然而，如果因之引發一場新的戰爭，並交由他來領導，可以想見的是，林則徐「不可戰勝」的個人神話將徹底破滅。由此產生的多米諾骨牌效應（Domino Effect），可早日解構天朝君臨天下無往而不勝的虛假神話，於國家、民族而言，或許是一大幸事也未可知。由此，我們似乎多少破譯、理解了林則徐那不肯將致友人書信中所描述的真相透露於外的個中因由了。

林則徐由浙江鎮海流放新疆伊犁，途經江蘇鎮江時，與好友魏源相遇。兩位憂國憂民的有識之士「萬感蒼茫」，就時局與未來徹夜長談。然後，林則徐將自己精心收集、組織翻譯的手稿《四洲志》、《澳門月報》、《粵東奏稿》以及西方的炮船模型圖樣等有關資料盡數交給魏源，囑咐他編撰一本系統介紹西方情況、適應時事需要的專著。大漠荒荒，關山迢迢，此一分別，不知何日才能相聚，依依惜別之時，魏源一再叮囑友人多加保重，林則徐回道：「善始者不必善終，如不出逆料，則徐此生無能為也，寄意丹青，徒發清議而已。唯愚兄所托著書之事，望賢弟刻意為之，務使大清臣民早開智慧，捨此則無可禦侮也！」

魏源不負重托，送別友人之後，便全身心地投入到編纂創作之中。鴉片戰爭剛一結束，一部洋洋灑灑五十卷本的巨著便問世了，名為《海國圖志》！

《海國圖志》是中國學者編寫的第一部關於世界各國情況的著述，也是國人正確認識世界的第一扇窗口，不僅敍述了英、美、法、俄等數十個西方、亞洲國家的地理、人口，還詳盡地介紹了這些國家的歷史、社會政治制度、先進科學技術及武器生產情況。最引人注目的是第一次將哥白尼（Nicolaus Copernicus, 1473-1543）的地動日心說介紹到中國，人們據此才慢慢相信地球是一個圓形的「球」，並且不停地繞著太陽旋轉等常識性的天文知識。《海國圖志》明確告訴國人，外洋諸島不是中國的朝貢國，中國不是世界的「中心王國」，只是世界五大洲的一部分；中國也不是「天朝上國」，而是在許多方面不如西方各國，有待改造完善的國家；中國不能閉關自守、盲目自大，要向他國學習，與世界融為一體，第一次明確提出向西方學習的口號。

認識世界、走向世界是一個艱難而漫長的歷程，魏源始終以建設性的姿態解讀鴉片戰爭，《海國圖志》的編纂宗旨便是「師夷長技以制夷」，他將英人的軍事優勢概括為「一戰艦，二火器，三養兵練兵之法」。只有師夷長技，才能克夷制勝，魏源所強調的，主要是學習西方先進的武器與科學技術。而器物，總是與一定的哲學認識、學術水準、政治制度、經濟水準等密切相關。西方文明是一個系統，只有在不斷地學習與磨合、痛苦與轉型中才會逐漸加深認識。

《海國圖志》一出，並沒有像魏源及後人所想像的那樣引起時人的共鳴，產生強烈的效果，以達到認識世界、富國強民之效。據有關資料統計，當時全國士紳百餘萬，具有閱讀此書能力者三百多萬，可最終發行量不過千冊左右。人們無法接受書中對西方社會的「讚美」之詞，更有不少守舊官吏認定《海國圖志》是一本妖言惑眾的逆書，欲將其付諸一炬。

然而，《海國圖志》還是很快就有了「知音」。只是這啟蒙最快、獲益最大的「知音」不是國人，而是日後時時處處與中國為敵的東鄰島國日本。一八五一年，《海國圖志》通過中國的貿易商船帶到長崎，日人如獲至寶，頓覺眼界大開，認為這是天照大神送給他們的特別禮物。於是，數年間刊刻二十多種，引發日人大規模的閱讀熱潮。日本沒有沉重的歷史包袱，特別善於學習模仿，先是吸收唐朝先進的漢文化，一旦發現西方海洋文化超過華夏文明，又趕緊掉頭轉向，逐漸西化，「脫亞入歐」。一個早已為中外學者所認同的事實，那就是日本幕府末年有識之士對外國情況的瞭解，大多源於《海國圖志》，此書有力地推動了日本明治維新運動的形成與發展。

歷史曾給予華夏民族遠遠多於大和民族學習西方、追趕西方、超越西方的機會，然而，我們卻出於頑冥不化的盲目自大，一次又一次拒絕了這些難得的歷史機遇。上帝只青睞、眷顧那些有所準備、善於學習、善於吸收世界先進文明成果的民族，大清王朝拒絕學習，拒絕開放，故步自封，報應與惡果竟由一個我們從未放在眼裡的昔日學生、蕞爾島國日本強加而來，先是十九世紀末徹底敗績的中日甲午戰爭，接踵而至的便是差點亡國滅種的抗日戰爭。

繼《海國圖志》不久，又有了梁廷枏於一八四六年殺青的《海國四說》，徐繼畬於一八四八年完成的《瀛寰志略》。《海國四說》向國人描述西方國家的同時，重點介紹美、英兩國，其中對蒸汽機的描寫大開國人眼界，對基督教的議論也相當到位。而《瀛寰志略》則毫無國人慣有的附會臆測，對外部知識的介紹，比魏源的《海國圖志》在資料上更為詳盡準確，思想上更富創造建樹。

徐繼畬曾任福建巡撫，不僅與主戰派、民族英雄林則徐有過一段過節，還是道光寵臣、內閣學士、軍機大臣穆彰阿的門生，而穆彰阿一直被認為是在鴉片戰爭中與林則徐為敵的投降派代表人物；又因《瀛寰志略》剛一出版，就遭封建衛道人士的上奏攻擊與撻伐，他們說徐繼畬將「泰西」說得比天朝還好，是心存「亂心」，結果使得該書初版即封禁多年。因此，徐繼畬及其《瀛寰志略》，要麼被人們忽略忘卻，要麼被有意曲解。在此，我們有必要對其進行一番客觀的審視與描述。

一八六八年三月二十九日，《紐約時報》（*The New York Times*）刊登重要文章評述遭皇帝放逐的清朝官員徐繼畬，認為「中國歷史悠久的地志體系，被這位東方伽利略改革了……對中國人來說，研究夷人歷史，肯定險象環生，而這位地理學家，正直勇敢，不怕重蹈伽利略的覆轍」。美國人將徐繼畬類比於歐洲黑暗中世紀時期的義大利科學家伽利略（Galileo Galilei, 1564-1642），似乎有點不類不倫，但我們只要稍加探究，便會發現他們之間，實則有著不少相通相似之處。

鴉片戰爭爆發時，徐繼畬出任汀漳龍道道台，駐地漳州離海防戰略重地廈門約七十里。為防英軍入侵，閩浙總督顏伯燾花了半年時間著手戰爭準備，在廈門一帶安設了四百座以上的岸炮，部署守軍五千六百八十名，另雇鄉勇九千二百七十四名各保地方，並以世界上最結實的材料花崗岩在廈門構築當時中國最為堅固的永久性炮兵工事——石壁。一八四一年八月二十六日下午一點四十五分，英軍分別向鼓浪嶼及廈門島南岸發起進攻。在鼓浪嶼，經過一小時二十分鐘炮戰，英艦基本打啞了三座清軍炮台，陸軍登陸後從清軍側後發起衝擊，很快佔據該島。在廈門南岸，清軍炮台雖然抵禦了英艦炮火兩個小時的猛烈轟擊，但英軍在石壁以東的沙灘登陸後立即撲向清軍側後，僅十五分鐘，陣地就陷入敵手。坐陣督戰的顏伯燾見此情景，由戰前的極端自信變為極度恐懼，率文武官員連夜渡海逃往同安。英軍隨即兵不血刃地佔據廈門全城。

廈門保衛戰，是鴉片戰爭中少有的一場經過精心準備的戰鬥，也是一場真正慘敗的戰鬥，作為當時清朝疆域內最為強大的海防要塞，幾小時內就全部土崩瓦解陷入敵手。置身於跟廈門僅一水之通、英軍旦夕可達的漳州，民眾一日數驚，在真切感受、深刻認識到英軍兇猛強大的同時，徐繼畬也做好了與城共存亡的戰鬥準備。

隨著中英條約的簽訂，西方商人、傳教士紛紛湧入五口通商之地。徐繼畬受命專辦廈門、福州兩口通商事務，在戰爭的強烈刺激下，他開始利用各種機會接觸、瞭解洋人。在廈門，他認識了許多美英傳教士與外交官如雅裨理（David Abeel, 1804-1846）、李太郭（George Tradseent Lay）、阿禮國（Sir Rutherford Alcock,1809-1897）等人，其中對他影響最大的當為美國傳教士雅裨理。徐繼畬不懂英語，也沒有經過西方的科學訓練，除搜集書籍、報刊等文字圖畫資料外，他的另一個法子，就是與外國人對談交流，通過不恥下問的方式獲得第一手資料，瞭解世界大勢。雅裨理認為徐繼畬「是我迄今見過的高級官員中最愛尋根究底的中國人。他詢問了許多外國的事情後，我們提出，拿一本地圖集，向他說明最感興趣的各個地方和區域。對此，他欣然表示贊同。我們儘量（使語言）簡潔，在一個下午時間裡，給他介紹了盡可能夠的基本情況」。

經過長達五年時間的精心準備與數易其稿，徐繼畬才完成了《瀛寰志略》。與《海國圖志》初版五十卷，四年後又增補為六十卷相比，《瀛寰志略》只有十卷，顯得十分單薄。當然，它們的區別主要不在於篇幅的多寡，更在內容的區別：《海國圖志》以編輯整理現成資料為主，是一部探究域外知識的集大成之作，《瀛寰志略》除採用書本資料外，還有博採的第一手資料、口頭傳說等，經過去粗取精、去偽存真，然後綜合撰述而成；《海國圖志》中的「海國」

二字，其實是新形勢下的四夷，以中國為天朝、為天下的概念沒有根本性的突破與變化，而《瀛寰志略》是一部體例嚴謹的世界地理著作，「瀛寰」乃世界之意，說明作者已走出「天下觀」的束縛，向世界意識轉化，視中國為萬國之一；在處理中國與世界關係方面，《海國圖志》仍視西洋各國為「夷」，《瀛寰志略》除了引語及個別地方，一般不用「夷」字，與各國平等相待，如稱英國為「英吉利」，英領事為「英官」，而當時無一例外地分別稱之為「英夷」與「英酋」；《海國圖志》的目的是「師夷長技以制夷」，而《瀛寰志略》的側重點，已跳出「技」的約束，著眼於中西制度的差異……一句話，徐繼畬的突出與偉大之處，就在於他能站在時代的制高點，通過《瀛寰志略》一書，使得國人第一次睜大眼睛，通過認識世界而認識中國，從而客觀地瞭解自己，是最早感受西方對中華大地的衝擊，意識到古老中國將面臨「古今一大變局」的清醒者。

然而，正如伽利略不得不違心地屈服，宣稱自己錯了一樣，徐繼畬為使《瀛寰志略》能夠順利出版，也不得不委曲求全地在引言中寫道：「坤輿大地，以中國為主。」儘管如此，也未能逃脫書一出版，即遭剿殺的厄運。

特別值得一提的是，在今日美國首都華盛頓，有一座尖塔聳立，高約五百五十五英尺的標誌性建築——華盛頓紀念塔，塔壁鑲嵌著一百九十方取自世界各地，全為歌頌美國國父華盛頓（George Washington, 1732-1799）的鑄文石刻。其中鑲嵌在第十級牆壁上的一方石碑為漢字，內容便出自徐繼畬的《瀛寰志略》一書：

> 華盛頓，異人也。起事勇於勝廣，割據雄於曹劉，既已提三尺劍，開疆萬里，乃不僭位號，不傳子孫，而創為推舉之法，幾於天下為公，駸駸乎三代之遺意。其治國崇讓善俗，不尚武功，亦迥與諸國異。余嘗見其畫像，氣貌雄毅絕倫，嗚呼，可不謂人傑矣哉！米利堅，合眾國以為國，幅員萬里，不設王侯之號，不循世及之規，公器付之公論，創古今未有之局，一何奇也！泰西古今人物，能不以華盛頓為稱首哉！

對民主制度及其代表人物的讚美與嚮往溢於言表，儘管只是當時極少數優秀代表人物的認識，但足以展示國人睜眼看世界之初的超邁情懷及所能達到的高度。

一九九八年美國總統柯林頓（William Jefferson Clinton, 1946-）訪問中國，在六月二十九日的北京大學演講中專門提及此碑此文，認為它是「一百五十年前美中兩國關係溝通交往的見證」。

6

如果說林則徐、魏源、梁廷枏、徐繼畬睜眼認識世界僅局限於國內，通過搜集資料與進入中國的外人瞭解世界，那麼第一位真正走出國門與西方世界「接軌」的中國士大夫，便是長期遭人唾罵與誤解的郭嵩燾。

作為中國第一位遠赴歐洲的駐外使節，郭嵩燾在國內任職期間，便經常與外國人打交道，較系統地接觸過西方事物。由對「日心說」的頗為懷疑過渡為豁然開朗，由對西方新奇之物的道聽途說到前往上海洋涇浜親眼目睹洋行洋樓、風雨表、雙眼千里鏡、火輪船等西方器物，對印刷機、碾麥的「火輪磨」和所謂「傳書鐵線」的電報，讚不絕口。

剛開始，郭嵩燾也只是相信、佩服西方的器物與技藝，認為只要稍加引進，與中國傳統文化嫁接，就可收到事半功倍、一蹴而就之效。而國人半點也不肯開化的頑固守舊及洋務事業受到的阻撓與挫折，才使他對中國幾千年的政教習俗、傳統文化產生懷疑。他發現西方也有兩千多年的悠久歷史與燦爛文明，並非僅在器物、技藝方面優於中華。當然，他的這種超出同輩的認識在國內還較為模糊，當他出使英、法，觀察西方社會的經濟生活，對西方的政治制度、經濟理論、法律文化等親身瞭解、細加研究、認真考求之後，這才變得清晰與明確。他看到了西方新聞報紙對政府的輿論監督作用，親赴英國下議院旁聽議員對政府的責難，通過英國的兩黨制體會到西方政體的開明，對西方的議院制更是感受強烈，認為英國的強盛在於議院制的設立，日本的繁榮也是因為仿效了西方議院制的緣故。經過一番比較，郭嵩燾深刻認識到中國與西方屬於兩種不同的政體：中國崇君，強調德治，皇帝總攬大權，機構的運轉依賴有限的官僚體系；西方重民，推重法治，凡事以民為本，庶民可以參政議政……由此而得出的結論是西方的民主制度要遠遠優於中國的封建專制統治：「自漢以來，中國教化日益微滅，而政教風俗，歐洲各國乃獨擅其勝。其視中國，亦猶三代盛時之視夷狄也，中國士大夫知此者尚無其人，傷哉！」尤為可貴的是，郭嵩燾還深層次地觸及到了人的近代化這一命題，將改造國民性，提高民眾的內在素質作為中國近代化轉型與實現的一項重要探索內容。

郭嵩燾的見解不僅超越常人，即使與林則徐、魏源、梁廷枏、徐繼畬等第一批開風氣之先的中國知識分子相比，也走得更遠，算得上一隻名副其實的「早叫的公雞」。比如開埠通商，於清廷而言，是鴉片戰爭失敗之後的無奈之舉。林則徐雖瞭解西方世界，但並未明確肯定西方文明，沒有徹底擺脫華夷之辨、以華變夷的傳統觀念羈絆，對開埠通商持保留態度，並在福州神光寺事件中意氣用事，給人以排外之嫌。徐繼畬雖主張用外交手段解決爭端，但其目的與林則徐一致，將英人驅逐出城。只有到了郭嵩燾，認識才有實質性的轉變，他認為不准各國人民自由出入、遊歷交往是蔽於一隅的褊狹之見，一再批評各地利用民眾狹隘的愛國心理組織所謂的反入城鬥爭，強調必須堅決勸導制止。他大膽提出與外人開埠通商的主張，在光緒八年（一八八二）七月十八日的一道奏摺中指出，古往今來治理國家，都要招徠商賈，多開放一個口岸只會對國家有利，這樣就可多一個口岸的稅收。不僅如此，他還鼓勵民間經商，呼籲撤銷禁海令，保護商人利益，甚至主張讓商人參政。一句話，他希望清廷全面引進、效法西方，大力發展資本主義經濟以求富國強民之效。這些超前認識哪怕在今天，也有著一定的現實意義。但在一個暮氣沉沉、風雨如磐的末世社會，可以想見的是，這種空谷足音不僅無法得到統治者的回響，即使在常以「先天下之憂而憂，後天下之樂而樂」的士大夫中間，也難以引起共鳴。

有人做過統計，從林則徐一八四一年編譯《四洲志》開始，至一八六一年為止，二十年間共編撰有關世界地理著作二十二部。儘管觀察與描述還比較膚淺，展示的世界也不甚清晰，但畢竟象徵著中國人鑿開了塞聽閉目的混沌狀態，傳統的天下觀開始有所突破，正逐步走向一個陌生而新奇的世界。然而，有良知的知識分子的憂患意識卻沒有得到整個社會的廣泛認同，向西方學習並未形成一種全社會的思潮。朝廷沒有反應，普通民眾也無知覺。中國傳統行政以縣治為獨立單位，縣下並無今日的鄉村政權，縣衙也只有為數不多的衙役皂吏以供驅使。社會底層、廣大民眾的治理與啟動全靠當地士紳的自覺承擔與調節。也就是說，士紳階層在中國古代封建專制政體下對引進新觀念，吸收新知識，改造舊社會有著至關重要的作用。而鴉片戰爭的教訓，學習西方的號召並未在全國廣大士紳階層中形成緊迫的回響，他們在這一決定中華民族命運的生死關頭，嚴重地失語、失職乃至失誤。幾千年的傳統文化已然麻木了他們的神經，封閉了他們走向世界的心靈，窒息了他們正確認知世界的能力。

當郭嵩燾抱著「通察洋情」的目的，不惜拚卻身家名聲，以年近六旬之病軀，勇敢地擔當首任駐外公使之職，踏上七萬里遠程之時，朝廷內外竟然一片譁然，認為這是卑躬屈膝，「以夏委夷」，乾坤倒懸，喪失「國威」。他的家鄉湖南士人更是猛烈抨擊，參加鄉試的考生集會玉泉山對他進行聲討，一把大火燒了與他相交友善的西枝和尚主持的上林寺。同鄉兼好友王闓運更是為他歎息扼腕，說「湖南人至恥與為伍」。劉坤一質問他：「何面目以歸湖南？更何以對天下後世？」更有家鄉士人作聯譏諷道：「出乎其類，拔乎其萃，不容於堯舜之世；未能事人，焉能事鬼，何必去父母之邦。」只有李鴻章一人理解並加以肯定：「七萬里之行，似尚慷慨。」作為走在時代前列的精英分子——士人、大臣的認識僅只如此，遑論被皇帝、朝臣目為

「愚民」的普通百姓？傳統歷史視野下的外交，就是其他國家的使者前來中國進貢，因此，華夷之間，要麼征服，要麼同化，就是沒有平等交往，沒有世界文明體系中的「外交」。其實，清朝決定派出使節，也並非出於自願，而是西方壓力與誘導的結果。在向歐洲派遣第一批外交官時，國內無一人應徵，清廷不得不聘請美國退休外交官作為中國特使前往。

置身封閉的國內，囿於幾千年的傳統觀念，士大夫的偏激與憤慨尚能理解，而走出國門親眼目睹西方先進文明成果之後，仍然頑冥不化，就匪夷所思了。劉錫鴻便是這樣的一個典型個案。作為與郭嵩燾一同出使英法的副使，近兩年的歐洲生活經歷，非但沒有使他的思想認識發生變化，反而更加堅定了原來的國粹立場。出使期間，劉錫鴻每十天一次，就要將自己的日記寄回總署，彙報郭嵩燾的一舉一動。有人說劉錫鴻專門打「小報告」是受人指使，是清廷頑固派有意安插在郭嵩燾身邊的暗探與「定時炸彈」。這不過是一種臆測而已，並無足夠的證據予以說明。劉錫鴻原為郭嵩燾任粵撫時的部下，且郭嵩燾曾有恩於他，赴英使館謀職，完全出於劉錫鴻的個人自薦。劉錫鴻這樣做，其實也是出於本心，他代表了中國士大夫的另一種類型，一種被傳統文化中的負面元素嚴重扭曲後的本能反應與自衛。譬如他親身感受到西方交通的便利之後，竟在清廷圍繞建造鐵路的利弊之爭中呈交一份奏疏，列舉二十三條理由，極力反對中國建造鐵路。

面對與華夏文明完全不同的新奇社會，郭嵩燾產生的是一種強烈的緊迫感，如不學習就會被世界遺棄；劉錫鴻雖然也認為眼前所見優於華夏，但得出的結論則與郭嵩燾截然不同，認為是西方採納了孔孟之道中「仁」與「義」的緣故，從而更加證實儒家傳統是「放之四海而皆準」的理想之道。下面，我們將從他的《英軺私記》中引述一段相關文字，不僅可以反映他的認識與心態，也是所有頑固守舊士大夫的一面心靈之鏡——當波斯藩王問及「中國何以不製火輪車」之時，劉錫鴻寫道：目前，我們大清政府正計劃在朝廷上製造大火車，這種大火車不用煤，不用鐵軌，卻能一日行駛數萬里。那位波斯人正在迷惑不解時，劉錫鴻帶著自信的微笑告訴他：根據我們中國聖人四書五經的教導，「正朝廷以正百官，正百官以正萬民。」此行之最速，一日而數萬里，無待於煤火輪鐵者也。對劉錫鴻這樣的回覆我們似乎並不陌生，因為這種精神的力量在「文革」時期經過改頭換面，又一次發揮到了極致。

歷史就是這樣「換湯不換藥」以似曾相識的方式不斷地循環著，難怪克羅齊（Benedetto Croce, 1866-1952）要說所有的歷史都是當代史的。

劉錫鴻將郭嵩燾在歐洲的行狀整理成十大罪狀，每條都有言之鑿鑿的所謂證據。其實這些所謂的罪狀，什麼「不分內外，詆毀時政」，什麼「刻意模仿洋人，趨媚忘本」等，明眼人一看就知此類指責屬「小題大做」、「上綱上線」的無稽之談。那些為罪狀而羅列的所謂證據，如學洋人用傘不用扇，學洋人聽歌劇手捧節目單，參觀炮台竟披洋人衣服，叫小妾學習外語四處應酬等等，今日看來，不過徒增笑料罷了。可這些罪狀與證據，在當時不僅可以使郭嵩燾去職，還將遭受嚴重懲處。正副使的矛盾不可調和，而國內對郭嵩燾的攻詰更是一浪高過一浪。他遵總理衙門之命寫就的《使西紀程》一書，因大力稱讚西方政教修明，希望中國急起直追採納學習，剛一刊刻，便遭翰林院編修何金壽及清流重臣李鴻藻、張佩綸的上奏攻擊彈劾，《使西紀程》原版被徹底毀棄，嚴禁流行，作者本人也落了個「漢奸大佞」的罵名。

面對無法排解的內外交困，在任期還差一年零七個月之時，郭嵩燾不得不奏請撤差，遺憾地提前結束公使之職。回國後連正常的進京述職也沒進行，便稱病乞休，且很快就被詔允還鄉。當他返回故鄉湖南時，乘坐的西洋小火輪受到鄉人攔阻，大街小巷貼滿了辱罵他「勾通洋人」的標語。

一八九一年七月十八日，郭嵩燾於湖南湘陰老家抱病而卒。臨終前夕，儘管孤獨鬱悶，「謗毀遍天下」，但他相信，只要中國社會不斷地向前發展，總有一天，人們會記得他的功績，贊同他的識見，實踐他的抱負，於是，悲愴的心胸不覺「泰然」，且湧出一股自信與豪邁，自題小像詩云：「流轉百世千齡後，定識人間有此人。」

「千秋萬歲名，寂寞身後事。」彷彿為了印證郭嵩燾的預言，在他死後相當長一段時間內，所遭受的仍是冷漠與不公。當時由王先謙等具奏，李鴻章代奏，請宣付國史館給他立傳並賜謚號，詔不准行。最令人痛心的是，在他死後九年，義和團運動風行，庚子年間京城搜殺「二毛子」時，還有京官奏上一本，請戮郭嵩燾之屍「以謝天下」。

難道真的要等到百年之後，走過一段反反覆覆的彎路，經歷一番曲曲折折的磨難，人們才能重新打量、認識、評價他嗎？

「早叫的公雞」在剛發出幾聲長鳴之時，其悲劇性結局就已命中注定，要麼自動閉嘴，要麼遭人閹割，要麼被人殺掉，這是古往今來無數先知先覺者難以逃脫的歷史宿命。可民族的發展與前途，將由此而不得不付出沉痛的代價。

一個古老而封閉的民族在沒有任何預感與思想準備的情況下被迫敞開大門，千年沉睡一旦醒來，方知天朝只是世界的一個部分，所謂的君臨天下、統馭四方不過是局於一隅的自我陶醉。原先的優勢彷彿一夜之間蕩然無存，原有的文明體系開始崩潰坍塌，於是，失序與混亂、痛苦與磨難、失落與困惑緊緊地糾纏著這塊土地上的廣大民眾。昔日的自豪與輝煌，竟成為不堪承受的沉重負擔，那邁向未來的步履，是那樣地蹣跚而彷徨，踉蹌而顛躓，實在讓人不忍注目與回望。

馬克思（Karl Heinrich Marx, 1818-1883）當年評價封閉的大清王朝時寫道：「一個人口幾乎占世界三分之一的幅員廣大的帝國，不顧時勢，仍然安於現狀，由於被強力排斥於世界聯繫的體系之外而孤立無倚，因此，極力以天朝盡善盡美的幻想來欺騙自己，這樣一個帝國，終於要在這樣一場殊死決鬥中死去。」

是的，一個老邁昏聵、日薄西山、風燭殘年的老大帝國，除了鳳凰涅槃、脫胎換骨、死而復生外，難道還有別的出路與選擇嗎?!

1. 洪秀全：「天國」的實驗與失敗

一位名叫洪秀全的落第書生在廣州街頭獲得了一本傳教士的佈道讀物《勸世良言》。正是這基督教的通俗冊子，不僅改變了一個書生的命運，而且改變了大清帝國的發展走向，加速了它的崩潰與滅亡，甚至差點改變了一個民族的命運。

一

鴉片戰爭的結果大大出乎清朝統治者的意料之外，不僅沒有收到禁煙之效，反而使得鴉片貿易合法化，帶來了戰爭賠款、割讓香港、開埠通商、自由傳教、協商關稅、領事裁判權、片面最惠國待遇等一系列屈辱條款。

《南京條約》簽了，西人堂而皇之地來了，戰後清廷不僅沒有吸取半點教訓，奮起直追，對外開放，對內搞活，而是更加頑固地堅持閉關自守的傳統「國策」，一方面不得不在表面上恪守約定，另一方面則敷衍其事，盡可能地將洋人的活動範圍與影響限制在五口通商之地。

儘管如此，鐵板一塊的中華帝國仍被大不列顛帝國鑿開了六扇大大的窗口——廣州、廈門、福州、寧波、上海五個通商口岸與割讓的香港。洋人雖不能進入內地，卻可在六地自由出入、自由貿易，最為關鍵的是，長期遭禁的基督教在這些劃定的地盤取得了合法身分證，可以修建教堂、自由傳教了。

經濟與文化，就這樣以一種緩慢而頑強的方式，開始一點點地蠶食、改變、重塑古老帝國那已然衰朽的肌體。

基督教曾三次較大規模地進入中國，自唐代初期的「大秦景教」，到元代的也里可溫教，然後是明末清初的天主教，令無數基督教徒傷心欲絕的是，無論當時多麼興盛，最後都免不了以「笙歌散盡花落去」的結局而收煞。透過槍炮脅迫而簽訂的《南京條約》，虔誠的基督教徒彷彿看到天國那神聖的光芒，正照臨在曾讓他們黯然神傷的中華版圖，他們眼前，出現了一次前所未有的全新變局與有利機會。一時間，西方傳教士紛紛湧入中國，以鍥而不捨乃至捨生忘死的精神，加快傳教步伐，盡可能地將影響深入內地。

正是在這樣一種背景之下，一位名叫洪秀全的落第書生在廣州街頭獲得了一本傳教士的佈道讀物《勸世良言》。正是這基督教的通俗冊子，不僅改變了一個書生的命運，而且改變了大清帝國的發展走向，加速了它的崩潰與滅亡，甚至差點改變了一個民族的命運。

洪秀全是在一八三六年第二次參加科舉考試名落孫山後獲贈《勸世良言》一書的。科考落第，本屬正常，不少人從小考到老考了一輩子也沒考中秀才，何況洪秀全當時還只二十二歲，這於一般士子而言，根本算不得什麼，可對洪秀全來說，卻有著不同尋常的意義。

洪氏世代務農，家境貧寒，洪秀全排行老么，上有兩個哥哥，一個姊姊，七歲即入村中私塾就讀，除誦讀科舉考試不得不研習的四書五經外，還自個兒閱讀了不少古代歷史方面的書籍。據族弟洪仁玕回憶：「其天亶聖聰，目不再誦，十二三歲經史詩文，無不博覽。」家人、塾師、族人都十分看好洪秀全，認為他前程無量，日後必將發達。「確信他將及時取得功名，甚至成為翰林……這樣，整個家族也將因他的高位而得到榮耀。」因此之故，家人哪怕節衣縮食，省吃儉用，也要供他繼續念書。特別是父親洪鏡揚，更是對幼子寄予無限希望，將他視為光耀門庭的驕傲。平時聊天，父親總是喜歡以幼子為話題，每當聽到別人對洪秀全的讚許之辭時，洪鏡揚便高興得眉飛色舞，有時還興猶未盡地將對方邀至家中，繼續圍繞幼子的聰穎刻苦與美好前程談論不休。

可以想見的是，在這種環境與氛圍中長大成人的洪秀全，對科舉的一再落第該是多麼地失望與沮喪。考中秀才、舉人、進士，不僅是他個人的期待與光榮，也是整個家族的企盼與榮耀啊。

就洪秀全的現存詩文及人生謀略而言，平心而論，他並非那種有著特殊天賦的奇才。只是他所出生的那個村子十分偏僻，人口也不多，約三百村民，作為其中的佼佼者，洪秀全的確當之無愧。然而，若在更大範圍內進行比較，別說在中國古代科舉史上，即使與當時的風雲人物相比，他在才華上也要略遜一籌。洪秀全的落第，雖有幾分遺憾，也並非特別冤。然而，封閉環境的長期生活，鄉民「歌功頌德」的氛圍熏陶，族人殷切期望的特殊影響，使得洪秀全不可能客觀而真實地認識自己、評價自己，他不僅對功名利祿過於敏感，也形成了自視甚高的傲慢與狂悖。

第二次科舉落第，洪秀全十分鬱悶、痛苦而失望，連個秀才都考不上，更不用說什麼舉人、進士了。不能高中，又如何能夠發跡高升、光宗耀祖？他感到無顏見江東父老，不禁徘徊在廣州街頭，遲遲不肯回到約九十華里之外的故鄉——廣東省花縣（今廣州市花都區）官祿㘵村。躑躅之際，他在龍藏街遇見了一名傳教士，不由得駐足聽了一會兒佈道。根本就沒有聽出什麼內容，不過覺得有趣，便稍加關注而已。第二天，悯然而失落的他，彷彿被一種神秘力量牽引，又不知不覺踱到那兒，並且得到了那位傳教士贈送的《勸世良言》。

在廣州逗留一段時間後，洪秀全強打精神回到家中，他決心繼續攻讀四書五經，以參加下次科考。整理行李時，自然翻出了那套《勸世良言》，他稍作瀏覽，便擱在了一個木箱之中。

一年後，洪秀全第三次來到廣州應試，依然榜上無名，當即病倒在床。友人只好雇了一乘轎子，請了幾名轎夫，準備將他抬回花縣老家。返鄉途中，洪秀全的意識尚較清醒，他吟詩一首道：「龍潛海角恐驚天，暫且偷閒躍在淵；等待風雲齊聚會，飛騰六合定乾坤。」洪秀全對自己的期望相當之高，而現實卻如冰窖般冷酷無情，他怎麼也接受不了這一連串的的科舉落第打擊，不得不逃避現實，躲在自己構築的虛幻世界中做著鶴唳沖天、風捲殘雲、唯我獨尊的迷夢。回到家中，病情不僅沒有好轉，反而愈加沉重，進入譫妄與夢魘狀態。他夢見自己飄升雲天被人剖開肚腹換了五臟六腑，然後去見一位頭披金髮、身穿黑袍的老人。老人端坐在寶座之上，自稱世間人類由他生育，親手交他一柄斬妖寶劍，囑他掃除妖魔，但不得妄殺兄弟姊妹；又賜他一塊玉璽，此乃帝王權力的象徵；同時，老人又回頭呵斥站在一旁的孔子，說他撰述的典籍並未清楚地闡述人間真理，孔子唯諾認錯不已……長期臥病期間，洪秀全神志不清，夢幻不斷，他還夢見一位稱作「長兄」的中年人助他殺妖。於是，病中的洪秀全，在現實中的舉止便顯得十分怪異，他時而歌唱，時而訓人，時而高呼「斬！斬」，並從病床跳下直撲房門口，摘下插在門牆上的菖蒲當作寶劍，揮舞跳躍，作出擊斬殺狀……偶爾清醒之時，洪秀全不禁悲觀到了極點，以為不久於人世，而他念念不忘的，一是父母含辛茹苦供他念書的大恩大德無以回報，二恨自己不能一舉成名天下知曉。於是，家人以為他真的快要病死了，而鄉人則認為村裡出了一名精神異常的瘋子。

沒有想到的是，四十多天後，洪秀全的病情竟慢慢好轉並徹底痊癒。就現有資料來看，洪秀全病重期間，家人的精心照料自不待言，卻無延醫服藥的文字記載，彷彿於不知不覺間，他的病說好就好了。

大病之後的洪秀全，性格發生了明顯變化，善於健談、喜形於色的他，一時間變得內斂收縮、不露聲色，由過去外向型的活潑詼諧轉為內向型的沉靜莊嚴。儘管如此，他對科舉仍未死心。科考是古代知識分子的唯一出路，洪秀全雖然在病中出現了無數怪誕奇異，日後被認為是神啟的幻象，他的眼前卻並未顯現一條有別於科舉的新路。只要還存有一絲希望，洪秀全就不想放棄。於是，在故鄉與鄰村繼續擔任塾師的同時，他仍全力準備著參加下次科考。

一八四三年，洪秀全第四次，也是最後一次趕赴廣州參加秀才考試。面對又一次落第，他雖然悻悻不已，當時並無什麼過激的反應與表現。回到家中，他將所有用於科考的儒家典籍全部棄擲在地，脫口而道：「還是等我自己開科，來取天下之士吧！」

科舉可以不參加，但日子卻不能不過。於是，洪秀全只得重操舊業，設館於三十里外的蓮花塘繼母侄子、表兄李敬芳家，以教書為生。一日，讀過幾年私塾的表兄李敬芳與洪秀全聊天，發現了那套《勸世良言》，借去一閱後，反過來極力向洪秀全推薦。直到此時，放在箱底擱置長達七年之久的《勸世良言》，才引起洪秀全的足夠留意與真正重視。

《勸世良言》是一部由中國人編寫的基督傳教叢書，作者梁發（亦稱梁亞發），在洋人開辦的印刷廠裡當過雕版工人，是基督教在中國的第一位華人牧師。面對基督教及《聖經》難以為中國人接受的事實，梁發從《新約》、《舊約》中精選六十多段文字，編寫完成了約九萬字的《勸世良言》。該書於一八三二年初刊，共計九卷，分訂九冊。若由今日眼光視之，《勸世良言》語句多處不通，內容也十分淺薄。但它援引儒家典籍闡釋國人陌生的概念名稱、神蹟故事等基督教義，不時穿插一些本土風情的描述，十分切合中國人的生活習慣、思維特點與欣賞口味，深得普通百姓的理解與接受。

《勸世良言》的主要觀點有三：一、尊上帝為唯一真神，其餘全是必須打倒的邪神、妖魔與鬼怪；二、世間之人都是上帝子女，在上帝面前人人平等；三、忍耐保守，逆來順受。前兩種觀點，十分契合洪秀全當時心理，科舉考試的連續失意使他對儒教深惡痛絕，必欲打倒而後快；洪秀全出身貧寒，對社會的貧富、貴賤尤為敏感，一直遭受不平等待遇的他，只覺得人人平等的口號就是他的心聲；第三種觀點，要求人們逆來順受，他認為「殊不適用於今時，蓋將無以管鎮邪惡之世也」。

在對《勸世良言》經過一番認真研讀之後，洪秀全發現書中所述內容，竟與第三次科場失意後大病中的幻覺十分吻合。那彷彿死水一潭的內心深處不禁湧起了陣陣波瀾，因科舉受挫長期壓抑苦悶的心情頓時豁然開朗，平淡的人生由此峰回路轉，進入一個全新的領域與境地。對此，瑞士傳教士韓山文（Theodore Hamberg）在《太平天國起義記》（*The Visions of Hung Siu-*

tzuen and Origin of the Kwang-si Insurrection）中寫道：「這時他才明白，那位端坐在寶座之上，為世人所當敬拜者即天父上帝，助他殺妖的中年人即救世主耶穌，魔鬼即偶像，所謂兄弟姊妹即世間人類。」斷續的夢境得到明確的印證與清晰的闡釋，由此，洪秀全不得不「深信夢兆與該書都是可信的，而他便是由上帝指派讓天下（即中國）重新奉真神上帝的人」。

表面看來，洪秀全的夢境顯得十分神秘而巧合，神奇而怪誕，其實，只要我們稍加分析，就不難看出外國傳教士的佈道演說與第一次粗粗翻閱《勸世良言》，在他的潛意識裡留下了深深的印痕。與其說是他的夢境證實了《勸世良言》，不如說是《勸世良言》誘發了那些看似荒誕而實有所指的幻象。《勸世良言》是因，夢境是果；當洪秀全再次細閱研讀《勸世良言》之後，這一因果關係卻完全給顛倒過來了。也正是這一誤讀、夢境及其獲得的自信，支撐著洪秀全建立起一個影響深遠的太平天國。

由隨意瀏覽，到心理暗示，而夢境幻象，再到現實世界，洪秀全再次認真研討《勸世良言》，一個最大的收穫，就是「覺已獲得上天堂之真路，與及永生快樂之希望，甚為歡喜」。在一種強烈使命感的驅使下，洪秀全決心皈依上帝，傳播真理，喚醒世人，清除邪惡，還世界以清平。

洪秀全最早的傳教對象，就是表兄李敬芳。兩人惺惺相惜，一拍即合，並根據自己的理解，舉行了獨特的施洗儀式：相互在對方頭上灑上一些清水，表示「洗除罪惡，去舊從新」；然後對天跪拜，祈禱不已，發誓今後獨尊上帝，不信邪神。

不久，洪秀全又依照大病期間夢中所見上帝親手交他一柄斬妖寶劍的幻覺，找到著名鐵匠「打鐵羅」，鍛造了一把鑄有「斬妖劍」三字的所謂寶劍，一天到晚佩在身邊，並賦〈吟劍〉詩一首：「手持三尺定山河，四海為家共飲和。擒盡妖邪投地網，收殘奸宄落天羅。東南西北敦皇極，日月星辰奏凱歌。虎嘯龍吟光世界，太平一統樂如何。」

二

接受上帝信仰之後，洪秀全從任教的蓮花塘返回官祿㘵村傳教，很快說服與他有著相似經歷的表弟馮雲山、族弟洪仁玕入教，並為他們施洗。因獨尊上帝一神，他們首先去掉各自私塾中的孔子牌位，爾後動員鄉親撤除一切邪神偶像，摒棄一切傳統迷信，結果在村裡釀出許多糾紛，惹起軒然大波。洪秀全等人不得不作出遠走他鄉、出遊傳教的決定。

其實，洪秀全所信、所傳之教，並非真正意義上的基督教，而是以《勸世良言》為藍本，自行理解的上帝教。在傳教過程中，洪秀全通過陸續撰寫的〈勸世真文〉、〈改邪歸正〉等五十餘帙宗教詩文，逐步構建具有「洪氏風格」的宗教理論。這些詩文大多失傳，留存至今的僅有〈百正歌〉、〈原道救世歌〉、〈原道醒世訓〉等篇。

洪秀全傳播上帝教的影響日增，自然引起了西方基督傳教士的關注。美國南浸信會傳教士羅孝全（Issachar Jacob Roberts, 1802-1871）便讓他的中國助手周道行寫信致意，邀請洪秀全前來廣州他所設立的教堂粵東施蘸聖會。洪秀全也想見識一下真正的西方基督教徒，以驗證自我領悟的上帝教知識，於是，他愉快地接受了邀請。一八四七年三月下旬，洪秀全在洪仁玕的陪同下來到廣州羅孝全處，參加了教堂的《聖經》班，這才第一次直接讀到《聖經》漢譯本，不禁高聲念誦不已，每天還聆聽兩小時的牧師佈道。在羅孝全熱情誠摯的感化下，洪秀全很快提出正式受洗入教的請求。然而，羅孝全的兩名中國助手擔心洪秀全入教後成為他們的競爭對手，尋機從中作梗，結果使得洪秀全受洗之事一拖再拖，最後不了了之。

科舉落第以及與基督教失之交臂，這兩件看似十分偶然的事情，就這樣改變了洪秀全的個人命運，也影響了中國近代歷史的發展進程。不說科舉高中，哪怕僅僅得到一個秀才的功名，洪秀全就不會去信奉、傳播什麼上帝教了；要是他受洗入教成為一名真正的基督教徒，日後便不可能自行創立另一教派上帝會，他即使借教造反，性質也將大為改觀，與此後建立的太平天國迥然有別。

其實，洪秀全之名，也並非本名，而是宗教的特殊「產物」。洪秀全原名洪仁坤，小名火秀，秀全是他假托上帝之言自己取的。據《太平天日》記載，洪秀全大病夢幻之時，天父上帝因他與妖魔勇戰獲勝十分歡喜，封他為太平天王大道君王全，並說道：「爾下去凡間時，或稱洪秀時，或稱洪全時，或稱洪秀全。」建都天京後，他又對「秀」、「全」二字予以特別解釋：秀，禾乃，「天國良民之主也」；全，「人王」也。只是「洪秀全」之名何時叫開，是大病夢幻之後，還是紫荊山傳教之時，已無法考證。

未能受洗加入真正的基督教，洪秀全懷著失望懊惱的心情離開廣州，前往廣西與馮雲山會合。作為洪秀全最早最忠的追隨者，馮雲山獨自一人在廣西紫荊山佈道傳教，不僅爭取了大批教徒，並且一直遙奉洪秀全為教主，使得「每村每處，皆悉有『洪先生』而已，到處人人恭敬」。因此，洪秀全剛剛抵達紫荊山，就受到了當地教眾的擁戴與追捧。如果說洪秀全以前只是傳教——傳播一種根據《勸世良言》自我領悟的上帝教，那麼此時，在遭到西方基督傳教士的冷遇之後，在眾星拱月的朝拜與陶醉之中，洪秀全不由得開始考慮要創立一個以自己為教主的正兒八經的宗教——上帝會了。自我領悟畢竟有限，可巧的是，他剛剛接受了為期數月的正規基督徒訓練，於是，便借鑒西方基督教部分內容、教規、禮儀，如祈禱文、十款天條、洗禮儀式、禮拜儀式等，對過去在傳教過程中形成的宗教體系加以補充、改進，使之不斷完善。由此可見，洪秀全創立的上帝會不是獨立的宗教，而是依附基督教而衍生的一種寄生宗教，可視為基督教的一個派別，一條分支，一個變種。

人們一般將洪秀全、馮雲山創建的宗教組織稱為「拜上帝會」，近來有學者嚴加考證後認為，這一宗教組織應該稱為「上帝會」，而不是「拜上帝會」。「拜」是古人表示恭敬的一種禮節，有拜會、加入、參加之義。拜上帝會，即參加上帝會的意思。筆者深以為然，因此，本文將一改過去工具書、教科書、論著中的相關稱呼，稱「拜上帝會」為「上帝會」。

上帝會成立之初，洪秀會並未產生使用武力推翻清朝統治的想法。他雖然早就對現實社會抱有強烈不滿，並自認為受上帝委派下到凡塵掃除妖孽，卻只想通過溫和的傳教方式，慢慢改變世道人心。此後的金田團營，揭竿而起，實為「逼上梁山」的被迫之舉。對此，李秀成在被俘後留下的自述中寫道：「自教人拜上帝之時，數年未見動靜。自道光二十七、八年之上下，廣西盜賊四起，擾亂城鎮，各居戶多有團練。團練與拜上帝之人兩有分別。拜上帝人與拜上帝人一和（夥），團練與團練一和（夥），各爭自氣，各逞自強，因而逼起。」

由名落孫山到四處傳教而金田起義，循著這條線索，我們會清晰地發現，正是現實的逼迫與個人的抉擇，洪秀全一步一步地走上了武力反抗清朝統治，建立太平天國的道路。

就在起義前夕，發生了一樁對此後太平天國內部影響極為深遠的重大事件。

如果不是深入研究，一般人實難發現洪秀全的上帝會與西方基督教的內在區別。也正因為如此，上帝會利用清廷弛禁天主教之機，不僅避免了過去拜會結盟屢遭查禁、鎮壓的命運，而且迅速壯大，信眾很快就發展到三萬多人，勢力直接威脅到地方團練的利益。特別是上帝會搗毀神像等舉動，對地方教化與秩序更是構成極大威脅，雙方衝突勢在難免，結果導致馮雲山等人遭縣衙拘押。為救出馮雲山等人，洪秀全一時奔走無效，便專程返回廣州，向外國教會及主持弛禁天主教的兩廣總督耆英求助。就在洪秀全離開不久，馮雲山通過自己的努力獲得自由回到了紫荊山，旋即趕往廣東尋找意欲搭救自己的洪秀全。而此時的洪秀全在廣州活動沒有結果，只好重返廣西紫荊山。就這樣，兩人在廣西、廣東往返途中相互錯過。

當馮雲山遭到羈押，洪秀全四處求助，兩位首領匆匆奔走於道之際，上帝會一時群龍無首，人心渙散，處於失控狀態。為籠絡人心，不少教徒詭稱神靈附體發號施令，其中最突出的當數以燒炭為生的窮苦山民楊秀清與蕭朝貴。

民間長期流行著一種降僮巫術，如星宿下凡、死者轉生、仙佛附體等，這不僅在當時的廣西地區十分盛行，即便今日，也有著一定的「市場」。降僮的人稱為僮子，僮子專以此職業為生。僮子降僮時，會進入走火入魔的癡迷狀態——此時神靈已降附其身，凡治病、求財、求子、解疑等，都能各取所需地達到一定的效果。普通百姓對此深信不疑。

沒有資料、證據表明楊秀清、蕭朝貴做過專業僮子，但可以肯定的是，他們兩人精通此術，至少是從中受到了啟發。先是楊秀清假托天父上帝附體下凡，然後是蕭朝貴托稱天兄基督附身降旨，形式與降僮並無二致，上帝、耶穌附體時呈睡眠或癡迷狀，醒來後還原為普通常人。只是他們身上所附，不是僮子降僮時依附的當地神靈，而是天父上帝、天兄耶穌，回歸常人後還得宣稱自己獲得天啟，發佈天父、天兄聖旨，從而達到預期的目的。

楊秀清、蕭朝貴正是通過這種形式，代天父傳言，預言災難即將過去，號召教眾團結一心，在一定程度上起到了安定人心、穩定局面的作用。等到洪秀全與馮雲山雙雙返回紫荊山時，他們不僅獲得了天父、天兄傳言人的特殊資格，還得到了廣大教眾的信任，擔當了主持上帝會日常事務的重任。在為教眾的團結與局面的安定感到欣慰的同時，洪秀全對楊秀清與蕭朝貴的擅權僭越不禁感到深深的憂慮。面對木已成舟的事實，他不得不作出一定的妥協，承認楊秀清與蕭朝貴的「代言」權，緩和領導人內部的緊張局勢，並對「天庭」座次作了相應排定：上帝為天父，長子耶穌為天兄，洪秀全為第二子，馮雲山為第三子，楊秀清為第四子，蕭朝貴為第五子。

正是這一不得不作出的妥協與讓步，為太平天國此後的內訌與失敗埋下了潛在的禍根。

三

一八五一年一月十一日，從各地趕到廣西桂平縣金田村團營的男女教眾約兩萬人，隆重慶賀教主洪秀全三十八歲生日，正式誓師起義。

所謂團營，就是將各地會眾教徒匯聚在一起，編練成軍隊。營，即軍隊的編制單位。團營意味著上帝會在保有宗教色彩的狀態下，變成了一支強大的軍隊，軍教由此合而為一。團營之初，太平軍有男營、女營之分，皆以軍為單位進行編制。「五人為伍，五伍為兩，四兩為卒，五卒為旅，五旅為師，五師為軍。」男營每軍計有官兵一萬三千一百二十五人。女營組織略有不同，每軍計有女兵二千五百人。時人有詩贊女兵道：「綠旗黃袍女元戎，珠帽無龍結束工；八百女兵都赤腳，蠻衿紮褲走如風！」

以深信不疑的宗教信仰為支撐，以井然有序、整齊劃一的編制為結構，以鐵一般的嚴明紀律為保障，以教會認定的兄弟姊妹封建宗族關係為紐帶……可以想見，如此結合而成的一支軍隊，一旦舉事，會爆發出多麼巨大的能量！

就教主洪秀全本人而言，此時也完成了一次超越性的過渡與轉變：由個人的科場失意、壓抑痛苦，昇華為集團乃至民族的理想訴求。上帝會之所以如磁鐵般吸引廣大民眾毀家紓難，全身心地投入參與，一個最重要的因素，就在於洪秀全的莊嚴承諾：恢復漢族山河，反清不復明，開創新王朝，建立一個「有田同耕，有飯同食，有衣同穿，有錢同使，無處不均勻，無人不飽暖」的人間理想社會——太平天國。

以金田村為起點，一場中國歷史上規模最大的農民起義就這樣以摧枯拉朽之勢勇猛向前地鋪排發展開來。

而此時的外部環境與一些極其偶然的因素，也促成著這場起義的燎原之勢。派往廣西鎮壓起義的欽差大臣林則徐路途染病長逝；率援軍趕赴參戰的前雲貴提督、身經百戰的老將張必祿也在途中病故（一說戰亡）；而當時在廣西主事的巡撫鄭祖琛是一個年老多病、只圖粉飾的人物，沒有半點威望，根本不能控制、協調部下；爾後派往廣西的欽差大臣李星沅與兩廣總督徐廣縉反目，新任廣西巡撫周天爵又與廣西提督向榮不和，軍隊不服從調遣，後勤供應不濟，軍政矛盾重重，文武相互掣肘，剿滅何從談起？不久，李星沅又病逝軍營，導致清軍一片混亂，無心戀戰。有史料表明，當洪秀全得知林則徐前來平叛的消息之後，懾於他的威名，有過從海上逃遁的計劃。如果林則徐不死，以他的成熟幹練以及神奇的吸附力，必能遊刃有餘，調度有方，即使不能招撫鎮壓，至少可以阻止、延緩太平軍的勢頭。

多重因素形成一股強大的合力，推動著太平天國以百米衝刺的速度，以風捲殘雲的凌厲，以排山倒海的力量，向著他們既定的目標進軍。

太平軍從廣西打到湖南，又從湖南打到湖北，佔領武昌。爾後旌旗蔽日，浩浩蕩蕩，順江東下，一舉佔領南京。雖然有過諸多失利敗績，但就總體而言，算得上一路前行一路凱歌。

從金田起義到攻佔南京，僅用了兩年多時間。而從武昌東下攻取南京，全程五百八十九公里，沿途十多座軍事重鎮，包括行軍作戰，總共只花了四十天，速度之快令人不可思議。然而，正是這勢如破竹的背後，潛伏著諸多當時無法逆料的危機。

一八五一年三月二十三日，金田起義不過兩個多月，在局勢不甚明朗，前途一片迷惘之際，洪秀全就在東鄉登極稱王（天王），此後將這一天稱為「登極節」，作為太平天國的六大節日之一，每年都要慶祝一番。九月二十五日攻佔永安城後，更是頒布詔令，規定「小功有小賞，大功有大封」。十二月十七日，洪秀全舉行封王大典，發布封王詔令：封楊秀清為東王，蕭朝貴為西王，馮雲山為南王，韋昌輝為北王，石達開為翼王，「以上所封各王，俱受東王節制」。過早封王，不僅樹大招風，而且形成封建等級制度，帶來腐化墮落、貪圖享樂、追名逐利的負面效應。如果洪秀全能像朱元璋那樣懂得一點韜光養晦之術，就會學學他的「高築牆，廣積糧，緩稱王」政治策略，太平天國的結局必然有所改觀。

洪秀全在一項移營動員令中曾明確提出建立「小天堂」的理念，至於具體建在哪裡，太平天國高層領導人存在著一定的分歧，洪秀全的指向不明，頗有走一步看一步的味道；石達開在貴縣訓練教徒時高呼「一打南京，二打北京」；楊秀清的目光，則緊緊盯著南京（金陵）。當太平軍在湖南益陽獲得數千條民船，建立水營之後，領導層似乎達成了「專意金陵，據為根本」的志向。佔據武昌之後，關於下一步的攻略計劃，領導層又有過一番討論與動搖，部分將領認為應該「遺兵道襄樊，北進中原」，洪秀全也有將「小天堂」建在中原之意。而以楊秀清為代表的大部分將領則堅持東進，他們認為「金陵天府，饒富貴，宜據為根本，徐圖進取」。也就是說，先攻下南京作為大本營，然後再慢慢圖謀發展。兩種進攻方略，孰優孰劣，一時還真難判定。而實際結果是，太平軍據守南京後不僅偏安一隅，難有大的發展作為，而且建立的「小天堂」長期成為一個無以擺脫的沉重包袱，最後遭致城破國亡的悲慘命運。

如果太平軍揮師北上，以所向披靡之勢迅速佔領北京，不論當時的清朝統治者、冷眼旁觀的西方觀察家，還是後來研究太平天國的學者，都持贊同與肯定觀點。太平天國奠都南京後派出一支僅有兩萬多人的北伐隊伍，便橫掃江蘇、安徽、河南、山西、直隸等地，行程數千公里，曾一度逼進距北京三百餘里的保定，使得咸豐帝驚慌失措，一面加強京城防備，一面作好棄守逃跑的準備。如果沒有定都南京的延宕，不給清軍以喘息機會，數十萬太平大軍全力以赴直搗京城，真可謂囊中取物也。

令人遺憾的是，太平軍不僅未能乘勢攻取北京，而在進軍南京之時，又忽略了武昌的重要戰略地位，竟將它主動放棄，全軍順江東下。如果太平軍分出一部分兵力守城，並不影響攻略南京。只要守住武昌，就可擁有武昌至南京的千里地帶，以享有米糧倉之稱的江漢平原之糧食，不僅可以保障天京的後勤供給，還能在版圖上割裂清朝統治的完整性：「北兵不能渡江而南，兩湖、兩廣、三江、閩浙之兵，不能渡江而北，章奏不克上達，朝命不能下宣。」一招不慎，錯失良機，給日後帶來許多意想不到的麻煩與損失。

就在太平軍東下佔領南京之時，各路清軍也分頭逼來，建立江北大營與江南大營，對南京形成夾擊合圍之勢。因此，建都南京後首要軍事任務，就是解除清廷南北兩大軍事營壘的威脅，將其徹底蕩平，收到一勞永逸之效。而實際情形是，天京長期遭受清廷江南、江北大營困擾，每當太平天國有所作為之時，它們就在大本營牽制搗亂。太平天國從一八五三年建都天京，到一八六四年覆亡為止，清廷這一強大的軍事壓力與威脅一直相伴始終。

成功來得太順太快，洪秀全、楊秀清等一班領導人被勝利沖昏了頭腦，自我意識開始膨脹，以為「依揆情勢，須俟三兩月之間，滅盡妖清」。於是，在清廷不堪一擊，勝利指日可待的歡歌聲中，太平天國過於輕敵，僅只派出兩萬多人的北伐隊伍，不足一萬人的西征兵力，就想消滅尚有數十萬之眾的清軍，從而奪取全國政權，簡直樂觀到了天真的地步，結果鑄成一系列無法挽回的軍事錯誤。

北伐失利，請求增援，洪秀全、楊秀清派出的援軍又只一萬餘人。儘管太平軍鬥志昂揚、英勇善戰，但數量太少，與清軍幾乎不成比例，無疑於虎口投食。因此，北伐部隊全軍覆沒在所難免。而西征軍的情況也不美妙，後來雖不斷增援，兵力達到四萬，在湖北、湖南、江西、安徽等廣闊戰場取得了不少局部勝利，但就總體而言，也沒有達到預期的戰略目的。

北伐失敗，西征失利，嚴重消耗了太平軍的精銳部隊與有生力量。一八六四年七月二十二日，李秀成兵敗被俘，在《自述》中將北伐列為「誤國之首」。

四

如果說洪秀全走向反清之路，最初動機不夠純粹，但當他超越個人恩怨之後，以建立人間天國為使命，便具有了為公不凡的性質與氣概。他與太平天國其他領袖人物，也確曾以大無畏的反叛精神，進行過一番刻意改造現實的努力，但結果卻總是背道而馳，令人慨歎深思不已。

太平天國是一個集宗教、軍事、政治於一體的統治集團，先有宗教，爾後建立軍隊，由軍隊在血與火的攻伐中開闢根據地，從而建立世俗政權。

早在上帝會時，洪秀全就提出了「天下多男人，盡是兄弟之輩；天下多女子，盡是姊妹之群」的主張。金田團營，意味著宗教與軍事合一。太平將士，特別是高級將領，都是舉家入營，有的甚至全族團營，男女老幼隨大部隊一同行動。男女嚴格分營，即使夫妻也要分開，丈夫入男營，妻子歸女營，小孩隨母親。一家人七日方能見面一次，哪怕這一周一次的見面，也有人監視，談話要高聲，不能私語，一切透明而公開，不存在任何個人隱私。分營制於起義之初，不僅便於調度，易於管理，適應當時的軍事需要，也可保障家屬安全，使得將士安心征戰，還體現了天國兄弟姊妹相互平等、一視同仁的原則。上帝會早期成員以客家人居多，骨幹成員洪秀全、楊秀清、蕭朝貴、韋昌輝、石達開等都是清一色的客家人。客家人屬中原移民，吃苦耐勞，耕讀傳家，女不裹腳。起事之地廣西偏遠閉塞，理學教化未能深入，底層婦女也不裹腳，被人稱為「大腳蠻婆」。因此，最早團營的婦女少有生理束縛，她們與男人一樣，也能揮刀舞槍，頑強地投入戰鬥。

太平軍佔領天京後，這一戰時模式不僅嚴格執行，還掀起了分男行女行，入男館女館的高潮。上帝會認為兩性關係不純潔，必須嚴厲禁止，《天條書》第七條便是「不可姦淫」，而建立的軍隊政權更是將其絕對化，哪怕是正常的夫妻關係，也屬禁止之列，帶有濃厚的禁慾主義色彩。

而貴為天王的洪秀全以及其他諸王，與普通將士則形成鮮明對比。金田起義時，洪秀全就有十五名美妃；一年後的廣西永安圍城戰時，已增至三十六人；在湖南道州，洪秀全又接納何貢生「進獻」的美女四人；攻佔武昌，選民女「有殊色者六十人」；定都南京後，據有關資料統計，天王府內計有嬪妃一千一百六十九人，又因太平天國不設太監，所以府內另有一千二百名服役「女官」，二者相加，也就是說，天王府內共有兩千三百六十九名女人供洪秀全一人驅使。當時的清咸豐帝總共也只有十八名嬪妃，還被人稱為有聲色犬馬之癖。相形之下，天王洪秀全可就比他「風光」多了。其他各王也擁有妻子多人，他們認為佔有女人越多，就越顯高貴。為了掩人耳目自圓其說，體現所謂男女平等的觀念，太平天國諸王便將所佔女人改換名稱，不再有妻妾之分，而是統一稱妻。洪秀全的妻子多得連他自己也分辨不清，便以數碼為序進行編號。他自稱「天王洪日」，即太陽，那麼妻子便是月亮了。他眼裡的男女平等，就是將不可勝數的妻子統統稱為月亮，封為「月宮」。

太平天國從廣西一路打到南京，沿途征擄了不少女子，這些女子與早期女營將士一個最大區別，就是均有不同程度的裹腳。因此，女營的戰鬥力漸次喪失，除兩廣婦女外，大多只能做一些背米負鹽、擔水搓麻、收割稻麥、抬磚運土之類的活路。據統計，南京女館中婦女人數最多時高達十四萬，她們的生活起居受到嚴格管制，沒有半點自由，生理遭到壓抑，人性受到扭曲，不滿與逃跑時有發生。

民眾起初對太平天國抱以熱忱歡迎的態度，曾有民謠頌道：「洪楊到，百姓笑，白髮公公放鞭炮。三歲孩童扶馬鞍，鄉里大哥吹角號。」當太平天國不僅對將士及其家屬實行分營制，對普通民眾也按軍營方式管理之後，老百姓實在難以忍受苛刻的天條約束，不由得成批逃亡。太平軍進入南京時原有百姓八十萬，九個月後，僅剩十五萬，其中婦女十一萬，老弱男子四萬。也就是說，行動方便的男子差不多都跑了。

後來，男女分館的負面作用越來越大，洪秀全不得不下令取消女館制，准許男女配偶，並設立媒官專門管理。於是，新的規定「出台」了：凡男女十五歲以上至五十歲皆可「報名指配」，丞相許配女十人，國宗可配八人，其他職務「以次遞減」，無職者也可配女一名，由媒官「掣籤指婚」。在這一亂點鴛鴦譜的抽籤制下，出現了「有老夫得女妻，童子獲衰婦者」，且不准更換調配，於是，「貞女節婦自裁者，數千餘輩，女館遂空。」面對這種人為製造的婚姻悲劇，躲在深宮裡的洪秀全很有可能並不知情；即使知之，恐怕也打動不了貴為天王的洪秀全的鐵石心腸；即使打動，為時已晚，也無事於補。

太平天國的另一重大舉措，就是實行聖庫制，天下一切財物，「皆天父所有，全應解歸聖庫。」起義之初，大多會眾就是沖著「公平」二字投奔而來，一切財物歸公，然後平均分配。奠都南京後，聖庫制更是得到了認真切實的貫徹執行，太平軍士除大官外，士兵軍佐藏銀但凡超過五兩，一律殺頭；民間也不能私藏金銀糧食，金銀存在水西門燈籠巷的天朝聖庫，糧食屯於豐備倉、復成倉、貢院三處。所有百姓都按太平軍的軍事化模式進行管理，按性別、年齡、特長、職業等分別編入諸匠營、百工營、女營、繡錦營、牌尾館（或曰老民殘廢館），然後一律實行不同等級，僅能夠解決溫飽的供給制度。

可普通軍士百姓生產出來的物質，節衣縮食省下的財富，並沒有成為天朝儲備，而是供洪秀全、楊秀清、韋昌輝、石達開、李秀成等少數王侯揮霍享受。洪秀全剛剛進入南京，就開始大規模修建金碧輝煌的天王宮。不久被一場大火吞噬，又拆除明朝宮殿，利用其建材重新修造，竟比以前更加奢華。其他諸王也都建有王府，東王府周圍六七里許，內有五層高樓。因太平天國沒有設置中央政務機構，而由天王宮及諸王府分別行使權力，因此各王府的官員、雜役格外龐大。除洪秀全而外，楊秀清總攬行政軍事大權，東王府的官員雜役多達三千五百六十四人。北王韋昌輝、翼王石達開所修王府規模雖小於天王、東王，但府內均設有六部，只是官階有所降低，人數相對減少而已。這些成百上千名官員，真正從事政務者極少，大多都是服侍的差役。比如楊秀清出門參加一個迎神賽會，前呼後擁的儀仗隊伍就多達數千人。由此可見，聖庫制的設立，就是榨取軍士血汗，聚斂百姓財富，專為高層領導服務，正所謂「破萬人之財，聚一人之財」。

嚴格實行聖庫供給，自然得取消商業貿易。於是，南京城內，「既未看到商店，也無任何物品陳列求售，更不可能得到出租的船隻、肩輿或馬匹。」後來女館取消，家庭團聚，軍士、百姓除糧食等供應物質之外，一些無法統一配給的商品物件只有通過市場進行調節。在這種情況之下，太平天國不得不允許南京城外擺攤設點，從事小型小額商品交易活動，但煙酒仍屬嚴厲禁售之物。

太平天國的所謂天條、戒律、忌諱簡直多如牛毛，等級制度嚴厲，繁文縟禮空前。比如各王、各臣的服飾、儀仗都有嚴格規定，連使用的公文信袋，信封的大小、花邊都有等級之別；天王轎夫六十四人，東王四十八人，以下各王遞減；諸王出行時，軍民人等都得回避，躲閃不及者得畢恭畢敬地跪在道旁，等候儀仗通過。稍有違犯，處罰也重，動不動就是「斬首不留」。

太平天國最為後世所稱道嚮往的，就是洪秀全頒布的《天朝田畝制度》，這也是他「開創天朝」，建立「人間天堂」的總體藍圖與目標。其中最重要的一條，就是廢除封建土地私有制，平均分配土地，不論男女老幼，人人都可得到一份田畝。然後建立人無私產、平均分配的公庫制度，實行「兵農合一」，設立禮拜堂教化民眾。這些制度規劃，有的實驗過，效果都不甚佳。有的根本沒有條件，或者說來不及施行，只能永遠停留在空想階段。空想、幻想與理想僅一字之差，退一步可視為幻想，進一步可看作理想，便為後人的詮釋留下了廣闊空間。比如平分土地，太平天國區域之內無前線後方之分，硝煙彌漫的戰場，遑論分田分地？其實，即使誕生了和平安定的環境，將田地劃分九等，然後相互搭配分給個人，施行一種絕對的平均主義，恐怕也難以實現。即使分田授地可行，結果又會怎樣？私有廢除，所產納入公庫，與南京城內曾經實行過的聖庫制又有什麼區別？「兵農合一」，不就是全民皆兵麼，與男女別營又有什麼兩樣？而處處設置禮拜堂，時時拜上帝教，以信仰制約百姓，以宗教凌駕一切，這樣神權合一的統治在中國歷史上還從未有過。如果以上藍圖全部變成現實，那麼一統天下的太平天國，將是一個真正意義上的集政治、宗教、軍事於一體的特殊國度，嚴酷的統治肯定比集中營好不了多少。人們不僅看不到「人間天堂」的快樂與幸福，反而會產生「社會地獄」的恐怖與害怕。

五

一八五三年三月二十九日，洪秀全乘坐黃綢大轎，在文武官員的跪迎中躊躇滿志、前呼後擁地進入南京，直到十一年後病逝，就再也沒有邁出被他改名為天京的城門一步。大興土木修建天王府後，洪秀全更是將自己的活動範圍縮小在方圓十里的宮牆之內，唯一的一次走出宮門，就是乘坐六十四人抬的大轎，前往東王府探視臥病在床的楊秀清。他不僅自己足不出府，也不允許他人出入，只有東王楊秀清、北王韋昌輝、翼王石達開以及後來特批的燕王秦日綱四人，在獲得他的批准之後，方可進入天王府金龍殿內。

洪秀全在天王府內的奢侈腐化令人歎為觀止，「各種物品都是金製的」，王冠純金製成，重八斤；金製項鏈一串，也重達八斤；繡金龍袍上的鈕扣為金；在內宮升殿臨朝，要乘坐金車，由美女手牽而前。據《天京遊記》所述，天王進餐時，鼓聲、鈸聲、鑼聲、炮聲突然交作，直至膳畢方告停止。進膳之時，「聖門半開，好些軟弱可憐的女子或進或出，各提盤碗筷子及其他用品，以侍候御膳用。」

過去幾乎所有資料一致認為，洪秀全在進入南京之後變得意志消沉、腐化墮落了，便長年躲在深宮之內，玩物喪志、貪圖享樂不已。洪秀全接受的傳統教育及腳下這塊土壤決定了他的骨子裡不可能產生西方意義上的民主、平等、自由等思想，他參加科舉的目的就是出人頭地，這一目的沒有達到，爾後通過立教傳教、武力奪取政權等方式，使得昔日遭受嚴重壓抑扭曲的心理得以轉化、釋放，不禁變本加厲。因此，暴殄天物、揮霍享受、腐化墮落難以避免。然而，若說他就此玩物喪志、意志消沉，那可真是冤枉了他。他自己就曾說過：「爾主哪得安樂在宮中？」進入南京之後，洪秀全比過去更忙了，工作量大得驚人，他得時刻設定規劃，通盤考慮太平天國的國策、發展與未來。他所做的主要事情，就是狠抓意識形態不放鬆，完善自己的宗教理論體系，用以指導實踐。他一天到晚深深陷入這些工作之中，將天國的一應大事、實事全部交付東王處理，正如時人所說的那樣，「是事皆不過問，權柄應諉於軍事（楊秀清）便宜行事。」既不露面也不管事，給人的印象就是躲在深宮「享天福」。長期沒有他的情報信息，致使民間、清廷傳說他早已死去，只是為了迷惑騙人，楊秀清才不得不製造一個木偶出來用以服眾。

洪秀全躲在深宮不出，既可追求安寧清靜以達專心致志之效，也可製造距離增強神秘感，使得籠罩著的光環變得更加眩目耀眼。他長年堅持不懈做的在他看來屬於「悠悠萬事，唯此唯大」的事情，可用三個字予以概括：刪、改、寫。

洪秀全通過《勸世良言》受到啟發創立教會，而《勸世良言》不過《聖經》的中國「簡寫本」而已，因此，上帝教教義的主要依托與來源，就是《聖經》。洪秀全對《聖經》格外重視，定都南京後，很快下令出版管制，認為《聖經》與自己撰刊的書籍是「當今真道書」，並將《聖經》尊奉為上帝教經典，大規模趕印，試圖將之「頒行天下」；而對其他書刊，特別是儒家經典予以嚴厲查禁，「凡一切孔孟諸子百家妖書邪說盡行焚除，皆不准買賣藏讀也，否則問罪也。」

但《聖經》的某些教義與洪秀全的上帝教之間，存在著尖銳的矛盾與衝突。比如按《聖經》所言，耶穌是上帝的獨子，那麼作為上帝次子、耶穌胞弟的洪秀全以及楊秀清等其他兒子又當作何解釋？比如《聖經》持上帝純靈論，「我們既看不見他的形象，也不能聽見他的聲音」，而洪秀全在夢中不僅看到上帝，還經常與他對話，更是難以自圓其說。為此，洪秀全不得不親自捉刀上陣，對《聖經》進行大量批注刪改，凡符合他本意的，便予保留，稍不順心如意的詞句，不是批注、刪除，就是修改，使其與上帝教內容相互吻合、印證。這一工作看似簡單，其實難度非常之大。以當時的印行為準，《聖經》合計七百二十多頁，約三十四萬八千字，僅認真閱讀一遍，就要花費大量時間，而要揣摩理解，逐字逐句刪改，其工作量之大可想而知。據有關資料統計，洪秀全批注《聖經》，以注釋的方式給《聖經》定下基調，共有八十二條，篇幅長短不一；刪改之處多得不可勝數，凡避諱字要改，比如太平天國將上帝名號列為避諱字禁止使用，那麼所有《聖經》中僭皇稱帝處一律改用「侯」字代替。而天國的避諱字又相當之多，稍不留意，就有所遺漏，作為全軍全民奉讀的經典讀物，不得不慎之又慎；此外，《聖經》中與「十款天條」不符要改，故事與天國法令不符要改，原先翻譯中所有使用清朝職官名要統一改為太平天國的職官名稱，西方的一些說法要改為太平天國的文獻習用語……

所有修訂、編纂工作全由洪秀全一人完成，耗費了他大量的時間精力，使得視力嚴重減退。經洪秀全脫胎換骨徹底修改之後的《聖經》，由《舊約》、《前約》、《真約》三部分構成，常常出現文理欠通順，結構不完整，內容不連貫的情況，個別地方，意思與原著甚至完全相反。它們大量印行之時，封面圖案也沒有以十字架作為宗教標誌，而是採用中國傳統的雙鳳朝陽或二龍捧日。

《聖經》在基督徒眼裡是不容改動的真理，洪秀全修訂《聖經》，被西方傳教士視為大逆不道之舉，在南京逗留的西方傳教士就此提出質疑與抗議，洪秀全回覆說，他是尊奉上帝旨意，才這麼做的。

刪改《聖經》，只不過是洪秀全工作的一個部分而已。此外，他還管理後宮，發佈詔令，創作大量的宮闈詩詞，刪改修訂釋、道、儒等其他書籍。

俗話說，三個女人一台戲，幾千名女子齊集天王府，可以想見，會出現一種怎樣的鬧哄哄亂糟糟的無序情形。洪秀全雖不管外事，可眼皮子底下的宮闈內事還是要管的，且經常陷入女人之間糾纏不清的一些麻煩之中。一次楊秀清假托天父下凡，內容就是斥責、管束洪秀全對宮內女人打罵不斷、處罰過嚴。一八五七年末，太平天國刊印《天父詩》五百首，除輯錄天父天兄聖旨的政治詩十首外，其餘四百九十首反映宮廷生活的宗教倫理詩全為洪秀全所作，目的就在於規範嬪妃行動準則，便於指揮調教，並要她們認真背誦以作為行動指南。如第十七首寫道：「服事不虔誠，一該打；硬頸不聽教，二該打；起眼看丈夫，三該打；問王不虔誠，四該打；躁氣不純靜，五該打。」第十八首曰：「講話有大聲，六該打；有喙不應聲，七該打；面情不歡喜，八該打；眼左望右望，九該打。」這些所謂的《天父詩》文辭淺白，類似民俗口謠，全無詩歌美感意蘊，算不上嚴格意義的詩歌。但作為努力將宗教倫理、宮廷生活與詩歌藝術結合在一起的創作者洪秀全來說，這活兒幹起來並不輕鬆，要煞費苦心、絞盡腦汁。

洪秀全對待諸子百家嚴厲查禁，就連秦始皇手下留情的巫筮占卜之類的書籍也在焚毀之列。他這樣做的目的，旨在廣大民眾與傳統文化之間造成一種割裂，完成上帝教文化的傳播與深入。但洪秀全早期接受的全是傳統教育，儒家思想已深入骨髓，「但四書、十三經，其中闡發天情性理者甚多，宣明齊家治國孝親忠君之道亦復不少」。在大舉焚書的同時，洪秀全刊行了《太平詔書》修訂本，其中便引用了不少儒家思想文字。無法完全禁絕諸子經典學說，洪秀全便改禁書、焚書、毀書為刪書，專門成立刪書衙，宣佈所有經書只要經過刪改，便可刊行誦習。這項工作又是洪秀全親自上陣，他將早年所寫〈原道救世歌〉、〈原道醒世訓〉、〈原道覺世訓〉及〈太平天日〉等重新審閱，進行修訂刊印，文中所有襲用儒家經典語句，由他全部改寫或刪除。他還重寫《三字經》、《千字文》、《幼學瓊林》等通俗讀物，下發給太平軍將士及少兒啟蒙之用。隨著年歲增加，洪秀全的視力越來越差，要將所有儒家經典全部改過，實在是心有餘而力不足，於是，他便專門刪改《詩經》一書，發與刪書衙，作為刪改其他儒教典籍的樣板。凡是不能親自動手刪改之書，不論厚薄與否，都得經過洪秀全嚴格把關，一字一句審讀，哪怕出版詔旨、布告之類的彙編本，最後也得由洪秀全親自拍板審定，「真聖主御筆改正」，「待鐫刻後再行誦讀」。

洪秀全長年累月所做的這些事情，工作量之大，遠遠超過古代帝王的上朝擬旨，幾乎耗盡了他被女人掏空後的虛弱身子內剩下的全部精力與心血。儘管洪秀全如此走火入魔地緊抓思想意識形態不放，但實際效果卻並不佳，某些方面甚至適得其反。可就工作本身而論，說他是一個工作狂一點也不為過，這也足以證明洪秀全進入天京後直至病逝，並非一味貪圖享樂、投機躲懶、無所事事，而是相當「敬業」，為他所想像、虛構的理想社會奮鬥終生，完全可以稱得上「鞠躬盡瘁，死而後已」。

六

太平天國奠都南京，鐵板一塊的古老帝國如火山爆發般突然湧出一大批力量強大、主動信奉《聖經》的「太平基督徒」，這一消息傳到歐洲之時，西方人士喜不自禁，特別是歐洲教會，以為基督聖光普照中華大地的機會終於到來，立即著手教化的具體行動。一八五三年，英國基督徒便發起了一場旨在為中國印刷一百萬冊漢譯《新約》全書的募捐活動。在華西方傳教士更是躍躍欲試，他們不惜冒犯《南京條約》中只許在五個通商口岸傳教的規定，偷偷潛入內地。然而，要突破清軍防範嚴密的水陸禁區進入天京並非易事。儘管如此，仍有不少傳教士通過喬裝打扮，或是以翻譯身分隨同西方使團來到南京。在最初的好感之後，隨著瞭解與認識不斷深入，他們不禁失望了。

進入天京後的傳教士認為，太平天國是一個半政治半宗教的混合體，政體中沒有皇帝只有王，對外國幾乎一無所知，自稱是全世界的統治者；在宗教方面，沒有教會（起義後宗教的成分逐漸淡化了），沒有舉行禮拜的專用場所，沒有類似於牧師的神職人員，有洗禮而無聖餐⋯⋯美國公理會的裨治文牧師說：「儘管他們的宗教信條或許多少承認《聖經》的全部教義或大部教義，但由於無知或曲解（或兩者皆有）而帶有謬誤，變得一團糟。」最令西方人士難以接受的是，太平天國繼承了傳統的天朝意識，只承認西方是天國的一部分。「幾乎全然不知世界上到底有哪些王國和國家，但他們統治全世界的要求卻十分明確。」太平天國視洋人為「蠻夷」，但從上帝教教義出發，雙方又是兄弟關係，便十分滑稽地稱西人為「夷弟」。還從「天下一家」的角度強調洪秀全是上帝次子，乃萬國之真主，因此「全世界人民必須服從並追隨他」。在外交文書中，太平天國不是稱「爾英人久已拜天，今來謁主」，就是「爾海外英民不遠千里而來，歸順吾朝」，內容雖大同小異，但口吻始終一致。美國駐華公使麥蓮（Robert Milligan McLane, 1815-1898）率團訪問鎮江、南京、蕪湖之後，在一份報告中寫道：「不管對他們的政治權力制度做出怎樣正確的判斷，現在再也不能懷疑，我們不可能與他們在平等的條件下建立或維持交往。」

在所有來訪教士中，羅孝全是最受禮遇的一位。鑒於他與天王此前的特殊關係，並且洪秀全一直惦記著他，再三念叨他是一個「好人」，不時打聽他的行蹤，因此，他是唯一受邀訪問南京的西方傳教士。即使這位曾是洪秀全老師的羅孝全，在天王府拜見時，也得按照天國禮制下跪。作為一名西方人士，羅孝全沒有下跪的習慣，他拒絕向任何人下跪。可當他隨文武百官進入大殿後，就在群臣向洪秀全行下跪禮的剎那間，一個聲音突然大聲喊道：「羅孝全敬拜上帝！」他稍一猶豫，雙膝竟被行了魔法般不知不覺地彎曲在地，但他有意不看洪秀全，而是別轉面孔瞥向他方。這場發生在太平天國，類似於馬戛爾尼朝覲乾隆的禮儀之爭，雖然沒有引起什麼風波，但羅孝全此後一直耿耿於懷。

宗教是太平天國的立國之本與精神支柱，洪秀全自然不許他人染指，更不可能改弦更張信奉正統基督教。洪仁玕作為一名純正的基督徒，曾直言不諱地說道：「傳教士不應當到這裡來，因為彼此教義不同，而天王除了自己的教義外，不允許有別的教義存在。」因此，早期的「蜜月」一過，上帝教與基督教的衝突在所難免。羅孝全很快就發現了上帝教與基督教之間的區別，決心勸說天王，以糾正這些「錯誤」與「偏差」。沒想到洪秀全反過來勸說羅孝全改信上帝教，並希望他成為一名新的信徒與傳教士，將上帝直接呈示給天王的福音傳入番邦。正因為出於信任，洪秀全還以君臨世界的口吻下詔，封他為通事官領袖（外務丞相），負責與外國談判及審理外國人在中國的所有犯罪事件。羅孝全對此十分氣惱，自然堅辭不就。隨後悄悄離開南京，與太平天國反目為仇，他在《北華捷報》（*North-China Herald*）發表的一篇文章中寫道：「在他們中間生活十五個月以後，我的態度完全轉變了。我現在反對他們的程度並不亞於當初我支持他們的程度……他的宗教自由和眾多的教堂成了鬧劇——不但對基督教毫無益處，而且比無用更壞。他僅僅為了傳播自己的政治宗教。」羅孝全還指斥洪秀全「是個狂人，根本不適宜做一個統治者」。其他來訪的傳教士也持同樣觀點，如英國循道會郭修理（Josiah Cox）牧師曾一針見血地指出：「我發現他們唯一的能耐就是作戰和破壞，對民法和境內的民生漠不關心，他們又怎麼能夠成功地建立起一個王朝呢？我簡直無法想像。」

羅孝全的離去與反目，成為太平天國與西方傳教士、基督教徹底破裂的標誌與象徵。於是，過去曾持同情、觀望態度的西方列強，將槍口對準了太平軍將士。英、法兩國除在上海外圍與寧波地區直接出兵進攻太平軍外，還准許戈登（Charles George Gordon, 1833-1885）、日意格（Prosper Giquel, 1835-1886）等現役或退役軍官受雇於清廷，組織常勝軍、定勝軍、常捷軍等殘酷圍剿，給太平天國造成了極大的挫折與損失。

西方世界失去，國內百姓失望，令人扼腕的是，另一特殊而重要的階層——傳統文人、地方紳士，在太平天國與晚清朝廷的殊死決鬥中，不僅未能得到他們的同情、支持與擁護，反而成為不共戴天的死敵。

因科舉失意導致對孔夫子的逆反，獨尊上帝對其他教義的排斥，使得洪秀全極力排孔反孔。而傳統士大夫階層不僅從小浸淫在儒家典籍之中，對儒學有著一種透入骨髓的親切與認同，而且因為科舉考試以儒學為主要內容，士大夫們由此而獲得功名利祿，從維護自己的利益出發，他們是孔學、孔教本能而天然的積極支持者與有力擁護者。洪秀全打著滅滿興漢的旗幟，使得四民紛紛歸附，同時卻又以前所未有的激進打倒孔家店，抽空自己的文化根基。太平天國因基督教而生，對西方文化茫然無知，而對漢文化象徵的儒家孔學又激烈排斥，結果中西不靠，虛無懸空，也就難怪有人將其視為一個歷史的「怪胎」了。

洪秀全敵視上帝教以外的一切人類文化，除極少數需加利用外，其餘全在清除掃蕩之列，可謂無像不滅，無書不焚，無廟不毀。如寺廟、書院、古蹟、文物、書籍等，不是燒掉搗毀，就是改作兵營、倉庫或屠場。營造天王府時，為了利用古建築的部分建材，洪秀全幾乎將南京城內六朝以來的古建築全部拆光毀掉，舉世聞名的大報恩寺塔、明代故宮，便毀於此時。

太平天國虛無過激的文化政策將天下讀書人推向了自己的反面，至少是使他們心存畏忌，望而卻步。曾國藩正是以捍衛儒家道統之名，號召士大夫與太平天國為敵，他在〈討粵匪檄〉中以充滿激情與鼓動的文字寫道：「士不以誦孔子之經，而有所謂耶穌之說、《新約》之書，舉中國數千年禮義人倫詩書典則，一旦掃地蕩盡。此豈獨我大清之變，乃開闢以來名教之奇變，我孔子孟子之所痛哭於九泉！凡讀書識字者，又烏可袖手安坐，不思一為之所也！」太平天國與晚清朝廷之爭，就此演變為一場漢人與漢人之間你死我活的血腥大屠殺，彷彿當年清軍入關奪取天下時的一幕重現。

當然，太平天國也對知識分子採取了一定的招誘舉措，如開科取士、徵求人才等。但開科取士首先看重的是考生的政治態度，文化程度則在其次，標準也十分寬鬆。太平軍打下南京城不久，百姓大量逃跑，讀書人所剩不多，即使那些留在城中者，大多也不願獲取太平天國的功名，參考者更是寥寥無幾，因此，「大約應考之人無不中試者」。太平天國官員升遷主要憑軍功大小，且十分看重地緣、血緣關係，即使高中狀元，也難受重用，僅被授予指揮一職，不能參與機要或躋身領導決策層。作為一個連秀才都沒有考上的落第書生，洪秀全表面敬重讀書人，但骨子裡透出的，卻是對天下士人的輕蔑與反感，使用但不重用知識分子，僅讓他們做一些輔助性的文字工作而已。

而太平天國的勁敵曾國藩則與洪秀全完全相反，他自己就是進士出身，對天下士人的文韜武略與廣泛號召力極其重視，盡可能地將他們納入自己麾下，進入幕府，參與機要決策，放手重用。曾國藩幕府中四百九十七位幕僚，其中進士七十四人，舉人七十三人，貢監生員一百五十四人，士人占幕僚總數的六成。他們之中，除飽讀四書五經的傳統士人外，還有李善蘭、徐壽、華蘅芳等通曉西洋之學的人才。據羅爾綱先生統計，湘軍將領中書生出身的比例為百分之五十八，統領一路乃至多路人馬的高級將領則達百分之六十七。

太平天國的主要領導人洪秀全、馮雲山、楊秀清、蕭朝貴等人不是落第秀才，就是大字不識的窮苦農民。讀書少，見識與謀略自然短淺。自己沒有文化，只要真正重視天下讀書之人，為我所用，也可彌補高層領導缺少文化之缺憾。可太平天國陣營中讀書人極少，《武昌紀事》對此寫道：「賊中無讀書練達之人，故所見諸筆墨者，非怪誕不經，即粗鄙俚俗。此賊一大缺陷，蓋天之所不與也。」不僅如此，哪怕太平天國統治區域的百姓之中，也「唯讀書人最難度日」。

由此可見，太平天國與清廷的較量，也可視為一群農民與一批士人之間的交鋒。時間一長，戰局的結果與天平的砝碼逐漸失衡，漸漸偏向代表清廷利益的曾國藩一方，也就勢所難免了。

七

外部各種反對勢力層層圍剿、步步緊逼，而太平天國高層內部，又出現了兄弟失和、內訌傾軋的嚴重失控局面——這就是人所共知的「天京事變」。

早在廣西紫荊山傳教時期，洪秀全、馮雲山與楊秀清、蕭朝貴之間，就存在著十分微妙而複雜的關係。其轉折點在於馮雲山被捕、洪秀全營救，上帝會最高權力出現真空之時，楊秀清與蕭朝貴乘虛而入。後又有韋昌輝、石達開二人，以實力、忠誠、勤勉脫穎而出。起義前夕，由洪秀全、馮雲山、蕭朝貴、楊秀清、韋昌輝、石達開等六名客家人共同構成上帝會核心領導階層，並按上帝教解釋，由耶穌與他們六人組成兄弟關係，耶穌為上帝長子，其餘則以年齡為序分別為第二子到第七子。金田起義後，洪秀全與其他五人既是君臣關係，又是兄弟關係。起義前馮雲山一直位列洪秀全之後，因他不僅與洪秀全一同創建了上帝會，而且以一己之力打開了廣西傳教的艱難局面。而當楊秀清、蕭朝貴代天父天兄傳言的資格被確定之後，馮雲山的地位下降了。建國之初分封五軍主將時，楊秀清為中軍主將，蕭朝貴為前軍主將，馮雲山為後軍主將，韋昌輝為右軍主將，石達開為左軍主將，馮雲山已位居楊秀清與蕭朝貴之後。永安封王時，洪秀全更是發佈詔令，明確宣佈西王蕭朝貴、南王馮雲山、北王韋昌輝、翼王石達開俱受東王楊秀清「節制」。

表面看來，楊秀清與蕭朝貴的崛起只是導致了馮雲山地位的下降，事實上則削弱了洪秀全至高無上的領袖地位。太平天國集宗教、軍事、政治於一體，作為最高領導人，洪秀全自然也是集宗教教主、軍事統帥、天國之王於一身。而當楊秀清、蕭朝貴托天父、天兄下凡之時，一種相當奇特的現象出現了，作為上帝次子、耶穌胞弟的洪秀全不得不俯首於楊秀清、蕭朝貴兩人，恭聽由他們口中轉述的所謂上帝、天兄之言。

洪秀全的最高權力受到了嚴重挑戰！

起義之初，因洪秀全、楊秀清、蕭朝貴三人之間的相互制衡，加上忠誠厚道的馮雲山居中調停，並未形成明顯衝突。隨著馮雲山在蓑衣渡遇襲中炮身亡，蕭朝貴攻打長沙遇難，權力平衡的態勢就此打破。定都南京後，六王只剩四王，而韋昌輝、石達開資歷較淺，於是，權力之爭便聚焦在洪秀全與楊秀清兩人身上。

定都天京後，洪秀全沉迷於意識形態的把握與主持，除重大事務的最終決策權外，一般不過問軍事、政事，統籌全局的實際大權由楊秀清一人執掌。

洪秀全與楊秀清之間，糾纏著一些無法釐清的關係與難以解決的矛盾：洪秀全為宗教之主，楊秀清卻時不時地代天父下凡干涉干擾；洪秀全是主掌政權的天王，而所有世俗大權卻歸於楊秀清一人；洪秀全是公認的太平軍最高首領，可他卻將軍權完全下放，規定所有軍隊全歸東王節制，弄得自己沒有一支親自掌控的武裝力量可供驅馳，最後平叛之時，也不得不假韋昌輝之手。

楊秀清從小生長於閉塞的深山之中，五歲失去父母，由伯父撫養成人，真可謂「零丁孤苦，困厄難堪」。在受盡至貧至苦之磨難的同時，也培養了楊秀清堅韌獨立的不屈精神。他雖「失學不識字」，但才智過人，天賦極高，據他自己所言，詩書典籍「但緩讀給我聽，我自懂得」。在與清軍的多次殊死搏鬥之中，楊秀清的實踐經驗、指揮才能得到了較好的發揮，說他是一位軍事天才、政治天才一點也不為過，有時僅憑一股本能與直覺，就能在具體的取捨中選優棄劣。由廣西轉戰天京，楊秀清指揮作戰，無往而不勝。除洪秀全之外的所有太平軍將士，他都有權指揮調遣，並握有生殺予奪之權。於是，昔日壓抑自卑的心理不僅得到了有力的補償，而身為孤兒所獨有的無羈無絆、我行我素、缺少溫情、孤傲殘忍等更是暴露無遺，哪怕一人之上的洪秀全，也成為約束他的一塊心病，一道陰影。攻取武昌之後，在進軍奠都的重大決策上，作為讀書之人的洪秀全，眼光畢竟比他高過一籌，力主進軍中原。而楊秀清目光短淺，僅僅盯著富庶的南京，認為那裡就是人間天國的溫柔之鄉，憑藉實權與謀略，最終迫使洪秀全就範。他還經常以天父下凡的名義，將洪秀全玩弄於股掌之間，動不動就是天父附體，要洪秀全下跪聽旨。在定都天京後的三年時間裡，楊秀清以天父名義頻頻「下凡」多達三十餘次，藉以神化自己，教導、壓制、訓誡、斥責洪秀全。一次，楊秀清以天父名義指斥洪秀全犯有踢打娘娘、教子無方等過錯，欲杖責四十大板，眾臣苦苦相勸才告罷休，弄得洪秀全顏面掃地、威風全失。此外，楊秀清還大肆製造輿論，把太平天國的一切功勞歸於自己，差不多成為一名前無古人、後無來者的偉人，他授意編寫的《行軍總要》對他個人評價是：「功烈邁乎前人，恩威超乎後世。」

所有這些，洪秀全都忍了。究其原因，一則從全局出發，免得兄弟間傷了和氣；二呢，洪秀全陷於自己製造的迷幻之中，久而久之，也真的相信天父附體這麼一回事兒了；三者，他的確無意於世俗之權，放手讓東王去辦，只要不過離譜、不太僭越就行。

而楊秀清卻半點也不懂得適可而止，個人慾望簡直膨脹到了極點，竟然上演了一齣逼封萬歲的把戲。

在楊秀清眼裡，洪秀全已成為他隨意把玩的一個木偶。如果說佔據武昌時兩人還在定都及進軍問題上有過分歧，那麼奠都南京之後，一切大事小事，差不多都是楊秀清一人說了算，哪怕是最重要的大事，高興了向洪秀全說一聲，木偶似的天王從來不敢吐出半個「不」字。要是事情稍不順心，他就借天父下凡找出一個冠冕堂皇的理由整治洪秀全。楊秀清對洪秀全如此，而對其他人等，就更不在話下了。同為上帝之子的北王韋昌輝、翼王石達開雖為朝中第三、四號人物，見了楊秀清也要行下跪禮。他曾借機杖責韋昌輝四十大板；懲處頂天侯秦日綱、佐天侯陳承瑢、衛國侯黃玉昆，分別杖責一百、二百、三百大板；天官正丞相曾水源、東王府吏部尚書李壽春被人告密，說他們倆在東王重病期間無動於衷，楊秀清大怒，以「欺天欺東王」罪名「推出斬首示眾」。

儘管飛揚跋扈到了極點，但楊秀清不得不借助洪秀全的天王權威與籠罩在頭頂的神聖光環。他想篡奪天王之位，又恐眾人不服，便逼洪秀全親口封他萬歲：「東王打江山，亦當是萬歲。」「東王既萬歲，世子亦便是萬歲，且世代皆萬歲。」在確定了賜封萬歲的日期之後，楊秀清便得意忘形地忙著準備登極加冕禮去了。

楊秀清實在是低估了洪秀全的能量與能力，他根本就沒有考慮自己為所欲為，對方會作何反應，也就沒有採取任何防範措施，真可謂利令智昏，一葉障目。

洪秀全從小個性剛烈，且自視甚高，當他成為上帝教領袖之後，鋒芒變得內斂了。對楊秀清一再隱忍，哪怕以天父名義欲杖責四十大板，他也忍了。當楊秀清將他的忍耐視作無能，直逼權力峰巔之時，洪秀全再也忍不下去了。非不能也，乃不為也。洪秀全並非一般讀物描寫的那樣昏庸無能，他的活動能力、政治魄力、組織才華、軍事才幹，特別是宣傳鼓動方面，都遠非一般人所能比擬。只是他一心一意扮演宗教領袖這一角色，忽略了其他方面的發展，將權力完全下放給楊秀清不管不問。一旦決定採取行動之後，洪秀全便以快刀斬亂麻的決斷，全身煥發出特有的活力與能量，借助韋昌輝之手，向毫無防備的楊秀清祭起了鋒利的屠刀。戰刀閃過，一片血光。只是這鮮血，不是來自敵對陣營，而是來自同一戰壕的太平軍將士。

洪秀全下令將楊秀清的首級懸掛示眾，稱其「竊據神器，妄稱萬歲，已遭天殛」。也不知楊秀清被韋昌輝手持天王洪秀全詔書被誅殺的最後時刻，是否有過懺悔與醒悟。首惡一旦懲處，洪秀全便想到此為止。沒想到韋昌輝為洩私憤，同時擔心報復，竟將楊秀清親屬及舊部兩萬多人全部誅殺。這兩萬多人都是從金田起義之時，便一直追隨天王轉戰南北，身經百戰的兩廣老兄弟、高層官員，是太平天國最為忠誠的將士、人才。有人做過統計，十分之八九的太平天國精英死於這次內訌。他們沒有倒在疆場，卻無辜地慘死於自己人之手，那一顆顆滴血頭顱，在血泊中滾動著發出淒厲而無聲的呼號。

天京事變因韋昌輝的私心膨脹與懲處過度，使得洪秀全一時間難以控制事態發展，局面差點到了不可收拾的地步：東王已死，另外兩王也反目為仇，韋昌輝下令將石達開滿門老幼全部抄斬之後，又以武力圍攻天王府，逼迫洪秀全誅殺石達開，其喪心病狂比楊秀清有過之而無不及。內訌步步升級，洪秀全再次忍無可忍，只得下令討韋。韋昌輝伏誅，事變並未結束。後石達開回朝主政，為防類似楊秀清獨攬朝綱、尾大不掉的局面出現，洪秀全封長兄洪仁發為安王、次兄洪仁達為福王予以牽制。石達開時時受掣，無法施展手腳，不禁十分生氣。他與洪秀全雖沒有鬧到翻臉的程度，但不信任的種子已然埋下，為求自保，只得悄然離京出走，並帶走了幾十萬精銳將士，使得太平天國軍力驟減，國力衰疲。為此，洪秀全不得不革去兩位王兄爵位，以召回石達開及其部眾。開弓沒有回頭箭，不論洪秀全如何許諾一再拋出橄欖枝，石達開直至兵敗大渡河被俘處死，也未能回心轉意。

儘管敵對勢力不斷圍剿，但最致命的打擊並非來自外部，而是不斷升級的內訌，太平天國由此元氣大傷。

以天京事變為轉折，太平天國由盛轉衰，進入後期，直至覆亡。

八

天京事變之後，太平天國內部出現了一股前所未有的精神與信仰危機。天兄天弟相互殘殺，這對上帝教過去的宣傳而言，實在是一個莫大的諷刺。於是，一首「天父殺天兄，江山打不通。長毛非正主，依舊讓咸豐」的打油詩在太平天國內部廣為流傳，使得軍心、民心大為動搖。

太平天國之所以勢如破竹，就在於上帝教信仰，在於軍心、民心的穩定，大家卯足了勁，拚死效力，要在地上建立一個理想的人間天堂。信仰一失，軍心開始渙散，太平軍再也沒有過去鐵的紀律，也少有打硬仗惡仗的精氣神，從高級將領到普通士兵，投降敵軍成了「家常便飯」。

太平天國最初所封六王，馮雲山、蕭朝貴戰死，楊秀清、韋昌輝死於內爭，石達開被俘處死，唯餘洪秀全一人「碩果僅存」。這時的洪秀全，真的產生了一種孤家寡人的感覺，情緒敗壞到了極點，精神鬱悶不堪，一時難有振作之象。

正在這時，上帝教的早期創始人之一，洪秀全堂弟洪仁玕從香港來到南京。

洪仁玕於一八四八年因故與洪秀全分別，沒能在廣西發動會眾，也沒有親自參加太平天國起義，但他一直關注著太平天國的發展。一八五四年取道上海欲往天京未果，直到五年之後的一八五九年四月二十二日，歷經十個月輾轉跋涉，終於如願以償。

洪秀全見到闊別十年的族弟，在經過一番傾心交談與暗中考查之後，發現他見多識廣、知識淵博、非同一般。加上難得的親情、友情，於是，精神不由得為之一振，心境也變得亮堂起來，決心委以重任，依托他的才華大幹一番，力挽狂瀾，拯救太平天國之危局。

半個月後，洪秀全便拜洪仁玕為軍師及總理朝政的首輔，並一改削去安王、福王王爵後「永不封王」的決定，封洪仁玕為「開朝精忠軍師頂天扶朝綱干王」。

洪仁玕在英國殖民地香港生活近十年，對西方資本主義社會制度，對真正意義上的民主自由有著深刻瞭解，比長期待在「屋內」的那些所謂天才不知要高明多少倍，被外籍人士稱為「是一個有識見的人」及「最開通的中國人」。洪仁玕走馬上任，果然不負天王厚望，顯示出卓越的政治才能。通過一系列改革措施，在短時期內就將渙散的人心重新凝聚在一起，加上湧現出了陳玉成、李秀成這樣的優秀軍事將領，很快就扭轉了天京事變後的被動局面，出現了亂後重建的中興氣象。

洪仁玕長期為後世所稱道的，是他留下的一部近萬言的《資政新篇》。如果說《天朝田畝制度》帶有濃厚的封建、空想色彩，那麼《資政新篇》則體現出前所未有的資產階級新風俗、新道德、新習慣，代表了近代中國改革的理論高峰與突出成就。洪仁玕強調改革變通，提倡引進西方資本主義的物質文明，向國人介紹世界各國情況，主張與其他國家自由貿易、平等交往，提出興辦交通、開辦銀行、發展工業、獎勵開礦等一系列涉及經濟、政治、外交、思想、文化等方面的新政策。《資政新篇》雖然因太平天國後期長期處於動盪不安的戰爭狀態而無法貫徹執行，但它在中國農民起義史上顯得相當另類而極其閃光，正因為誕生了這部有著不可忽視的進步意義，對後世的啟示永遠也不會過時的綱領性文件，太平天國在我們眼裡才不至於顯得過於灰暗而絕望。

然而，洪秀全本人、太平軍將士以及太平天國那與生俱來的先天性、本質性缺陷，決定了後期難有大的作為、轉變與起色，所謂亂後中興，不過回光返照的假象而已。

洪秀全在經歷天京事變的噩夢之後，多少有所警醒與振作，經常過問政事，臨朝頒旨，接見官員，商量事宜。不久又開始沉溺於個人虛幻的世界之中，且性格更加多疑，心理嚴重變態。他不僅對異姓將領抱有戒心，時刻防範李秀成等人，哪怕對族弟洪仁玕，時間一長，也擔心大權再次旁落，心生疑懼，不敢放手重用，致使洪仁玕不少決策難以實現。越到後來，他就越不相信他人，恨不得將所有權力獨自一人抓在手中。而他本人仍像天京事變之前那樣，專注宗教，不問政事。在攻打上海受挫，南京上游屏障安慶告急，軍需供應得不到保證的關鍵時刻，洪秀全幾乎全不關心這樣的大事，還在一個勁地論證他本人是千真萬確受之於天的真命天子。不相信別人，卻要別人相信他虛構的謊言。等到安慶被占，天京被圍，洪秀全才真的急了，置太平天國的全盤戰略於不顧，急命李秀成率軍回援。作為晚期主要軍事領袖之一的李秀成，對天國不謂不忠，但他做事優柔寡斷，為人少有血性，缺少堅忍不拔的精神，且素懷私心，力求保存個人實力，特別看重自己的蘇浙地盤。他好不容易湊齊十三個王，勉強組織起一支二十多萬人的太平軍精銳前來天京，經過四十六天的解圍戰，竟沒有打垮又疲又病的五萬湘軍。

天京之圍無法解除，而作為東南屏障的蘇州等地又在接二連三地失陷，於是，李秀成建議洪秀全「讓城別走」。要洪秀全離開做了十多年迷夢的溫柔富貴之地天京，真比要他的命還難。天京自奠都之日起，就一直遭受清軍江北、江南大營的威脅與圍困，多少次了，都能化險為夷，轉危為安。因此，洪秀全仍相信天京之圍總有一天能夠解除，且他一直以上帝之子迷惑他人，到了最後，連他自己也真的相信是上帝第二子了。因此，面對李秀成的建議，洪秀全不禁十分憤慨，他理直氣壯、精氣十足地回道：「朕奉上帝聖旨，天兄耶穌聖旨下凡，作天下萬國獨一真主，何懼之有？不用爾奏，政事不用爾理，爾欲外去，欲在京，任由於爾。朕鐵桶江山，爾不扶，有人扶。爾說地兵，朕之天兵多過於水，何懼曾妖者乎！」此時的洪秀全已無白天與黑夜、現實與夢幻、人間與天堂、此岸與彼岸之分，將它們全然混為一體了。

外敵當前，朝不保夕，而太平天國內部之糜爛，也到了無法收拾的地步。當洪仁玕到來被洪秀全封以干王之後，規矩一旦打破，又封陳玉成為英王，李秀成為忠王。安慶失守，陳玉成貶職削去王位，令人不可思議的是，洪秀全卻加封他的部下賴文光、陳得才、梁成富等七人為王。擔心李秀成權勢過重，為了牽制，又加封童容海、譚紹光、陳炳文等一大批人為王。「自此以後，日封日多，封這有功之人，又思那個前勞之不服，故而盡亂封之。」濫封之風一開，便不可收煞地愈演愈烈，凡兩廣起義的人都封王，洪秀全的本家親屬全封王，剛出生的嬰兒也封王。到一八六四年六月天京陷落之前，太平天國「竟有二千七百多王」。在濫封諸王的同時，洪秀全又增多官階，濫設官爵，使得官員數量增加。如此增官封王帶來的後果，不僅使得財政開支更加困難，且各王佔據地盤擁兵自重，成為當地一霸，修王府，選美人，辦儀仗，出門前呼後擁，小官百姓都要回避。正如當時民謠所言：「王爺遍地走，小民淚直流。」他們各自為政、拉幫結派、不服調遣、不思進取、欺壓百姓，官員與官員、官員與王、王與王之間，層層節制，互相推諉，相互掣肘，互不買賬，導致政令不出，行政效率極其低下，由此帶來的負面效應不可估量。毫不誇張地說，正是這批王侯官員蛀空了太平天國後期的大廈與肌體。

一八六四年三月，當曾國荃率領的湘軍攻克神策門，完成對天京的合圍之勢後，天京與外界的聯繫完全斷絕，城內出現嚴重糧荒，許多人飢餓而死。儘管如此，洪秀全仍保持著旺盛的鬥志，相信天京之圍終有一天能夠解除。他命人將苔蘚野草之類的東西「取來做好」，美其名曰「甜露」，帶頭「食之」。因長期服食「甜露」，洪秀全臥病在床，「又不肯食藥方」，病情一天天惡化。臨終前夕，洪秀全發佈了最後一道詔書：「大眾安心，朕即上天堂，向天父天兄領到天兵，保固天京。」他清楚地知道自己不久於人世，心中所念，仍是親手創建的人間天堂，仍相信自己是上帝派下凡塵斬妖除魔的使者。另有一說洪秀全並非病逝，乃服毒而亡。只有陷入絕望之人，才會吞毒自殺。從他帶頭服食「甜露」，頒布的臨終詔書內容來看，洪秀全絕不可能自殺身亡，自願放棄一生所繫的人間天國之大業。

因信奉上帝教創建太平天國，卻又因為過於沉溺其中，發展為一種瘋狂的迷信而毀掉了太平天國的前程，洪秀全就這樣陷於一種神秘的怪圈與自我構築的二律悖反中無以自拔。

九

一八六四年六月三日，隨著洪秀全的病逝，太平天國氣數已盡，加速走向窮途末路。一八六四年七月十九日，天京陷落。湘軍經過一番大肆劫掠之後，又在天王府點燃一把沖天大火。熊熊火光在吞噬一切的同時，也照亮了一切……

早在一八五三年太平天國剛剛起事之初，馬克思通過西方媒體獲知相關信息，不由得萬分高興，對太平天國寄予熱切期望：「世界上最古老最鞏固的帝國八年來在英國資產者的大批印花布的影響之下已經處於社會變革的前夕，而這次變革必將給予這個國家的文明帶來極其重要的結果。如果我們歐洲的反動分子不久的將來會逃奔亞洲，最後到達萬里長城，到達最反動最保守的堡壘的大門，那麼他們說不定就會看見這樣的字樣：中國共和國——自由，平等，博愛。」可九年之後，當太平天國的諸多真相被披露之後，馬克思不由得十分失望地寫道：「除了改朝換代以外，他們沒有給自己提出任何任務……他們給予民眾的驚慌比給予老統治者的驚慌還要厲害。他們的全部使命，好像僅僅是用醜惡萬狀的破壞來對立停滯與腐朽，這種破壞沒有一點建設性的苗頭……顯然，太平軍就是中國人的幻想所描繪的那個魔鬼的化身。但是，只有在中國才能有這類魔鬼，這類魔鬼是停滯的社會生活的產物。」

對洪秀全及太平天國的認識，一直存在著兩種截然不同的歷史評價：褒揚者將洪秀全捧上了天，視他為徹底的反清反封建的革命領袖；貶斥者則稱洪秀全為賊，太平軍為「長毛」，對其持以完全否定的態度。

導致這兩種不同模式的評價，一個重要原因，在於有關資料的缺失。太平天國被鎮壓後，正如洪秀全否定諸子百家一樣，有關太平天國的一切物件、史書、典籍等全被清廷焚毀。孫中山曾說道：「洪朝亡國距今四十年，典章偉績，概付焚如。」為推翻滿清統治，孫中山十分推崇洪秀全的反抗精神，有意拔高太平天國的作用，並自命為「洪秀全第二」，藉以鼓舞廣大民眾。影響所及，國民黨政府一直將洪秀全視為革命前輩，蔣介石雖稱頌曾國藩，但對太平天國也讚賞有加：「太平天國之戰爭，為十九世紀東方第一之大戰；太平天國之歷史，為十九世紀在東方第一光榮之歷史。」新中國成立，特別是「文革」時期，更是將洪秀全視為值得歌頌的農民起義英雄與正面革命形象，毛澤東認為洪秀全等人「代表了中國共產黨出世之前向西方尋找真理的一派人物」。其實，孫中山所讚揚的，只是洪秀全反清的民族革命性一面：「起自布衣，提三尺劍，驅逐異胡」；而對洪秀全濃厚的封建意識，卻有著十分清醒的認識，他認為太平天國「只知有民族，不知有民權；只知有君主，不知有民主。即使成功了，也不過是歷史上的一個封建王朝而已」。

隨著近年來民間特別是海外有關太平天國絕大部分原始資料的發現，我們得以窺見洪秀全及太平天國的真相與實質，有助於我們撇開既往的二元模式，客觀而真實地認識一段特殊的歷史。比如一九一九年梁啟超求學歐洲時，在海牙萊登大學圖書館發現了《天條書》、《太平禮制》、《太平條規》、《太平詔書》抄本及《頒行詔書》原刻本，雇人抄錄後帶回國內，卻長年湮沒無聞（現庋藏於湖北省圖書館），直到二十世紀八〇年代才為人所知。又如當年洪秀全頒布刻印的五百首《天父詩》，國內全本早已不見，而通過藏在倫敦大英博物館厚厚的完整本，我們至少可以剝除某些學者有意曲解的外衣，瞭解洪秀全當年造神及天王府內的有關真相。

儘管太平天國中西不靠，彷彿從天而降懸置空中，但它實實在在是西方基督教文化與中國封建傳統文化相互嫁接而培育出來的一個「怪胎」。當天王府變成一片廢墟任憑野鳥飛來飛去之時，太平天國也如一道雲煙飄散消逝：太平將士土崩瓦解，太平天國分崩離析，就連洪秀全創立的上帝教，也隨之消解，似乎連半點痕跡也沒有留下，真是「其興也勃焉，其亡也忽焉」

。

然而，太平天國給古老而板結的中華大地所帶來的影響實在是太深太遠了。清朝的正規軍隊八旗、綠營腐朽至極，形同虛設，憑他們的力量，怎麼也剿殺不了太平天國。於是，清廷不得不利用、倚重漢族大臣組織地方武裝團練。曾國藩正是由此脫穎而出，鍛煉出一支能打惡仗、硬仗，且帶有私人性質的湘軍隊伍。湘軍坐大，成為洪秀全最為兇悍而殘忍的對手，並最終導致太平天國的覆亡。

湘軍因太平天國而生，曾國藩不僅就此改變了清朝政府的傳統兵制，使得「兵為將有」，而且牽動了政治格局的演變，在地方上形成「督撫專政」的局面。如此一來，兵政實權逐漸下移，落於漢族督撫之手，構成近代力量分割大格局。表面看來，是曾國藩挽救了清廷，使其苟延殘喘多達半個多世紀，實則由他掏空了清朝的根基。

為鎮壓太平天國，清朝統治者不得不在戰爭中積極變革，大量引進西方軍事技術、科技成果，促成中西文化的實質性交流與融合。以曾國藩建立安慶軍械所為先導，漸次發展為李鴻章等倡導的洋務運動，其源流不得不追溯至太平天國。儘管《南京條約》已經簽訂，第二次鴉片戰爭繼續重蹈前次失敗的覆轍，但清廷並未產生真正的警醒與緊迫。只是由於鎮壓太平天國這一迫在眉睫的需要，才不得不掀起了一股實質性的學習西方熱潮。

太平天國作為人類夢想帶有缺憾的實踐，並未因其失敗而淡化遠去，在遙遠的古代歷史深處有其回響，在其滅亡之後的日子裡也有永久的記憶與復活的跡象——一八六二年十一月二十三日，以文天祥自比，矢志忠於太平天國的干王洪仁玕被俘後押至江西南昌遇害，臨刑前，他寫下一首絕命詩道：「臨終有一語，言之心欣慰。天國雖傾滅，他日必復生。」

是的，太平天國雖然滅亡了，但各種改頭換面的「天國」在此後的世界確曾不斷復活，並上演著一齣齣大喜大樂、大悲大慟的人間活劇。

人類的潛意識裡，總是對未來、前途懷有美好的憧憬，嚮往著沒有剝削、沒有壓迫、沒有邪惡、公平善良、正義純粹的理想社會。於是，便有許許多多自命為救星，自稱為先知，自托為人民代言人的所謂智者、偉人、聖人，比照現實社會的醜惡與想像中的理想世界的完美，推導、構想、設計出一個個天堂般的美景誘惑人們，並許諾只要按照他們的藍圖去做，人類就有福了，就會升入天堂——不必死後就能享受的人間天堂。

以空想、幻想、夢想切入現實，導致的負面效應遠甚於正面作用！

救世者的動機無可懷疑，這些推導、設計出來的美好社會也具有難以抵禦的誘惑，只是完全忽略了藏於人類心靈深處的邪惡。說到底，人類只是一種理性與非理性、天使與魔鬼兼具的動物。劣根性一旦激活，邪惡一旦釋放，將給設計的美好藍圖帶來顛覆性的解構效果，給人類帶來前所未有的災難與禍患。就曾有過的所謂理想社會的施行、實現而言，彷彿中了邪魔一般，竟無一例外地重蹈著太平天國的一幕幕悲劇：摧枯拉朽的暴力革命，無可避免的鎮壓內訌與爭權奪利，軍營化的社會管理模式，視商品經濟商業貿易為洪水猛獸，領導階層的腐化墮落，理想與現實嚴重脫節，專制集權的野蠻，毀滅一切中西文化的虛無，假美好名義實行的暴政，絕對平均主義的空想，大公無私的口號，愚民主義的政策，禁慾主義的盛行，扭曲人性的邪惡……

美好的理想社會不可能從天而降，也無法凌空蹈虛，更不可能推翻一切後在一片廢墟中建立誕生，只能一步步地改進完善，逐步過渡。

就人類現實生活的本質而言，純潔無瑕、完美無缺的社會只是一種想像，是數學中的一個無窮值，只能接近、靠近、逼近，永遠也不可能達到。

「天國」並不遙遠，「天國」並未覆滅，「天國」若隱若現，它留給我們的話題，傳給我們的警示，帶給我們的啟迪以及可供塗抹、詮釋、擴張的空間實在是太多太多了。

2. 曾國藩：天降大任的自覺擔當者

曾國藩的一生，將社會人生的道義看得太重，主動承擔的責任太多，而中西文化的衝撞又將他撕扯得太痛，時代激盪的風雲對他的要求太高……如果以當代的休閒生活觀視之，曾國藩一輩子，活得實在是太累太累了！

一

論及曾國藩，免不了將他與洪秀全進行一番比較。

兩個從未見面的死對頭，人生之初並無多大差異。與洪秀全一樣，曾國藩家族也是世代務農，直到祖父曾玉屏時，曾家情況才略有改觀。曾玉屏恪守祖輩留下的「以耕養讀」傳統，不僅置有大片田地，並以曾氏宗族首領身分，成為湖南湘鄉白楊坪一帶的地方精英。曾國藩大洪秀全三歲，五歲開始讀書，七歲從父課讀，九歲讀完四書五經，十五歲攻讀《周禮》、《儀禮》、《史記》、《文選》等。兩人從小接受的全是儒家傳統教育，所讀之書大同小異，且讀書的目的十分明確，皆直奔同一主題——科舉高中。

所謂期望越高，失望越大，洪秀全參加科舉考試，連考四次，結果連最起碼的功名——秀才也未撈到，轉而求之西方傳來的基督教，從而走上反清、反儒的叛逆之路。曾國藩參加科考，雖然艱難，也有過兩次會試不中的記錄，但一路走來，過五關、斬六將，考秀才，升舉人，於一八三八年中進士，將三級功名一一納入囊中。就在洪秀全第四次府試落第的一八四三年，已是翰林院檢討的曾國藩參加翰詹官大考，列二等第一名，升翰林院侍講。一八四五年升翰林院侍講學士，一八四七年擢內閣學士，一八四九年授禮部侍郎，此後四年遍兼兵、工、刑、吏各部侍郎，真可謂「春風得意馬蹄疾」。出身「寒門」，沒有任何背景與蔭庇的曾國藩十年七遷，連躍十級，這在仕途冗亂的清朝末年極為罕見，連他自己都深感意外，在給諸弟的信中寫道：「湖南三十七歲至二品者，本朝尚無一人。」清政府六個部門，曾國藩便在五部之中任過侍郎，使得他對清廷各部門的情況極為熟悉，見識、才能大為增加。他日後有著廣闊的發展空間，與這段任職經歷密不可分。

表面看來，曾國藩與洪秀全之間的分水嶺在於科舉之途。其實，在此之前，兩人的發展道路就已顯出不同端倪。

曾國藩雖然進京趕考的路費都向他人借來，但其家境要比洪秀全殷實，可以一門心思讀書科考，不必為生計擔憂。洪秀全則是舉全家之力供他一人讀書，第一次秀才不中，只好自謀生路，一邊開館授徒，一邊準備科考。曾國藩得益於耕讀傳家的宗族淵源，最先就學於父親，書也讀得扎實而系統；洪秀全祖輩是地地道道的農民，就讀於他人，書讀得雜，學習方法不如曾國藩得當。兩人資質自然都不錯，算得上聰慧靈穎，但並非那種所謂的天才、神童之類。只是洪氏家族將洪秀全視為光耀門廷的支柱，洪秀全本人也在期待、吹捧的氛圍中飄飄然不知東南西北，從小便萌生了一種「救世主」的味道與派頭。而曾國藩家教極嚴，祖父曾玉屏、父親曾麟書雖務農為生，並不是那種純粹的農民，父親曾麟書四十三歲還考了個秀才功名，但他們念念不忘的是「吾家以農為業，雖富貴毋失其業」。祖父曾玉屏常以不少警句似的大白話教育曾國藩：「爾的官是做不盡的，爾的才是好的，但不可傲，滿招損，謙受益，爾若不傲，更好全了。」鼓勵與督責兼而有之，還教他做人處事要留有餘地：「曉得下河，須曉得上岸。」這些都成為曾國藩終生受用不盡的座右銘。因此，與洪秀全相比，曾國藩從小便懂得自我節制、適可而止，他常說自己天性「鈍拙」，無超常之處，哪怕位極人臣，也保持著相當清醒的頭腦，從未居功自傲。父親曾麟書留給兒子的是「積苦力學」，以孝治家，並以儒家理念要求後輩，他曾自撰一聯道：「粗茶淡飯布衣衫，這點福老夫享了；齊家治國平天下，那些事兒曹當之。」曾國藩從母親江氏身上則繼承了敢與困難周旋的倔強之氣。這些都培養了曾國藩克勤克儉、倔強自立、堅持不懈的優秀品格。

當然，科考成敗是決定他們走上不同道路的關鍵。洪秀全哪怕僅僅考中一個秀才，恐怕也不會轉向基督創立上帝教揭竿而起。不過，要是曾國藩終生連個秀才也撈不到的話，肯定不會走上信教反清之路。他的故鄉湖南湘鄉白楊坪村，比洪秀全的故鄉更為偏僻封閉，曾國藩當時到得最遠的就是省城長沙，長沙不是通商口岸，連個基督教的影子也見不到。加之曾氏家族有著不信醫巫、不敬鬼神的傳統，祖父曾玉屏教導曾國藩要疏遠六種人：風水先生、算命之士、醫生、和尚、巫道及寄寓他人家中者。因此，哪怕曾國藩遭受再大的打擊，肯定不會陷入裝神弄鬼、走火入魔的地步。以曾國藩的家教及環境而言，如果他未能取得科舉功名，也只能是像他的祖輩那樣，繼續奉行「以耕養讀」的傳統，一輩子默默無聞地終老故鄉。

然而，曾國藩最終走出了大山的環抱與封閉的故鄉，成為科舉制度的受益者，成為封建官僚運轉機構重要部位上的一顆螺絲釘。此後的道路與發展，曾國藩與洪秀全兩人，更是涇渭分明判然有別，成為一對懸殊極大、反差強烈的比照——

洪秀全掀倒孔子牌位，焚燒儒家典籍，搗毀廟宇偶像。曾國藩以書生舉兵，有意淡化滿漢之爭，打著維護恢復儒家名教的旗幟以復興中國數千年禮義人倫為目的。

洪秀全進軍南京建立太平天國後，沉迷於自己的幻想之中，除了刪改典籍，寫寫宮闈詩，發佈詔令，其他什麼書籍都懶得看了，從未考慮吸取人類文明先進成果；曾國藩雖然走出書齋，率兵作戰，但本質上仍是一介書生，常常手不釋卷，他嚴格規定自己每天溫點史書，每天寫作，每天習字，孜孜不倦，正如他自己所言：「每日稍閒，則取班、馬、韓、歐諸家文舊日所酷好者，一溫習之，用此以養吾心而凝吾神。」「廿三史每日讀十頁，雖有事不間斷。」這種閱讀給曾國藩帶來一個直接而明顯的好處，就是對文字的感受能力相當敏感。因忙於軍務政務，他不得不放棄詩文之類的創作，專寫奏章、文告、書信、日記之類的應用文。曾國藩沒有留下較為系統的專著，但他的應用文堪稱古代此類體裁的典範之作，言之有物，要言不煩，意盡而止，決不多置一詞。以至《曾國藩家書》、《曾國藩家書家訓日記》、《曾胡治兵語錄》等相關書籍成為後世暢銷之作。

洪秀全金田團營不久，就開始腐化墮落，定都天京後更是深居內宮，躺在無數女人的溫柔之鄉；曾國藩常以「修身、齊家、治國、平天下」要求自己，對自己的私生活相當自律，他不近女色，不奢侈，不鋪張，一生勤儉樸素，似乎不懂得什麼叫享樂。

洪秀全自天京內訌後，不信他人，任人唯親，只信洪氏一門，先封兩位兄長為王，後封洪氏宗親大王、小王無數，他們不僅未能幫助洪秀全建功立業，反而魚肉百姓，蛀空天國根基，特別是長兄洪仁發、次兄洪仁達，自己本事平平不說，還一個勁地牽制石達開，不斷「使絆子」，最終導致石達開離京出走，給太平天國帶來了無可挽回的損失。而曾國藩對自己的幾個弟弟及其子女的要求十分嚴格，常常寫信督導他們如何學習怎樣做人，弟弟曾國潢、曾國華、曾國荃、曾國葆都十分爭氣，特別是曾國荃率軍攻破安慶、天京，為平定太平天國立下了汗馬功勞。兒子曾紀澤作為晚清外交史上的重要人物，修改不平等條約，收回被俄國佔領的伊犁，利用國際慣例和個人智慧最大限度地維護國家主權，取得的外交勝利在中國近代史上絕無僅有。曾國藩留下的一部《曾國藩家書》，不知感染、教育、勉勵了多少後人。

洪秀全起事不久即稱天王，在他的思想意識裡似乎從來就沒有「節制內斂」一詞。既為「天王」，自然是老子天下第一，什麼東方西方，傳統現代，文化文明，全都不在話下，只要他心血來潮，就可以隨心所欲地以「上帝之子」的名義將所有一切玩弄於股掌之間。而曾國藩一生如履薄冰，時時告誡自己，約束自己，哪怕湘軍攻下天京大功告成之時，他的自我意識也沒有膨脹，而是謹小慎微，主動裁軍，自剪羽翼。

……

曾國藩與洪秀全的區別我們還可以舉出許多，他們之間一個最大的區別與落腳點，就是不同文化之間的劇烈衝突——洪秀全走不通科舉之路，目光不由得轉向他方，結果他得到的只是一本《勸世良言》，僅憑這樣一本《聖經》中國版普通讀物，便在中華大地點燃了一場燎原大火，鬧起了一場轟轟烈烈的太平天國革命。洪秀全向西方尋找真理，找到的不是西方的先進精髓如科學、民主與自由，而是宗教，或者說是西方中世紀的落後與愚昧。限於中國當時的歷史條件與社會環境，特別是清朝的顢頇、保守與封閉，洪秀全不可能找到西方的伏爾泰（Voltaire，原名：François-Marie Arouet, 1694-1778）、盧梭（Jean-Jacques Rousseau, 1712-1778）、洛克（John Locke, 1632-1704）、達爾文（Charles Robert Darwin, 1809-1882）、孟德斯鳩（Charles de Secondat, Baron de Montesquieu, 1689-1755）、馬克思等人的先進思想，這不僅是洪秀全的悲哀，也是整個民族的悲哀。曾國藩所代表並與之抗衡的，是植根於中華大地的儒家思想。作為一種經過幾千年發展變化的主流思想，儒學免不了魚目混珠，泥沙俱下，加之本身固有的弊端，儒學也與衰朽的封建末世一樣，身心疲憊、滿身瘡痍地苦苦掙扎不已。而曾國藩所吸取的，卻是儒家思想之精華，正是在去粗取精、去偽存真的基礎上，對儒家思想予以積極性的改造，使之重新煥發出青春般的活力。由孔子到董仲舒而朱熹，再到曾國藩，我們不難發現他們之間湧動著一股內在的一脈相承的「血肉」關係。

二

有幅對聯這樣概括曾國藩的一生：「立德立功立言三不朽，為師為將為相一完人。」

「立德立功立言三不朽」，是中國古代知識分子追求的一種最高理想境界。如果沒有洪秀全的反清起義，立德與立言於曾國藩而言，以他的個人努力及發展情形來看，似乎都不在話下。唯有「立功」一項，只有借助剿滅洪秀全的太平天國，曾國藩才有可能做到，集治身、治學、治家、治世、治政、治軍於一身，從而達到為師、為將、為相的所謂「完人」。

從某種角度與意義而言，是洪秀全「成全」了曾國藩。

歷史有著許多的機緣巧合。咸豐二年（一八五二）六月，曾國藩被朝廷派往江西擔任鄉試主考官，並獲准考試結束後兩個月的回鄉探親假。當他行至安徽太和縣境小池驛時，接到母親江氏已於一個多月前逝世的訃聞。清廷強調「以孝治天下」，要求官民「移孝作忠」。於是，回鄉守制壓倒朝廷公務，曾國藩立即換服奔喪，由九江改道西上。行至武漢，得知太平軍正猛攻長沙，便從岳州上船改走旱路，取道湘陰、寧鄉，經過近一個月的旅途顛簸勞頓，好不容易回到故鄉白楊坪。這段非同尋常的奔喪經歷，使得長期處於和平環境中的曾國藩對戰亂有了親身感受，對太平軍的排斥異教、搗毀孔廟、焚燒書籍等文化虛無主義產生了切膚之痛。

就在曾國藩回籍守制的短短幾個月之內，太平軍勢力迅速擴大，兵鋒所指，各地清軍或一觸即潰，或望風而逃。他們占岳州，取武昌，下南京，攻城掠地，如入無人之境，大有席捲全國之勢。朝野一片驚慌，咸豐帝清醒地認識到，清廷所倚重的國防力量──八旗、綠營早已不堪平叛重任，不得不加強興辦民間團練的力度。

所謂團練，又稱鄉兵、練勇、鄉團、民壯等，是地方鄉紳自行籌辦的臨時性武裝組織。作為正規武裝的一種補充，團練負有守衛家鄉故土之責。「八旗子弟，人盡為兵。」清朝入關，定鼎中原，主要依靠八旗兵，不久即腐敗蛻化，喪失了有效的戰鬥力。綠營是滿清入關後改編、招募的漢人部隊。康熙十二年（一六七三）清廷平定三藩之亂，綠營便成了「開路先鋒」，已不堪用的八旗只能扮演尾隨其後的角色。時間一長，綠營又開始腐化。嘉慶、乾隆年間鎮壓川陝白蓮教起義，靠的竟是地方團練。面對勢如破竹的太平軍，綠營更是不堪一擊。於是，本屬「業餘」武裝的地方團練，一躍而成為與太平軍抗衡死拚的主要軍事力量。

正是在這種情形之下，丁憂在家的曾國藩接到一份清廷讓其幫辦湖南團練的諭旨。作為一名科舉制度的受益者，清廷器重的政府官員，鎮壓太平天國運動，恢復封建道德倫理秩序，是他的職責與義務所在。然而，內心深處又有著一股難以排遣的矛盾與顧慮。權衡再三，曾國藩決定拒旨不遵，馬上寫就一封奏疏，請允其在家「終制」。所謂終制，就是守滿他母親的三年喪期。

作為一介書生，要他馬上轉換身分帶領一群以農為業的普通鄉民，與清廷正規軍都難以對付的太平軍拚搏，其結果只要稍稍想想，就會讓人心生顫慄。清軍與太平軍作戰，因失敗、潰逃被清廷免職、革職乃至殺頭的欽差大臣、總督巡撫及都統將軍先後共達三十多人。曾國藩並非貪生怕死之輩，憑著自己的一片「血誠」，他曾多次冒死犯顏，上書皇帝，希望咸豐帝革除自身的驕矜之氣，清除朝廷的腐敗之政，扭轉時風流弊。特別是〈敬陳勝德三端預防流弊〉一疏上達後，咸豐帝還未閱完，就被其中的尖銳言辭所激怒，「怒摔其摺於地，立召軍機大臣欲罪之。」後在大學士祁寯藻的再三疏解轉圜下，才免獲其罪。他之所以請辭，一則於服孝守制期間出來任事，在道學家、理學家眼裡屬大節有虧之舉；再則在京為官十三年，他已深刻地認識到清廷的腐敗無能，與其日後受制於人事業無成，不如隱其鋒芒避而不出。

沒想到奏疏正待發出之時，好友郭嵩燾受湖南巡撫張亮基委托，從省城長沙匆匆趕赴曾家，力勸曾國藩出山：「今不乘時而出，拘於古禮，何益於君父？且墨絰從戎，古之制也。」曾國藩「本有澄清天下之志」，郭嵩燾的一番話對他觸動很大，但奏疏已擬，礙於面子，一時難以改變主意。郭嵩燾見他猶豫不決，又搬動其父曾麟書出面勸說。如此一來，曾國藩心頭的所有疑慮渙然冰釋——既可保全桑梓，又屬遵循父命，可謂忠孝兩全也。

明知時局難為，可曾國藩在強烈的道德使命感與文化使命感的驅使之下，滿懷一股「天將降大任於斯人也」的豪情壯志，與郭嵩燾一同趕往長沙，投筆從戎，踏上了興辦團練撲滅太平天國的漫漫征程。

中國近代歷史的洶湧河流，也因曾國藩這一人生的重大轉折，拐了一個大彎。

咸豐帝當時下令興辦團練的在籍政府官員共一百多人，只有三人戴孝任命，可見敢於任事者少之又少。在整個鎮壓太平天國運動期間，清廷任命的全國團練大臣共計四十五人。也就是說，這四十五名團練大臣都拉起了各自的地方武裝奔赴疆場，可影響最大、功績最著者非曾國藩莫屬。特別是戰爭後期，太平軍最為強大而兇悍的敵人，就是曾國藩的湘軍。

曾國藩能夠脫穎而出，自然不排除偶然的機遇與幸運，但更多則在「人為」——他的確有著不同於常人的超越之處！

曾國藩在京任官十三年，不僅「飽更世故」，且視野自比一般人更為開闊，謀略也高於當時的普通政客，無論是看問題，還是做事情，往往能夠抓住關鍵與核心所在。出任湖南團練大臣，他認為必須對團練進行大刀闊斧的改革，將過去不離家園、不離生產、不食於官的地主武裝改編為離開故園、脫離生產、「糧餉取諸公家」的職業兵，才有可能收到與太平軍一決雌雄的效果。在巡撫張亮基的支持下，曾國藩將湖南各地的團練齊集長沙，改為官勇，統一管理，完成了「募勇成軍」的第一步設想。

第二步，便是「練勇為兵」，將倉促召集在一起的農民，練成一支真正的能打硬仗的軍隊。他認為一支軍隊是否具有戰鬥力，將領的選任至關重要：「今日將欲滅賊，必先諸將一心，萬眾一氣而後可以言戰。」他規定的選將制度十分嚴格，將「忠義血性」放在第一位，然後是廉明為用、簡默樸實、智略才識、堅忍耐勞。為此，曾國藩一反古代兵家論將、選將之法，大量提拔書生為將。曾國藩清醒地看到，太平天國砸碎孔家店的做法，實則將所有書生推向了自己的反面。據有關資料統計，清末全國紳士約一百四十五萬，能進入朝廷為官者約十五萬。也就是說，那些閒居鄉野的其餘一百三十多萬紳士，只要具有功名之心、血性之氣者，都是可堪重用的封建衛道士，潛在的太平天國死敵。湘軍將領中，有名有姓可以考證的書生出身者占百分之五十八。曾國藩的練軍之法，在很大程度上吸取了戚繼光的兵法精華：統兵在原籍親自招募樸實的山野農民，在地緣血緣的基礎上，採取「取具保結」法。通過同鄉、同族、親友、師生、同學等多重關係，湘軍形成了一個上下隸屬、盤根錯結、連環相扣的網絡結構。這個結構的落腳點與指向，就是全軍上下，都得嚴格服從、死心塌地地效命於曾國藩一人。如此一來，湘軍不僅體格健壯，吃苦耐勞，善於奔襲，且兵丁因有保結，易於清查，不敢變亂或臨陣脫逃，萬眾一心，戰鬥力大大提高。在編制上，曾國藩仿效戚繼光以營為基本單位核定兵員。練習的主要陣法，也是戚繼光的鴛鴦陣、三才陣，以及《握奇經》中的四面相應陣，後來的一字陣、二字陣、方地陣等。曾國藩反覆強調技藝陣法之熟練：「技藝極熟，則一人可敵數十人；陣法極熟，則千萬人可使如一人。」在紀律方面，曾國藩下決心改變過去「兵不如匪」的形象，強調義理教育，嚴肅軍紀，並親自創作了一首白話詩體的〈愛民歌〉：「三軍個個仔細聽，行軍先要愛百姓。賊匪害了百姓們，全靠官兵來救人。百姓被賊吃了苦，全靠官兵來做主。第一紮營不貪懶，莫走人家取門板。莫拆民房搬磚頭，莫踹禾苗壞田產。莫打民間鴨和雞，莫借民間鍋和碗。莫派民夫來挖壕，莫到民家去打館……」這首深入淺出、情趣盎然、琅琅上口的蓮花鬧歌詞很長，結尾是「軍士與民共一家，千記不可欺負他。日日熟唱愛民歌，天和地和人又和」。作為一名以理學家身分練兵帶兵的大臣，曾國藩十分注重官兵的「政治思想」教育，強調義理之法的作用：「帶勇之法，用恩莫如用仁，用威莫如有禮。」他常在官兵中進行訓導，要求將領以父兄般對待士兵，士兵也應視將領為自己的父兄。每次訓教後，兵丁們都萬分感動，心潮澎湃，恨不得立時投入戰場效命。領命出兵時，曾國藩又先聲奪人地發表了一份親擬的〈討粵匪檄〉，聲討太平天國的不合國情與為害百姓，不僅使得湘軍將士目標明確，同仇敵愾，知道為誰而戰，為什麼而戰，也在民間引起廣泛而強烈的共鳴，收到了「一紙檄文，抵兵百萬」之奇效。

曾國藩的遠見卓識，還在於他初創陸師之後，又大力籌辦水師。清廷固然也有水師，但久已廢弛，根本不能進行任何水戰。太平軍在益陽、岳州獲得大批民船後，便建立起一支強大的太平軍水營。奠都南京後，則完全控制了千里長江的水營權。有鑒於此，曾國藩認識到非創辦一支力量強大的水師不可。可他一無資金，二無技術，三無人才，真正傷透了腦筋。而沒有水師，要想與太平軍爭雄，不過是一句自欺欺人的空話而已。曾國藩硬是憑著一股韌勁，一步步頑強地施行自己的計劃：先是購買釣鈎之類的民船進行改造；後奏請到一筆四萬兩的餉銀設立製造總廠，自造戰船；然後花重金從廣東購置大批洋炮，最終建立起一支擁有大小戰船三百六十一艘，大小炮四百七十門，在技術與裝備上大大超過太平軍的內河水師，真可謂「赤地立軍，別開生面」。

曾國藩識見高出他人，付諸行動時又有條不紊，具有不達目的誓不罷休的決心，也就難怪他能夠成其大業，達到他人難以達到的高度了。

三

正如當初所料，曾國藩「出山」不久，便受到了來自包括同僚及最高統治者在內的方方面面的制約、掣肘、猜疑、嘲諷與攻訐。

在長沙練勇時，曾國藩所帶團練常與綠營官兵發生衝突，最終釀成一齣「永順兵事件」。

一群綠營提標兵夜闖曾國藩行轅，槍傷其親兵，他本人也險些中彈。事發之後，新任湖南巡撫駱秉章既未對肇事的永順兵進行處罰，也未對其首領鮑起豹予以彈劾。遭受驚嚇與羞辱的曾國藩不僅沒有奏報朝廷懲辦兇手，反而勸阻欲提兵火併，為他報仇雪恨的部下。通過這一給他心靈極大創傷的事件，曾國藩清醒地認識到，綠營已病入膏肓無可救藥，要想成事，只有完全甩掉綠營另起爐灶。於是，他主動遷出長沙，移駐衡州，避開不必要的人事糾紛，一門心思埋頭訓練湘勇。

曾國藩有一句告誡自己的常用名諺，那就是「好漢打脫牙和血吞」。在深沉而無言的壓抑與忍受中，分明透出一股直薄雲天的血性與豪氣。

曾國藩一心一意訓練湘勇，欲成就一番大業，可湖南的一幫官吏、同僚、士紳，卻總想看他的笑話。曾國藩奉旨出師衡陽，初戰不利，湖南官紳議論紛紛，一時間「群疑眾謗」，有的罵他無用，有的主張解散湘勇。靖港之戰，太平軍以少勝多，打得湘勇潰不成軍。曾國藩更被推到了風口浪尖，這下可就不是議論了，而是惡毒攻擊，那些與他有隙的官吏，更是推波助瀾，要求參劾曾國藩。幸而戰局很快好轉，塔齊布取得湘潭大捷，太平軍遭到前所未有的慘敗，曾國藩的「募勇成軍」獲得咸豐皇帝的支持，他才在湖南官場的明爭暗鬥中逐漸勝出，由弱轉強，站穩腳跟。

湘勇挾湘潭完勝之勇，一鼓作氣地將太平軍逐出湖南，咸豐帝特賞曾國藩三品頂戴。然後，湘勇又沿江而下，出湖南，入湖北，向佔據武漢的太平軍發起總攻。這也象徵著曾國藩統率的團練脫穎而出，由守衛故土的地方業餘武裝，成為一支超越八旗、綠營的能征善戰、最具實力的職業軍隊。然而，這支實質上的正規軍仍稱為湘勇，直到七年之後曾國藩攻克安慶，清廷才在上諭中一改成例，直呼湘軍，不得不承認早已存在的事實。

曾國藩攻克武昌，咸豐帝總算在困頓糜爛的局勢與極度的悲觀失望中生出復興的希望，不禁大喜過望地說道：「不意曾國藩一書生，乃能建此奇功。」當即任命他官至二品，署湖北巡撫，頂戴花翎。首席軍機大臣祁寯藻乘機進言道：「曾國藩以侍郎在籍，猶匹夫耳。匹夫居閭里，一呼崛起，從之者萬餘人，恐非國家之福。」一席話說得咸豐帝心驚肉跳，當即嚇出一身冷汗。

曾國藩收到署理湖北巡撫的上諭，正為自己替清廷出力賣命整整八年，好不容易才授了一個實職而感到欣慰，自己的謙辭奏疏還未到京，沒想到咸豐帝已經改變主意降下新旨：「曾國藩著賞給兵部侍郎銜，辦理軍務，毋庸署理湖北巡撫……」

曾國藩接旨，彷彿兜頭被人潑了一瓢冷水，失望之餘，猶有一種被人玩弄的羞辱。滿人當權，對漢人處處設防，比如六部尚書，雖滿漢各設一人，但握掌實權者非滿人莫屬。清聖祖康熙皇帝曾立下遺訓，於宮中勒石立碑諭滿大臣知悉：「本朝君臨漢土，漢人雖悉為臣僕，然究非同族，今雖用漢人為大臣，然不過羈縻而已。我子孫須時時省記此意，不可輕授漢人以大權，但可使供奔走之役而已。各部院滿大臣等宜時至大內敬謹閱看此碑，不可懈怠。」

面對不可重用漢人的清廷祖制，曾國藩除了認命領受，再次「好漢打脫牙和血吞」，又能怎樣？

領兵在外，沒有實權，僅受一兵部侍郎虛銜，曾國藩不僅地位身分十分尷尬，且「無土無財，無位無民」，在阿諛奉迎、腐敗黑暗的晚清官場，不禁時時受掣，事事遇阻。「第一不能干預民事」，「第二不能接見官員」，「第三不能聯絡紳士」，最為關鍵的是，湘軍的餉銀無法落實。依照成例，清廷對民間武裝不給官餉。曾國藩自辦團練以來，所有餉銀都得自籌。隨著隊伍日漸擴大，活動範圍也由湖南轉入湖北、江西，以客軍的身分與太平軍作戰。如果沒有地方大吏支持，就難以籌集軍餉。而沒有軍餉，湘軍將不戰自潰。作為清廷唯一倚靠的軍事力量，曾國藩不得不寄人籬下，事事仰仗於人。在江西的時間一長，餉銀難以到位，曾國藩只有自己聘用官員抽釐籌餉。這便侵犯了江西地方官員的利益，他們除了攻擊謾罵外，自然要對曾國藩處處刁難，事事設防。長期處在夾縫之中如履薄冰的曾國藩，感到自己的日子過得實在是太窩囊了，一肚子苦水無處傾瀉。

正在這時，他接到父親曾麟書病逝噩耗，馬上向朝廷奏報丁憂，陳請開缺。不待諭旨下達，便離軍而去。一向謹小慎微的曾國藩，一則出於對父親的孝敬，更主要是太過壓抑急需發洩之故，竟犯了清廷之大忌，身負重任的領兵大臣自行委軍而去，當從嚴治罪。幸而湖南巡撫駱秉章、湖北巡撫胡林翼反覆上疏說情，才得以開脫：委軍一事免於追究，准予三個月開缺假期，假滿後仍回江西辦理軍務。

眼看三個月假期將滿，只要回想這些年來的艱辛磨難與掣肘羈縻，曾國藩心中就憤憤不平。一向韜光養晦、涵養深厚的他忍無可忍，不禁露出了少有的鋒芒，在給咸豐帝的奏摺中以替父守制三年相要挾，公然要官：「非位任巡撫，有察吏治權者，決不能以治軍。」

誰知曾國藩一生中唯一的一次要挾，「出台」得不是時候，正趕上太平天國內訌後處於軍事收縮與少有的低潮時期，咸豐帝以為撇開曾國藩，馬上便可攻下天京。他本來就對漢人有所疑忌，此時更不可能授予曾國藩實權，便順水推舟，批准了曾國藩在籍終制的請求。曾國藩以退為進，結果與本意大相徑庭，不禁深感意外，更加苦悶惆悵。更令他沒有想到的是，他的要挾之舉遭到了來自方方面面的指責與非議，不少人都認為他是一個虛偽之徒，與平日所標榜的理學家面目相去甚遠。處處碰壁，事與願違，曾國藩憂心痛苦之餘，不由得陷入深深的反思之中。他感到招譏引謗，實則咎由自取，怪只怪自己修養不夠，常懷自命不凡之感，導致一葉障目，固執己見，一味蠻幹。同時，也缺少超脫出世的瀟灑，「歧黃可醫身病，黃老可醫心病」，他決心多從黃老之學中吸取養料，做到能屈能伸，能出能入，能沉能浮。

就在曾國藩守制反思之時，咸豐帝的日子並不好過。原以為蕩滅太平天國指日可待，沒想到離京出走的石達開實力尚存，在與清軍的戰鬥中屢屢得手，扼制了皖、贛、浙三省交通樞紐，兵鋒指向浙東，使得清廷富裕的後方戰略基地嚴重告急。此時，各地戰事正處於膠著狀態，咸豐帝環顧四周，已是無兵可用，無將可派，不僅佔領天京遙遙無期，就連自己屁股下的寶座也有搖搖欲墜之感。不得已，這才下了一道諭旨，再次起用曾國藩。已在家中閉門思過一年有餘的曾國藩得到復出機會，再也不提統兵非任實職之類的要求，匆匆收拾行裝，復任效命。

再次出山後的曾國藩變得比過去圓融通達了，他深刻地認識到僅憑個人一己之力，根本無法扭轉官場腐敗弊端。為了達到自己所追求的目的，不得不收斂鋒芒、委曲求全，變得日趨世故、左右逢源。對自己的這一改變，曾國藩在一封家書中寫道：「吾往年在官，與官場落落不合，幾至到處荊榛。此次改弦易轍，稍覺相安。」

曾國藩復出不久，太平天國新任將領李秀成以其卓越的軍事才能，一舉攻破清軍江南大營。為使湘軍竭力效命，咸豐帝不得不做出一定的妥協與讓步，授曾國藩兵部尚書銜，署理兩江總督。後由署理改為實授，並以欽差大臣身分督辦江南軍務，大江南北所有水陸各軍，盡數歸其調遣。

經歷千辛萬苦，曾國藩終於如願以償地成為執掌實權、威震一方的地方諸侯。

四

作為一名從未經歷戰陣的書生，曾國藩自出山第一天起，就已作好不計成敗得失，不顧安危禍福，拋卻身家性命的準備。正如他在給江忠源的一封信中所言：「大局糜爛至此，不欲復執守制不出之初心，能盡一份力必須拚命效此一分，成敗利鈍，付之不問。」

在征剿太平天國的歷次戰陣中，曾國藩兩次自殺，多次留下遺囑，隨時作好自殺效命的思想準備，真可謂提著腦袋幹革命。正是這種不成功便成仁的精神，影響了後代無數熱血青年。

湘軍初從衡陽出師，便遭靖港大敗，水陸兩千餘人被擊潰，四十多艘戰船大半被損毀。曾國藩在座船上神情沮喪，灰心至極，決定一死了之。他乘機支開隨從，縱身躍入水中，幸被機警的幕僚覺察，派人跟蹤，將他從水中救出。湘潭大捷一舉扭轉頹勢，他才打消了再次自戕的念頭。

湘軍攻下武昌後，挾勝利之威順江東下，攻克田家鎮，佔領黃梅，戰事重心由湖北移至江西九江、湖口一帶。湘軍被一連串勝利沖昏了頭腦，棄卻了穩紮穩打的戰術原則，輕敵驕躁，在九江尚未攻下的情況下，東進湖口，兵力分散，水陸隔絕，犯下兵家之大忌，結果被太平軍所利用，導致湖口水師慘敗。曾國藩的座船遭太平軍聚攻，管駕官、監印官被擊斃，座船被擄，湘軍大量文卷冊牘、糧台銀兩盡數落入太平軍之手。曾國藩憤不欲生，再次投水自殺，再次被人救起。此次失敗，湘軍水師被分割，一部退回上游，一部封死在鄱陽湖內無法突圍。這也是他平生最為孤立無援、進退兩難、痛苦不堪的艱難時期。正當曾國藩日益困窘、無力苦撐的緊要關頭，石達開接到楊秀清調令，命其回軍南京，參加第一次會攻江南大營戰役。不久，太平軍內部又爆發了天京事變的內訌，差點遭受滅頂之災的曾國藩這才絕處逢生，重獲轉機。

曾國藩接任咸豐帝命他署理兩江總督的聖諭，自是喜不自禁，決定駐節之地時，在展開的地圖上一番搜尋，一下便看中了群山環繞的安徽祁門。他認為祁門東連浙江，南達江西，既可有效地節制兩江屬下的江西、江蘇、安徽、浙江四省，周圍又有天然大山屏蔽，是一個理想的軍營駐紮之地。及至實地勘察，發現情況並非如此：祁門地勢形如釜底，僅一條官馬大道、一條蜿蜒小徑、一條極狹的小河與外界相通，如果這三條出路被切斷，祁門便是一處兵家所謂的絕地。曾國藩後悔不該匆匆作出駐紮祁門的決定，可奏摺已上報朝廷，只有硬著頭皮暫且住下。幕僚們則紛紛勸說他及時離開祁門，別尋合適之地。正在這時，上諭已經到達，曾國藩認為隨意更改決策，會給自己的剛剛接任造成極其不利的負面影響，便一意孤行，沒有採納幕僚的建議，並對再三勸諫的李鴻章厲聲斥責不已。戰事瞬息萬變，不久，曾國藩的祁門大營便遭到了太平軍威脅，兩度陷入險境。一八六〇年十一月三十日，李秀成部將劉官芳率大軍攻入安徽黟縣羊棧嶺，離祁門大營僅六十華里。而曾國藩身邊只有三千士卒可用，他已寫好遺囑，準備殉職。幸而李秀成的目標並非進攻祁門大營，只是借道羊棧嶺而已。一八六一年四月，祁門大營受到三路太平大軍圍攻，與外界的所有通道聯繫被切斷，曾國藩又一次陷入險境，情緒極度悲觀，再次寫下遺囑。自進駐祁門後，曾國藩便將自己置於險象環生、危機四伏之境，一刻也無法輕鬆，床前始終懸掛一把利劍，隨時準備自刎。

勝利於曾國藩而言，來得真是太不容易了！然而，只要存有一份希望與可能，他就做出十分努力，不達目的誓不罷休。

曾國藩的成功，還與他的個人定力密不可分。凡是確定的方向，認準的事情，擬定的決策，他總是盡其所能地排除一切干擾，堅決貫徹執行。

移師衡陽練兵不久，因太平軍攻擊迅猛，兵鋒所指，四處告急。清廷兵源有限，明知湘勇剛剛組建，卻一個勁地催促不已，命其出征作戰。曾國藩心裡十分清楚，一支未經戰事且尚未練好的軍隊，倉促拉出去與勢頭正健、能征慣戰的太平軍相搏，無疑於虎口投食。與其全軍覆沒，不如抗旨不遵。因此，面對一份比一份措辭更加嚴厲的諭旨，他硬著頭皮，以兵勇不足、船炮不齊等各種藉口拒絕出征。直到條件基本成熟，才率所練陸軍、水師，以整肅的軍容從衡州出發，入湘江北上。

曾國藩署理兩江總督後，同僚及部下都勸他放手大幹，儘快進軍東南。而他則堅持自己的進攻方略，將重心放在安慶。只有拔掉安慶這顆「釘子」，才能以上制下，反客為主，掌握兩軍對壘的戰爭主動權，最終達到圍攻南京，徹底消滅太平天國的目的。為實現自己的戰略構想，曾國藩緊緊圍住安慶死命不放。太平軍為解安慶之圍，先是直接救援，被湘軍擊退。爾後又施行「圍魏救趙」的軍事行動，陳玉成與李秀成同時進軍湖北，即使武昌危如累卵，曾國藩就是不為所動，不肯撤安慶之圍增援。第二次鴉片戰爭期間，英法聯軍進攻北京，曾國藩冒著抗旨不遵、革職查辦的風險，置咸豐帝命他帶兵進京、北上「勤王」的諭旨而不顧，全力攻打安慶。後咸豐帝又下令，要他放棄即將得手的安慶，趕去即將失守的蘇州救援，他又一次抗旨堅決不去。哪怕祁門大營危在旦夕，曾國藩置身驚濤駭浪之中，一天到晚提心吊膽，隨時作好獻身準備，也不肯調動圍攻安慶之兵給自己解困。面對曾國藩如此堅韌而強勁的定力，儘管安慶城內的太平軍將士苦苦堅守，洪秀全、李秀成、陳玉成等高層領導人多次設法營救，歷經兩年之久的安慶戰役終以太平軍的徹底失敗而告結束。

安慶陷落，太平天國都城天京的最後一道堅固屏障被清除。千里長江門戶洞開，曾國藩完全掌握了進攻太平天國的戰略主動權。湘軍揮師東下，圍困天京，剿滅太平天國，不過時間遲早的事情罷了。

五

一八六一年八月二十一日，咸豐帝病逝，年僅六歲的載淳繼承皇位。兩宮皇太后與恭親王奕訢聯手發動宮廷政變，清除以肅順為首的「贊襄政務大臣」集團。兩宮垂簾聽政後，慈禧一改咸豐帝慎用漢族將領的成規，上台僅十二天，就任命曾國藩統轄蘇、皖、贛、浙軍務，四省所有巡撫、提督、總兵以下各官，均歸其節制。兩個月後，又加賞協辦大學士銜，使得曾國藩成為清朝立國兩百年以來第一位外臣權位最高者。

位極人臣，曾國藩驚喜之餘，更多的是疑慮與擔憂。「皎皎者易汙，嶢嶢者易折。」身居高位，他沒有半點自傲自大，反比過去更加勤勉謹慎，唯恐無意間招致禍患。他的擔憂並非沒有道理，當時就有不少權臣向慈禧進言：「楚軍遍天下，曾國藩權太重，恐有尾大不掉之勢。」

一八六四年七月十九日，曾國藩率軍攻入天京，失去控制的湘軍士兵為報久困城下、死傷慘重之仇，他們逢人便殺，遇財就搶，見屋即燒。與清朝整整對峙長達十一年之久的太平天國心臟之所在，就這樣成為湘軍的一處發洩之地，人性之惡如一頭肆虐的惡魔橫行無忌，昔日的繁華都會慘遭荼毒，頓時變成一片廢墟。

天京陷落，也就意味著剿滅太平天國的目的業已實現，曾國藩的「事功」也由此而達至峰巔。

本該揚眉吐氣、高興陶醉的他，卻面臨著一連串新的操持、疑懼、憂心、困惑與煩惱。

攻克天京，原以為清廷會加功封賞，而實際得到的卻是接二連三的嚴責與警告。如果說口頭的或書面的指責尚能忍受，而軍事上的防範之舉卻令曾國藩怎麼也不能接受。就在湘軍合圍天京之時，清廷以種種藉口調動其他軍事力量，在長江中下游屯兵佈防：僧格林沁屯兵皖鄂交界之處，馮子材、富明阿把守鎮江、揚州，官文駐紮武昌。清廷意圖昭然若揭，針對的已不是太平軍，而是對清王朝忠心耿耿的曾國藩了。一旦湘軍輕舉妄動，就會招致其他清軍圍攻。不僅如此，清廷還暗中支持左宗棠的左系湘軍脫離曾國藩，與其分庭抗禮，以收內部瓦解之功。

「狡兔死，走狗烹；高鳥盡，良弓藏；敵國破，謀臣亡。」歷史常以驚人的相似重複上演過去的一幕幕悲喜活劇，達至事業頂峰的曾國藩同樣不得不面臨中國古代歷史的盲點與困局。

擺在他面前的道路無非三條：一、起兵反叛清朝，問鼎中原；二、保持實力，維持現狀；三、裁撤湘軍，自剪羽翼，以明心志。

此時的曾國藩如若反戈一擊，只要他打出驅除韃虜，恢復漢人江山的旗號，草擬一封類似於〈討粵匪檄〉的〈討滿清檄〉，振臂一呼，必能起到豪傑景從，天下歸心之效。他麾下所統湘軍約十二萬人，是一支能打硬仗惡仗，且僅只忠誠於曾國藩的帶有私人性質的軍隊，國內沒有任何一支軍事力量能夠與之抗衡爭鋒。那些駐紮四周的防範力量，除了激怒他外，根本起不到威脅震懾之效。曾國藩只要願意，兵鋒所指，不是歸附，就是潰敗。

就當時格局、勢力而言，一批因湘軍而崛起的湖南精英紛紛出任封疆大吏，以曾國藩的模式執掌地方軍政大權。就在曾國藩攻克天京的前一年，即同治二年（一八六三），全國總督八人，由湘軍將領出任者三人；全國巡撫十五缺，湘軍將領任有七缺；曾國藩所轄江、浙、贛、皖四省，其中江、浙二省富甲全國，根本不必為兵餉、糧餉而擔憂。如果將這些間接的、隱性的力量計算在內，曾國藩實際上已據有清朝半壁江山。

友人、幕僚、部將開始以各種形式勸說曾國藩了。要說龍袍加身對他沒有半點誘惑，肯定是一句假話。受傳統文化的熏陶，國人內心深處，都有著濃厚的帝王思想，只是有人表現得十分強烈，有人沉隱於潛意識之中。一生謹小慎微、臨事如履薄冰的曾國藩，不得不猶豫再三、權衡不已。當初出山的目的是什麼？不僅僅在於為清廷效命打江山，而是恢復中華傳統文化，也就是兩千年來一以貫之的儒家主流思想。作為理學家的他，曾以要挾咸豐帝伸手要官要權而招致多方攻詰，如果再行起兵，不更將自己推向不忠不義、虛假偽善的境地嗎？曾國藩當初出山想得最多的，是為道義而戰，為使命獻身，沒想到還真的修成了正果。人要知足，位極人臣，更復何求？「爾的官是做不盡的」，想到祖父的訓誡，他知足了。人的慾望是沒有止境的，能進能退，見好就收，方為上人。況且起兵反清，也是一樁冒有極大風險的「活路」，弄不好會惹來殺身滅族之禍。即使成功登上九五之尊，又得經歷一番戰亂，導致生靈荼炭。他對湘軍攻入天京後燒殺擄搶的殘忍暴行一直負疚於心，認為這支軍隊已失卻當初的朝氣與血性，變得暮氣深重，無以約束。特別是攻下天京，已是大功告成，將領升官，士兵發財，人心思歸，誰還願意繼續賣命？加上湘軍內部，除嫡系十二萬外，又分出了李鴻章的七萬淮軍，左宗棠的五萬左系湘軍，如若起兵，他們會不會像太平天國那樣，重演內訌的血腥慘劇？更何況，當皇帝有什麼好處？得利者自然是曾氏家族，可後代只要有本事，犯得著先輩為他們撈取嗎？歷數各朝皇族，一遇改朝換代，沒有一朝後代得以善終。表面看是為後代爭利益，實則是貽患後人。

其實這都是曾國藩的個人謹慎考慮，湘軍如若知道要進軍中原攻打北京，只要曾國藩稍加鼓動，肯定會比過去更為兇猛。他還沒有鼓動，這天晚上，剛審完被俘的李秀成進入臥室休息，就有三十多員湘軍將領集於前廳「逼宮」，要求曾國藩接見表態，打到北京奪下「皇位」。他良久不語，後命人取來紙墨，寫上一副對聯：「倚天照海花無數，流水高山心自知。」就在眾人呈出咋舌、歎息、搖頭、頷首、呆然等各種表情之時，曾國藩早已擲筆而去。

曾國藩以一個道學家的身分，似乎顯得枯燥古板、面目可憎、索然無味，但也有幽默生動、妙趣橫生、精彩紛呈的一面，特別是他有著一股內在的人格魅力。李秀成被俘後，面對嚴刑拷打、威逼利誘，他始終堅貞不屈，算得上一條錚錚漢子。可曾國藩一來，情形就急轉直下了，他不僅每天撰寫被人譏稱為投降書的〈自述〉，還向曾國藩表明心跡，願收羅三十多萬太平天國餘部，聽命於曾國藩，為他反滿復漢當皇帝效犬馬之勞。

然而，曾國藩放棄了中國近代史上一次改朝換代的機會！

這不能不說是一個極大的遺憾，華夏民族也因此而失去了一次難得的超越自我超越歷史、追趕世界發展潮流、融入世界先進文明的復興機會。

湘軍揮戈北向，曾國藩取代清廷，以他的睿智與開放，洋務運動必成正果。因屬漢人坐江山，國家政體極有可能很快轉向英國似的君主立憲。退而言之，起碼不會有義和團的極端排外，不會有慈禧太后歇斯底里地向世界各國宣戰，不會有八國聯軍攻佔北京，而日寇的兩次侵華史也得重新改寫。曾國藩以全身保家為務，維護了自己的道學家尊嚴，由此而獲得了文韜武略、全始全終、聖賢完人之類的美譽，卻置漢族百姓於不顧，最終喪失了國家的利益與民族的尊嚴。

如果從宿命的角度而言，這便是華夏民族的劫數──所謂在劫難逃也。

當然，如果曾國藩推翻了大清王朝，那也就不是歷史的曾國藩，我們今天所知道、認識、評說的曾國藩了。

曾國藩最終採取的是策略，連保存實力也沒有，而是大刀闊斧地自剪羽翼。以他的本意，原想將湘軍全部裁撤掉。後經人勸諫提醒，才保留了約兩萬嫡系精英，一則北方捻軍正盛，湘軍還有可用之處；二則只有以實力作後盾，才能真正保住自己的利益地位不受侵犯、身家性命免遭傷害。

擁有重兵之人，要麼問鼎皇權王位，要麼被人打敗擊潰。像曾國藩這樣主動裁剪，自行解散，自古以來，還只有他一人能夠做到。那些因他而起的後代軍閥，由湘軍而分支的淮軍，由淮軍領袖李鴻章而栽培的袁世凱練出的新軍，由新軍而分化出的一大幫大大小小的北洋軍閥，真可謂每況愈下，一代不如一代。到了北洋時期，各路軍閥為了一己之利相互混戰，給中華大地帶來的深重災難，真是罄竹難書。這是始作俑者曾國藩所沒有料到的，同時也更加反襯出他的高風亮節與不同凡響。

六

越過峰巔，曾國藩就開始走下坡路了。

清軍悍將僧格林沁親王追剿捻軍，反被捻軍擊敗全軍覆沒，朝廷不得不再請曾國藩解困。接旨後他愁腸滿腹、心緒不振，再也沒有出征太平天國時的熱血與激情了。他擔心的不是捻軍難剿，而是清廷的翻手為雲覆手為雨。同時，自己過早裁撤湘軍也使得這次出征缺少可用之兵，不得不依賴李鴻章的淮軍。

親臨戰場後，曾國藩很快就針對捻軍飄忽不定的特點，制定出堅壁清野、劃河圈地、重點設防、以逸待勞、以靜制動的克敵方略。可那些調來的淮軍，他們雖出自湘軍，但將領皆由李鴻章提拔任命，對曾國藩並不怎麼「買賬」，在執行命令時常表現為消極拖延與暗中抵制。於是，曾國藩下令時必得事先徵求李鴻章意見，然後由李鴻章將命令傳達給淮軍將領，軍令要比實際軍情落後半拍，常常貽誤戰機。加上其他一些難以克服的弊端，致使曾國藩剿捻一時間難有突破性的進展。於是，他再度受到他人的攻訐與參劾，受到清廷的嚴厲申飭。

曾國藩心灰意懶，只得奏請開缺。

兩年艱辛坎坷的剿捻行動，結果落了個無功而返。曾國藩自然臉上無光，令他多少感到欣慰的是，學生兼幕僚李鴻章接過剿捻這支「接力棒」，並依照他制定的軍事方略，終於完成了他的未竟之業，置捻軍於死地。

如果說剿捻失敗僅只是聲望受挫的話，那麼處理「天津教案」，則將曾國藩推到無法化解的矛盾與糾紛的風口浪尖，落了個「漢奸」、「賣國賊」的罵名。

天津教案的直接起因，源於一個年僅十九歲，以迷藥誘拐幼孩的罪犯武蘭珍。他被人扭送官府後當堂供稱，是教民王三將他迷入法國天主教仁慈堂，然後由教堂提供迷藥，命他誘拐孩童，並稱拐一人即付洋錢五元。消息傳出，天津紳士、民眾群情激昂、義憤填膺，近萬市民不約而同齊聚仁慈堂外，要求逮捕主犯教民王三，並將仇恨情緒轉移到傳教士、修女及一切外國人身上。

一個由罪犯提供未經核實的謠傳，竟然使得天津士民深信不疑，成為炸藥包的引信，其深層根源，在於民間長期關於教堂一些捕風捉影的胡亂推測與以訛傳訛。

因為兩次鴉片戰爭的失敗，才有傳教士、教會的「登堂入室」，民眾對其有著一種本能的反感與敵意，這便決定了傳教士、教民與官府、士人、百姓之間的難以溝通、交流與理解，而少數傳教士的飛揚跋扈、教民的仗勢欺人更是在相互隔膜的基礎上變本加厲、火上澆油。此外，教堂的壁壘森嚴也為人們提供了神秘而詭異的想像空間，比如傳教士、修女為行「拯救靈魂」的「善舉」，常把一些瀕臨死亡者收入堂中作臨終付洗。等到這些人死後，大多埋入教堂墓地。進入教堂的生命全都變成刻有十字的冷冰冰墓碑，幾近百分之百的死亡率給人產生的聯想實在是太豐富了。因此，關於教堂、教士、教民，無論多麼荒誕不經的謠言，也會成為毋庸置疑的事實，旋風般吹遍大街小巷與每個角落。比如教堂內男女教徒同處一室共同禮拜，便為「男女授受不親」的崇奉者士大夫們提供了惡意攻擊的把柄，被誣指為教堂是一個教人淫亂的魔窟；教堂為臨死兒童施行洗禮，則被百姓誤認為「剖小兒心肝以製藥餌」；醫院將解剖後的死嬰浸於酒精容器內，被士大夫視為「沖孕婦之腹，取胎兒製長生不老之藥」……其實，自明末利瑪竇入華傳教開始，就有關於西方傳教士「挖眼剖心」、「剖腹取胎」、「煉丹採生」之類的謠傳。近三百年來，迷信與謠言不僅沒有消解，反而更加強化了：誤解越來越深，仇恨越積越厚，矛盾與衝突漸次由隱而顯，由暗到明。

熾烈的岩漿在地底衝撞奔湧，尋找著薄弱的突破口。

負責調查處理此案的法國領事豐大業（Henri Victor Fontanier, 1830-1870）依仗西方強勢文明，根本不可能體察、瞭解中國的「國情」與「民情」，他盛氣凌人地視黑壓壓的圍觀群眾為無物，橫蠻暴戾向清廷官員開槍，擊中天津知縣劉傑的隨從高升，從而釀成一起血案。百姓懼怕清廷官員，清廷官員懼怕洋人，可百姓並不懼怕洋人，他們一擁而上，當場打死豐大業及其秘書西蒙（M. Simon）。引信點燃了，嗞嗞作響，隨後是炸藥包那驚天動地的爆響：憤怒而失控的民眾燒毀暸望海樓教堂、仁慈堂、法國領事館及十座英美耶穌教堂，殺死了沿途遇見的所有外國人，包括領事館隨從兩名、傳教士一名、修女十名、法國居民兩名、俄國居民三名，另有中國神甫一名、中國教民三十多名。

天津教案持續四五個小時，事涉法、英、美、俄、德、比、西七國，他們一面聯合向清廷抗議，一面麇集軍艦示威天津海面。

正是這種困窘萬分、危急四伏的情勢之下，曾國藩受命處理天津教案。他接到手中的，無疑是一個滾燙的山芋。豈止燙手，簡直就是各種雖為敵對勢力，卻不謀而合地糾集在一起而設下的一個陷阱，製造的一個悖論，打下的一個死結。表面看來，對立者只有洋人與清廷兩方，實際則分別四個錯綜複雜的層次，除洋人與清廷外，還有士大夫與百姓。這四個集團有著各自不同的認識、觀點與利益，都希望通過曾國藩而獲得利益的最大化，稍不如意，他就會成為眾矢之的。也就是說，指向他的四種力量，除了希冀與索取外，沒有哪一種會去理解他、支持他、幫助他。曾國藩不可能讓所有敵對集團全部滿意，也不可能置某一集團的利益全然不顧，這就決定了無論天津教案處理結果如何，他都免不了要成為祭壇上的一隻「替罪羊」。

曾國藩受命臨行前，又一次寫好遺囑。到達天津後，明知凶多吉少、事不可為，但仍周旋於各方，盡可能地憑一己之力，妥善解決爭端。經過一番調查暸解與案情審訊，他很快寫出了一份完整的調查報告，指出並無教堂拐騙丁口、挖眼剖心、誘汙婦女之事：「殺孩壞屍，採生配藥，野番兇惡之族尚不肯為。英法各國，乃著名大邦，豈肯為此殘忍之行？」並詳細分析了之所產生種種謠傳的原因。在此基礎上，曾國藩頂住法國公使要求處決府縣抵命，清廷嚴厲催逼及兇手或藏匿難緝或無人招供等多重壓力，作出了自己的判決：府縣張光藻、劉傑革職發配；判處二十名兇犯死刑，二十九名充軍流放；賠償（包括撫恤）白銀四十九萬七千餘兩；派特使前往法國道歉，表示中國願與之「實心和好」。

議結方案一經公布，舉國上下頓時一片譁然。法國提出的條件打了折扣，國內不滿，甚至於想調兵前來重理教案，只因普法戰爭爆發，分身無術，才勉強接受；清廷雖認為「當時事勢，捨曾國藩之所辦，更無辦法」，但為了取悅國人，不得不擺出一副強硬姿態，造成一種朝廷似乎對曾國藩的方案持有異議的假象；老百姓則大罵曾國藩為「漢奸」、「賣國賊」；士大夫一個勁地攻擊不已，特別是那些「清議派」，更是不依不饒，主張嚴懲曾國藩以謝天下；還有人寫出一副對聯譏諷嘲笑曾國藩：「殺賊功高，百戰餘生真福將；和戎罪大，三年早死是完人。」那些詆毀他的天津士民以及貶斥他最甚的湖南同鄉，全屬不知外情內形，跟著瞎起哄而已：「津人毀之，湖南尤毀之，及詢以津事始末，無能知之者。」

其實，曾國藩要做一個民族英雄並不難，他本是一個血性之人，也可以將洋人抗議置若罔聞，不問青紅皂白地慷慨激昂，振臂高呼，激發廣大民眾同仇敵愾的愛國情懷，號召國人「戰至最後一兵一卒」。

如果曾國藩這樣做了，肯定會成為輿論與清議中的民族英雄。他知道這樣做給個人帶來的利益與好處，可他不願「弋一己之虛名，而使國家受無窮之累」，是以一種「我不入地獄誰入地獄」的無畏與擔當，化解了一場危機與戰爭。曾國藩清醒地認識到，當時的大清帝國，剛剛結束第二次鴉片戰爭，平息太平天國與捻軍起義，國力之孱弱已達至極點，一旦與洋人開戰，並且是七個西方強國，其結果會怎樣？必定是「全局瓦裂」，分割成西方列強的一塊塊殖民地。況且天津教案的主要過失在於中方，曾國藩只能在諸多不利條件下減少損失，爭取更多的民族生存與發展空間。

天津教案之爆發，過失雖有多少、大小之分，但責任在於教會、暴民、天津官府、西人四方。可一等曾國藩到達天津，情勢立即發生逆轉，中外焦點全部聚集於他一身，應負責任的四方都可諉過，本無半點干係的他，似乎整個教案由他一手操縱造成，得承擔來自方方面面的所有憤怒與指責。一番赤誠努力不僅沒有換來讚賞與理解，反而成為千夫所指，審判席上唯一的受審對象。弄得追求道德完美的他也彷彿真的犯下一樁不可饒恕的彌天大罪，不得不灰頭土臉、誠惶誠恐地公開承認自己「舉措失宜，悔憾無及」。在私人信件中，除引咎自責外，他更擔憂的則是未來時局：「吾此舉內負疚於神明，外得罪於清議，遠近皆將唾罵，而大局仍未必能曲全，日內當再有波瀾。」哪怕曾國藩再置個人名聲毀棄於不顧，「拚卻生命以顧大局」，豈能挽回老大帝國故步自封、顢頇愚昧而造成的天下之頹勢？

縱觀中國歷代戰爭中的所有主和者與談判者，最後無不落得個漢奸、賣國賊的嫌疑與下場。封建專制集權政體的一個主要特徵，就是天無二日、唯我獨尊，沒有多元化，沒有兼容並蓄，沒有平等共存，只有征服屠戮、臣服朝貢。

七

曾國藩對國內外形勢能有較為清醒的認識，主要得益於由他一手促成的洋務運動。

由理學家而洋務派，二者之間看似沒有相通之處，但曾國藩很好地吸取了理學中經世致用、講求實踐的積極因素。在剿滅太平天國運動的過程中，他認識到取勝的關鍵，很大程度在於武器之精良。於是，曾國藩先是奏請咸豐皇帝支持湘軍購買、裝備西方新式武器，然後自己在安慶建廠製造火藥、子彈，又內設軍械所製造洋槍洋炮。中國沒有主動向外國學習的傳統，曾國藩開創中國最早的現代軍工企業，算是開了一個先河。由生產彈藥、造槍造炮，爾後又製造蒸汽機，建造輪船軍艦。軍械所先由安慶遷往南京，改名為金陵機器製造局，後又遷至上海，建成江南製造總局。隨著規模的不斷擴大，一些相應的配套措施與發展需要也在逐步完善，比如辦洋務就得新型人才，曾國藩慧眼識珠地引進了徐壽、華蘅芳、容閎等一大批精通西方洋務的精英；隨著洋務實踐的深入，自然科學的基礎理論便顯得十分重要，曾國藩組織大量人力物力，籌建翻譯館、印書處，通過外人口譯、國人筆譯的形式，翻譯出版了以機械製造學為基礎，涉及算學、化學、歷史、地理、礦物學、天文學、博物學、醫學、法律學、製造船學、水陸兵法等領域的西方大量科學著作，不僅培養了自己的科技人才，奠定了近代科學基礎，對近代思想也產生了深遠影響，康有為、譚嗣同等人正是從江南製造總局的這些譯書中開始瞭解西學、認識西方。

早期洋務運動中，曾國藩有一項可謂高瞻遠矚的規劃，那就是選送幼童赴美留學，為中國培養真正的西學人才。自古以來，只有日本、朝鮮等國派遣留學生來中國學習，從未有過堂堂天朝大國遠赴外夷學習之先例。可以想見的是，此項「中華創始之舉」該受到多大的非議與阻力。曾國藩雖未見到這項計劃的最後施行，儘管留美教育過早夭折，但其先進的教育思想功不可沒，成為日後大規模留學運動的先聲與基礎，選派的一百二十名留美幼童，湧現出了鐵路專家詹天佑、北洋大學校長蔡紹基、外務部尚書梁敦彥、民國總理唐紹儀等一大批著名的科學家、教育家、社會活動家等各種專業人才。

曾國藩的洋務運動思想，其中最令人稱道的是學習西方而不受制於西方。清廷曾出鉅資向英國購買船炮，組成了一支聘任英國皇家海軍上校阿思本（Sherard Osborne, 1822-1875）為總指揮，英國海軍官兵六百餘人為雇員，大小船隻共八艘的中國現代化艦隊，以幫助鎮壓太平天國。時任中國海關總稅務司的英人李泰國（Horatia Nelson Lay, 1833-1898）未經清廷同意，與阿思本簽訂私下協議，認定他不僅為艦隊總司令，所有官兵聽其調遣任用，而且除接受中國皇帝的詔令外，不接受中國其他官員命令，即使皇帝命令也由李泰國轉達，而李泰國對中國皇帝的命令又擁有否決權。面對英人控制中國軍隊的野心，積極支持購買艦船，本欲將這支艦隊的指揮權掌握在自己手中的曾國藩，為避免日後喧賓奪主、受制於人乃至不堪設想的後果，不得不毅然採取「斷臂」措施，馬上上書朝廷，要求即刻解散阿思本艦隊。清廷為此白白損失了六十六萬餘兩白銀，但從維護國家主權的長遠利益出發，又是十分值得的。由此也可見出，曾國藩背負的「漢奸」、「賣國賊」罵名何其冤枉！

關於曾國藩的身後評價，長期以來有著兩個不同的極端，正如章太炎所言：「譽之則為聖相，讞之則為元兇。」推崇他的人說他是「中興第一名臣」，「中國歷史上最著名人物」，德埒諸葛，功邁蕭曹，文比歐韓，尊他為「理學宗師」、「聖哲」、「完人」，其文治武功超越前古。衣缽傳人李鴻章說他「威名震九萬里，內安外攘，曠世難逢天下才」；梁啟超評論他「蓋有史以來不一二睹之大人也」，「豈唯中國，抑全世界不一二睹之大人也」；清史學家蕭一山在其代表作《清代通史》中評價曾國藩「修內聖外王之學，無忝父母所生，不愧天地完人」；毛澤東早年說「愚於近人，獨服曾文正」，即使晚年觀念有所改變，也說「曾國藩是地主階級最厲害的人物」；蔣介石對曾國藩頂禮膜拜不已，他置《曾文正公全集》於案頭，終生常讀不輟，還將蔡鍔選編並作序的《曾胡治兵語錄》作為培養高級將領的教科書……罵他者除「漢奸」、「賣國賊」外，還有「曾剃頭」、「鎮壓農民運動的劊子手」、「吾祖民賊」、「虛偽的道學家」等。

曾國藩之所以毀譽交加，與其行事難脫干係。在湖南長沙幫辦團練時，堅決鎮壓各地會黨組織，對那些抓來的所謂會黨（實則農民），動不動便「就地正法」，顯得相當殘忍。他成立的審案局在短短四個月之內，便「立予正法」一百零四人，「立斃杖下」二人，「監斃獄中」三十一人，還不包括他指令湖南各縣就地處死的九十二人。湘軍攻陷安慶後大量殺俘，佔領南京後燒殺擄搶等殘暴行為，曾國藩也有不可推卸的責任。由他倡導實行的軍隊私有，最終演變成北洋軍閥的地方割據勢力，相互間長期混戰不已，弄得國力衰竭，民不聊生，追根溯源，曾國藩顯然難辭其咎。

就個體生命而言，曾國藩是一個相當矛盾的統一體。他嚴肅刻板，卻又顯得幽默風趣，據李鴻章言，曾國藩在軍營的飯桌上「最愛講笑話，講得大家肚子都笑疼了，個個東倒西歪的」；他推崇仁愛，卻濫殺無辜；提倡清廉，而對部下的貪贓枉法卻睜一隻眼閉一隻眼；擁有一支虎狼之師，卻以愚忠自剪羽翼，結果受制於清廷……特別是面對先進的世界文明大潮，曾國藩以其遠見卓識，奮然投身其中，第一個上奏提出「師夷智以製船造炮」，第一個造出輪船，第一個派人出洋購買成套「製器之器」，第一個提出「官商督辦」，第一個上奏提出派遣留學生計劃……然而，在向西方學習的同時，他又是一個相當守舊之人，他所堅守的傳統文化，並非全是精華，有很大一部分屬於應該丟棄的糟粕。比如對西醫沒有正確認識，子女請西醫給夫人看病，心中便十分不快；對釐稅徵收工作，堅決反對按照西方的科學管理方法；引進翻譯西方自然科學，但對其政治制度、思想體系方面的內容，卻視而不見。

曾國藩與普通人並無二致，一樣有著七情六慾，有著善惡兼具的本性。難得的是，他總是嚴格要求自己，克制內心私慾，壓抑人性中惡的一面。他小時候心胸並不寬容豁達，睚眥之仇必報；也非老練沉穩之人，稍有成功便沾沾自喜；心情浮躁，常與人爭強鬥勝……這些不足，日後都被他在修身養性的功課中以堅韌的毅力一一克服。他篤信理學清心寡慾，可妻子歐陽氏經常患病，於是，內心便十分羨慕妻妾成群的同僚。一次赴宴見到進士同年的美妾，不禁心猿意馬，「目屢邪視」，回家後聽見臥病在床的妻子呻吟不已，心緒更是煩躁不已。等到夜深人靜之時，曾國藩開始反省，不由得嚴厲責罵自己「真不是人，恥心喪盡，更問其他」。他平素有抽水煙的習慣，煙癮極大，後意識到吸煙的危害，便開始戒煙。可戒煙的痛苦令他萬般難受，戒煙中期時有反覆，最後咬牙下定決心，經歷三次戒煙，才終獲成功，後半輩子的三十年間，再也不吃。「截斷根緣，誓與血戰」，曾國藩在成就一番偉業的壯志激勵下，始終在理念與慾望相互鬥爭的困境中掙扎不已。他立有「三戒」，即戒煙、戒妄語、戒房闥不敬；寫有「三字箴」即「清字箴曰：名利兩淡，寡慾清心，一介不苟，鬼伏神欽。慎字箴曰：戰戰兢兢，死而後已，行有不得，反求諸己。勤字箴曰：手眼俱到，心力交瘁，困知勉行，夜以繼日」；作有「五箴」，即立志、居敬、立靜、謹言、有恆。「一日三省，慎之慎之！」他以「不為聖賢，便為禽獸；莫問收穫，但問耕耘」為座右銘。他曾言道：「我欲仁，斯仁至矣。我欲為孔孟，則日夜孜孜，唯孔孟是學，人誰得而御我哉！」他將自己居所名為「求闕齋」，取意於求缺於他事，求全於堂上。他給自己規定，每日必須做到十二條課程：敬、靜坐、早起、讀書不二、讀史、謹言、養氣、保身、日知所亡、月無忘所能、作字、夜不出門。哪怕戎馬倥傯，他都堅持每天寫日記的良好習慣，並且寫得相當細緻。記下白天的一切，也就是不斷反省、不斷改過、不斷求知、不斷前進的過程。他的精神核心可用一個「誠」字予以概括，誠心、誠敬、誠懇、誠篤、誠樸、誠實、誠摯，腳踏實地，不投機取巧，不作苟且之事。沒有誰去要求他苛責他，可出於修身養性、自我鍛鑄的內在生命自覺，他為自己訂立了一系列必須遵循的規矩，並且嚴格實行，將這些良好的人生習慣一堅持就是一輩子。

曾國藩留給後人一個最深刻的印象，就是毅力格外堅韌。隊伍從衡陽剛拉出來不久，接連打了幾次敗仗，幕僚在寫給朝廷的奏摺中如實供述，稱湘勇「屢戰屢敗」。曾國藩審閱時，當即揮筆改為「屢敗屢戰」。四字仍在，但位置一經調整，那種不服輸、不氣餒的剛毅氣魄頓時躍然紙上。

曾國藩謙和內斂，以退為進，韜晦有術，從不張揚，沒有半點文人的狂傲之氣。在清政府的猜忌、地方大吏的排擠中求生存，在多重勢力的夾縫中求發展，為人行事不得不如履薄冰、如臨深淵、謹小慎微。「有福不可享盡，有勢不可使盡。」時時刻刻、事事處處不忘適可而止。

曾國藩常以林則徐為榜樣，提倡節儉，要做一名清官。他穿的是又短又小的馬甲；睡的是布被草席；不食煙酒，每頓飯通常只有一個菜，「決不多設，雖身為將相，而自奉之嗇，無殊寒素」，因他每食僅菜一品，時人諧稱為「一品宰相」；隨身之物只有兩口小木箱，沒有一件珍玩貴物；哪怕位居兩江總督之時，家眷仍維持鄉居生活狀況，每天晚上，全家長幼女眷全在油燈下紡紗績麻。對此，容閎在《西學東漸記》中寫道：「當時，曾國藩無論名義上還是實際上，都是最高權威。雖然權力如此之大，但從未聽說過他濫用職權，也沒有利用財權自飽私囊，或肥其親友。他不像李鴻章那樣給子孫留下四千萬銀兩的遺產，而是身後蕭條，政績沒有受到玷污，留下了受人尊敬的正直、愛國、廉潔的美名。」

從早期擔任京官上疏激怒咸豐帝開始，直至生命之終，曾國藩那勤勉嚴謹的身影，便一直活躍在中國歷史舞台。即使身後，也影響改變著中國軍事、政治、社會、文化等諸多方面的發展走向。也就難怪有人說曾國藩做了只有聖人才會做的事業。

就中國古代知識分子所追求的「三立」而言，曾國藩將道德轉化為一種內在人格令人敬仰不已；留下的書信之類文字，從中見到的多是金玉良言；唯有事功一項，卻是爭議多多，可見任何行動都不可能十全十美，在那些美好的言辭面前，總是顯得蒼白無力、遙不可及。

曾國藩的一生，將社會人生的道義看得太重，主動承擔的責任太多，而中西文化的衝撞又將他撕扯得太痛，時代激盪的風雲對他的要求太高……如果以當代的休閒生活觀視之，曾國藩一輩子，活得實在是太累太累了！

傳說曾國藩出生之時，曾祖父曾竟希做了一個奇怪的夢：一條巨蟒從天而降，盤旋於曾家宅堂，爾後又進入內庭環繞不已。曾竟希驚悸而醒，這時家人前來報喜，說是孫媳婦生了一個男孩——他就是曾國藩。這個無法證實的神秘之夢幾乎伴隨曾國藩度過了富有傳奇色彩的一生。他後半輩子長期為一種無法治癒的牛皮癬病所苦惱，病發之時，全身奇癢難耐，不得不揮舞雙手全身搔撓不已，有時抓得全身是血，往往要搔落一層白鱗般的癬屑才告一段落。哪怕這種因牛皮癬病而癬文遍佈、看似鱗甲的身體，也被視為曾國藩確乃巨蟒投胎轉世的依據。這種病症的內在苦痛，無論怎麼描述，外人都屬皮相，只有患者才能真確感受那種內在的無法忍耐的折磨與痛苦。牛皮癬雖為頑疾，可惡難治，但於生命並無大礙。曾國藩的體質從小就比較孱弱，自立志成為一個理學家並躬行實踐以來，刻刻留心、時時憂懼、天天緊張，心理長期壓抑，不禁經常失眠咯血。查辦天津教案之後，外壓與內疚更是弄得他「寸心焦灼，了無樂趣」，身體愈加虛弱：「精神衰憊」，「眩暈之症並發」，「左目久盲，右目亦極昏蒙」，「發疝氣疾，右腎堅腫下墜」。正當諸種疾患並發之時，昔日久治不癒的牛皮癬也跑來「湊熱鬧」了，「癬疾大作，徹夜不能成寐。」

同治十一年二月初四日（一八七二年三月十二日），回任兩江總督的曾國藩午飯後至署內西花園散步，突感腳麻，一個踉蹌，身子向一旁歪斜。陪同散步的兒子曾紀澤與隨從趕緊將他扶住，夾著他繼續前行。不一會，曾國藩全身就開始抽搐不已。叫人搬來一把椅子，讓他坐在其中，然後抬入大廳。在一片驚呼聲中，家人全都圍了過來。曾國藩已不能說話，三刻後與世長辭，走完了六十一歲的人生旅程。

在此不得不特別提及的是，曾國藩臨死前一天，還在閱讀《理學宗傳》，並寫下了最後一篇日記。他死前也不像常人那樣躺臥在床，而是端坐椅中而逝。

曾國藩雖然使得清廷軍事大權下移，抽空了清朝政權根基，但就當時情形而言，清朝確賴曾國藩而得以苟延殘喘。因此，清廷獲悉曾國藩死訊，舉朝震驚，輟朝三天以示哀悼。又追贈太傅，諡號「文正」，入祀昭忠、賢良二祠，並於湖南湘鄉、江寧金陵建立專祠，予以少有的殊榮。

作為中國近代史上最具影響的風雲人物，中國本土最具勇敢堅毅的改革家，中國歷史上最具完善人格的士大夫，中國傳統文化最具理想的化身，曾國藩的逝世，象徵著中國封建社會最後一尊精神偶像的消失。

聖賢已逝，大儒已亡，真正意義的儒學已然進入末世，而本質意義的西學欲進入中國卻破門而不得其入。一個偉大的轉型時代，按說早該到來卻如難產的嬰兒仍掙扎於母腹之中，使得中國近代歷史前行的步履，變得那麼迷惘而惶惑、彷徨而猶疑，蹣跚而踉蹌……

3. 李鴻章：國破山河在

在一部百年屈辱的近代史上，李鴻章孤獨而寂寞的身影映照在寬大的天幕前，幾乎受盡了上自朝廷高官，下至普通百姓，來自方方面面的天底下最多的唾沫與罵名。

一

儘管李鴻章少年得志，十七歲考中秀才，二十四歲便以二甲第十三名的好成績高中進士，成為安徽省最年輕的翰林，但他的發跡與成功，實與曾國藩密不可分。

李鴻章父親李文安與曾國藩於同一年（一八三八）考中進士，互稱年兄年弟。李鴻章以年家子的身分拜曾國藩為師，曾國藩自然對他另眼相待、青睞有加，加之李鴻章聰穎過人，虛心求教，因此進步很快。受教於曾國藩的第二年，李鴻章就考中舉人。在長達近十年「朝夕過從」的日子裡，李鴻章不僅學詩習文、練字讀史，還向曾國藩請教經世義理之學，獲益頗多。哪怕他練就的一手好字，也得益於曾國藩的教誨，要求「其落筆結體，亦以『珠圓玉潤』四字為主」，結果超乎曾國藩之上。

受諸多因素影響，後世之人，只要談及李鴻章，都認為他一味妥協、崇洋媚外，罵他為「漢奸」、「賣國賊」，留下的是一幅獐眉鼠眼、委瑣窩囊的漫畫相。其實，李鴻章個子高大，一點八公尺左右，風度儒雅，顯得儀表堂堂，頗有幾分英俊瀟灑的味道，有「雲中鶴」之雅稱；也並非人們想像的那樣膽小如鼠、局促狹隘，早年他作有〈入都〉詩十首，其中一首寫道：「丈夫隻手把吳鈎，意氣高於百尺樓。一萬年來誰著史，三千里外欲封侯。」僅僅一首短詩，我們即可從中讀到他的遠大理想與豪情壯志，看出他的博大胸襟與廣闊視野，見出他那汪洋恣肆的文采以及舉重若輕、氣閒神定的風姿。

與曾國藩一樣，李鴻章人生的巨大轉折也緣於太平天國。工部侍郎呂賢基奉旨回老家安徽辦理團練，一八五三年三月四日這一天，他在咸豐皇帝面前保薦李鴻章等人隨同幫辦。於是，李鴻章離開京城，回到故鄉宿州，入了安徽巡撫周天爵幕府。不久，父親李文安也奉命回籍辦理團練，加上哥哥李瀚章，李家父子三人輾轉奔赴於安徽各地，以盡力剿滅捻軍與太平軍為己任，替清廷效犬馬之勞。

李鴻章在安徽幫辦團練的五年時間內，或入幕府參與軍事謀劃，或獨立率軍作戰，雖用力甚多，也打過不少大仗、硬仗、勝仗，但總的來說收效不佳。其間，呂賢基兵敗舒城投水自盡；家園兩度遭劫，被太平軍焚燒一空，夫人、幼子死難；父親李文安於合肥軍中病逝，就在他奔喪暫時離開軍營期間，太平軍大舉反攻，清軍全軍覆沒，李鴻章僥倖逃脫一死。

「國難未除家未復，此身雖去也躊躇。」就在李鴻章身陷困境、茫然四顧之時，正在江西與太平軍苦戰的恩師曾國藩來信了，希望他能進入湘軍幕府。李鴻章接信，沒有半點猶豫，就離皖赴贛，趕往曾國藩的建昌大營。

就個人天賦而言，李鴻章居曾國藩之上，更是遠遠超過太平天國領袖洪秀全。曾國藩深知李鴻章其人，並未把他作為一般文員、秘書使用，而是當成助手、顧問，視為左右臂膀，一切重大計劃、決策都與他相商。李鴻章也的確才堪大用，批閱公文、起草書牘、建言獻策，都甚為得體周全，曾國藩十分賞識。但他也深知李鴻章的先天缺陷與後天不足，總是不失時機地將他敲打、磨練一番。李鴻章不夠嚴謹刻苦，有睡懶覺、怕吃苦的不良習慣。而曾國藩無論做什麼事情，都顯得循規蹈矩、一絲不苟、勤勉有加，他每天要早起查營，黎明時分即和幕僚一同進餐。一天早飯時，曾國藩沒有見到李鴻章，派人去催。李鴻章懶散慣了，留戀暖乎乎的熱被窩，想好好享受一番，就賴在床上謊稱生病頭疼。曾國藩自然心知肚明，便接連派人催促。李鴻章也就一個勁地耍滑頭，找出一大堆堂而皇之的理由，遲遲不肯起床。三請四催，仍不見蹤影，曾國藩不禁大為光火，幾乎向他發出最後通牒：「必待幕僚到齊乃食！」只要你李鴻章不起床，大家都不動筷，全都坐在桌前傻乎乎地等著你一人吧。李鴻章知道事情弄僵，趕緊披衣起床，踉蹌跑步而往。曾國藩板著臉一言不發，其他幕僚自然也不好說什麼，李鴻章更是大氣也不敢出。在一片沉寂與沉悶的氛圍中，大家吃得很不是滋味，唯有咀嚼聲與偶爾的碗筷碰擊聲。早飯終於吃完，曾國藩一字一頓地說道：「少荃（李鴻章字），既入我幕，我有言相告，此處所尚，唯一誠字而已。」話音未落，即離席拂袖而去。自此以後，李鴻章逐漸養成了早起習慣，直至病逝，「每日起居飲食均有常度」。

李鴻章才華橫溢、卓爾不群，也就免不了幾分自負，為人處事落拓不羈。為此，曾國藩不得不「故欲折之使就範也」。曾國藩駐軍祁門，因地勢如在釜底，正如兵家所說的「絕地」，幕僚們無一不勸曾國藩及早退軍，尤以李鴻章勸諫最力。經過一番實地考察，曾國藩也知祁門是處險地，但他早已上奏咸豐帝駐軍此地，剛剛接過署理兩江總督的聖諭就朝令夕改，會給自己帶來意想不到的負面影響，於是，曾國藩只好硬著頭皮一意孤行，繼續將大本營紮在祁門，並對那些勸說的幕僚道：「諸君如膽怯，可各自散去。」為此，李鴻章深感委屈。正在這時，師生兩人又在處置李元度問題一事上發生嚴重分歧。李元度是湘軍元老，對曾國藩有救命之恩，但他在駐守徽州時，卻不聽曾國藩的再三叮囑與勸告，輕率出城與太平軍交戰，致使徽州失陷，祁門危在旦夕。李元度的失誤完全打亂了曾國藩的戰略部署，令曾國藩尤為憤慨，決定上疏彈劾。李鴻章極力反對，認為做人不能忘恩負義，也不能因為一次的失誤就抹殺過去的所有功勞。曾國藩從治軍用人的全局出發，並不理會李鴻章的求情與指責，不顧個人私情，將李元度彈劾去職。這也看出李鴻章與曾國藩內在的本質區別，作為理學家的曾國藩為人處事以道義責任為重，李鴻章則常懷幾分私心，不論對人對己，都有念情循私之嫌。兩件事攪在一塊，弄得李鴻章既委屈又無奈，覺得難與曾國藩共事，決意離開曾幕，前往正在南昌的兄長李翰章處閒住。李鴻章在祁門危急時離去，曾國藩大為不悅，認為「此君難與共患難」。可事情一過，雙方都變得理智而冷靜起來。李鴻章深感自己過於衝動，環顧四周，覺得天下之大，唯有曾國藩稱得上真正的豪傑志士，自己要想出人頭地，非得依附他不可，正如胡林翼為他分析的那樣：「君必貴，然願勿離滌生（曾國藩字），君非滌生曷以進身？」此時，湘軍與太平軍酣戰正急，曾國藩也急需李鴻章這樣難得的人才，便給他一個台階，主動寫信相邀。在離營八個月之後，李鴻章重回曾國藩幕府，過去的任性孤傲、虛驕浮躁幾乎被打磨得一乾二淨。與初次入幕相比，曾國藩對他「特加青睞，於政治、軍務悉心訓誥，曲盡其熏陶之能事」。

經過一番磨合，兩人情誼漸濃，既是師生，又是朋友。李鴻章晚年常說他受曾國藩教益之多，平生受用不盡。據曾國藩孫婿吳永在《庚子西狩叢談》中所記，李鴻章「平素最服膺曾文正公，啟口必稱『我老師』，敬佩殆如神聖」。

曾國藩不僅在學問、人格方面給李鴻章以影響，其事業也由曾國藩一手培植提攜而成。

湘軍攻克安慶，對太平天國取得了戰略性的重大勝利，但長江下游的李秀成仍據有相當的實力與優勢，率軍先後佔領了江蘇、浙江的大部分城市，使得上海成為一座岌岌可危的孤島。上海官吏、商人大為恐慌，趕緊前來安慶請求曾國藩派兵救援，並許以每月籌措六十萬兩餉銀的豐厚酬報。曾國藩一直為軍餉所困，六十萬兩白花花的銀子自然讓他心動，但湘軍正沿江東進計劃進攻南京，並已遣左宗棠自江西援浙，一時間實在無兵可派。十二天後，戶部主事錢鼎銘、候補知縣厲學潮又從上海乘外輪來到安慶，仿春秋時期申包胥向秦朝搬兵求救故事，一見曾國藩，就「聲淚俱下，叩頭求師」，情詞之哀迫，令曾國藩不禁為之動容。曾國藩思慮再三，並與幕僚們反覆蹉商，決定派曾國荃前往上海救援，命多隆阿、鮑超兩軍會攻南京。正在家鄉募兵的曾國荃接信，對出兵上海半點也不感興趣，他眼裡盯著的，是攻克南京的首攻及傳說中城內聚斂的無數金銀珠寶，便找出一些冠冕堂皇的理由予以拒絕。曾國藩對他這位相當任性，在家族中排行第九，人稱「曾老九」的親弟不便硬性督責，便想讓另一湘軍將領陳士傑替代前往。陳士傑正在家鄉積極佈防，以解除石達開對桂陽的騷擾攻襲，作為大孝子的他恐「驚擾太夫人」，明確表示無法脫身。這時，另一湘軍將領吳坤修主動請纓，願率兵援滬，曾國藩想都沒想，當即回絕。為挑選赴滬合適人選，一向做事謹慎的曾國藩不禁大傷腦筋。他自然早就想到了李鴻章，且知李鴻章比曾國荃、陳士傑等人更具才識卓見，只是捨不得這位大事小事都要與之相商的得力助手，正如他笑言的那樣：「少荃去，我高枕無憂矣。唯此間少一臂助，奈何？」早就躍躍欲試的李鴻章再也按捺不住，不願放過這一稍縱即逝的大好時機，不由得毛遂自薦，「堅請赴申」。曾國藩也覺得李鴻章各方面都已成熟，可放手讓他獨當一面，使勁一搏。於是，他一面上奏保薦李鴻章為江蘇巡撫，一面命他招募兵馬組建援滬之師。

自離京幫辦團練，雖說做了九年相當鬱悶的幕僚，可李鴻章初一「出山」，其待遇、實力便遠超他人之上，既有一支屬於自己的私人武裝——淮軍，又是名正言順、威震一方的地方諸侯——江蘇巡撫。這樣的優越條件與豐厚待遇，也只有恩師曾國藩才能為他爭取得到。不僅如此，曾國藩還將自己組建訓練、能征慣戰的八個湘兵營，作為「嫁資」送給弟子李鴻章為之壯行，也就難怪李鴻章一輩子都要對曾國藩感恩戴德了。

二

李鴻章初到上海，就像一條出水蛟龍，一時間弄得風生雲起，在上海灘這塊「風水寶地」寫下了國人最早的創業神話。

當然，不論何種創業，都充滿艱辛與坎坷，不屈與苦痛，李鴻章也不例外。

六千五百名淮軍雇傭當時世界上最為先進的水上交通工具——七艘洋輪，兵分三次從安慶而下，以近乎大搖大擺的姿態，不費一槍一彈、一兵一卒，竟然神不知、鬼不覺地穿越太平天國鐵桶般嚴密的防區天京及蘇皖一帶，順利抵達上海。朝野上下，對「初出茅廬」的李鴻章不禁刮目相看。於這一近乎冒險的行動，李鴻章在一封致友人信中寫道：「此行險阻艱危，當備嘗之，成敗利鈍所弗計也。」

上海各界盼援兵如久旱之盼雲霓，而淮軍雜亂的服裝與簡陋的裝備令他們多少感到失望。特別是洋人，更是公開嘲笑不已，說李鴻章的淮軍是「叫花子兵」。憋了九年悶氣的李鴻章正想著如何揚眉吐氣呢，不料以破釜沉舟的氣概剛剛踏入上海，迎來的卻是一股更加讓人壓抑的鬱悶。他被逼到了牆角，除了拚命與成功，已是別無選擇。

李鴻章在上海站穩腳跟，使得中外人士對他刮目相看的首戰之功，便是虹橋大捷。

一八六二年六月十七日，李秀成率太平軍五六萬人逼近上海，猛攻虹橋淮軍兵營。到上海兩個月了，淮軍還沒像模像樣地打過一仗，不唯李鴻章，全軍上下，都憋著一股氣，攢著一股勁，總想尋個機會好好地打它一個漂亮仗。九年幕僚生涯，李鴻章經歷的戰陣可謂多矣，足以稱得上一位沙場老將，積累了豐富的戰鬥經驗。針對太平軍遠來奔襲、勞軍疲乏的弱點，他決定抓住時機，趁其紮營未定之際主動迎敵。於是，李鴻章親率各營淮軍分成六隊，在排炮的掩護下迅速出擊。兩軍相接，很快便處於相互抗衡的膠著狀態。太平軍畢竟人多，超過淮軍近十倍，時間一長，淮軍力漸難支。而有過兩次交鋒失利，已對太平軍懷有恐懼的數千洋兵，竟在洋涇浜作壁上觀，遲遲不肯加入戰陣。李鴻章見狀，急得快要吐血了。成敗勝負，在此一搏，只見他躍馬衝出戰陣，不作生還之想地向前衝去。淮軍官兵見主帥如此不顧死活地拚命殺敵，全都以一當十，奮勇向前。兩軍相逢勇者勝，太平軍遺下三千多具屍首，被迫後退，逃回泗涇。

此仗打出了威風，也打開了局面，李鴻章深感痛快，不由得大肆渲染道：「鴻章以五千人擊十萬賊於虹橋，幸獲大勝，松滬肅清。」回首戰事，自然也免不了幾分後怕：「幸而我軍戰勝，洋人悅服，若我軍戰敗，無處立足矣！」

強敵當前，儘管打了一場勝仗，李鴻章並未頭腦發熱虛驕狂躁。經過一番觀察瞭解，覺得洋人當初的嘲笑並非沒有道理。在上海這一中國開放最早，也是最為成功的對外通商口岸，李鴻章算是真正見識了洋人的「能耐」。高樓、電話、電報、報紙、自鳴鐘、手錶、西醫等等諸多新鮮玩意、新生事物自不待言，以他尤為關注的軍事來說，洋兵、洋槍、洋炮，的確令人敬畏不已。在致曾國藩的一封函札中，李鴻章寫道：「洋兵數千，槍炮並發，所當輒靡。其落地開花炸彈，真神技也。」

認識到己方不足，李鴻章的態度，不是像清廷妄自尊大的滿族遺老遺少，像士大夫中的頑固守舊派那樣妖魔化地予以拒斥，而是放下架子，虛心求教，盡力改進。在與洋人的交往中，李鴻章逐漸形成了一套具有個人風格的行動準則：「委曲周旋，但求外敦和好，內要自強。」他在淮軍中首先更新武器裝備，將在安慶建軍時的小槍隊、抬槍隊、刀矛隊完全革掉，換成歐洲洋槍。僅此一項，就使得淮軍的戰鬥力迅速上升，超過以前兩倍以上。然後，他又在親兵營中增設兩百名炮兵，組建了中國近代第一支炮兵部隊，至蘇常戰事結束之時，淮軍炮隊已有六個營之多。

李鴻章此後大興洋務，實則從軍務開始，先是從洋人手中批量購買槍炮，然後自己建廠生產所需彈藥，製造各式武器。由軍事而工商，由製器而萌生對西方其他事物的興趣，然後全面學習借鑒，用以自強。如果說曾國藩是洋務運動篳路藍縷的最早開創者，那麼李鴻章則是其堅定不移的貫徹者、繼承者與集大成者。

虹橋之戰關係上海安危，首戰獲勝，李鴻章信心倍增，乘機擴大戰果，大舉西進。在一年多的時間裡，就連克青浦、嘉定、常熟、太倉、崑山、江陰等城。

淮軍兵鋒所指，似乎無往而不勝。在一系列攻城掠地的凱歌聲中，李鴻章那與生俱來的「痞子」性格——無信無賴、痞勁痞味、痞腔痞調不禁暴露無遺。

太倉城破，他下令圍殺太平軍一萬多人；攻克崑山，擒殺淹死太平軍約三萬人，李鴻章竟將如此「慘劫」視為「快事」；特別是蘇州殺降，更是將他推到了人性的審判台上。

太平軍駐守蘇州的納王郜永寬主動請降，並在城北洋澄湖的一隻船上議訂降約。淮軍將領程學啟立誓，常勝軍首領戈登擔保，郜永寬等人承諾殺死慕王譚紹光後率眾來降，若用後世的觀點來看，也算得上是起義投誠了。有過如此一番儀式，雙方自然要遵守契約。商場如戰場，戰場也如商場，儘管明爭暗鬥，但可資依循的總的規則還是有的，比如雙方訂約，就得恪盡信守之責，否則後患無窮。當郜永寬等人如期獻上譚紹光首級開城投降後，李鴻章卻以降眾太多，如果不殺掉首腦，任其上下聯絡，必將防不勝防為由，將受降的太平軍郜永寬等八王全部殺掉。在人權、公法大行其道的西方社會，人們往往將榮譽與信義看得比生命還要重要，當作證擔保的戈登聽說殺降消息後，第一個反應就是「深感恥辱和極度傷心」；接著是大為憤怒，情不能持；然後是發誓要為冤死者報仇，殺掉背信棄義的李鴻章、程學啟以及「實際上他懷疑參與將諸王斬首和蘇州屠殺的任何中國官員」。戈登準備用兩艘輪船捕捉李鴻章沒有成功，便寫了一封西人所謂的哀的美敦書（Ultimatum），也就是最後通牒，要求李鴻章辭職，交由清廷審判，否則，他將興兵強制清方將攻克之地歸還給太平天國。據傳，戈登曾攜一杆短銃，四處尋覓李鴻章，要與他來一場私人對決，就像西人解決爭端的古老方式那樣。「鴻章避之，不敢歸營。數日後，怒漸解，乃止。」

曾國藩對李鴻章的人格缺陷早就洞若觀火，或旁敲側擊，或直言指責；李鴻章也知己之短，總想改正，可就是改不了，稍不留神就露出了「狐狸尾巴」，真可謂「江山易改，本性難移」也。

曾國藩長期教導李鴻章為人做事要講「誠信」，李鴻章表面唯諾，可內心深處，對這一自宋明以來被理學家視為精神動力的理想道德規範不以為然。做幕僚時想多睡一會兒懶覺，竟謊稱頭疼。剛到上海，曾國藩就寫信要他恪守孔子的忠、信、篤、敬四字，「篤者，厚也。敬者，慎也。信，只不說假話耳，然卻極難，吾輩當從此一字下手」。後李鴻章接手曾國藩出任直隸總督、北洋大臣了結天津教案，曾國藩問他：「你與洋人交涉，打配做何主意呢？」李鴻章道：「門生也沒什麼主意，我想與洋人交涉，不管什麼，我只同他打痞子腔。」曾國藩捋著鬍鬚沉思良久道：「啊，痞子腔，痞子腔！我不懂如何打法，你試打與我聽聽。」李鴻章見勢不妙，趕緊改口，稱他是信口胡說，還望老師多多賜教。曾國藩送給他的「法寶」還是一個「誠」字：「誠能動物，我想洋人亦同此人情……老老實實，推誠相見，與他平情說理，雖不能占到便宜，也不至過於吃虧。」

李鴻章自稱接過了老師衣缽，可實際上未能真正理解、吸取、傳承曾國藩那作為一位真正理學家的本質精髓，缺少一種內在的精神貫注與嚴格要求，無論對己對人，都顯得相當實際而實惠。他「好以利祿驅眾」，重用人才著重謀略幹練，將文章道德放在其次，他曾露骨地坦陳道：「天下熙熙攘攘，皆為利耳，我無利於人，誰肯助我」他對部下以實利相誘，只要事情辦成，論功行賞，封官加爵，決不含糊。他緊緊抓住軍權不放，以強大的軍事實力作後盾。他對手下公然宣稱：「一切小錯都不用過問，一切大錯都由我李鴻章承擔！」此言一出，人人願為他效命，但也因此而魚目混珠，泥沙俱下，時間一長，勢必影響士氣，敗壞風氣，造成「一代不如一代」的混亂局面。這也是由他以降，袁世凱及其他北洋軍閥不顧國家利益、人民死活，相互搶佔地盤、爭權奪利、你打我殺的內在根源之所在……

曾國藩對他的兩個得意門生俞樾與李鴻章，曾恰如其分地評價道：「俞樾拚命著書，少荃拚命做官。」李鴻章一生執著官場從未言退，認為只有做官才能成就一番事業——上可忠君報國，下則為民謀利，「安能不熱中耶？」這也是他與老師曾國藩最大的區別之一，每有高封，曾國藩總是兢兢惕惕如履薄冰，一旦事不可為，就主動請辭，決不戀棧。李鴻章從來沒有像曾國藩那樣上過一道辭呈，即使要挾清廷、以退求進也沒有過。他太怕失去頭頂的花翎頂戴了，只要有官做，能得到朝廷的加封，哪怕拚著身家性命，損害個人聲譽，也會義無反顧、勇往直前。兵敗日本議和歸來，李鴻章成了人人喊殺的「賣國賊」，有人勸他引退，李鴻章極力強撐道：「於國實有不能恝然之誼，今事敗求退，更誰賴乎？」因此，儘管陷入人生低潮之極，他仍保留幾項官職，擁有幾頂官帽，並期望有朝一日東山再起，重握大權實權。李鴻章「自壯至老，未嘗一日言退」，從一八六二年擔任江蘇巡撫到一九〇一年病逝，除因奔母喪離職數月，在長達近四十年的時間裡，哪怕病重期間，也從未離職。當然，如果從另一角度視之，也算得上一種擔當與氣概——不畏險阻勇於任事，面對困境從不退縮。

為了官位，他幾乎不擇手段，有時連自己的恩師曾國藩也不放過。當曾國荃部久攻南京不下時，清廷曾命李鴻章「迅調勁旅數千及得力炮隊前赴金陵，會合曾國荃相機進取」，李鴻章念及恩師情誼沒與曾國藩兄弟爭搶頭功，而是耍滑頭找藉口主動避讓。可當南京攻下不久，清廷擔心曾國藩尾大不掉，便有意調開，命其前往皖鄂交界督兵，圍剿太平軍餘部及小股捻軍，由李鴻章暫署兩江總督時，他便迫不及待地趕到南京接署。而此時的曾國藩雖主動裁撤湘軍，卻為弟子從長計議，上疏朝廷保留淮軍，面對李鴻章這一多少帶有「逼宮」味道的舉止，曾國藩大為不快。其實，皖鄂交界處的小股敵軍根本用不著曾國藩親往督軍指揮，剛一接旨，他就上了一道辭官奏摺。曾國藩不想立時交出兩江總督的印篆，而是等到朝廷回覆的諭旨再說。可本任。」

兩天，廷寄諭旨到達：「曾國藩無須交卸督篆，仍駐紮金陵，妥籌調度。李鴻章仍回江蘇巡撫

動靜，李鴻章憤然不已，欲與恩師斷交。曾國藩得知弟子心情急迫，即刻交出印信。誰知過了

李鴻章恨不得立時將曾國藩擠走，便在南京秦淮河邊的一艘船上靜候交接。等了半個多月沒有

後曾國藩正式奉旨剿捻，李鴻章還是接過了兩江總督的印信。因湘軍大部已裁，曾國藩不得不倚重李鴻章的淮軍。李鴻章將淮軍視為命根子，有兵即有權，有權就有官，為了青雲直上，哪怕對大力栽培自己的恩師，也不肯放權。軍隊調至前線，名義上歸曾國藩指揮，可李鴻章卻一直暗中遙控干預，淮軍所有行動須經他點頭認可。曾國藩無法調度，常常貽誤軍機，弄得他勞而無功，受到六次廷旨嚴責，四次御史彈劾。於是，他極力讓賢，奏請李鴻章接任。李鴻章從曾國藩手中接過剿捻大任，實授欽差大臣，遵循曾國藩原來制定的戰爭方略，李鴻章很快取得一舉蕩平捻軍的決定性勝利。

處置天津教案，曾國藩更是惹得一身臊，連他自己也認為「吾此舉內負疚於神明，外得罪於清議」。又是李鴻章接替曾國藩出任直隸總督處置未能完全了結的天津教案，坐上封疆大臣的頭把交椅，此後在這個位置一坐就是二十五年之久。接到新的任命，李鴻章自然大喜過望，可這次，他不僅沒像上次暫署兩江總督那樣急煎煎地「逼宮」，反而在到達河北保定後就逗留不前了。他給曾國藩寫了一封信，說「冒暑遠行，蒞省後委頓異常，不得不略為休息」，希望恩師將事情處理得有一個眉目後他再接手。曾國藩已被教案弄得身敗名裂，也不希望師生兩人

共同「赴難」，跳入難以洗刷乾淨的「泥坑」，便獨自一人作出了鮮為人知的犧牲，待奏結第一批人犯之後，才讓門生抵達天津。李鴻章接任後所做之事，不過將曾國藩原來議結中的二十名死刑減少四人，改判為十六名死刑，四人緩期執行而已，其餘部分並無半點更改。而李鴻章卻獲得了慈禧太后的格外垂青，認為曾國藩辦不了的事，他能辦妥辦好，實為清廷第一股肱之臣，不久便任命他兼任北洋大臣。北洋大臣權比樞廷，不僅佩有欽差大臣關防，還兼有通商外交、興辦洋務、從事海陸國防建設的重任。同治十三年十二月初二日（一八七五年一月九日），李鴻章又被授予文華殿大學士，位居內閣各大學士之首。這一實際上的宰相之職向來都是滿人「專利」，漢人得此職銜者以李鴻章為第一。

李鴻章為了爬上高位，可謂孜孜以求、全力以赴，哪怕對恩師曾國藩，在做官這一「大是大非」問題上，也是步步緊逼、寸步不讓。而曾國藩卻總是為門生大有出息、薪火不息而感到欣慰。

只有當曾國藩逝世之後，李鴻章這才陡然間覺得少了一座靠山、一根支柱、一種依托、一片綠蔭，日後艱難的危局，唯有獨自支撐了。

事實也正是如此，他自視甚高、倨傲不恭，不會轉彎抹角以退為進，不懂守雌藏拙適可而止，不會收斂鋒芒韜光養晦，得罪的人實在是太多太多了。除委曲求全、百般討好慈禧太后一人之外，他不招光緒皇帝喜歡；他與光緒帝老師、帝黨首領、軍機大臣翁同龢不和；他與左宗棠、張之洞等其他權傾一時的封疆大臣鬧翻，相互發難，互不買賬，特別是與左宗棠交惡甚深，兩人幾乎在每一件事情上都有衝突，動不動就大動干戈；他惹怒了朝廷清議派，這就相當於捅了「馬蜂窩」，招來永無止息的無端攻擊；他既不是地道的維新派，也不是激進的革命者，這就使得他兩頭受氣，多方掣肘；就連重用他的慈禧太后，也對他處處設防，將他視為隨意控制的工具與玩偶……各種勢力都明裡暗裡反對他、阻撓他，而所有的責任都要他一人承擔，一切過錯失敗都一古腦地加諸其身。在一部百年屈辱的近代史上，李鴻章孤獨而寂寞的身影映照在寬大的天幕前，幾乎受盡了上自朝廷高官，下至普通百姓，來自方方面面的天底下最多的唾沫與罵名。

就連恩師曾國藩病逝後他呈上的那幅輓聯，也因「師事近三十年，薪盡火傳，築室忝為門生長」這一上聯過於自詡、自負與自傲，惹來曾氏家人極為不滿，結果藏而不宣。而掛得最高的一幅輓聯，則是與曾國藩反目為仇的冤家左宗棠所書：「知人之明，謀國之忠，自愧不如元輔；同心若金，攻錯若石，相欺無負平生。」一向睥睨天下、狂放不羈的左宗棠不僅給足了曾家面子，還在輓聯的落款自署「晚生」二字。相形之下，李鴻章似乎太不懂得傳統的為人處世之道了，這恐怕也是他身前遭罵、死後負謗的緣由之一。

三

若論李鴻章的個人功績，主要在於一個「洋」字——洋務與外交，也正是這兩方面使得他備受爭議。

自領兵獨當一面從安慶趕赴上海，李鴻章似乎命中注定了要與洋人打一輩子交道。洋槍隊的洋槍洋炮，讓他親眼目睹了西方軍事力量的巨大威力，用「震撼」二字形容他當時內心的感受一點也不為過。兩相比較，中西雙方的差距實在是太大了，他認識到自我改革的必要，一種強烈的緊迫感使他不遺餘力地購置西方槍炮武裝淮軍。武器的先進，並不等於軍隊的先進與戰鬥力的強大。軍事改革不僅在於將過去的大刀、長矛、劍戟更換為西方精良的洋槍大炮，也意味著與之相應的一整套軍事模式的更新，諸如軍人素質的提高，近代化的軍事管理，戰術、技術的改進，嚴格而正規的軍事操練等等。

李鴻章在淮軍各營雇用洋將，練手足、演槍炮，行軍、測繪、戰陣、號角、口號等項全部採用西法。他並不甘心於僅只習得一點「皮毛」，而是下決心訓練一支類似於西方軍隊的「中國正規軍」。一八六四年，李鴻章以戈登為總教官，聘請來自常勝軍的若干軍官及英國訓練部隊的數名教官，開始在青浦附近的鳳凰山訓練近千人的部隊。可惜這一訓練計劃因缺乏清廷支持，內部管理混亂，沒有制度性的訓練方法等原因中途夭折。由點到面的改革沒有成功，李鴻章的淮軍及清朝的其他軍隊仍是支離破碎的指揮體系，缺乏正規標準的訓練，擁有洋槍洋炮的武器裝備而沒有西方式的訓練與管理，算不上一支嚴格意義的近代化軍隊。這也是清軍雖然更換西方裝備後與外國軍隊交戰屢屢失手的主要原因之所在。

李鴻章囿於各種條件制約，未能完成當初的計劃與設想。這一耽擱，直到一八八五年，清廷才建立起第一所正規的軍事院校。而全國性的軍事改革，得等到二十世紀初才真正開始。如果鳳凰山軍事訓練營能夠成為「中國的奧爾德肖特（Aldershot）」，然後將這一成功經驗推廣、普及開來，帶動整個清軍的全面革新，一部中國近代外交史或許都要改寫也未可知。

李鴻章以軍事自強為切入點「用夷變夏」，全面學習西方的洋務運動主要包括四個方面：一為交通，辦電報修鐵路，他在天津設立電報總局自辦電報事業，在開平煤礦修築軌距、質量與英國完全相同、全長十一公里的鐵路，又組建開平鐵路公司（後改組為中國鐵路公司），修築唐蘆鐵路、唐津鐵路、關東鐵路等；二為礦業，創建開平煤礦，設立開平礦務局，開辦漠河金礦等；三為民辦工業，創辦輪船招商局，這是李鴻章創辦最早的官督商辦企業，也是中國近代工礦企業中規模最大、引進西方技術與管理方式最早的民用企業；四為商業，組織公司尋找機會積極與西人通商。

在李鴻章的積極主持下，洋務這一新鮮事物在中國大地不僅開出了堪稱豔麗的花朵，而且結出了無數豐碩可觀的果實，創下了許多第一：組建了中國第一支完全由洋槍洋炮裝備的軍隊，成立了中國第一支真正意義的近代化海軍，派遣了第一批到西方學習的官派留學生，修築了中國第一條鐵路……此外，他還建造了中國第一個大型兵工廠、第一座煉鋼爐、第一座煤礦、第一個機器棉紡織廠、第一家輪船航運企業、第一艘輪船、第一個電報局、第一個譯書機構、第一所陸軍軍官學校……

李鴻章開風氣之先，在舉辦這些洋務實業時，無不受到守舊人士的猛烈攻擊與嚴重干擾。

僅以修築鐵路為例，這一在今日看來無疑屬於利國利民的大好事，卻在當時遭到頑固派的極力阻撓。英國商人杜蘭德（Durand）出面在北京宣武門外修建了一條一里多長的簡易鐵路，被清政府下令拆毀；英國商人在上海至吳淞間修了一條吳淞鐵路，清廷以二十八萬五千兩銀子購買，後被沈葆楨下令全部拆毀，鐵軌枕木運至台灣；李鴻章授意劉銘傳上奏〈籌造鐵路以圖自強摺〉，結果引起軒然大波，受到保守勢力的大肆抨擊，認為是「無事生非，擾亂朝政」，結果引發第一次鐵路大討論；此後，李鴻章在修建天津至通州一線鐵路時，為籌集資金，公開招募商人入股，遭致保守官僚憤怒聲討，由此引發第二次鐵路大討論，圍繞修建鐵路是否為外敵入侵打開方便之門，是否擾民，是否剝奪小民生計等問題爭論不休……五千年燦爛文明的背面，陰影籠罩下的是五千年的積弊與惰性，要想變革，哪怕稍稍觸及傳統，也會引來頑固守舊勢力的拚死捍衛。對此，李鴻章不由得仰天長歎道：「當今各國一變再變，唯中國守舊不動，天意耶！人意耶！」

四

古代中國處理一應對外關係，全由禮部承擔。清朝於禮部之外，增設了一個創建於關外時期的理藩院。鴉片戰爭打破這一長期不變的傳統慣例，開地方總督對外交涉之先例。可直到一八六一年三月十一日，清廷才成立了總理各國事務衙門，專門負責辦理對外交涉事宜，簡稱「

總理衙門」、「總署」或「譯署」。此後四十年間，總理衙門幾乎包攬了清廷外交以及其他洋務活動在內的一切涉外事務，這種情形一直延續到一九〇一年外務部成立為止。

設立總理衙門，標誌著華夏傳統對外關係的終結與中國近代對外關係的確立，是中國被迫對外開放、走向世界的新起點，它拋卻了過去高高在上的天朝意識，以相互平等的姿態與外國打交道。鴉片戰爭之前，是閉關鎖國的清廷不給外人以平等，此後則是外人不予中國以平等。為維護其專制統治，清廷不得不常常委屈「遷就」，由總理衙門牽頭，與海外列強訂立不平等條約。於是，在國人特別是那些顢頇保守的滿清權貴與昏庸老朽的官僚士人眼裡，總理衙門便成了「賣國衙門」的代名詞，凡與之相涉的官員都成了「鬼奴」、「洋奴」、「漢奸」、「賣國賊」。而辦理洋務與簽訂諸多中外條約的李鴻章，則成了他們的「大總管」與「總頭目」。

儘管鴉片戰爭二十年之後清廷才成立總理衙門，可派遣郭嵩燾作為首任駐外公使時，又是十五年以後的事了。當他於一八七六年遠赴英國之時，在一片如潮的斥責與痛罵聲中，唯有李鴻章一人給他撐腰鼓勁：「當世所識英豪，與洋務相近而知政體者，以筠仙（郭嵩燾號）為最。」

總理衙門雖然成立，可受幾千年傳統天朝意識束縛，一時間難以調整、適應近代國際外交關係，其中最令清朝尷尬而頭疼的，就是宗藩關係。

藩屬國除定期朝貢外，清廷並未得到任何實利，就是這象徵性的朝貢，也要回饋比貢品更多的賞賜。清廷名義上為宗主國，而藩屬國的一切政務，包括官員任免乃至與他國簽訂條約等，也不予過問。如一八六六年，朝鮮大院君殺害天主教徒，法國駐華代理公使伯洛內（Henri de Bellonet, 1831-1881）為此責問總理衙門，總理衙門的答覆是：朝鮮內政外交一向自主，朝廷無權干涉。伯洛內由此抓住把柄說：既然如此，那麼法國政府拒絕承認中國與朝鮮有任何宗藩關係。一八七一年，美國因「謝爾曼將軍號（General Sherman）」事件照會清廷，得到的也是同樣答覆：「該國一切政教禁令，向由該國王自主，中國從不與聞。」

雖未得到任何實利，可清廷卻要承擔保護之責，一旦朝貢國受到外敵威脅，清廷不僅出面干預，關鍵時刻還得為其動武。清廷所維持的，是一種和平的卻是不平等的，自足的卻是封閉的東亞國際關係體系。這在各自隔絕的古代社會，作為實力雄厚的中華帝國不難做到，可進入各國相互交往，時代急劇變化的近代社會，仍固守過去的亞洲封貢外交模式，於國力虛弱的清朝而言，簡直不堪重負。於是，朝貢國成了清廷的一塊「雞肋」——丟棄吧心有不甘，保留吧力不從心。取捨兩難，因情境所迫，為保護朝貢國，清廷不惜進行了中法、中日兩場大規模戰爭。結果盡人皆知，不僅沒有保住藩屬國，還使得本土陷入空前危機。

在清廷所有政府官員中，對世界總體格局的認識與把握，唯有洋務派領袖李鴻章最為清醒得體。基於西方各國的民主與富強，中國內部的混亂與貧弱，李鴻章推導一種積極務實的外交策略：摒棄傳統的天下朝貢觀，盡可能地與世界接軌，定義在國與國之間的關係與範疇之內，以近代國際關係法為憑，以國家利益、自強大業為重，從不輕言戰爭，而是「守定條約」，堅持「和戎」，通過談判解決中外爭端。

李鴻章一意主和，並非後人宣傳的那樣貪生怕死。在與太平軍十多年的拚搏中，李鴻章出生入死，足以稱得上一位文武兼備、血性勇猛、無畏無懼的統帥。就本質而言，他不是一個「和事佬」，也不是一名和平主義者，他之所以主和，是因為中外實力對比懸殊。若逞匹夫之勇盲目開戰，也許能取得暫時或局部的勝利，但最終必敗無疑，與其「和局翻一回，更壞一回」，不如「堅守約章」減少損失。在與洋人打交道的過程中，他認識到列強對華的目的，並非佔領土地瓜分中國，而是利益。同時，他已懂得中國應該利用現代國家之間的重要規則——國際法——維護國家利益，沒有必要動輒開戰，將國家與民族置於窮兵黷武、戰則必敗的困境之中。他隱忍和談的目的，是求得和平的環境，拖延時日，「為國家籌久遠之計」，變法圖強，「百年或與洋制爭勝之日」。求和忍辱乃手段，最終目的是與洋人爭勝。由此可見，李鴻章的識見與謀略遠遠高於那些空喊口號一意主戰，實則誤國誤民的清流派與抗戰派之上。對此，蔣廷黻在《中國近代史》中寫道：「同光時代的士大夫完全不瞭解時代的危險及國際關係的運用，他們只知道破壞李鴻章諸人所提倡的自強運動。同時他們又好多事，倘若政府聽他們的話，中國幾無年無日不與外國打仗。」

在處理宗藩關係上，清廷無非面臨三種選擇：放棄宗主權，維護宗主權，促使藩屬國獨立。李鴻章採取靈活務實的策略，對琉球與越南，他主張放棄；而關係親密的朝鮮，則採取「以夷制夷」的外交方式，維持部分宗主權。

日本利用中俄伊犁事件之際，趁機兼併琉球，改為沖繩縣。琉球孤懸海外，離日近而距中遠，除接受進貢派人冊封外，並無實質性關係。李鴻章認為在中俄劍拔弩張，戰爭一觸即發之際，分散力量去爭區區小貢，為琉球「存祀」，只是徒務虛名而已。「地處偏隅，尚屬可有可無」，事實上放棄了對琉球的宗主權。

琉球一失，中國古代所形成的亞洲封貢體系就此出現裂縫與鬆動，猶如多米諾骨牌開始瓦解倒塌。

通過日本趁火打劫吞併琉球一事，李鴻章認識到日本居心叵測的兇殘本性——「誠為中國永遠之患」。於是，在對外防衛戰略上，他將矛頭始終指向日本，「防東洋甚於防西洋」，視日本為戰爭假想國。

其實，所謂的宗藩關係，只是清朝與琉球、越南、朝鮮之間的事情，在多國、多元、多極的近代國際關係格局中，其他國家並不承認這種關係。如果中國完全放棄古已有之的宗藩關係，承認其獨立，那麼日本、法國對琉球、越南、朝鮮的佔領，便是對一個擁有主權國家的侵略與干涉，這一挑戰國際法的粗暴行徑，必將招致西方列強的強烈反對乃致武力干預。正因為清廷撐著一頂破爛不堪的「保護傘」，也將自己推到了欲罷不能、無法抽身的尷尬境地。

法國侵略越南，清廷在馬尾海戰失敗、澎湖失守、台灣岌岌可危的情況下，就有無數好戰派僅憑一個鎮南關大捷沖昏頭腦，陶醉在徹底征服法國的美夢之中。其實，鎮南關大捷並非以正面作戰的方式，而是憑著有利的地勢，以幾萬清兵攻打幾千法軍，才在中國近代史上取得了這次少有的勝利。法國茹費理（Jules Ferry, 1832-1893）內閣雖然因此而倒台，但另一新的內閣政府會吸取教訓，調整戰略，增派兵力，增加後援，以中法兩國實力之懸殊，戰爭如果繼續下去，中國將不僅失去藩屬國越南，還將失去雲南、廣西、台灣乃至更多的領土與利益。於是，李鴻章見好就收，以勝利為籌碼，簽訂《中法會訂越南條約》，放棄了對越南的實際控制權。而在只知暫時勝利不知實際內情的人們眼裡，這一和約乃「法國不勝而勝，中國不敗而敗」，李鴻章由是遭到國人的普遍質疑與憤恨。

宗藩關係是中國在封閉的環境中與周邊國家形成的一種並非平等的特殊關係，隨著清廷的對外開放，中國作為一個普通國家逐漸融入國際大家庭之中，宗藩關係的解體，也是一種歷史的必然。倒是越南、朝鮮等國因自己的藩屬國地位感到羞辱，一直尋求擺脫中國成為獨立的主權國家。法國、日本的入侵，便在一定程度上利用了這種謀求與努力。

如果說李鴻章在琉球、越南問題上顯得消極而保守，而對朝鮮，則自始至終採取了積極介入、全面干預的政策。一八八五年十一月，李鴻章命袁世凱「駐紮朝鮮總理交涉通商事宜」。精明能幹的袁世凱到達朝鮮後，用盡一切辦法加強、擴大宗主權利，外交內政全面「與聞」，並以「監國」自居，盛氣凌人地對國王發號施令。結果遭致朝鮮民眾的極大反感，民族獨立傾向愈演愈烈，早已垂涎覬覦朝鮮的日本政府，利用這種情緒與傾向，對朝鮮不斷滲透擴張，企圖取代中國。中日之爭勢在難免，從不「輕言浪戰」的李鴻章不得不違心地放棄一貫主張的求和平環境、圖復興大業的長遠戰略，為大清帝國的虛幻地位與「面子」，進行一場影響深遠的慘烈戰爭。

五

當年已衰邁的李鴻章回顧自己一輩子走過的艱辛坎坷時，曾不無悲涼地說道：「我辦了一輩子的事，練兵也，海軍也，都是紙糊的老虎，何嘗能實在放手辦理？不過勉強塗飾，虛有其表，不揭破猶可敷衍一時。如一間破屋，由裱糊匠東補西貼，居然成是淨室，雖明知為紙片糊裱，然究竟決不定裡面是何等材料。即有小小風雨，打成幾個窟窿，隨時補葺，亦可支吾應付。乃必欲爽手扯破，又未預備何種修葺材料，何種改造方式，自然真相破露，不可收拾，但裱糊匠又何術能負其責？」

李鴻章所言，雖有為自己開脫之嫌，但也道破了諸多事實真相。他就真的像一個「裱糊匠」，哪裡出了漏洞，都要他去糊去補。而狂風暴雨一旦襲來，表面的華飾被揭破，舊屋變得更其千孔百瘡，「裱糊匠」自然也成了眾矢之的。

甲午戰爭失敗，所有的責任都推到了李鴻章一人頭上，因為是他創建的北洋海軍與日本艦隊作戰失利，是他的北洋陸軍棄守平壤一敗再敗，致使日軍深入東北三省及山東境內。可實際上，只要我們稍加分析，就可看到中日甲午之敗，是近代中國的一次全面性大潰敗——不僅是清政府的失敗，也是故步自封的傳統文化與頑冥不化的國民性的失敗。

李鴻章苦心經營，好不容易建成了一支亞洲排名第一、世界排名第八的近代化海軍。可當時執掌清廷財政大權的戶部尚書翁同龢因李鴻章在曾國藩幕府時起草奏章，彈劾棄城逃跑的兄長翁同書，便長期記恨在心，結果私仇公報，以部款支絀為由，奏請停購海軍船械，裁減海軍人員。而慈禧修建頤和園花銀三千萬兩，其中前後挪用的海軍經費，最保守的統計數字也超過了四百萬兩。光緒十四年（一八八八）以後，清廷不僅不允許北洋海軍添購新船，就連彈藥也限制購買。以致甲午海戰爆發，北洋海軍最大的鐵甲艦定遠艦上配置的十寸巨炮僅只一枚，鎮遠艦只有兩枚，其他小口徑炮彈也十分奇缺。與之相反的是，居安思危的日本不僅皇室拿出積蓄，普通百姓也節衣縮食地積極捐款購買軍艦。至光緒二十年（一八九四），雙方的海軍實力發生逆轉，結果日本後來居上。

武器在戰爭中起著至關重要的作用，但並非決定性因素。北洋海軍戰敗，可以歸咎於戰艦陳舊、彈藥不足，而北洋陸軍則配備有當時世界上最為先進的新式大炮，武器裝備一點也不遜於日軍，而失敗則甚於海軍。兩軍稍一交鋒，就一敗再敗，什麼都不顧及地潰退逃命。

一八九六年李鴻章訪問德國，德皇請他閱兵，當他見到訓練有素、紀律嚴明的德軍緩急有序地變化陣式時，情不自禁地說道：「我如果能有這樣的十個營，甲午一戰就不會敗給日本。」

可是，李鴻章做得到嗎？

也不是沒有這樣的努力，北洋海軍建軍之初，在聘請的中國海軍總教習、英人琅威理（William M. Lang）的操演訓練下，很快就與國際接軌，變得整齊可觀。醇親王視察北洋海軍後很是滿意，賞琅威理提督軍銜。可是，琅威理那不留情面的西方式嚴格要求與管理，遭來了海軍官兵的普遍不滿與非難，在一次升旗事件中遭排擠，琅威理不得不憤而辭職。琅威理一走，督責訓練無人，北洋海軍頓時紀律渙散，不事操練，慵懶墮落，以致中日黃海海戰爆發，連一個編隊都無法完成。

士兵整體素質低下，缺少忠勇血性，缺乏戰鬥力，並非操練所能解決。而戰爭的勝負，更是涉及政治、社會、文化等方方面面。

在甲午戰爭最為緊要的關鍵時刻——遼東半島淪陷，奉天告急之時，清廷卻在慶祝慈禧太后的六十大壽，下令大赦天下放假三天。上上下下，到處都是一派歌舞昇平，哪來半點戰爭影子？原來，慈禧太后五十壽誕正值中法越南戰爭沒能好好慶賀，這次要特別加補，凡令「老佛爺」不高興的事情一律不准奏報！

就在李鴻章以北洋海軍、淮系陸軍與日軍作殊死之戰時，清廷的其他兩支海軍——南洋艦隊與粵洋艦隊，還有全國各地的其他陸軍部隊都作壁上觀，不僅沒有參與其中，部分同僚還暗中掣肘，一個勁地攻擊李鴻章。李鴻章曾催調南北兩路援軍，或因故意拖延，或因交通受阻，都沒有按時到達。他還奏請調撥南洋四艦相援，連光緒皇帝都准旨了，一向與李鴻章不和的張之洞卻以船朽人庸為由不肯派船。李鴻章知道他「不肯為北洋一臂之助」，只好長歎一聲作罷。對此，梁啟超在《李鴻章傳》一書中猶憤憤不平地寫道：「不見乎各省大吏，徒知畫疆自守，視此事若專為直隸滿洲之私事者然，其有籌一餉出一旅以相急難者乎？即有之，亦空言而已。」也就難怪西人說「日本非與中國戰，實與李鴻章一人戰耳」。作為政敵的梁啟超走筆至此，情不自禁地讚道：「以一人而戰一國，合肥合肥，雖敗亦豪哉！」

對日本的後來居上，李鴻章自然心知肚明，戰爭一開，不僅是軍事之爭，也是中日兩國綜合國力的大比拚，日本經過明治維新，銳意改革，方方面面已領先中國。因此，他極不願意與日本開戰，先是通過英俄兩國出面交涉未果，後想通過談判作出一定的讓步避開這場戰爭。然而，光緒皇帝與主戰派不允，他只好由「避戰求和」變為「以戰求和」。

開戰之初，世界輿論普遍看好中國。有備而來的日本圍繞制海權制定了可攻可守、可進可退的三種作戰方案：消滅北洋艦隊與清軍在直隸平原決戰，無法殲滅北洋海軍只以陸軍進攻朝鮮，海戰失敗則以陸軍主力守衛日本本島以防清軍登陸來襲。相較而言，因李鴻章一味主和，未能作好相應的戰爭準備，連一個專門的作戰指揮機構都未成立，沒有統籌全局的戰略指導與作戰計劃，沒有近代化戰爭必備的後勤運輸保障，基本是因應於日軍的進攻而窮於應付、被動作戰。

戰爭中，李鴻章苦心經營的北洋海軍全軍覆沒，陸軍一退千里，不僅沒有保住藩屬國朝鮮，就連本土也受到了日軍的大舉侵犯，大連、旅順相繼失守。仗如果再打下去，只能是喪失更多的土地，連京城也難以自保，絕不可能出現轉敗為勝，將日軍趕出中國、趕出朝鮮、趕回本島的奇蹟。一貫高調的主戰派建議清廷遷都再戰，如果真的那樣，爆發於二十世紀三、四〇年代的八年抗戰將提前近半個世紀打響，那該出現一種怎樣的局面？沒有第二次世界大戰同盟國與軸心國的背景，日本侵佔中國大片國土，西方列強自然不會袖手旁觀，但誰也不會給予中國以任何實質性的援助，如有行動，也只能是趁火打劫從中分一杯羹而已。如此一來，近代中國也許早就四分五裂、亡種亡國了。

戰而不勝，無法「以戰迫和」，李鴻章只有再次求助國際調停。他對清廷官場及國民性瞭解得越深，就覺得應該儘早求取和平，早和一天就會少一分損失。在美國的斡旋下，日本同意談判，但地點「必須在日本國內選定」。後為了擴大軍事成果以便獲得更多的勒索，藉故中方派遣的和談代表不過局長級人物，以全權不足不合國際談判慣例而予以拒絕。並有意透出口風，希望恭親王或李鴻章前往日本談判。

戰也不成，和也不成。此時，主戰派不知所措，光緒帝更是急得聲淚俱下：國家社稷怎麼辦啦？軍機大臣商議，除了派李鴻章赴日求和外，別無他法。當然，也可派恭親王前往，可大家心裡都十分清楚，求和歷來就是一件屈辱的差使，一樁不光彩的事情，作為皇族重要成員的恭親王，清廷自然不會讓他前往日本承擔罵名。

在談判中，李鴻章據理力爭，盡可能地減少損失，早日達成和議。而日方一方面在北塘、大沽一帶展開軍事行動施加壓力，一方面盛氣凌人地刁難以獲取最大利益。就在雙方相持不下之時，一位刺客幫了日本的倒忙，使得李鴻章在談判中多少佔據了一點主動。李鴻章在第三次會議結束後與隨員們一同返回行館時，日本青年小三豐太郎趁機對準他的左臉開了一槍。李鴻章當即昏倒在地，鮮血從面頰流下，染紅了衣襟。

李鴻章被緊急送往醫院，醒來後表現極為鎮定，而內心卻是百感交集。他年已七十有三，如果就此壯烈死去，倒也能夠博得一個以身殉國的美譽。可是，命運卻安排他活著，繼續面對無盡的屈辱與災難。他囑咐隨員將那件染有斑斑血跡的衣服保存下來：「此血可以報國矣。」並占詩一首：「勞勞車馬未離鞍，臨事方知一死難；三百年來傷國步，八千里路弔民殘。秋風寶劍孤臣淚，落日征旗大將壇；寰海塵氛紛未已，諸君莫作等閒看。」

既然大難不死，他首先想到的就是不能因為自己遇刺而延誤和談。醫生當時未能找出子彈位置，後知嵌入左眼下的骨頭縫中，打算開刀取出。李鴻章擔心取出槍彈須靜養多日，不由得堅決反對道：「國步艱難，和局之成，刻不容緩。我焉能延宕以誤國乎？死生有命，我寧死無割。」一顆子彈，就這樣永遠地留在了他的身上。而比子彈更為寒心的則是誤解，是「賣國賊」之類的罵名永遠刻在他的心頭。

作為世界上最負盛名的中國政治家與外交家，李鴻章在日本遇刺，招來國際輿論一片譴責。天皇極為惱怒，諭旨痛斥兇手「下賤無禮，極為可恨」。日本首席談判代表伊藤博文與副代表陸奧宗光更是擔心李鴻章以負傷為藉口中途歸國，引來歐洲列強干預，這才迫不得已地無條件停戰。

據美國公使田貝（Charles Denby, 1830-1904）所言，李鴻章赴日之前，就料到可能遭到暗殺。面對窮兇極惡、貪得無厭的日本帝國，他以生命為代價，抱傷繼續談判，寸步不讓，寸土必爭，儘管使賠款減少三分之一，割地減少近二分之一，算得上不辱使命，也只是簽訂了一個被國人視為賣國的《馬關條約》。

「四萬萬人齊下淚，天涯何處是神州？」弱國無外交，敗國更是不存在平等外交！痛苦與屈辱深深地刺傷了李鴻章，他發誓今後一輩子再也不踏上日本土地。簽約第二年，李鴻章訪美歸國途經日本，須在橫濱港換乘輪船。船抵橫濱，日方已於岸上為他設好供品行館，欲以上賓禮熱情款待，雖經多次邀請，他堅辭不就，並自鎖其門以示拒絕。日本外務部派人看望，他也只在船艙予以接見。可要換船，就得踏上碼頭，或以日本小船搭渡，為踐行「終生不履日地」的諾言，李鴻章既不上岸，也不願借助日本小船。隨員百般勸解，他就是犟著一股牛勁不肯依從，最後只好採取權宜之計，在兩艘輪船之間搭起一塊跳板，冒著失足掉落大海的危險將他從美輪扶上招商局的輪船。

在情勢逼迫之下，光緒帝不得不違心議和，無奈地簽下《馬關條約》，便將一肚子怨氣發洩在李鴻章身上。先是讓李鴻章的兒子李經方作為副使一同赴日談判，後又讓李經方辦理台灣割讓日本事宜。李鴻章自然不願兒子與他一同綁在「賣國賊」的恥辱柱上，就像曾國藩在處理天津教案為他這個弟子推卸責任一樣，於是懇請朝廷收回成命。光緒帝上諭不僅不准，而且嚴加申飭，迫令立即前往。李經方只得啟程赴台，辦完交接手續，便於當天匆匆離開台灣，避居上海，不再進京覆命。

六

曾國藩在世時，一切責任與罵名都有他給李鴻章這位後繼者擔著頂著。當他一旦長逝，李鴻章便如斷奶的嬰兒，儘管政治、事業仍不斷攀升，可個人聲譽卻開始走下坡路不斷跌落了，且越跌越深，最後幾幾乎跌入萬劫不復的深淵，正所謂「權傾一時，謗滿天下」。

一八九五年四月，當李鴻章臉上綁著繃帶，帶著未癒的槍傷回到國內，他發現自己成了舉國公憤的歷史罪人：光緒帝怨恨不滿，大臣說他喪權辱國，有人參奏他遭受槍擊「非真中槍也，恐人議與倭通，故假捏之耳」，民間說他收受日人大量賄賂，連兒子李經方也成了日本收買的密探，更有人伺機而動欲殺掉他一雪國恥……以此為出發點，出於某種功利的需要，經由宣傳機器不斷擴大誤導，似乎近代中國的一切黑暗與混亂，諸如外敵入侵、落後挨打、民生凋敝、半封建半殖民地統治等等，大多由「漢奸」、「賣國賊」李鴻章一手造成，於是乎，李鴻章一直成為罪惡的象徵。

當然，也會有人站出來為他說上幾句公道話，比如主張洋務的恭親王當時就為李鴻章辯護，說「中國之敗全由不西化之故，非鴻章之過」。可這種聲音實在過於微弱，很快就被刺耳的喧囂淹沒得一乾二淨。

然而，每當國家局勢被一般無識顢頇之人弄得靡亂不堪、危機叢生、危險四伏之時，出來收拾殘局的，還是李鴻章。環顧朝野，也只有他堪當如此重任。李鴻章總在關鍵時刻，以個人榮譽換來短暫的和平與寧靜，使得羸弱不堪的大清帝國緩過一口氣來，不致於四分五裂、土崩瓦解。

八國聯軍侵華，此時的李鴻章已遠離京城，外放廣州署理兩廣總督。慈禧與一幫守舊派借義和團之手盲目排外，被利用的義和團打著「扶清滅洋」的旗號，在山東、直隸境內燒毀教堂，殺害洋人，後又進入北京攻打外國使館。鬧到最後，慈禧太后竟歇斯底里地向英、法、德、俄、日等十一國列強同時宣戰，並令封疆大吏李鴻章等人「北上勤王」。李鴻章深知國家之積弱，一國都不能取勝，何況十一國列強？因此，「若不量力而輕於一試，恐數千年文物之邦，從此而已。」他所能做的，就是儘量控制事態，力挽危局。李鴻章一面電令攻打使館的董福祥將軍減緩攻勢保住使館，一面回電清廷「此亂命也，粵不奉詔」。一直觀望、詢問的兩江總督劉坤一、湖廣總督張之洞、閩浙總督許應騤、四川總督奎俊等人在獲悉李鴻章的電文內容後，共同確定抗旨不遵、東南互保的原則，這才使得大清帝國的東南半壁江山免於列強的戰火侵襲與殘暴蹂躪。

八國聯軍很快進佔北京，慈禧太后與光緒皇帝一行倉皇出逃。這時，「漢奸」李鴻章一時間又為中外人士所矚望，認為只有他北上才能平息戰端。「每當滿清政府把這個巨大的帝國帶到毀滅的邊緣，他們唯一必須啟用的人就是李鴻章。」於是，清廷開始一而再、再而三地下詔，要求他「迅速來京，毋稍刻延」。如果說李鴻章對甲午戰敗負有不可推卸的嚴重責任，由他赴日談判，也算咎由自取，而此次戰端，與他並無半點干係，他本可以將一應責任推得一乾二淨，可國家處於危難之際，他能坐視不管嗎？

清廷給他的電諭一天緊似一天：「該大臣受恩深重，尤非諸大臣可比，豈能坐視大局艱危於不顧耶？著接奉此旨後，無論水陸，即刻啟程，並將起程日期速行電奏。」他只有不顧個人安危，不惜個人毀譽，以七十七歲高齡風塵僕僕地趕赴京城談判。

李鴻章再次被推到了歷史的風口浪尖！

談判需要底氣、籌碼、力量與後援，可李鴻章所能憑恃的，就是一張嘴皮，一顆對朝廷的忠心。

一番唇槍舌劍百般斡旋，李鴻章受盡屈辱據理力爭，總算以抱病之軀，與列強達成了《辛丑和約》。

條約簽定，聯軍開始撤退，李鴻章病情漸重，飲食不進，忽冷忽熱，咳嗽不止，無法坐立。儘管如此，李鴻章仍牽掛著時局與未來，在上報和約簽訂情形的奏摺中寫道：「臣等伏查近數十年內，每有一次構釁，必多一次吃虧。上年事變之來尤為倉促，創深痛巨，薄海驚心。今議和已成，大局稍定，仍希朝廷堅持定見，外修和好，內圖富強，或可漸有轉機。」

戰亂之際，國人企盼和平，對李鴻章翹首以待。「鴻章既受命，朝局始有轉機，都人皆置酒相賀。」對他素有好感的人說他臨危受命是愛國英雄，「黃花晚節，重見芬香」；就連昔日仇敵也恭維他公忠體國、老成謀國，乃國之棟梁、「當代第一偉人」。可一旦和約簽訂，危殆解除，情勢便急轉直下，李鴻章又成了眾人指責斥罵的對象。「賣國者秦檜，誤國者李鴻章。」此言一時間傳遍大街小巷、鄉陌閭里。

由於時代環境、文化傳統、歷史背景、個人識見所限，李鴻章在處理對外關係時，確曾出現過一些失誤。對此，我們可以稱之為「誤國」，但他絕無「賣國」之舉。誤國屬處置不當，過失錯誤，有失職瀆職之責；而賣國，性質則完全不同，屬有意出賣國家主權與利益。李鴻章不僅沒有賣國，還無時無刻不在維護國家權益。西方一致公認李鴻章「無疑是一個真正的愛國者，他始終在盡他最大的努力來維持他國家的利益，但遺憾的是，他手中的籌碼太少了」！比如訓練淮兵、海軍時，他總是限制聘用的洋教習，將實際指揮之權掌控於自己之手。在外交場合，他從無奴顏婢膝之舉，總是維護自己的尊嚴，連外國人也說他過於孤傲。一八九七年，李鴻章接見法國公使施阿蘭（Auguste Gérard, 1852-1922），沒想到此人少年得志，十分傲慢，根本不把李鴻章放在眼裡。於是，李鴻章決定給他點顏色瞧瞧，突然轉換話題道：「閣下貴庚多少？」施阿蘭如實以告。李鴻章不禁哈哈大笑：「原來你與我孫子同歲啊，那年在巴黎，我和你祖父倒是談得很投機，不知你是否記得？」施阿蘭聞言，再也不敢輕佻，此後見了李鴻章總是畢恭畢敬。

平心而論，不論是中日談判，還是與聯軍簽約，整個晚清朝廷，不會有人比李鴻章辦得更加圓滿，只能是更為糟糕。在外國人眼裡，他們不知有清朝，卻知道中國有一個李鴻章，「外國使節認為在中國可能作為理智談判對象的一人也是李鴻章」。因此之故，洋人可以不買清廷的賬，卻不得不買李鴻章的賬。

李鴻章最大的賣國嫌疑，是一八九六年率使團赴俄參加沙皇尼古拉二世（Czar Nicholas II, 1868-1918）的加冕典禮時，與俄國簽訂《中俄密約》（又稱《禦敵互相援助條約》）。據說俄人為獲得中國利益，在簽約時私下裡給過李鴻章一筆「回扣」。有人言之鑿鑿，有人考證後發表文章認為純屬謠傳。收受賄賂一事難以證實，但由他簽下的《中俄密約》的確後患無窮，給中國帶來了深受的災難。

中國甲午戰敗後，俄國出於本國利益，曾聯合德、法共同干涉，迫使日本放棄割讓遼東，後又主動以年息四釐的低息借給清廷一億兩白銀作為日本賠款。這兩件事情都使得清廷對俄國人充滿好感與感激，於是，國內出現了一片聯俄制日的呼聲。正是在這種背景之下，俄國以共同防止日本侵略為由，誘使李鴻章簽訂了中國與外國的第一個軍事同盟條約《中俄密約》。俄國訂約的目的，並非真正與中國攜手對付日本，而是單方面在華獲得種種權益，特別是修築中東鐵路之權，借此將俄國勢力滲入東北三省。

李鴻章簽約後高興異常，以為替中國做了一件大好事，可保中國二十年無事，清廷可在和平安寧的環境中一心一意地大興洋務，富國強民了。沒想到正是這一條約，惹來西方列強的進一步垂涎。並且四年之後，最先攻破北京第一道城門東便門的正是俄軍。當俄人進入旅順與大連不久，英國以保持均勢為由，強行租借山東半島威海衛，爾後又再度強租九龍。法國不甘落後，強行佔據廣州灣。俄、法、德、英、日等列強紛紛前來中國強索租界，劃分勢力範圍，短短兩年時間便出現了上百塊租借地，國家主權受到了前所未有的挑戰。「半殖民地」與瓜分的危機，深深地籠罩在華夏上空。拒敵的軍事同盟，卻成了引狼入室的招牌與禍患，最後還成為李鴻章自作自受的一道催命符。

辛丑議和已定，其他各國撤兵以還，唯獨俄軍賴在中國不走，對李鴻章大肆要挾，要他奏請朝廷，出讓東北三省權益。後又提出「道勝銀行協定」，威逼李鴻章簽字。受到俄國愚弄的李鴻章本來就窩了一肚子怨氣無處發洩，於是，他明確告訴俄國公使雷薩爾（Paul Mikhailovitch Lessar, 1851-1905），可以簽訂撤兵條款，但拒絕立下所謂的道勝銀行協定。

賴著不走的俄人連續不斷地對他施加壓力。為簽訂《辛丑和約》，李鴻章早已氣病交加，俄人的要挾使得病情進一步加重。一九〇一年十月三十日，李鴻章從俄國使館回到家中，開始大口吐血，「紫黑色，有大塊」，先是碗許，又吐半盂。自咯血開始，李鴻章七天不進飲食。嚥氣前一小時，俄國公使還站在床頭逼迫他在條約上簽字。臨終前問及他對家事有何囑咐，李鴻章無言；問及國事，頓時老淚縱橫，眼睛慢慢閉合。站立一旁的李鴻章助手、直隸布政使周馥大聲哭喊道：「我尚有言，公如何氣絕？」旁人責怪他多言，不料李鴻章突然瞪大眼睛，真的等他開口說話。周馥只好編出一套話道：「我國公使說了，相國去位（逝世）後，俄國一定不作難中國的事情，兩宮不久也要從西安回京了。」李鴻章聽完，這才帶著無盡的悲愴與遺憾，頭一偏，真正閉上雙眼，走完了七十八歲的人生旅程。

尤為可悲的是，李鴻章死後，不僅靈魂，連肉體也無法得到安寧。一九五八年，位於合肥大興集的李鴻章墓地被掘，李鴻章慘遭開棺揚屍之禍。

面對歷史，一個最起碼的常識，便是尊重事實，不能隨意臧否，不能跟著起哄，不能人云亦云，更不能為了達到某種宣傳目的而有意遮蔽、誇大、篡改事實。如果我們認同這一原則，那麼用「鞠躬盡瘁，死而後已」形容李鴻章，實在一點也不為過。

李鴻章外交的最大失誤，就在「以夷制夷」之策。在與太平軍、捻軍作戰時，他採取分化瓦解、各個擊破的方略，取得了極大成功，於是，就想故伎重施，利用列強之間的勾心鬥角，將矛盾外引，減輕中國壓力，尋求一種平衡術。也不能說此策全然無用，但在關鍵時刻，列強絕對不會為了中國損害本國利益而與他國攤牌，乃至爆發戰爭。要想在國際關係中獲得尊嚴，求得主動，唯有「實力」二字。晚清腐朽不堪，中國積貧積弱，哪來實力可言？這就決定了近代中國之外交，總是處於「人為刀俎，我為魚肉」的悲慘境地。

七

李鴻章一輩子汲汲於事業功名，孜孜以求，勤勉不懈，就連與他政見相左的革命派領袖孫中山也佩服不已：「中堂從佐治以來，無利不興，無弊不革，艱巨險阻，猶所不辭。」

可無論從哪方面而言，李鴻章的個人努力換來的都是失敗：興洋務，受制於封建官僚體制，虎頭蛇尾難收大功；改革軍事，因甲午一戰敗於日本，二十多年苦心經營付諸東流；辦外交，屢遭欺凌，謗滿天下；開創近代教育，也因多方受阻而中途夭折……李鴻章可謂地地道道的歷史悲劇性人物，然而，他的悲劇並非個人悲劇，而是國家悲劇、民族悲劇、時代悲劇的縮影。對此，梁啟超相當中肯地評價道：「吾敬李鴻章之材，吾惜李鴻章之識，吾悲李鴻章之遇。」毛澤東也說他是「水淺而舟大也」。

也不能說他一輩子事功徹底失敗，縱觀李鴻章一生，應該說是成功與失敗交織、喜劇與悲劇摻和的一生。在他的倡導，或者說引導下，大清帝國總算是掙脫了幾千年的傳統束縛，在學習西方的道路上邁著艱難而蹣跚的步履緩緩前行。其實，李鴻章在中國工業化、軍事西方化、教育近代化等諸多方面，只要某一方面獲得全面成功，近代中國，乃至今日之中國，都會發生扭轉乾坤的巨變。舉例言之，如果甲午戰爭清廷獲勝，那麼就不是日本，而是中國躍居世界軍事強國行列，此後絕對不會出現海權喪失殆盡、列強頻頻入侵的局面。影響所及，作為聯合國五大常任理事國之一的當代中國海防，也不至於寒傖到連一艘航空母艦都沒有的尷尬地步。

當然，這是一種不可能成立的假設，近代化是一個系統工程，不能急功近利地頭痛醫頭、腳痛醫腳，也不會只有某項單方面的成功。欲達全面革新，必須有長遠的規劃，有配套的政治改革如君主立憲等。以異族入主中原的滿族統治者絕對不會虛君放權，李鴻章也沒有什麼長遠的改革大計與建設藍圖，基本上是走一步、看一步、學一步，僅僅停留在表層的實用技術方面的改革，深層次的制度、法律、政體、文化等方面基本沒有觸及。不唯李鴻章，這也是近代整個洋務運動的一大盲點。比如清廷派遣嚴復等十二人作為第一批歐洲留學生專門學習海軍技術，而同一時期的日本則向英國輸送了一百來名留學生，學習科目多為法律、政治，很少有人專攻軍事。

李鴻章有著常人難以企及的性格優點，曾國藩說他「才大心細，勁氣內斂」，他身上的確有著一股子難得的韌性與忍勁。他有一幅廣為人知的對聯：「受盡天下百官氣，養就胸中一段春。」別人罵他，他從不為自己辯誣，顯得十分超脫，並將女兒嫁給曾經罵他罵得最凶的清流派領袖之一張佩綸。面對各種政敵及反對勢力，李鴻章從不退縮。雖飽受罵名，四方樹敵，但事情還是要做，與列強周旋不已，力挽狂瀾，為救清廷於絕境，不惜搭上老命一條。

李鴻章受人詬病最甚之一，便是積有大量財產，說他「富甲天下」。時人作有一副對聯，將他與翁同龢一同譏諷：「宰相合肥天下瘦，司農常熟世間荒。」李鴻章籍貫合肥，身為大學士，相當於宰相；翁同龢為江蘇常熟人，擔任的戶部尚書一職，常被人稱作大司農；此聯嵌官名地名於其中，一語雙關，構思相當精妙。而梁啟超對李鴻章「富甲天下」說則持懷疑態度，認為他有「數百萬金之產業，意中事也」，但世人競傳富甲天下，「此其事殆不足信」。李鴻章聚財斂財的確不假，但他能夠做到公私分明。他的資產，多為招商局、電報局、開平煤礦、通商銀行等處的股份及上海等地當鋪、銀號的利潤所得。而朝廷公款，並未貪污佔用，在離任直隸總督時，李鴻章曾將長期「截流」、積存的八百多萬兩白銀全部移交給繼任者王文韶。據說這筆經費後來落入袁世凱之手，成為他交結王侯、內外聯絡的特別經費。

儘管擁有大量資產，李鴻章生活卻相當簡樸，飲食簡單，習性嚴謹，其個人嗜好，一是喜抽水煙袋，二是午餐愛喝兩杯。以致在外國人眼中，他是一個典型的吝嗇鬼。李鴻章對毒害中國的鴉片十分痛恨，嚴復在他創建的北洋水師學堂任職時吸食鴉片，常受到他的嚴厲斥責。李鴻章病逝，嚴復以理解同情之心送上一副輓聯道：「使先時盡用其謀，知成功必不止此；設晚節無以自見，則士論又當何如？」嚴復認為，如果李鴻章的洋務運動、軍事改革沒有多方掣肘阻撓，就不會有甲午慘敗、庚子之禍；而到了唯有敵敗求和才能保全國家之時，如果李鴻章不承擔主持和議收拾殘局之責，士大夫們又要攻擊他只求個人名節而誤國誤民。

在關於李鴻章的諸多評價中，外國人最為持平公允，他們一致認為李鴻章是中國十九世紀第一流的政治家、外交家，將他稱為東方的俾斯麥（Otto von Bismarck, 1815-1898）。其中當數美國人格羅弗・克利夫蘭（Stephen Grover Cleveland, 1837-1908）的評價最具代表性：「李鴻章不僅是中國在當代所孕育的最偉大的人物，而且綜合各方面的性質才能來說，他是全世界在上一世紀中最獨特的人物。以文人來說，他是卓越的；以軍人來說，他在重要的戰役中為國家作了有價值的服務；以從政三十年的政治家來說，他為這個地球上最古老、人口最繁盛的國家的人民提供了公認的優良設施；以一位外交官來說，他的成就使他成為外交史上名列前茅的人。」

斯人已逝，但影響仍通過他舉辦的洋務自強運動，通過他不惜個人生命與榮譽得以保全的中國主權之完整，通過他格外賞識著意提拔的袁世凱等人而深刻地作用並改變著中國的歷史格局。特別是在對外開放走向世界的艱難進程中，李鴻章更是作出了時人無法匹及、後人難以想像的貢獻。在當年的萬國運動會上，各國國旗伴著國歌依次升起，輪到中國時，卻只有黃龍旗在寂靜中冉冉上升。所謂堂堂的大清帝國，竟連國歌都沒有一首，場上響起了陣陣西人的嘲笑。此時，年過七旬的老人李鴻章站了出來，步履雖然不甚穩健，但神態毅然地走到黃龍旗下，盡可能地挺直腰板，亮開既不清脆也不高亢的嗓子，滿懷深情地唱起一首他從小就唱得爛熟的歌曲——家鄉安徽民間小調《茉莉花》。喧囂歸於寂靜，唯有李鴻章的聲音在運動場上回旋。一曲唱罷，雷鳴般的掌聲頓時從四面八方湧向這位不惜一切、誓死捍衛祖國與民族尊嚴的老人。

關於李鴻章的不足與弱點，只要列舉，一時間我們可以舉出許多。比如他用人有虧，任人唯親，只重家鄉安徽人，偏袒親戚門生；他在甲午海戰中一味採取守勢，缺少主動進擊的勇氣與銳氣；他身上江湖味太濃，政客氣太重，缺少曾國藩那樣的理學家的虔誠與忠信，漠視「以修身為本」；他強調辦實事，不注重學問修養，直到晚年才幡然省悟，「自悔盛年不學，全恃一股虛驕之氣，任意胡為，其實沒有根底」；他聰明有餘，智慧不足，缺乏大政治家的風度、大改革家的氣魄、大軍事家的膽識，不足以擔當濟世強國、勇猛精進之大任；他恃才傲物，一副大清天下，捨我其誰的派頭，因此對同僚倨傲不恭，對部屬動輒訓斥，對洋人也不例外地「輕侮」；他喜看《莊子》、《管子》，不讀西方之書，對西學的認識與瞭解始終停留在非常膚淺的水平上；他知道中國內部許多腐朽真相，就是不肯付出巨大犧牲著意改革，比如在美國接受記者採訪時他曾經說道：「清國辦有報紙，但遺憾的是清國的編輯們不願將真相告訴讀者，他們不像你們的報紙講真話，只講真話。清國的編輯們在講真話的時候十分吝嗇，他們只講部分的真實……」他明明知道中國的虛假偽飾，可作為一個舉足輕重的領導人物，為何就不想方設法地根除這一至今仍然存在的弊端呢？……

當然，「金無足赤，人無完人」，況且以上所舉，不少屬我們對李鴻章的個人苛求。歷史與國情，決定了古老的中華帝國每前進一步，都得付出超過他人十倍的努力與代價。洋槍隊隊長戈登曾一針見血地說道：「中國人是一個奇怪的民族，他們對一切改革都很冷漠。」又說在他所認識的中國人中，唯有李鴻章，才有一點改革的願望。

無論我們持何種觀點，從何種角度看待、評價李鴻章，都大可不必將「漢奸」、「賣國賊」之類的語彙加諸其身，他為清廷做了一輩子的替罪羊，與秦檜、汪精衛等人有著本質的區別。即便「憤青」似地不問青紅皂白將近代諸多過錯與災難歸咎於他，最起碼在我們眼裡，他也是一位值得敬重的老人！

4. 張之洞：逸軌的新政

從進入翰林院的那一天起，張之洞就開始進行著挽救清廷命運的努力，並將個人才幹發揮到了一種少有的極致。比如編練新軍，他的最初之意，在於抵禦外侮，維護清朝統治，而實際效果則是加速清廷的覆亡。孫中山對此意味深長地說道：「以南皮（即張之洞）造成楚材，顛覆滿祚，可謂為不言革命之革命家。」

一

張之洞在中國近代歷史舞台上的最初「亮相」，是一名敢於直言的清流派健將。

所謂「清流」，自然是相對於所謂的「濁流」而言。清流派自命清高，標榜名節，講求人品，「嚴義利之分」，以維持名教理學為己任，是光緒年間清廷內部形成的一個政治派別。清流派又有「前清流」與「後清流」之分：前清流以軍機大臣李鴻藻為首，得力幹將為翰林院侍講張之洞、張佩綸、陳寶琛等，因他們多為北方人，又稱「北派」；後清流以戶部尚書翁同龢為頭，主要骨幹有禮部侍郎志銳、侍讀學士文廷式、南通才子張謇等，因他們多為南人，故名「南派」。

以李鴻章為首的洋務派注重實利，「論才能不論人品」，「論功利不論氣節」，這在清流派看來，自然是一股「污染」社會環境的「濁流」了。可人們一般不作此稱呼，而是名之為「洋務派」。清流派與洋務派大有水火不容之勢，不僅抨擊洋務派在國內興辦的各項洋務自強舉措，於李鴻章等人的外交和談政策，更是極力反對。清流派有著極強的文化自尊心，對內頑固守舊，對外拒斥西方文化，一意主戰，反對任何妥協，在很大程度上阻遏了清廷邁向近代化的步伐，延緩了中國融入世界先進文明潮流的進程，故有「清議誤國」之說。

清流派雖然未掌實權，但他們上書言事，評議時政，彈劾大臣，雖有好為空言、不識時務之嫌，但在「人言可畏」的中國傳統社會，那種強大的「殺傷力」使得眾多朝臣頗為忌憚。張之洞曾在一首詩中寫道：「虎豹當關臥，不能遏我言。」清流派以中國傳統文化為指歸，凡與之相悖逆者，便是歪理邪說，是荒謬絕倫。他們懷著強烈的道義感，自以為正義、真理在握，所以理直氣壯，聲音也就顯得格外地「宏亮」。

作為清流派的一員主要幹將，張之洞享有「青牛角」（「青牛」與「清流」諧音）之稱。較勁的「青牛」一旦發力，犀利的「牛角」衝向荊棘編織的籬笆，足以刺破某些虛偽的假象。張之洞正是以其「青牛」本色，在「東鄉慘案」與「庚辰午門案」中上書鳴冤、抗疏力諍，備受時人側目，贏得了「遇事敢為大言」、「諍言回天」的美譽。

一八七五年，四川東鄉（今宣漢縣）知縣孫定揚勾結地方劣紳，巧立名目增加多種賦稅，對農民敲詐勒索、橫徵暴斂，致使稅額陡增近十倍。百姓苦不堪言，聚眾請願，要求官府清算糧賬，減輕負擔。孫定揚擔心事情敗露，便向省府謊報百姓謀反。署理四川總督文格輕信孫定揚所言，馬上派遣提督李有恆率兵進剿，釀成冤殺百姓數百人的「東鄉慘案」。民眾不服，進京控告，清廷雖對當事人有所懲處，但量刑過輕，首惡仍逍遙法外。張之洞在四川學政任上，對冤案瞭解甚詳，於是，他在光緒五年（一八七九）五月一日這一天，連上三道摺子，詳細敘述慘案始末，列舉四川官府欺壓百姓、濫殺無辜的大量事實，指出百姓聚眾抗糧真相，有理有據地為東鄉百姓鳴冤叫屈。張之洞奏章一出，朝野上下一片附和，刑部不得不重審此案。多年冤案就此得以平反昭雪，罪首孫定揚、李有恆處以斬刑，文格被革職查辦，其餘相關知府、總兵、官紳等也遭革職充軍。

轟動一時的「庚辰午門案」，是指一八八〇年中秋前夕，十五歲的小太監李三順受慈禧之命，給身為醇親王福晉的慈禧胞妹送去八盒食物，因強闖午門而引發的一起案子。案情十分簡單，只因涉及慈禧太后，所以變得複雜起來。依照清廷慣例，太監出宮不能直走午門，而李三順送物出宮時依仗慈禧之勢，竟然不顧成規，直衝午門，「闖關」而去。身為滿人的護軍玉林、祥福等人強加攔阻，雙方發生爭執，互相推搡中將食盒撞翻。李三順惱羞成怒，丟棄食盒返回宮中，經首領太監劉玉祥告御狀於慈禧。慈禧大怒，不僅偏袒太監，還面諭刑部尚書潘祖蔭，欲將玉林等人處以死刑。廷臣雖然多持異議，但懾於慈禧之威，誰也不敢公開表態。就在這關鍵時刻，身為翰林院左庶子的張之洞與翰林院右庶子陳寶琛同時上疏諍諫。陳寶琛直言無忌，認為本案處置失當，只有公正處理才能「群疑釋然」。而張之洞的奏章則語氣委婉，十分講究策略，他先說本朝對宦官立有嚴加約束的「祖制」，接著列舉宦官違法致使公務廢弛的事例，然後力陳此種情形不可輕視，請求下旨申明有關禁令，對太監嚴加約束，唯有如此，才能顯示「聖心之公，國法之平，天威之赫，曉然昭著於天下」。

慈禧看過兩道摺子，特別是張之洞留有轉圜餘地的奏章，簡直點中她的穴位：小太監給自己胞妹送物，仗勢直闖午門，驕橫無忌，為此殺掉幾名滿族護軍，不僅具有私心之嫌，還得背上違逆「祖制」的不孝罵名，實在有點過分與不該。慈禧思慮再三，終於幡然省悟，下旨從輕發落，對護軍玉林、祥福等人處以杖責，或流放，或圈禁。同時，她也沒有放過惹事太監及內務府相關人員：李三順交慎刑司責打三十板，罰首領太監月銀六個月。

一樁看似已成定局的案子，就這樣在張之洞等人的上疏力爭中出現轉機，得以公平「落幕」。

有人做過統計，從光緒五年底至光緒六年這一年多的時間內，張之洞共上疏達十九次之多。他的奏議，部分雖有紙上談兵的書生策士之見，以空言博取時名，但更多的，則是針砭時弊，有的放矢。他還特別善於選擇時機，把握分寸，顯得有理有節，因此，大多奏章都能達到預期的良好效果。這也是張之洞與其他清議人士的區別之所在。清流派健將中，張佩綸、陳寶琛等人今天糾這個，明天彈那個，觸怒重臣，難免惹來眾人非議，積怨甚深。而張之洞所上彈劾疏章，在數量上並不比他們少，言辭甚至比他們更加尖銳，但遭受的攻擊卻並不多，便與他注重策略，講究藝術，處事圓滑，對事不對人有關。比如針對「庚辰午門案」的疏章，陳寶琛直來直去，慈禧難以接受；張之洞則於迂迴婉轉中直指問題核心之所在，其中的阿諛奉迎之辭，也屬「馬屁拍到了點子上」，使得慈禧心服口服，對他另眼相待。

清流派健將大多因空言務虛、樹敵過多等原因，命運乖舛，最終沒有落下什麼好結局：張佩綸在馬尾海戰中兵敗逃跑遭彈劾，差點身首異處，後雖保住性命，但已是身敗名裂，革職流放後再也沒有機會「翻盤」；陳寶琛以「薦人失察」之過遭彈劾，被清廷降職五級，他自感無所作為，適逢母親病逝，遂丁憂返籍，從此終老故鄉；其他如寶廷，奉命典試，在歸途中買妓為妾，被人抓住把柄，只好自我彈劾，免除官職後娛情山水，狂飲大醉而逝……

在所有清議派頭面人物中，唯有張之洞例外，不但未遭貶官革職之厄運，反而不斷往上升遷：先放巡撫，後任總督，歷任封疆大吏二十餘載，最後入閣拜相，位居極品，達至人生峰巔。

張之洞直線「竄紅」，主要得力於慈禧太后的信任與提攜。

人們大多知道張之洞屬直隸南皮人，也就誤以為那裡是他的出生之地。其實，河北南皮只是他的祖籍，張之洞於一八三七年九月二日生於貴州興義府。其時，父親張鍈正出任貴州興義知府。生於官宦之家，受過良好傳統文化教育的張之洞可謂少年得志。按照秀才、舉人必須回原籍應試的科舉規定，張之洞歸返河北南皮應試，十二歲考中秀才。十五歲參加順天府鄉試，又以第一名的優異成績考中舉人。鄉試奪魁稱「解元」，是科舉場上難得的榮耀。於是，張之洞「一時才名噪都」，連深居宮闈的慈禧太后，也有所風聞，可見當時反響之大。

然而，此後的張之洞似乎從科舉考試中銷聲匿跡了。以致十年之後，慈禧太后不知怎麼想起了十五歲即中解元的張之洞，為久不見他入值翰林院而不解。原來張之洞為父守制三年錯過考期，後又因族兄、禮部尚書張之萬連續兩年為同考官，循例回避不得考試，也就一誤再誤了。慈禧弄清緣由後，不禁深為惋惜，心中暗生提拔之意。一八六三年，二十六歲的張之洞入京會試，廷試對策因「指陳時政，直言無隱」觸怒眾多考官，幸得大學士寶鋆慧眼識珠，力排眾議，總算列了個二甲第一。試卷進呈兩宮，張之洞得到了慈禧太后的格外眷顧，特意將他點為一甲第三名（探花），賜進士及第。三天後參加朝考，又獲一等第二名的好成績，授翰林院編修。為此，張之洞不由得感激涕零，也促使他對慈禧太后一輩子效忠不二。

慈禧提拔重用張之洞，張之洞知恩圖報，兩人可謂「相得益彰」。

慈禧善用手腕，喜弄權術，她控制大臣一個有力且有效的手段，便是「平衡牽制術」：讓主要大臣相互間扯皮拉筋，你爭我鬥，她便從中坐收漁利。比如清流派的出現與坐大，便是她有意「製造」的一個「產物」。以李鴻章為首的洋務派實力日漸擴大，慈禧擔心尾大不掉，便培植一批對李鴻章等權臣不滿的翰林院官員，利用他們指斥朝政，「指點江山，激揚文字」，加以鉗制。

慈禧對張之洞不斷上奏的疏章中所表現出來的卓越才華青睞有加，特別是他為維護慈禧個人利益與統治地位所表現出來的忠誠，更是深得慈禧讚賞。

一八七五年，同治帝病逝，沒有留下承續大統的後代。依照清朝前例，應從下輩中擇賢立嗣。如此一來，慈禧的身分再也不是太后，而是太皇太后，將永遠退居幕後。為保持「母后」地位，達到長期垂簾聽政的目的，慈禧不惜違反祖制，從同治帝同輩人中挑選繼位新皇。挑來選去，最後將目光鎖定在醇親王奕譞年僅四歲的兒子載湉身上。消息傳出，朝野一片譁然，卻又奈何慈禧不得。事隔四年之後，吏部主事吳可讀為維護名教，趁參加同治帝與皇后的共同葬禮之機，不惜身服毒藥，以「屍諫」方式，再度掀起立嗣風波。吳可讀在遺摺中寫道：「我朝二百餘年，祖宗家法，子以傳子，骨肉之間，萬世應無間然。」又說「兩宮太后，一誤再誤」。一時間，朝野震驚，慈禧無以自辯，處境十分尷尬。這時，張之洞不失時機地站了出來，上疏為慈禧極力辯解。他「援引經旨」，說載湉繼位不僅「出於兩宮皇太后之意」，也「合乎天下臣民之心」，此乃「本乎聖意，合乎家法」。又以務實的態度指出，糾纏於名教是非，動搖新皇光緒帝位，極有可能招來政局動盪不安。張之洞奏摺一出，慈禧之圍稍解，又可以「名正言順」、「理直氣壯」地繼續垂簾聽政了。

張之洞為報效慈禧之恩，竟違心地置儒家精義與祖宗之法於不顧，他的工於心計、處世圓滑、首鼠兩端由此可見一斑。這不能不說是其一大缺陷，也就難怪同為清流派健將的張佩綸也要忍不住譏諷他幾句，說他旁顧、趨時了。

投之以桃，報之以李。慈禧太后自然不會虧待這位關鍵時刻忠心耿耿、勇於效命的臣子張之洞，「恩寵」與「簾眷」很快降臨：在短短的時間內，張之洞便被擢拔為翰林院侍講學士（官從四品）；再升為內閣學士兼禮部侍郎（官從二品）；一八八二年一月七日，張之洞補授山西巡撫，由一名閒散的京官，躍為實權在握的地方大吏。

二

以出任山西巡撫為轉折，張之洞告別長達六年的清流生涯，人生翻開了嶄新的一頁。

身為一方諸侯，他不得不拋棄過去的虛蹈空談，以務實為要，施行他的治晉方略。時間一長，張之洞的個人角色，也於不知不覺間發生轉換，逐漸向他曾經猛烈抨擊過的洋務派靠攏，最後竟來了個一百八十度的大轉變，不僅過渡為洋務派中的一員，而且在後期洋務派人物中獨佔鰲頭，享有「洋務派殿軍」之稱，有力地推動了中國近代化的進程與發展。

不少人對張之洞的見風使舵、善於變化不以為然，也就是張佩綸所譏諷的旁顧趨時。既為報恩，也為升遷，張之洞不惜拚卻個人聲譽，揣摩權傾天下的慈禧心意，不失時機地為她曲意辯護、阿諛效忠，這樣的旁顧趨時的確為人所詬病。但他到山西後由清流向洋務的實質性過渡與轉變，則為情勢所迫，全然出於內在本心。不改革，就沒有出路，識時務者為俊傑，這種權變通達的「趨時」，用今天的話說，就是順應潮流，與時俱進，我們應該為之擊節讚賞。

山西久蒙大旱，民生困頓，餓殍遍野；加之煙毒泛濫，教案迭起，真所謂「吏事積疲，貧弱交乘」。要想改變這一混亂落後現狀，非變革圖強不可。張之洞下車伊始，就大刀闊斧地開展了一系列社會改革的嚴厲措施。除禁煙效果明顯外，其他方面，則乏善可陳，收效甚微。是期望過高，還是整治不力？是獎懲不公，還是操之過急？是沒有對症下藥，還是積重難返？為此，張之洞不得不陷入深深的反思之中。就在這時，一個特殊人物——英國浸禮會傳教士李提摩太（Timothy Richard, 1845-1919）出現在他的眼前。

李提摩太，漢名李菩岳，會說一口流利的漢語，精通儒、道、佛經典，是一個典型的「中國通」。就連他的外表，也裝扮成當時的清人模樣——身穿對襟馬褂，頭戴長辮假髮。只有高高的個子、白白的膚色與藍藍的眼睛，才透出他是一名歐洲洋人的的信息。李提摩太不僅致力於傳播「天國」福音，也關注人間社會改革，他以賑災為名來到山西，走訪民間，廣泛調查，繪製地圖，掌握了大量的一手實地資料，力勸國人「採取西方文明，尤其是教育、科學和經濟等方面」。

為推行「西化」主張，李提摩太專門拜訪山西巡撫張之洞，向他贈送自己所著《近事要務》、《富晉新規》及其他西方書籍，並奉上他思慮良久、切實可行的治晉方略——以開礦產、興實業、辦學堂等「西化」方式改變山西，以開啟民智，藏富於民。

張之洞此前對西方科學多多少少也有所風聞瞭解，只因那是洋務派信奉的東西，又屬「夷狄之學」，並未深究細探，認真瞭解。而現在則不一樣了，為官一任，造福一方，既然傳統治理方式無法改變山西的落後面貌，何不學習、效仿「西洋術」一試？於是，張之洞靜下心來，摒棄偏見，開始研讀李提摩太送來的「精神食糧」。「中國南省雖出絲茶，而北省土產鮮有機器製作，終不如進口洋貨值豐，此四十年中暗虧不知凡幾……果能自此振興格致，精益求精，將來深明之所以然……」張之洞讀著讀著，心中不覺豁然開朗。而此時，李提摩太又在太原親自登台，向山西官紳學士演講天文、地理、聲光電化、醫藥衛生等西方知識，現場演示氧氣助燃、磁石吸鐵等簡單易行的科學實驗，還專門向張之洞一人講解西方最新的「煉鋼法」……一切的一切，都使張之洞眼界大開、驚歎不已，彷彿進入了一個全新的世界。「他山之石，可以攻玉。」看來要想真正變革現實，致富圖強，唯有採取「西法」之策了。

其實，在張之洞身上，深深地烙印著儒家經世致用的思想。父親張鍈任貴州興義知府時，曾與太平軍作過殊死決鬥，年僅十六的他，就參加了父親率部苦苦堅持三天三夜的興義守城戰。受此影響，張之洞「好閱兵家言及掌故經濟之書，慨然有經世之志」。此外，他還拜晚清「中興名臣」胡林翼為師，在他的影響下，張之洞「精研歷代諸儒之學，而以實用為歸」。當下所面臨的刻不容緩的現實危機，激發了張之洞昔日深埋於心的經世致用思想，「塞外番僧，泰西智巧，駕馭有方，皆可供我策遣。」於是，他聘李提摩太為顧問，在山西開始了洋務運動的最初嘗試：設洋務局，購西學書籍儀器，修築公路，籌辦織布局，訂購新式農具，改進土鐵生產……

萬事起頭難，有了關鍵性的第一步轉型，往後的向前推進，深入發展，便是順理成章之事了。

中法戰爭爆發，張之洞因在山西任內腳踏實地的改革措施深得慈禧讚許，加上他力主抗戰，又有身為軍機大臣的族兄張之萬竭力保薦，清廷於一八八四年五月二十二日下旨，命他署理兩廣總督，主持對法戰事。

由巡撫到總督，官升了，位顯了，權大了，而肩頭的職責與負擔也更加沉重了。張之洞以一介儒臣出任封疆大吏，臨危受命，成為清軍對法作戰西南戰場的最高統帥。在他的精心謀劃與赤誠努力下，終於取得了中國近代史上少有的輝煌勝利——鎮南關大捷。捷報傳來，張之洞不禁喜出望外：「自中國與西洋交涉，數百年以來，未有如此大勝者。」法國茹費理內閣也因這場戰役而倒台。然而，法國議會很快又通過了增撥軍費、增調軍隊、擴大戰爭的新議案。陸戰的局部勝利無法從總體上扭轉整個中法戰爭的大局勢，內外交困的清廷不得不「乘勝即收」

，簽訂了中國近代史上最為「優惠」的無割地、無賠款條約——《中法會訂越南條約》。

戰爭雖然結束了，可它對張之洞產生的深遠影響才剛剛開始。中法戰爭中清軍表現出來的處處被動、捉襟見肘之勢，堅定了張之洞刻意謀求中國軍事近代化的決心，他很快提出三項亟需施行的「當時急務」：一、「儲人才」，開辦近代軍事教育，造就一批能征善戰的軍事人才；二、「製器械」，開辦軍工廠，製造槍彈大炮；三、「開地利」，興辦採煤煉鐵等近代化工業生產。他認為這三項環環相依，缺一不可，「有人才而後器械精，有煤鐵而後器械足，有煤鐵器械而後人才得其用，得之則權利操諸於我，失之則取予仰於人。」

基於以上認識，張之洞在廣州編練廣勝軍，創辦水陸師學堂，建造槍彈廠，加速廣東水師建設，將洋務自強運動開展得有聲有色。

三

一八八九年十一月，張之洞奉命調任湖廣總督，兼籌辦蘆漢鐵路大臣。此次雖屬平級調動，但清廷的目的，主要是讓他籌備修建蘆漢鐵路，並在武漢開闢一處新的洋務基地，與實力顯赫的直隸總督、北洋大臣李鴻章相互牽制抗衡。

一八八九年十二月十七日，已逾天命之年的張之洞乘船抵達武昌。直到一九〇七年調離進京，除兩度暫署兩江總督外，張之洞任湖廣總督長達十八年之久。

如果說張之洞在外放山西巡撫與督任兩廣期間，開創實業、興辦洋務只是小試牛刀——屬序幕與熱身，那麼真正的大戲好戲、競爭比賽則在督任兩湖之時。

有慈禧太后為後盾，有清廷修築盧漢鐵路的全國總體性戰略規劃作支撐，張之洞知道他的「天命」所在就在武漢，就在湖北，他決定放手一搏。一場改變中國近代歷史進程，名為「湖北新政」的洋務運動在十九世紀末轟轟烈烈地上演開來。張之洞的個人功業，也因此而邁向其他後期洋務派難以企及的峰巔。

「張氏抵鄂之年，應為湖北從傳統走向現代化的起點。」一個落後的內陸區域，在張之洞的苦心經營下，一躍而成為中國近代化程度最高的省分而與得風氣之先的上海、廣東並駕齊驅，省會武漢也成為僅次於上海的中國第二個近代化大都會，被外國人譽為「東方芝加哥」。這是一場名副其實的近代「中部崛起」！

張之洞於武漢大辦近代工業，發軔之地則在廣州。受中法戰爭刺激，他在兩廣總督任上積極籌辦槍炮廠、煉鐵廠、紡織廠等機械化工廠。接任兩廣督篆的李瀚章相當保守，對辦廠之類的洋務根本不感興趣，覺得張之洞留下的這廠那廠全是些燙手「山芋」。於是，張之洞便趁機將這些工廠遷到湖北，而原先向外國訂購的諸多機器設備，也改變了運送目的地，陸續抵達武漢。湖北新政於草創之初，就這樣撿了個不大不小的「便宜」，有了良好的基礎與開端。

湖北新政的主要內容，可概括為創辦近代工業、發展教育事業、編練新式軍隊。

張之洞在湖北興辦的近代工業，主要是漢陽鐵廠、湖北槍炮廠以及湖北織布局、紡紗局、繅絲局、製麻局等四局。

滔滔長江與長江的最大、最長支流漢水在武漢交匯，也將武漢分隔為武昌、漢口、漢陽三鎮。正是在張之洞督鄂期間，武漢三鎮的職能逐漸區分開來，武昌為督府所在，乃湖北行政中心；漢口以商務為主，沿江為英、德、俄、法、日五國租界；漢陽為張之洞開辦的主要廠礦——漢陽鐵廠、湖北槍炮廠廠址所在。

作為亞洲第一個近代化鋼鐵工廠、遠東乃至全世界數一數二的大型企業，漢陽鐵廠歷經三年建成。一八九四年六月三十日，當鐵廠第一爐鮮紅耀眼的鋼水流瀉而出時，整個世界為之震驚不已。設在上海的西方報館立時刊發傳單，電告各國，其中一家報紙這樣寫道：「漢陽鐵廠之崛起於中國，大有振衣千仞一覽眾山之勢……中華鐵市，將不脛而走各洋面，必與美英兩邦，角勝於世界之商場，其關係非同毫髮……嗚呼！中國醒矣，此種之黃禍，較之強兵勁旅，蹂躪老羸之軍隊尤可慮也。」

出鋼三天之後，張之洞在隨員的陪同下視察漢陽鐵廠，在滿耳的機器轟鳴聲中登高眺望，但見生鐵廠、熟鐵廠、貝色麻鋼廠、西門士鋼廠以及鐵貨、機器、造軌等十個大小廠房鱗次櫛比，煙囪高高聳立，噴吐的煙霧繚繞天際，似與朵朵白雲融為一體。一時間，張之洞不覺豪情滿懷，彷彿看到了古老的中國正在脫胎換骨，告別昔日的貧弱，躋身於世界強國之列……是的，當時的他，根本就沒想到一個有著幾千年封建專制的國度，欲建設成為一個經濟發達、社會民主、繁榮富強的國家，該是多麼地曲折艱難。一個接一個難以想像的劫難，彷彿注定了中華民族必須經受一場場血與火的洗禮，只有在涅槃中才能獲得新生。

漢陽鐵廠後改為商辦企業，與大冶鐵礦、萍鄉煤礦組成著名的漢冶萍煤鐵廠礦有限公司，毛澤東曾兩次視察其中的大冶鐵廠（後為大冶鋼廠）。一九五二年，在回顧中國民族工業的發展歷程時，毛澤東說有四個人不能忘記，第一個提到的就是「搞重工業的張之洞」。

漢陽鐵廠西鄰，便是張之洞最早建成的湖北槍炮廠。這裡設有槍廠、炮廠、罐子鋼廠、無煙火藥廠、炮彈廠、槍彈廠等多個規模宏大的分廠，共有員工約三千人，能生產當時最新式、最先進的快槍快炮，特別是一種口徑七點九釐米的步槍，更是以其優良的品質而享譽全國。令張之洞沒有想到的是，正是這種「漢陽造」步槍，在近半個世紀之後的抗日戰爭中，仍是國人抵禦入侵日寇的強有力的主要武器。設若張之洞在天之靈有知，在為自己當年的洋務實績感到欣慰的同時，更多的，恐怕得為後人的裹足不前而感到深深的遺憾與悲哀了！

布、紗、絲、麻四局設在武昌，成效不如漢陽鐵廠與湖北槍炮廠，但織麻局為全國首創，四廠分佈開來，對武漢地區近代化的整體構成，無疑起著相當重要的促進作用。

據有關資料統計，張之洞在湖北地區共創辦大小工廠三四十個之多，投入白銀一千七百多萬兩，職工總數最多時達至一萬六千餘人。湖北的經濟結構，由此發生了根本變化。

近代化是一項涉及方方面面的複雜系統工程，其中最關鍵的是人才。必須擁有一大批接受西學教育、具備科學知識的人才，然後才談得上其他方面的推進與發展。張之洞認為，「中國不貧於財而貧於人才，不弱於兵而弱於志氣」，「人才之貧由於見聞不廣，學業不實」，有鑒於此，他大力改革傳統教育，創立了全面、完整的近代教育體系：他興辦師範學堂，為各級學堂提供必要的師資力量，一九〇七年達二十四所之多；他設立農務學堂，發展農業教育，為推動湖北的農業經濟發揮積極作用，至一九一〇年，湖北全省辦有農業學堂四十八所；他興辦的其他學堂還有商務學堂、自強學堂、武備學堂、方言學堂（晚清時方言指外語）、算學學堂、工藝學堂、路礦學堂、軍醫學堂等；他極其重視留學教育，「師人之長，補己之短，用以開廣見聞，增長學識」，在他的倡導下，二十世紀初的湖北出現了一股留學熱，清末湖北共派遣留日學生五千多人，位居全國各省之最……

在傳統科舉盛行了一千三百多年且依然存在的情況下（一九〇五年方予廢除），要想引導民眾學習西方科學，建立新的國民教育體系，培養近代化的新型人才，其阻力之大，困難之多，舉事之艱，可想而知。即使今日視之，張之洞大規模興辦各類新式學堂，也屬一項具有遠見卓識的「大工程」，算得上氣勢磅礴的「大手筆」。

張之洞大力發展近代教育，使得湖北民眾的文化素質不斷提高，封閉守舊的社會風氣得以扭轉，西方的自然科學與民主思想迅速傳播開來，一大批科技、政治、外交等方面的新型人才脫穎而出。張之洞不僅打造了一個工業化的武漢，還在一定程度上塑造了一個影響至今的人文武漢——即以今日排名中國第三的武漢高校為例，便得益於張之洞當年創辦各類新式學堂的篳路藍縷之功。

張之洞編練新式軍隊，是其富國強兵的系列內容之一。他將編練陸軍與開辦軍事學堂同步進行，所募士兵，要求「能識字寫字，並能略通文理」，入伍後，將他們選派到陸軍特別小學堂學習；而軍官，則嚴格要求受過正規軍事學校培訓與教育。他改革舊式軍隊，編制訓練仿效德國與日本。至一九〇六年，張之洞練成新軍第八鎮（轄一個鎮、一個混成旅），共有軍官七百名，士兵一萬零五百名，成為一支在數量上僅次於袁世凱北洋六鎮的中國近代第二支精銳陸軍。若論質量，湖北新軍官兵的身體素質、文化素質、武器裝備、軍事素質，都堪稱全國第一流。在晚清舉辦的幾次全國性秋操中，湖北新軍每每奪冠，被軍機大臣鐵良稱為「陸軍則湖北之常備軍為最優」。湖北新軍的編練模式作為成功樣板推向全國，因此，清末各省凡有新軍之地，就有湖北新軍輸送之軍官。以致武昌首義爆發，這些有著革命思想的軍官，很快就成為當地率軍舉事、響應起義的重要人物。辛亥革命能在全國範圍內迅速奪取勝利，便在很大程度上得益於湖北新軍輸出的這批年輕的革命軍官。

張之洞因籌辦蘆漢鐵路前來武漢，後因形勢變化，遇到了重重困難。於是，他大膽利用外資，決定借債修路。一九〇六年四月一日，全長一千二百多公里，貫通北京到武漢的蘆漢鐵路（後改名為京漢鐵路）終於建成通車。

此外，他還成立湖北電話公司，開啟中國地方市內電話之先河；建設滬漢、京漢、粵漢、川漢、湘漢等五條電報幹線，使武漢成為全國電報網絡中心；支持創辦水電廠，成立水電公司，經營電燈及自來水業務；在武漢三鎮修築十多條相當規範的近代馬路；還獎掖商業，興修水利，疏浚河道……

張之洞自命「楚人」，以湖北為第二故鄉，也真的將自己的智慧、精力與才華獻給了富有浪漫氣息的楚山楚水。

一九〇七年，張之洞奉調入京。臨行前夕，他在文武百官的簇擁下登臨黃鶴樓，但見鱗次櫛比的高大廠房與噴煙吐霧的高聳煙囪歷歷在目，不禁想起當年入京會試，途經武漢第一次登臨黃鶴樓時的情景。面對風光無限的美好山河，當時的他，曾脫口吟出一聯道：「爽氣西來，雲霧掃開天地撼；大江東去，波濤洗盡古今愁。」令他頗感欣慰的是，年輕的激情與豪邁，揮灑在腳下這塊土地，已結出超邁古人的神奇碩果。感慨萬端之際，張之洞靈思泉湧，情不自禁地潑墨揮毫：「昔賢整頓乾坤，締造先從江漢起；今日交通文軌，登臨不覺亞歐遙。」

斯人已去，風範永存。湖北民眾為感念張之洞督鄂功績，聚資雕刻張之洞石像，為他專建抱冰堂（張之洞號抱冰）、風度樓（後改名奧略樓），又修張公祠，再立張公亭，並將他主持修築的後湖長堤名為「張公堤」，將抗戰前夕武昌修築的一條馬路命為「張之洞路」，不少百姓家中還供奉著張之洞的牌位……

四

學習西方實行新政，牽一髮而動全身，只要持久深入，就會從細節到局部乃至整體發生全面變化，從技藝器械到思想層面乃至整個社會制度的本質更新。

隨著洋務運動的步步推進與深入，張之洞的思想也在因應著不斷發生變化。特別是甲午一戰，竟然敗給大清王朝向來都不放在眼裡的小小島國日本，強烈刺激使得張之洞產生了變法自強的迫切願望。這種順乎時代潮流的積極變化，被維新派人士視為同道。事實上，張之洞不僅贊成維新主張，還用行動予以支持——康有為成立強學會時，他慷慨解囊，主動捐銀五千兩，並在某些方面共同合作。

不久，強學會操之過急的改革措施便與張之洞的穩健風格發生衝突，二者開始貌合神離。隨著維新派的日趨激進，梁啟超大力倡言民權，猛烈攻擊清廷專制統治，對洋務活動也頻頻發難指責，張之洞氣惱之餘，不禁憂心忡忡。

就本質而言，張之洞是一傳統守舊之人。迫於危難的情勢，在有限的空間與範圍之內，他也確曾不遺餘力地施行改革，但其前提是不危及清朝的封建專制統治，不損毀中國傳統道德與文化思想，正所謂「圖自強，禦外侮，挽權利，存中學」也。

維新派越走越遠的行為主張，不僅與其初衷發生嚴重分歧，更讓他坐立不安的是，當初的贊同與合作，極有可能危及自身，給他帶來意想不到的災難性後果。憑他的智慧才能，以及久經官場的老練與敏銳，他發現，當時最為關鍵的人物——慈禧太后，對維新派的主張與行動遲遲沒有明確表態。面對慈禧太后的沉默，洞悉清廷底蘊，善於揣摩人心，「深知西太后好惡」的張之洞感到事情極為不妙，他似乎聽到了陣陣咬牙切齒與磨刀霍霍的可怕聲音，看到道道殺機與股股血光直逼而來。為保住自己的政治地位，張之洞不得不預作防範，趕緊抽身而退，與維新派劃清界線，「旗幟鮮明、立場堅定」地站在慈禧一方。這不僅是張之洞的悲哀，晚清所有大臣，哪怕幹臣、重臣曾國藩、李鴻章、左宗棠等人，也不得不「好其所好，惡其所惡」，聽憑慈禧太后將他們玩弄於股掌之間，誰也奈何她不得。

一八九八年五月，張之洞不失時機地拋出洋洋灑灑四萬多字的《勸學篇》，一面上呈光緒皇帝，一面在《湘學報》上連載，公開表達他與康有為、梁啟超為首的維新派分道揚鑣的鮮明態度。這既是一項自保之術，也是張之洞出乎本心的一種作為，並非人們認為的那樣翻手為雲，覆手為雨，全然出於謀略機詐、工於心計與首鼠兩端。

《勸學篇》一出，立即得到慈禧太后、光緒皇帝的高度肯定與重視，「諭令各省廣為刊佈」。在清廷的大力推導下，《勸學篇》不脛而走，十日內三易其版，前後印行多達二百餘萬冊，後又譯成英文、法文在海外出版，一時間風行海內外，產生了極其廣泛而深遠的影響。

晚清風雲激盪，社會劇變，人才輩出，但能夠真正做到集文治武功與文章學術於一身的，唯有曾國藩與張之洞兩人而已。張之洞的學術思想，主要體現在《輶軒語》、《書目答問》、《勸學篇》等書中。僅就思想理論而言，張之洞較之曾國藩，要顯得更為獨到，更加系統，特別是晚期的《勸學篇》，可視為他政治思想、經濟軍事、文化學術、教育外交等方面的思想理論之總結。對於這樣一部產生過巨大影響的重量級作品，在此有必要稍加闡述與介紹。

張之洞貫穿《勸學篇》之始終的主要內容與核心思想，就是「中學為體，西學為用」。「中體西用」這一主張並非張之洞首倡，早期維新人士馮桂芬於三十多年前就提出「以中國之倫常名教為原本，輔以諸國富強之術」；他也不是最早的實踐者，洋務派領袖李鴻章發展軍事工業、民用工業，開創大規模學習西方之先聲；然而，他卻是「中體西用」的理論總結者與力行實踐者。將理論與實踐融為一體、集於一身，近代中國沒有任何一人超乎張之洞之上。因此，後人只要提及「中體西用」論，自然而然地就想到了張之洞。

所謂的「中學為體，西學為用」，就是在新與舊、古與今、中與西、保守與激進之間，尋找一個相對平衡的支點。因此，「中體西用」一方面抨擊守舊派抱殘守缺，頑冥不化，不知變通；另一方面也指責維新派菲薄名教，一味求新求奇，不知守固之本。

在《勸學篇》中，張之洞的學習西方，與曾國藩、左宗棠、李鴻章等人相比，實有所推進與發展，除技藝、器物層面外，他主張採納若干「西政」。但他提倡的「西政」，並非西方民主政治，而是與近代工業相關的社會設施。他在《勸學篇．外篇》中對西政、西藝作出明確界定道：「學校、地理、度支、賦稅、武備、律例、勸工、通商，西政也。算、繪、礦、醫、聲、光、化、電，西藝也。」基於這種劃分，張之洞的「變中國舊法，從西法也」之舉措，也僅只停留在廣派遊歷、練外國操、廣軍實、修農政、勸工藝、定礦律路律商律交涉刑律、用銀元、行印花稅、推行郵政、官收洋藥、多譯東西各國書等十一條。

哪怕這些經張之洞認可而亟需採用的「西法」，一旦施行開來，他也擔心會影響到「上層建築」的層面，有損孔孟之道。於是，他在《勸學篇》中再三強調，要「保國、保教、保種」。「保種」，即捍衛中華民族的尊嚴與獨立，值得大力提倡；而所謂的「保國」，則是保大清，穩固大清王朝的統治地位，不使之動搖崩潰；「保教」，更是維護儒家孔教的至尊地位，奉「三綱五常」為聖道，「三綱為中國神聖相傳之至教，禮政之原本，人禽之大防」，極力排斥諸子百家，排斥西方民主自由思想。張之洞眼裡的中學，只有儒家思想，並且局限於董仲舒以降的天道—三綱—君主制；而他理解的西學，僅包括他所理解的西政、西藝及西史（西方國家歷史）三個部分。張之洞的「中體西用」論，其實質就是在封建專制皇權的框架與體制內，將儒家學說的一個支流視為中華文明全體，引用西方的物質器械、實用技術，作些修修補補的變革。

嚴復曾一針見血地批駁「中體西用」論將「體」與「用」割裂開來的荒謬性：「有牛之體，則有負重之用；有馬之體，則有致遠之用。未聞以牛為體，以馬為用者……故中學有中學之體用，西學有西學之體用，分之則並立，合之則兩亡。」而康梁新學一個重要的內容，就是突破「中體西用」的框架，援西學改造中學。梁啟超在痛斥《勸學篇》時，認為此書「不十年將化為灰燼，為塵埃。其灰其塵，偶因風揚起，聞者猶將掩鼻而過之」。而實際情形卻並非如此，一百多年來，表面合理、實則荒謬的「中體西用」說一旦遇到相宜的時機，就會重新「浮出水面」，時至今日，仍有著一定的「市場」。

猶如一個裹著沉重頭盔鎧甲的羸弱病殘之軀，竟誤將盔甲視為萬能之寶，以為可以抵擋刀箭槍炮的攻擊，可以防止各種病菌的侵襲，可以戰勝形形色色的敵人……殊不知，正是這身沉重的頭盔與陳舊的鎧甲，束縛了病體的痊癒，阻礙了前行的步伐。

五

以署理山西巡撫為標誌，張之洞逐漸拋棄清流派的務虛空談，過渡為地地道道的洋務派。但是，長達六年之久的清流生涯，已積澱在他的意識深處，成為他生命中的一個有機組成部分。一到關鍵時刻，其「清流派」本色就會顯露而出。比如在中法之戰、中日甲午之戰中，張之洞不顧敵富我貧、敵強我弱的事實，一意主戰，因以封疆大吏的身分「發言」，也就顯得格外突出，引導著相當大一部分官員、百姓的激昂情緒。而隨著洋務運動的不斷深入，對中國現實的日益瞭解，張之洞的思想，這才起了徹底性的轉變。

戊戌政變不久，義和團運動爆發，慈禧擔心西人干涉，逼她歸政於光緒，竟不顧一切、歇斯底里地向西方十一國列強宣戰，同時諭令各省督撫派兵赴京勤王。此時的張之洞，不禁十分矛盾而痛苦，疲弱的中國與其中的任何一國開戰都無獲勝希望，更何況要與英、俄、日、德、俄等八國聯軍同時開戰？此舉無疑於以卵擊石。此時的張之洞，再也不敢順風響應，高喊抗戰了。而對有恩於己的慈禧太后，哪怕心有不滿，或極不情願，他也不便，或者說不敢違逆。比如戊戌政變時慈禧廢帝立儲，張之洞明知不妥，先是沉默以對，後在兩江總督劉坤一的鼓動下，決定聯合上疏抗爭。可摺子發出不久，張之洞就開始後悔了，趕緊派人追回奏章。

就理智而言，此次他應該抗旨不遵，而感情上又難以決斷，他擔心別人指責他對朝廷不忠，擔心慈禧太后怪罪於己。但李鴻章最早發出的抗疏電報「此亂命也，粵不奉詔」鼓舞了他，同時極力揣摩慈禧心態，覺得她出此下策，只是出於一時激憤的「婦人之見」，等到局面難以收拾之時，肯定要作出反悔之舉。思慮再三，張之洞一方面以「沿江沿海，會匪本多」，一旦兵力空虛，「各省必亂」為由按兵不動；一方面派兵保護教堂與洋人；又與劉坤一共同發起「東南互保」運動，說服東南督撫參與其中，並與各國駐上海領事正式簽訂《東南互保章程》，規定「上海租界歸各國公使保護，長江及蘇杭內地均歸各督撫保護，兩不相擾」。

在張之洞、劉坤一等人的積極努力下，東南互保範圍擴大到福建、浙江、山東、四川、河南、陝西、廣東等十多個省分，使得清廷東南半壁江山免遭西方列強蹂躪。事後慈禧不僅未加指責，反而認為籌劃「東南互保」的張之洞、劉坤一等人能替朝廷著想，會辦事，大加表彰，賞張之洞太子少保銜。及至張之洞死後，清廷在上諭中仍念念不忘他在「庚子之變」中的突出表現，說他「顧全大局，保障東南，厥功甚偉」。

六年「清流」在張之洞身上留下的烙印實在是太深刻了，李鴻章甚至在給皇帝的一封奏摺中也說他「為官數十年，猶不免書生之氣」；而自兒時起就已融入他血肉之中的經世致用思想，這一生命的底色又無時無刻不在決定、影響著他的為人處事與言行舉止。清流標榜清高講求純粹，見不得污點，容不得陰影，有過於理想主義的傾向。而現實世界總是貧窮與富裕、痛苦與幸福、黑暗與光明、污濁與純潔相互並存。躲在書齋空言，可以將浪漫的情懷、理想的追求、天堂的純潔，慷慨激昂地發揮到極致，而一旦進入現實社會，一切的一切，就會大打折扣，有時哪怕為了造福於民，也不得不採取特殊的變通手段，甚至不惜與邪惡為伍，與污濁同流，授人以柄，遭人詬病。

張之洞自任地方大吏之後，便在「清流」與「實用」兩端，不斷作著矛盾的撕扯與痛苦的煎熬。他曾袒露心跡地說道：「自官疆吏以來，已二十五年，唯在晉兩年，公事較簡。此外無日不在荊天棘地之中。大抵所辦之事，皆非政府意中所欲辦之事；所用之錢，皆非本省固有之錢；所用之人，皆非心悅誠服之人。總之不外《中庸》『勉強而行』四字。」

他見不得官場的污濁，聲明「權貴不足畏」，可又不得不效忠慈禧，曲意奉迎，哪怕那些瞧不上眼的太監，有時也得巴結巴結；他堅毅勤勉、清正廉潔，同時又具有圓滑老辣、畏葸退縮的一面；他表白自己「平生有三不爭：一不與俗人爭利，二不與文士爭名，三不與無謂人爭閒氣」，其實他爭的東西可多了，比如對待李鴻章，幾乎事事都要與他爭鋒相對，其實，他的勇於任事，敢為天下先也是一種「爭」；督任兩廣時，為籌集款項，張之洞竟開「闈姓」之賭，從中抽取捐稅百萬兩，用於修復黃浦船塢、建造巡河炮輪、訂購布機等，但開賭無疑使得兩廣賭風愈甚，風氣愈加敗壞；他在《勸學篇》中將社會變革圈定在形而下的器物層面，當八國聯軍入侵之後，嚴峻的現實使他深深認識到，如果再不厲行變法，比維新派更為激進的革命黨起，大清將面臨皇位不保之危局，於是，張之洞又力促清廷實行君主立憲……

於是，關於張之洞的定論，便有兩種截然不同的評價，有人說他是反對洋務的清流派，更多的人則將他定位於後期洋務派領袖，所謂「洋務派殿軍」是也；有人說他是頑固守舊之人，也有人說他是改革變法之新人；有人罵他是清政府忠實的「走狗」，更多的則說他是清王朝的掘墓人……其實，以上所言皆為事實，張之洞就是這樣一位集新與舊、西與中、洋務與清流、改革與保守、開放與頑固等多重矛盾於一身的時代風雲人物。他剛剛去世兩天，《時報》便有一篇文章寫道：「張之洞之得名也，以其先人而新，後人而舊。十年前之談新政者，孰不曰張之洞、張之洞哉；近年來之守舊見者，又孰不與曰張之洞、張之洞哉。以一人而得新、舊之名，不可謂非中國之人望也。」近年出版的《張之洞幕府》一書，更是相當精闢地概括道：「他的人格特徵是政治上忠君，事業上趨新，文化和倫理上戀舊，趨新與戀舊的矛盾心態伴隨他的一生。」

關於張之洞的評說，人們自可從不同角度，懷著不同感情，見仁見智。而他對中國歷史巨大而深遠的影響，則是誰也不容否認的客觀事實。

張之洞自一九〇七年離鄂進京，武漢乃至湖北的近代化勢頭就開始下降了。封建人治的一個最大特點，就是人存政興、人走茶涼、人亡政息。然而，張之洞所開創的新政事業已在武漢紮下根來，雖緩慢卻執著地從根本上改變這塊古老、傳統而板結的土地。湖北新政從經濟、軍事到教育的整體性改造，必然滲入上層建築，導致湖北地區文化思想的逸軌；這種脫離傳統慣性軌道的先進文化思想又反過來作用於廣大社會，誘發社會各階層的裂變；因分裂變化而出的紳士、商人、學生、官兵聯合形成一股勢力強大的力量，他們一致要求沖決封建專制的羅網。因此，辛亥革命的種子只有在武漢，才能找到最為適宜生存、發展的土壤。乾柴遇上火苗，頓時熊熊燃燒，辛亥革命就這樣順理成章地在武漢爆發了。烈火隨即席捲、蔓延開來，一時間火光沖天，燃遍全國……湖北新軍在這場推翻兩千多年封建皇權的鬥爭中充當了直接掘墓人的角色。如果沒有這樣一支新型的武裝力量打響起義第一槍，然後以其強大的實力在張之洞的得意門生黃興的率領下與北洋清軍抗衡鏖戰，革命火焰不僅難以點燃，即使燃燒，也極有可能在短時間內被反動勢力殘酷撲滅。因此，只要提及武昌首義，提及辛亥革命的成功，人們總要「吃水不忘挖井人」地念叨張之洞幾句，說他是「種瓜得豆」，事與願違。從進入翰林院的那一天起，張之洞就開始進行著挽救清廷命運的努力，並將個人才幹發揮到了一種少有的極致。比如編練新軍，他的最初之意，在於抵禦外侮，維護清朝統治，而實際效果則是加速清廷的覆亡。孫中山對此意味深長地說道：「以南皮（即張之洞）造成楚材，顛覆滿祚，可謂為不言革命之革命家。」武漢當時一首流行的道情曲更是風趣十足地唱道：「笑，笑，笑，笑那孤忠自矢的老香濤（張之洞字香濤），把滿清的鐵桶江山斷送了。你為甚廢綠營多把漢兵招？你為甚辦鐵廠多把洋槍造？你為甚停科舉打破讀書牢？你為甚興學堂聘請洋人教？只弄得晨鐘暮鼓連城動，美雨歐風匝地高，種下了革命根苗。」

湖北新軍能夠立下顛覆滿清的不朽功勳，實與張之洞的「清流」人格密不可分。張之洞為官一方，從不培植黨羽。他訓練軍隊，也從未想過要將其練成一支屬於私人的「張家軍」，從而擁兵自重。他在山西即開始籌辦練軍，在廣州建廣勝軍，在兩江編自強軍，在湖北練新軍，全是人一離任，軍權即行拱手交出，這也是他與近代其他軍閥的本質區別，襯托出他的高風亮節。此外，他對新軍中的革命思想也未加嚴格限制，於會黨成員也未大肆搜捕鎮壓，只要你不鬧騰得那麼過分，他基本上是睜一隻眼閉一隻眼。對於那些「露出馬腳」的革命黨人，一般開除了事，並不嚴加深究。哪怕鎮壓威脅清廷統治的「自立軍」，「揮淚」殺掉曾是他兩湖書院學生的首領唐才常，也沒有擴大範圍，只是遏住勢頭，盡可能地做到「內部消化處理」。

張之洞對後世產生的深遠影響，還有他闡述總結的「中體西用」說。這一治標不治本的學說之所以至今「陰魂」不散，自然有功於張之洞的極力鼓吹與系統闡述。他此後的思想雖有所推進提高，明確鼓吹君主立憲，從社會制度、政治思想等方面改造社會，可後人記住、倡導、發揮的，仍停留於他在《勸學篇》裡的「中體西用」說。這並非張之洞之過，只怪我們幾千年傳統文明中的民主因子過於稀少，自由空氣過於稀薄，而腳下這塊土壤中的封建汁液又過於濃稠。

其實，哪怕他曾經有過的失誤，其中也蘊含許多值得吸取的經驗與教訓，於今天的改革開放與經濟建設而言，是一筆不可小覷的寶貴財富。

張之洞在創建、開辦漢陽鐵廠時，以長官意志瞎指揮，嚴重違反經濟規律與經營法則。比如在沒有對湖北地區的煤、鐵資源進行勘定、檢驗的情況下，以為「中國之大，何所不有」，便想當然地訂購貝色麻煉鋼爐。等到鋼爐運到，發現大冶鐵礦的礦石含量並不適用，只得重購相應的煉鋼新爐。煉鋼得有大量煤炭供應作保證，張之洞派人四處勘探，幾經周折，選定大冶王三石與江夏馬鞍山兩處投資開掘。結果大冶王三石挖出大水，只好停工；而馬鞍山生產的煤含硫磺過多，不適於煉焦之用，且產量也十分有限；最後只好購買距離甚遠的開平之煤，甚至從英、德等西方國家進口焦炭。漢陽鐵廠在選址上，按常規應選在與原料產地大冶鐵礦毗鄰的黃石石灰窯一帶。張之洞為便於控制，竟將鐵廠廠址選在漢陽龜山腳下。不少外籍專家直言相勸，張之洞不禁大動肝火，依然固執己見，我行我素，使得煉鋼成本大增，僅運費一項就不知要白白浪費多少。在管理方面，漢陽鐵廠也是弊病叢生，漏洞百出。工廠猶如衙門，裙帶之風盛行，冗員充斥，辦事相互推諉，效率極其低下。最為可恨的是這些對近代化工廠管理一竅不通的官員，於中飽私囊卻能「無師自通」地承襲傳統陋習。據有關資料記載，漢陽鐵廠官辦期間共計耗費白銀五百六十多萬兩，而真正用於生產的只二百多萬兩。也就是說，大部分投資都被這些蛀蟲們給貪污了。因此，漢陽鐵廠只要開工生產，每天都得虧本：「如每日冶爐化出生鐵一百噸，將虧本銀二千兩，是冶爐多煽一日，即多虧本一日。」後來實在難以為繼，張之洞才極不情願地「拱手相讓」，將漢陽鐵廠交給盛宣懷，改官辦為官督商辦。兩年後漢冶萍公司成立，督辦名義完全取消，漢陽鐵廠成為純粹的商辦企業……

張之洞在臨終前不久，還有意無意間做了一件蛀空清廷、影響中國近代勢力格局的大事。

光緒、慈禧先後撒手歸西，清廷大權落入攝政王載灃之手。因為昔日的多重積怨，載灃掌權後的第一件事，就是要殺掉袁世凱。張之洞力陳載灃與隆裕太后不可：「主幼時危，未可遽戮大臣，動搖社稷。可否罷斥驅逐出京？」加上載灃擔心袁世凱訓練的北洋軍隊鬧事，外國列強干涉，漢族官員惶恐自危，最終採納了張之洞的建議，以「回籍養痾」為名，罷黜出京，放歸河南。如果沒有張之洞的極力勸阻，一個袁世凱，殺了就殺了，也不至於因此而掀起什麼「滔天巨浪」。那麼日後就不會有袁世凱逼迫清帝退位，更不會有他的「八十三天皇帝夢」，一部中國近代史，可真的就要重新改寫了。

張之洞在鴉片戰爭爆發前三年出生，他死後僅僅兩年，大清王朝就在武昌首義的槍聲中收煞，黯然退出歷史舞台。在清廷走向覆亡的最後四十年風雨飄搖中，張之洞在政治、經濟、軍事、交通、教育、外交等各個領域的作用幾乎無處不在，無時不有，無事不與。他的一生，不僅與晚清相始終，也是一部飽含血淚、頑強抗爭、昂揚奮進的中國近代史的縮影與象徵。

5.嚴復：弱肉強食的危機與適者生存的圖強

林紓所能擔當的，僅僅是一個翻譯家的角色而已。「藥治不了的，用鐵。鐵治不了的，用火。」只有嚴復，才將西學變成了照亮古老中國沉沉黑夜的沖天火炬。

一

嚴復出生於一個中醫世家，曾祖父嚴煥然曾是一名舉人，祖父、父親雖以行醫為業，但都有著較深的國學造詣。也許是對自己的棄儒從醫心有不甘，父親嚴振先對嚴復寄予殷切厚望，希望他在中國古代知識分子千百年來一以貫之的科舉軌道上能夠順利地博取功名、光宗耀祖。於是，七歲時將嚴復送入私塾，為求良師，先後輾轉多處。後又延請同邑黃宗彝開設家塾，專為他一人授課。作為一名當地頗負盛名的宿儒，黃宗彝淵博的學識、開闊的視野、士人的品格對兒時的嚴復產生了深刻的影響。如果不出意外，以嚴復的聰穎勤奮，考秀才，中舉人，升進士，博個一官半職，應該不成什麼問題。最不濟的情形，大不了什麼也考不上，那就子從父業，開家藥鋪接納病人，或是背個藥箱四處問診，像他父親一樣，成為一名醫術高明、經驗豐富、聞名遐邇的傳統中醫。

然而，一根看不見的命運「魔棒」，彷彿不經意似地在嚴復頭頂稍稍一點，他的人生之路，就此來了個意想不到的「急轉彎」。

一八六六年八月，父親嚴振先在福州南台蒼霞洲行醫搶救霍亂病人時，不幸染上瘟疫，突然撒手人寰。嚴振先平時積善好德，對許多前來就醫的窮人不收診費，加上嗜賭如命，結果病逝之後，家裡窮得連殯葬費也拿不出。還是以前那些受過恩惠的病人送些香火錢，大夥七拼八湊，好歹辦了一個葬禮，這才得以入土為安。

面對父親病逝這一突如其來的災難與打擊，年僅十二歲的嚴復束手無策，不由得悲痛而無奈地歎道：「肩不能挑，手不能執，奈何？奈何？」是的，家裡的支柱轟然傾塌，唯一的經濟來源失去，嚴復不僅無法繼續求學，而且五位家人，包括他、母親陳氏、剛娶的妻子王氏、兩個幼小的妹妹，就連生計也成了問題。於是，全家不得不離開省垣，搬回距蒼霞洲十多公里的祖居——侯官縣陽歧村大夫第，分得兩間房屋棲身，靠母親與妻子替人做些女紅勉強度日。

不能繼續延聘塾師，也就意味著斷了科舉求仕之途。年少的嚴復，不得不尋求新的進取之路，並且作為家裡唯一的男子漢，還得挑起養家餬口的重任。正當他茫然四顧，急欲尋找出路以擺脫艱難困境時，適逢福州船政學堂招收公費生，學費、住宿費、伙食費全免不說，每月還發放四兩銀子，另外學堂三月一考，成績一等者可獲獎金十元。既可繼續求學，又可領取補貼，成績優秀還能獲得額外獎勵用以解決家庭生計，這樣的好事，真是打著燈籠也難尋。嚴復得知消息，幾乎沒有半點猶豫地決定報考。

福州船政學堂，原為閩浙總督左宗棠著手創辦的由鐵廠、船廠、學堂組成的福州船政局的一部分，也是中國海軍之萌芽。左宗棠不久外調，舉薦正在福州老家因母喪守制的前江西巡撫、林則徐女婿沈葆楨接任船政大臣。主考官沈葆楨正值喪親丁憂，擬定的的考題便與父母孝道有關——大孝終身慕父母論。剛剛經受喪父之痛的嚴復提筆寫來，不覺情真意切，加之較好的國學功底，文章寫得情文並茂，十分感人。沈葆楨閱後大為讚賞，嚴復以第一名的優異成績錄取入學。

一八六六年，沉重的國門在迫不得已的情形下剛剛拉開一條縫隙，時人對國家的前途與民族的危亡並無緊迫之感，對洋務、船政、科學並無多少認識，也不想作更多的瞭解。在國人特別是傳統知識分子眼裡，唯有科舉，才是升官發跡、光宗耀祖之正道。哪怕有著相當優厚的條件，前來報考船政學堂的學生並不多。嚴復如果不是出於家庭變故及生活所迫，肯定也不會前來應試，恐怕這一招生信息，都難以進入他的視野。神秘的命運之手，就這樣通過父親病故這一偶然事件，徹底改變了嚴復的人生之路。

福州船政學堂作為晚清海軍人才成長的搖籃，設有前學堂與後學堂，前學堂開設輪船修理製造，培養造船人才；後學堂學習輪船駕駛技術，造就航海人才。嚴復上的是後學堂，學習英文、算術、幾何、代數、水重學、電磁學、光學、音學、熱學、地質學、天文學、航海術等課程。學堂雇募洋教習，管理、考試、獎懲相當嚴格。這與嚴復從前接受的傳統私塾教育不僅形式有別，而且內容全為當時國人所不知曉的西方自然科學。五年船政學堂學習生活，展現在嚴復眼前的，是嶄新的學問與廣闊的天地。十二歲至十七歲，正是人生初步定型的重要時期，嚴復資質聰穎，加之父親之死所受世態炎涼的刺激，因此學習特別用功，每次考試都名列前茅。在與傳統國學的對比中，嚴復經受西方文化的洗禮，由驚奇仰慕到學習吸收，對西方社會的先進文明，有了初步的瞭解與認識。

一八七七年三月三十一日，嚴復作為清政府派遣的第一批歐洲留學生，從福州馬尾港出發，前往英國學習。同行的有劉步蟾、薩鎮冰、林永升、方伯謙、葉祖珪、林泰曾、何心川、黃建勳、蔣超英、羅豐祿、林穎啟、江懋祉等十二人，他們都是馬尾船政學堂後學堂的優秀畢業生。

一八七七年九月，嚴復、方伯謙、何心川、林永升、葉祖珪、薩鎮冰等六人通過考試，進入英國皇家海軍學院深造。一八七八年六月，他們以優異的成績結束課堂學習，所不同的是，方伯謙、何心川、林永升、葉祖珪、薩鎮冰等五人上英國軍艦學習，嚴復則另外安排在格林威治皇家海軍學院（The Royal Naval College, Greenwich）再學習一個學期，以便回國後勝任海軍教職。將嚴復確定為教職人選，自然是他平時成績優異與表現突出的緣故，也與一個重要人物——郭嵩燾的極力推薦密不可分。

嚴復敏銳的思想與廣博的才學，深得清廷第一任駐英大使郭嵩燾的器重。兩人雖然年齡相差懸殊，但在許多問題上卻有著相同的見解，於是，他們很快成了一對來往密切的忘年交，在心靈深處將對方引為知己與知音。郭嵩燾去歐洲各地訪問時，也將嚴復帶在身邊，使得他有機會見識了巴黎天文台、下水道、羅浮宮、凡爾賽議政院、萬國博覽會等許多歐洲文化結晶。郭嵩燾思想深邃，對洋務派僅將「船堅炮利」視為國家強盛之途深感懷疑，認為只有掌握西方的政治、經濟、文化、教育，才是真正的強國之本。這種獨到的見解，在當時來說可謂鳳毛麟角。正是基於這樣的認識，郭嵩燾從西洋國家「君民兼主國政」的民主政治優越性出發，批評中國兩千多年的封建專制；第一個對中西哲學思想、政治倫理觀念進行比較研究；針對歐洲教育對社會發展所起的關鍵作用，力言教育為急務，主張多派留學生，大規模學習西方……郭嵩燾的這些「超前」思想，在鐵板一塊的封建專制統治下，自然難以引起共鳴，也無法得到統治者的採納，但它們卻深深地感染了嚴復，潛移默化地融入他的靈魂與血肉之中。

擔任海軍學堂教習、從事海防教育、培養海軍人才這一安排，對嚴復日後的發展至關重要。這既決定了他將繼續學習更為精深的海軍專業知識，也為他進一步觀察西方社會，研究西方社會科學提供了便利與可能。如果嚴復像其他同學那樣成為一名出色的海軍指揮官，駕駛戰艦馳騁在遼闊而蔚藍的海洋，日後將不可能從事理論研究，大規模地翻譯、傳播西學；並且在晚清腐朽的體制束縛下，不論個體生命如何卓越，也難有大的作為，等待著嚴復的，必將是與其他同學類似的悲慘結局——甲午海戰中要麼戰死海疆英勇殉國，要麼投降日軍終生羞辱。

在留英的兩年多時間裡，嚴復一直研習閱讀。享有世界聲譽的近代思想家大多集中在英國，法國著名思想家的主要著作也有英譯本，嚴復後來翻譯，在論著、演講中提及的眾多英文著作，當時多已出版。他經常穿著格林威治皇家海軍學院的學生服，在圖書館埋頭苦讀，廣泛涉獵社會科學，研讀了大量對西方社會、文化、制度產生過重要影響的人文著作，傾心於亞當・斯密（Adam Smith, 1723-1790）、孟德斯鳩、盧梭、邊沁（Jeremy Bentham, 1748-1832）、穆勒（James Mill, 1773-1836）、達爾文、赫胥黎（Thomas Henry Huxley, 1825-1895）、斯賓塞（Herbert Spencer, 1820-1903）等人的理論學說。

二

嚴復留學歸來，先在母校福州船政學堂當教習，次年調入李鴻章創辦的另一所海軍學校——北洋水師學堂擔任總教習（即教務長），後出任該校校長。

此時的嚴復，可以稱得上是一名西方文化的飽學之士，無論自然科學，還是社會科學，都達到了時人難以企及的高度。然而，嚴復對科舉卻情有獨鍾，兒時的傳統教育及古老中國的社會氛圍都希望嚴復對自己、對家人、對祖宗有一個交代與「說法」。這種交代與「說法」，千百年來似乎只有一途，那就是通過科舉考試，獲得升官晉爵的資本，進入士大夫階層。雖然長期浸潤在西方文化之中，可受傳統文化的誘惑與制約，嚴復也未能免俗，他的內心深處，急切渴望得到這種社會與世俗的承認與肯定。

一八八五年，堂堂的天津北洋水師學堂總教習嚴復跑回福建參加「鄉試」。這一舉止在後人看來似乎滑稽可笑，但嚴復卻是認真而虔誠的，並且充滿深深的期望，可等待著他的結果，卻是落選！只有「鄉試」考中舉人，才有資格參加「會試」；連個舉人也考不上，自然與進士無緣，離閃耀著七彩光環的什麼「狀元」、「榜眼」、「探花」之類，就更是遙不可及了。

落第後的嚴復仍回天津北洋水師學堂任職。當時的他，肯定有點灰溜溜的味道，並且十分地失望與鬱悶，常常借酒澆愁。但是，對於科舉正途，嚴復並未絕望。科舉落第並不是一件怎麼丟人現眼的事情，不少學子七老八十了還汲汲奔走於考場，而一旦高中，則頓時身價十倍。總教習也好，校長也罷，畢竟算不得一員正兒八經的朝廷官員，難以進入封建統治機構的運轉軌道。嚴復雖然裝了滿肚子的「洋墨水」，但在「官本位」的封建專制社會裡，沒有一官半職，就「人微言輕」，遭人蔑視。於是，他更加發憤研習八股文，從西學轉回早期的傳統國學，大有不中不仕，絕不罷休之勢。無奈天不遂人願，第二次赴北京參加「順天」考試，第三次回福建鄉試，都以落第而告終。

四十歲時，嚴復經海軍保薦「免選知府，以道員選用」。知府為四品官員，道員比知府高半個級別，屬正四品。頗具諷刺意味的是，已是道員身分的嚴復仍因未能獲取正式功名而深感不安，又一次跑回福建參加鄉試，結果仍然落選。堂堂北洋水師學堂校長，中西文化的飽學之士，連一個舉人都無法考中，這既是嚴復的悲哀，更是封建社會取仕的悲哀，也從一個側面說明傳統的科舉制度已是窮途末路，走到了它的終點。

嚴復四次落第，還會繼續參加第五次、第六次乃至更多次的科舉考試嗎？難說得很。然而，一件改變中國歷史發展進程的事件徹底打碎了嚴復的「科舉夢」——就在他參加第四次科舉考試的第二年，中日甲午戰爭爆發了。泱泱大清帝國，竟然敗於蕞爾島國日本之手。北洋艦隊全軍覆沒，中國陸軍一敗再敗，日軍直逼京畿，不知所措的清廷不得不派李鴻章赴日簽訂《馬關條約》，承認日本對朝鮮的控制，割讓遼東半島、台灣全島、澎湖列島，賠償軍費二億三千萬兩，開放沙市、重慶、蘇州、杭州為商埠，允許日本在中國通商口岸開設工廠。

如果說敗於英國、法國等西方列強之手尚能讓人繼續「優哉游哉」，而此次，竟然敗於昔日的學生，且人口、領土與清朝簡直不成比例的小小日本，這無疑於扯掉了所謂天朝大國的最後一塊「遮羞布」，國人不禁目瞪口呆，實在難以接受這一無可挽回的敗北事實。如果說戰爭本身給國人造成的只是痛苦折磨的心理傷害，而《馬關條約》帶來的則是欺人太甚、迫在眉睫的生存危機。兩次鴉片戰爭的失敗也只是割讓了當時國人並不知其地理位置在哪裡的小小香港與九龍，賠款也不是太多；而《馬關條約》一下子就割去一個台灣，且賠款二億三千萬兩，簡直就是一筆天文數字了！亡國亡種的危機，比以往任何時候都來得緊迫而強烈，每一個關心國事、富有良知的中國人心頭，都懸著一把達摩克里斯利劍（Sword of Damocles）。

面對甲午海戰的徹底失敗，嚴復比他人有著更為深刻的切膚之痛。壯烈殉國的「致遠」號管帶鄧世昌、「超遠」號管帶黃建勳、「經遠」號管帶林永升、「揚威」號管帶林履中，悲憤自殺的「鎮遠」號管帶林泰曾、「定遠」號管帶劉步蟾以及因「臨陣退縮」罪而斬首正法的「濟遠」號管帶方伯謙，全是福州船政學堂培養出來的一代優秀海軍將領，其中大多與嚴復一同留學英國，卻在甲午海戰中如流星般隕落了。

甲午一戰，嚴復任教的北洋水師學堂也有不少學生戰死海疆。皮之不存，毛將焉附？既然北洋海軍全軍覆沒，為其培養人才的北洋水師學堂將不復存在。不唯北洋水師學堂，就連洋務派苦心經營長達三十年之久的自強事業，也因此而毀於一旦。甲午之戰震醒了國人自我沉醉的天朝大國迷夢，更是驚醒了嚴復的「科舉夢」。他為民族的命運、國家的前途不禁憂心忡忡，一股強烈的悲憤積鬱於胸，不吐不快。於是，沉下心來伏案疾書，在短短的時間內連續創作、發表了〈論世變之亟〉、〈原強〉、〈闢韓〉、〈救亡決論〉等四篇極具影響力的論文。

在這些文章中，嚴復批判韓愈的「君權神授」論、「聖人創世說」，介紹達爾文的「進化論」以及斯賓塞的社會學原理，提倡「自由、平等」觀念，闡述「鼓民力、開民智、新民德」的自強原則，要求引進西學，創立議院，希望通過符合國情的漸進變法，成為英國資本主義式的君主立憲國家。特別值得一提的是，他在〈救亡決論〉中，對科舉制度來了個一百八十度的大轉變，由汲汲以求一變而為猛烈抨擊，視「六經五子」（「六經」指孔子之學；「五子」指理學家周敦頤、程顥、程頤、張載、朱熹）為「華風之敝」的根源，剖析「八股」摧殘人才的三大害處：錮智慧、壞心術、滋遊手；提出「如今中國不變法則必亡，然則變將何先？曰：莫亟於廢八股」；由自身的感受與認識，嚴復將廢除科舉八股制度視為國家變法維新的第一件頭等大事。

四篇擲地有聲的文章如同一齣大戲、好戲的序幕，開啟了嚴復「盜取」西方文明「火種」，「煮」華夏民族之「肉」，以達強國富民之效的翻譯、啟蒙偉業——馬上著手翻譯《天演論》。

《天演論》為英國生物學家、哲學家赫胥黎一八九三年在牛津大學的一部講稿，原名《進化論與倫理學》（*Evolution and Ethics*），內容相當深奧。為便於讀者閱讀理解，赫胥黎又補寫了一篇導言介紹該書內容。赫胥黎是達爾文的朋友，達爾文的進化論為生物學上具有劃時代意義的偉大貢獻，被恩格斯（Friedrich Engels, 1820-1895）譽為十九世紀自然科學的三大發現之一（另兩大發現為能量守恆與轉換定律以及細胞學說）。赫胥黎對達爾文的進化論特別推崇，不遺餘力地加以介紹、傳播。

嚴復沒有直接翻譯《物種起源》（*The Origin of Species*），而是以間接的方式通過譯介赫胥黎而宣傳達爾文的進化主張，是因為赫胥黎在講稿中以達爾文學說為基礎，指出生物從古至今，都在發展變化，這種變化緣於「物競」與「天擇」，並將達爾文的進化論由有機界、自然界、生物界推而廣之，認為弱肉強食的動植物法則也是人類社會的真實寫照。

面對列強瓜分、亡種亡國之危局，清廷尚未真正覺醒。「物競天擇，適者生存」，強者、智者自能生存，弱者、愚者必遭淘汰，這是中國古籍聞所未聞、見所未見的「進化公理」。嚴復翻譯、介紹《天演論》的目的，就是要棒喝、警告晚清當局，喚醒廣大民眾，以求上下一心，奮力抗爭，救亡圖存，保種救國。

《天演論》名為翻譯，實為著述。嚴復選取赫胥黎《進化論與倫理學》一書中的序論、本論兩篇，意譯其主要內容，並依據中國國情、傳統文化及個人識見予以取捨，但凡原文與自己觀點不同之處，嚴復或加案語予以反駁，或按己意進行改寫，以警醒當局，力求自強。他對「天演」一詞的解釋，是指宇宙處於不斷變化的過程之中，這種變化並非簡單的「變動」，而是由單純到複雜，由流變到凝聚，由籠統混亂到定形分類。因此，《天演論》開宗明義，指出自然界及人類社會長期處於不斷發展、不斷變化的歷史進程之中，並借赫胥黎之口，批判了中國幾千年來的「退化論」、「不變論」與「循環論」。

《天演論》的主要內容是物競天擇、優勝劣敗、適者生存、合群保種、黜舊揚新、世道必進的自然與社會進化規律，這也是達爾文主義的基本內容。自然萬物存在著謀求生存的嚴酷鬥爭，人種的競爭同樣殘酷無情，即使同種之間，也存在著激烈的競爭，強者勝，劣者汰，既要保群，就要變革圖強。嚴復在譯文中，賦予古代「人定勝天」思想以新的內涵，那就是以人持天，「與天爭勝」，用以鼓舞國人奮勇前行的鬥志。

受甲午戰爭、馬關和約的強烈刺激，嚴復心中的激憤如地底奔湧的岩漿，他借翻譯西方文字找到了一個適當的突破口，「火山」終於爆發了！他邊譯邊著，只幾個月時間，很快就完成了《天演論》譯稿。根據有人發現一八九五年的刊本而論，說明《天演論》最遲已在一八九五年就已脫稿。然而，對出版之事，嚴復則十分慎重，經過多次修訂，才於一八九八年由湖北沔陽盧氏慎始基齋木刻正式出版。

《天演論》剛一印行，便如一顆威力巨大的炸彈扔進一潭死水之中，震撼了整個中國。廣大民眾，早就不滿於日漸衰微的晚清朝廷，面對一系列喪權辱國的失敗與條約，於壓抑苦悶之中，也在苦苦地尋找，以期圖強振興，一展盛唐雄風。然而，四周似乎全是關閉的門窗，只有老大帝國的腐朽彌漫空中，民眾看不到半點亮光。他們在等待，在盼望，在苦苦地尋找自強的嶄新之路。就在這時，嚴復的《天演論》問世了！它第一次掙脫了古老的「不變論」、「退化論」與「循環論」，不僅闡述了物競天擇、強國富民的「公理」，還推崇西方社會政治制度，伸張民權，提倡民主，崇尚自由，強調發展科技、教育的重要性，並涉及人口及生態變異等內容……這些從未有過的觀念，給長期封閉的古老帝國，注入了一股新鮮的空氣與強勁的活力，給傳統哲學思想帶來了一場深刻的革命，奠定了出生在十九世紀末期的一代先進中國知識分子的思想基礎，從根本上改變了國人的世界觀與方法論。作為一部劃時代的偉大作品，《天演論》成為中國近代思想轉型的一道分水嶺。此後，不論是資產階級改良派、革命派，還是激進民主主義者，幾乎都把進化論視為人類發展的普遍規律，作為他們最基本的思想武器，為民族的發展與國家的強盛注入了一股強勁的內源性動力。

康有為稱讚嚴復「譯《天演論》為中國西學第一者也」；梁啟超在《天演論》尚未出版時就借抄閱讀，當即著文宣揚，認為「進化論實取數千年舊學之根柢而摧棄之，翻新之者也」；蔡元培在《五十年來中國之哲學》中寫道：「五十年來，介紹西洋哲學的，要推侯官嚴復為第一……他譯的最早、而且在社會上最有影響的，是赫胥黎的《天演論》。自此書出後，『物競』、『爭存』、『優勝劣敗』等詞，成為人人的口頭禪」；陳獨秀在《青年》雜誌上反覆宣傳進化論，認為「優勝劣敗，理無可逃」；胡適在《四十自述》中回憶，當年求學上海澄衷學堂時，使用的教材就是嚴復的《天演論》刪節譯本，一次的作文題目也是「物競天擇，適者生存，試申其義」；魯迅對《天演論》更是愛不釋手，「一有空閒，就照例地吃侉餅、花生米、辣椒，看《天演論》」；毛澤東早年的知識結構除了私塾學習的四書五經及一些中國古代歷史人物傳記、小說，就是在新學堂裡讀到的《世界英雄豪傑傳》。他在湖南省立圖書館自學時，才較為系統地接觸西方政治學說，當時讀得最多最受啟發的，便是嚴復翻譯的西方名著……

可以毫不誇張地說，近現代幾乎所有仁人志士、愛國英雄都受過進化論的熏陶與影響。《天演論》也在出版後的十餘年間一版再版，擁有三十多個不同版本，這在當時的中國出版界，簡直就是一個奇蹟，嚴復也因此被人稱為「嚴天演」。

三

嚴復以翻譯家著稱，他翻譯的數量、品質、系統性、廣泛性及深遠影響，他人無法企及；他提出的「信、達、雅」譯書三要求，長期以來為學界所認可信奉。然而，嚴復定位並鐫刻在中國近代歷史不朽豐碑上的，卻不是翻譯家，而是「啟蒙思想家」的身分。

翻譯介紹西學者多矣，因翻譯而以啟蒙思想家享譽後世的，似乎只有嚴復一人。

嚴復之前，自明末徐光啟、李之藻介紹西方天文水利知識，到洋務派健將容閎、徐建寅等一大批知識分子翻譯西書，據有關資料統計，僅上海機器製造局歷年銷售的西書，便多達一萬一千多部。只是這些西書，少有反映西方社會政治學術理論的，絕大部分屬工藝、兵法、醫學、宗教之類。西學在這批翻譯家手中，不過是一把工匠的鑿子。他們的努力，局限於傳統的眼光與方法。就拿與嚴復屬於同一時代的著名翻譯家林紓而言，他譯過《茶花女》、《魯濱遜漂流記》、《黑奴籲天錄》等許多轟動一時的西方文學作品，據張俊才《林紓著作繫年》統計，林紓翻譯的外國文學作品，已出版者一百七十八種，未出版者十七種，北京的圖書館尚存手稿七種，共計二百零二種，被人稱為「譯界之王」。他與嚴復同為福州人，也在蒼霞洲生活、學習過，他們兩人不僅有著共同的文化背景，還是一對肝膽相照的朋友，但林紓所能擔當的，僅僅是一個翻譯家的角色而已。「藥治不了的，用鐵。鐵治不了的，用火。」只有嚴復，才將西學變成了照亮古老中國沉沉黑夜的沖天火炬。

嚴復之所以因翻譯西學而被稱為啟蒙思想家，除了譯中有著，闡發自己獨特的思想見解外，還在於譯書的選擇。他因《天演論》「一炮走紅」，爾後又繼續精進，翻譯了亞當・斯密的《原富》（*An Inquiry into the Nature and Causes of the Wealth of Nations*）、斯賓塞的《群學肄言》（*The Study of Sociology*）、穆勒的《群己權界論》（*On Liberty*）與《名學》（*A System of Logic*）、甄克思（Edward Jenks, 1861-1939）的《社會通詮》（*A History of Politics*）、孟德斯鳩的《法意》（*Spirit of Laws*）、耶方斯（William Stanley Jevons, 1835-1882）的《名學淺說》（*Primer of Logic*）、衛西琴（Alfred Westharp）的《中國教育議》（*Chinese Education Discusses*）等十多部著作。嚴復之所以選擇這些作品，一則因為它們都是西方當時最有影響、最具代表性的思想巨著，二則這些著作對改造中國社會、彌補歷史缺憾、重鑄國民性格，有著極強的針對性與現實意義。每一部譯著，嚴復都在序言與注釋中寄托自己的思想傾向與政治態度，「致力於譯述以警世」。嚴復翻譯《原富》的動機，是希望中國發展經濟，以達富國強民之效，針對中國專制集權泯滅個性的傳統，再三強調國家的富強只有解放個體，通過個人的活力與能力才能達到；中國缺少法治，以道德倫理為社會基礎，於是，嚴復翻譯《法意》一書，向國人介紹西方的法律制度與觀念，宣傳自由平等、法治民主，並將民主政治視為人類社會發展的制高點；嚴復看到，在西方科學取得巨大成就的背後，蘊藏著深厚的邏輯學基礎，正如培根（Francis Bacon, 1561-1626）所言，邏輯學「為一切法之法，一切學之學」，而中國思想重視經驗，相信先驗，崇奉直覺，卻長期缺失邏輯學說，為此，嚴復翻譯《名學》（即《邏輯學》）一書，成立了近代中國第一個名學會，力圖用邏輯學救殘補缺。作為中國第一個系統介紹西方邏輯思想（主要是形式邏輯）的學者，嚴復從邏輯方法論的角度對中國古代舊學進行反思，對中西邏輯學進行比較，為後人對中西邏輯學說的分析研究開了先河……

嚴復的譯著涉及哲學、經濟學、教育學、社會學、法學等領域，成為完整地將西方哲學與科學方法論介紹到中國的第一人，開創了建立在西方自然科學基礎之上的中國近代思想革命的新紀元，成為「向西方尋找真理的代表人物」。在這些譯著的序言、按語及注釋中，嚴復認為中國落後之因，在於傳統文化阻礙了歷史的進化與發展，只有注入並接受西方知識，國民才能擺脫受苦受難的無知狀態，國家才能走向民主、繁榮與富強。嚴復所有譯著的字裡行間，全都透出一股濃厚而強烈的「全盤西化」傾向。

嚴復的翻譯事業中，一個至今並未引起我們足夠重視的社會現象，那就是自《天演論》轟動一時之後，他的其他譯著，就品質而言，自然是一部勝過一部，但其影響似乎呈遞減趨勢，一部不如一部，一部弱於一部。人們提起嚴復，論及他的翻譯，似乎僅只一部《天演論》，於後面的其他重要譯著，總是有意無意地略而不談、避而不論。其實，《天演論》所提供的不過是一種籠而統之的進化論原理與社會價值觀，而《法意》、《名學》、《原富》、《中國教育議》等，才是徹底改變中國社會的具體路徑。就當時的緊迫的社會形勢而言，救亡壓倒了啟蒙，人們局限於某種激昂的情緒，未能進行腳踏實地、認真細緻的社會改造與建設工作，啟蒙思想也有待於繼續深入、廣泛傳播。

日本也在十九世紀中葉被美國培里（Matthew Calbraith Perry, 1794-1858）的艦隊叩開國門，也曾將嚴復翻譯的這些西方名著譯介到國內，但其影響卻截然有別。日本順應時勢，成功地開展明治維新運動，使得西方思想文明與物質文明一同順利進入日本，國力頓時大增，也就少了亡國滅種的切膚之痛，因此，進化論在日本並未引起猶如中國類似的轟動效應。而日本啟蒙學者中村正直翻譯的約翰·穆勒名著《自由之理》（嚴復譯《群己權界論》），卻受到知識界特別是青年人的熱烈歡迎，「當時知識青年幾乎人手一冊」。《自由之理》動搖了日本舊的思想規範，傳播了反封建專制、倡民主政治的思想，「將世人從蒙昧中喚醒」，為日本全國性的自由民權運動之先聲。而嚴復翻譯的同一著作，在中國「卻非常遺憾地毫無反響」，正如李澤厚先生在《中國近代思想史論·論嚴復》中所言：「在廣大農村小生產的社會基礎和農民革命為實質的中國近代，這種微弱的資產階級自由主義的理想和要求，根本得不到任何力量的支持，只好消失在漫漫長夜了，連思想領域內的影響也微不足道。」《原富》、《法意》、《名學》等巨著的遭遇也相差無幾，書中所倡導的西方民主政治思想及實踐，在中國「沒有任何可以稱道的社會力量作依靠」，也就免不了沉寂落寞的命運。

嚴復翻譯《天演論》，很大程度上出於悲憤、危機、責任與緊迫，根本就沒有想到出版後會產生如此巨大的反響。於是，他一鼓作氣，賈勇而進，希冀以西方文明對中國社會進行系統而徹底的改造，雄心不謂不大。然而，現實對他的努力作出的回響，卻是無動於衷。所謂希望越大，失望也就越甚。面對自己耗費心機進行的系統改造工程所落得的寂然局面，嚴復肯定黯然神傷不已，不由得進行深刻的剖析。越反思，就越是覺得中國的歷史與現實遠非西方所能比擬——社會太複雜，文化太保守，思想太頑固，封建積澱太深厚，專制集權太殘酷，而民眾的識見又囿於沉重的歷史束縛，顯得那樣短淺而愚昧……而民主制度的施行，人民的富裕與國家的富強，只有建立在廣大民眾的覺醒，科學知識的普及，文化水準的提高等基礎之上，才有可能實現。在剖析與反思帶來的客觀與清醒中，面對幾千年封建文化的傳統與廣大民眾混沌未開的現實，嚴復不得不感歎維新變革的無望，甚至懷疑自己全身心投入其中的啟蒙工作有何價值與意義。

置身古老的中華大地，誰也不能擺脫歷史、超脫現實，更不可能變更基因、改換血統。看似熊熊燃燒的啟蒙火焰，不期然而然地遭遇到一場場狂風暴雨，團團陰濕與彌漫而嗆人的青煙阻隔了嚴復與歷史的深度推進。於是，社會的改造，賁張的血脈，只能幾千年一以貫之地局限於循環的表面與淺層。

一百多年過去了，中華民族不再有亡國亡種之虞，加之嚴復當年翻譯《天演論》時，用的是文言，雖則精粹典雅、聲韻鏗鏘，但作為一種不再通用的文字，今天的讀者已不易讀懂，即使能夠讀懂，也頗費力氣，難以通讀。於是，《天演論》離我們似乎已經十分遙遠了。然而，只要我們回首歷史，就不能不正視《天演論》曾經捲起的巨大風暴，曾在華夏大地留下的深深印痕。如果沒有《天演論》問世，沒有新的思想觀念作指導，沒有一批批熱血志士的奮鬥，今日之中國，也許早就被列強瓜分得四分五裂了。而《天演論》中的「物競天擇，適者生存」等主要思想，不論何時何地，也不會過時。中華民族如果不思上進，不圖富強，不競爭不求勝，隨時都有被開除「球籍」的危險。

四

在英國皇家海軍學院學習期間，一件事對嚴復的刺激很大。

那天上課，教師帶領全班幾十個學生練習挖土築壘——按照有關規定，必須在一小時之內，築成一個深入地面三尺、能夠屏身自蔽的堞形掩體。到達目的地後，大家身穿短衣一字排開，但見一聲令下，包括教師在內，全都揮動鐵鍬，開始一個勁地挖掘。大夥兒較著一股勁，誰也不願落後。一個小時很快就到了，教師所築掩體已按要求順利完成，其他英國同學挖了一半，唯有嚴復等六名中國學生挖得最少，並且早已累得氣喘吁吁、筋疲力竭。

年輕的嚴復，由此認識到中國人與歐洲人在身體素質方面的差異。這種差異既有遺傳因素，但更多的則是後天形成，與西人從小注重體育鍛煉、合理的飲食結構及良好的生活習慣密不可分。

由身體素質的比較，引發了嚴復對中西社會、制度的思考。讀書之餘，他經常到格林威治的大街小巷認真觀察。高聳的建築，潔淨的街道，各種設施齊全的公共服務體系，英國市民生活其中，嚴謹的秩序裡分明透著一股向上的活力。這與當時中國農村及城市的貧窮、骯髒、混亂景象，形成一種強烈的對比與反差。中華民族不是有著幾千年的文明歷史與傳統麼？為何連一個此前我們從未放在眼裡的小小「英夷」也不如？不僅是不如，而是相差甚遠啊！怎麼會出現這種情形呢？嚴復認為問題的關鍵，在於政治制度的不同——中國實行的是專制統治，英國屬立憲政體。專制政治摒棄廣大民眾參政議政，老百姓只是官僚機構的苦力與工具，他們漠然政治，遠離時事，「事不關己，高高掛起」，上下離心，政治因此變得越來越糟糕。而西洋各國的立憲政治、民主政治，上有議會代表之制，下有地方自治之規，官民一體，齊心協力，「和同為治，於以合億兆之私以為公」。兩種體制，孰優孰劣，立時可判。

與此同時，嚴復還經常到英國法庭參觀瞭解，每每看到庭審時的精彩辯論，想到中國縣官老爺升堂辦案，所謂一言九鼎的弊端，他就感到深深地不安，喟然長歎不已。由英國的律師辯護、陪審制度等司法審判程序，嚴復漸漸悟出良好的法制，也是西方各國繁榮富強之由。

一番長期觀察，苦苦思索，嚴復從歷史觀、倫理觀、政治觀、民俗觀、學術觀、自然觀等諸多方面對中西文化進行深入的研究比較，他在〈論世變之亟〉中一針見血地指出道：「中國最重三綱，而西人首明平等；中國親親，而西人尚賢；中國以孝治天下，而西人以公治天下；中國尊主，而西人隆民；中國貴一道而同風，而西人喜黨居而州處；中國多忌諱，而西人眾譏評。其於財用也，中國重節流，而西人重開源；中國追淳樸，而西人求歡虞。其接物也，中國美謙屈，而西人務發舒；中國尚節文，而西人樂簡易。其於為學也，中國誇多識，而西人尊新知。其於禍災也，中國委天數，而西人恃人力。」

認識到中西差異，洞悉到自己不足，要想圖存，唯有變法一途可取，捨此別無他法。於是，嚴復提出了「鼓民力、開民智、新民德」的著名救國理論。他認為「此三者，自強之本也」。鼓民力，就是加強民眾的體格訓練，提高國民的身體素質，首先必須做好兩件事——嚴禁鴉片、禁止纏足；所謂開民智，必須廢除八股，提倡西學；而新民德，就是要創立議院，反對專制集權，讓人民共舉國君，共商國是。只有每個人的素質提高了，主觀能動性發揮了，才有群體和國家的富強。嚴復早在十九世紀末的「以自由為體，以民主為用」等改造民族素質與社會文化機制的論斷，已經非常接近「五四」時期對西方科學與民主的認識水準了。

嚴復兼通古今、學貫中西、融會內外，又有留學英國、遊歷歐洲的親身經歷，其識見不僅遠遠超出過去的洋務派代表人物如曾國藩、李鴻章、張之洞、容閎等人，也超乎當時鼓吹西學的名流如康有為、梁啟超之上。像這樣對中國文化起著重大影響的媒介人物，古有玄奘，後有嚴復。玄奘帶來了印度文化，嚴復介紹了西方資本主義文化精義，他們兩人的一個共通之處，就是使得中國的思想文化在發展過程中，超出了原來的、固有的傳統視野，注入了新鮮的血液與強勁的活力。就連非常自負的英國駐華公使朱爾典（Sir John Newell Jordan, 1852-1925），也對嚴復敬佩有加：「像嚴先生這樣偉大精深的學者，全世界至多只有二十位。」

嚴復所置身的時代，正是風雲激盪的社會劇變時期，所謂「五千年來未有之創局」、「三千年一大變局」也。嚴復在理性上深刻地認識到西方之長，中方之短，似乎也找到了改造的良方；然而，在個人情感上，他怎麼也擺脫不了傳統文化的束縛與制約，特別是在具體操作與實踐層面，有著一種深深的依戀與認同，難以割斷與過去千絲萬縷的聯繫與紐帶。嚴復的內心，也就時時處於一種靈與肉、古與今、中與西、傳統與現代、先進與落後、光明與陰暗、激昂與消沉的矛盾衝突之中。就個體生命而言，回國後的嚴復，特別是甲午戰爭之後的嚴復，在內心不斷的痛苦撕扯與難以掙脫的怪圈中，他的日子過得並不愉快，也不滋潤，用煎熬痛苦來形容，一點也不為過。

嚴復最初對傳統四書五經的攻讀，僅為科舉作準備，回國後雖多次落第，仍樂此不疲地醉心其中，有著難以掙脫的「科舉情結」。只因身受其害，才著文予以抨擊。如果他是一名獲利者，態度又會怎樣呢?即使反戈一擊，當光緒帝採納設置經濟特科這一變相的科舉選才制後，嚴復受到幾個官員的推薦，得到皇帝的批覆，他也曾感激涕零。而經濟特科畢竟不是正兒八經的科舉，直到一九〇九年，年僅四歲的新皇宣統帝頒布一道聖旨，賜嚴復文科進士出身，伴隨他大半輩子的「科舉夢」，才在五十五歲時畫上了一個看似圓滿實則悲哀的句號。

科舉夢是嚴復一輩子揮散不去的情結，而科舉的目的就是做官。因此，嚴復對從政也有著一股內在的衝動與渴求。但其狂傲矜張的性格缺陷，阻礙了升官進取之路。他就職於北洋水師學堂，也任著一官半職，但總教習、校長等屬於「業務官員」的範疇，以中國的官本位觀念而論，不屬行政官員，就算不得真正的朝廷命官。其實，嚴復也曾有過「出人頭地」的機會，李鴻章就曾示意將他納為「弟子」，嚴復卻不屑為之。如果傍上了李鴻章這棵「大樹」，成為他的親信，不愁沒有高官厚祿。一九一〇年，清廷即將覆亡之時，大肆籠絡社會名人，海軍部這才授予嚴復一個協都統的職銜，他自是高興得不行。一九一一年，又授海軍一等參謀官，連長子嚴璩也升至二品銜高官。正因為如此，辛亥革命後，嚴復還時常懷念大清朝廷。

嚴復精通英文，但最初掌握，最能得心應手的語言卻是古文——其創作、翻譯全用文言文，並將這種古老語言的張力發揮到了一般人難以企及的高度。文言版的《天演論》初一問世，便有人作為國文範本教授學生。以至「五四」新文化運動反對八股文，提倡白話文代替文言文時，思想一直開放激進的嚴復卻無法理解，認為文言文不可廢除。文言形式在中國存活的幾千年時間裡，承載的多是儒家典籍，長期浸潤其中的嚴復對其迷戀，就不僅僅是其形式，那依附其上的內容，會不知不覺地變成他的「血肉」。

嚴復對中西兩種不同社會的本質瞭解得愈是深刻，就愈加覺得，中國封建皇權、專制愚昧的土壤經由兩千多年的傳統積澱而成，以西方引進的犁鏵徹底翻耕，使板結的土壤鬆動，播上民主、自由之種，長成蔚為壯觀的參天大樹，並非一朝一夕之功。因此之故，嚴復主張改革漸進，反對疾風驟雨式的暴力革命。他極力鼓吹英國式的君主立憲制，認為中國民眾素質太差，至少需要三十年時間的變異與同化，才能實行美國式的民主共和制。他特別強調教育的力量，民智不開，缺乏最基本的認識，缺少近代知識結構，所謂社會的發展，民主的改變，中國的進步，不過是一些空洞的口號而已。

一九〇五年，嚴復隨張翼前往英國，辦理有關收回開平礦務局事務。當時孫中山正在倫敦，得知嚴復到達，特地前來拜訪，兩人就中國社會的變革與改造有過一番探討。孫中山主張以暴力革命推翻滿清，建立一個民主自由的國家。嚴復自然也欣賞並嚮往這一美好的社會藍圖，但基於中國的現實，他說道：「以中國民品之劣，民智之卑，即有改革，害之於除於甲者將見於乙，泯於丙者將發之於丁。當今之計，唯急以教育上著手，庶幾逐漸更新乎！」嚴復對革命的實際效果抱懷疑態度，視教育為扭轉一切、改變社會的根本途徑。孫中山回道：「俟河之清，人壽幾何！君為思想家，鄙人乃實行家也。」孫中山自然也知道教育革新、提高國民素質的重要性，只是等到黃河水清，已然垂暮老矣，時不我待呀！

嚴復對當時社會湧現出來的許多新生事物都持一種懷疑的態度，比如男女平權，婦女解放，結婚自由，他就不能接受。尊重婦女、一夫一妻、自由婚姻是西方社會倫理的重要基石，嚴復親眼目睹西方文明並陶醉其中，曾提出過解決中國人口過剩的辦法，其中之一就是改革家庭婚姻制度，如早婚多妻及媒妁婚姻等。然而，嚴復說的是一回事，做的又是另一碼事，語言與實踐嚴重脫節。他一生娶過三個妻子，原配王夫人，小妾江鶯娘，繼室朱明麗，典型的一夫多妻式；對自己的子女也取傳統的「父母之命，媒妁之言」，致使長子、三子因包辦婚姻而陷入終生痛苦。

嚴復深諳西方文明，又以科學知識為本致力於國民教育，卻留有一片心靈空間，默默地容納著冥冥之中的神靈及神秘物事。嚴復晚年深受疾病，特別是久治不癒的氣喘病所困擾，他一邊延請美國醫生治病，一邊進行扶乩、占卜、問卦等迷信活動，讓兒子前往位於祖籍陽歧的尚書廟請丹畫符。

嚴復曾大聲疾呼禁食鴉片，頗具諷刺意味的是，這一點連他本人也沒有做到。他在執教北洋水師學堂時染上毒癮，李鴻章為此嚴厲告誡道：「汝如此人才，吃煙豈不可惜？此後當體吾意，想出法子革去。」嚴復也曾多次痛下決心戒煙，總是時斷時續。有一次還請了一位號稱「戒煙聖手」的醫生，為他開出戒煙藥方，嚴復吃後，第一次獲得成功。但好景不長，僅幾天後就故態復萌。直至逝世，嚴復基本沒有中斷鴉片，並且對鴉片的品質十分挑剔，市面上三元一兩的便宜貨根本看不上眼。這種難以根除的煙癮，可能與其身體狀況有著一定的關聯，嚴復一直患有咳嗽、跳筋、失眠等毛病，只有借助鴉片，為疾病所困擾的痛苦才有所緩解。而由此造成的惡性循環也十分明顯，嗜好鴉片又反過來加重咳嗽等病症，特別是後來染上的肺炎，便由吸食鴉片這一惡習所致。因吸食鴉片，嚴復屢屢受人攻擊，其仕途不進也與此有關，比如在安慶主持安徽高等學堂受到攻擊，辭去北大校長一職，多多少少就是嗜好鴉片惹的「禍」。

嚴復主張他人戒煙而自己無法做到，因此而留下了不好的名聲，落了個終生笑柄。其實，這也是他一生矛盾痛苦、撕扯煎熬的一個象徵與縮影。

在此，我們並非以今人的認識與觀點來要求、苛刻嚴復。作為一位思想啟蒙家，嚴復所能達到的高度，某些方面即使今天視之，仍具有一定的超前與深刻。只是他許多前後不一的觀點，不少截然相反的言行，那輾轉於先進與落後、激進與保守、西方與傳統之間的彷徨與纏綿、猶疑與撕扯，不得不令我們深長思之。

五

嚴復一生最令人詬病的，是他發起籌安會，為袁世凱的洪憲帝制鳴鑼開道。

表面看來，封建帝制與嚴復所推崇、實現的民主制度大相徑庭，其實，只要我們循著他的思想發展軌跡與社會實踐活動，便可從中尋到一條清晰而「合理」的脈絡。

嚴復對中國的社會現實並不看好，且有著一種相當悲觀的認識，對廣大民眾，更是以「民品之劣，民智之卑」一言蔽之。他雖然嚮往西方的民主政治制度，但以中國的實際情形，不可能一蹴而就，只能以漸進的方式緩慢推行。因此，嚴復對君主立憲幾乎不遺餘力地贊同擁護並付諸實踐。在晚清象徵性的立憲活動中，嚴復積極參與其中，以「碩學通儒」身分徵為資政院議員。他心中的理想制度，並非美國式的民主共和制度，而是親眼目睹的英國君主立憲制。清廷倒台，君主沒有了，權威失去，嚴復擔心民智未開的中國陷入失控狀態。當然，他也決不會像康有為等人那樣做一名清朝的遺老遺少，為其復辟搖旗吶喊。清廷覆亡，留戀也罷，遺憾也好，他在心底很快就認可了這一不可更移的歷史事實，但君主立憲卻長期彌漫心中揮之不去。他認為中國需要一個強人作為社會的主導與象徵，不然就會缺乏凝聚力成為一盤散沙。袁世凱的出現，使他看到了新的希望，「世凱之才，一時無兩」。他覺得袁世凱就是一個足以擔當國家元首重任的強人，一個可以引導舊中國逐步走向英國式議會憲政的巨人，他甚至表示：「項城（袁為河南項城人）此時一去，則天下必亂，而必至於覆亡。」正因為如此，也就難怪一些非史學領域宣揚新權威的知識分子將嚴復視為中國近代權威主義的先驅了。而嚴復與袁世凱之間的親密關係，更是加強了他的這種認識。早在天津北洋水師學堂任職時，嚴復就與小站練兵的袁世凱相識了，並且一直過從甚密。比如光緒死後載灃攝政，將袁世凱開缺回籍，前往送行的三四個友人，其中就有嚴復。當時的他，十分傷感地揮動手臂，目送袁世凱登車，倉皇離開京師。

患難之中見真情，袁世凱復出，嚴復自然受到器重，在南北和談中，就被袁世凱任命為北方代表團的代表。在複雜多變的政局裡，嚴復開始為袁世凱出謀獻策。清帝退位，袁世凱當選為中華民國臨時大總統，任命嚴復為暫管京師大學堂總監督事務，不久又任命他為大總統府顧問、參政院參政、約法會議議員，後又聘為憲法起草委員會委員。

有學者認為，嚴復的思想轉變源於一九一四年爆發的歐洲第一次世界大戰。他以英文為媒介，奉西學西制為圭臬，一場毀滅性的戰爭，讓他感到了一股深深的失望：「西國文明，自今番歐戰，掃地遂盡。」西方文明連自身都不能挽救，又如何拯救中國？「覺彼族三百年之進化，只做到『利己殺人，寡廉鮮恥』八個字。回觀孔孟之道，真量同天地，澤被圜區。」然而，當我們查閱史料，就會發現，早在第一次世界大戰爆發之前的一九一三年，二百餘人發起北京孔教會，嚴復便名列發起人之首。他在給熊純如的書札中寫道：「中國目前危難，全由人心之非，而異一線命根，仍是數千年來先王教化之澤。」「他日中國果存，必恃數千年舊有之教化，決不在今日之新機……」嚴復認為一個國家可以模仿他國的物質文明，但立國精神不能「乞靈他種之文明餘唾」。此時的他，視「四書五經為中國最富礦藏」，撰文鼓吹「以儒教為中國國教」，奉「孔子為中國救主」，與早期對孔子儒教的猛烈批判形成鮮明對照。

嚴復的這種轉變，與袁世凱欲行封建帝制的前奏自然有著一定關聯。一九一二年，袁世凱宣佈「中華立國以孝悌忠信禮義廉恥為人道之大經」，下令恢復孔教。一九一三年九月十三日，北京舉行癸丑仲秋丁祭的祭孔活動，嚴復在國子監發表公開演講，標題為〈「民可使由之不可使知之」講義〉。他還在中央教育會發表〈讀經當積極提倡〉的演說，突出強調學習四書五經的重要性，為袁世凱的「尊孔讀經」推波助瀾。當年八月，嚴復與梁啟超、夏曾佑等人聯名上書國會，要求在憲法中將孔教明確定為國教。

嚴復這種與早年判若兩人的具體表現，以他心高氣傲、不隨流俗、直言不諱的個人品性，我們不能簡單地僅僅理解為曲意奉迎、依附袁世凱，或是歸結於越到老年便越趨保守之類的結語。嚴復做著這一切，並非他人所逼，而是出自本心，幹得十分積極而投入，且充滿著一股強烈的責任感與道義感。嚴復晚年的個人思想與轉軌，學界似乎已達成了一種大家認可的模式，那就是早年激進，晚年保守，從孔孟開始，繞了一個大圈，終又回歸孔孟。這種分析論述固然有著一定的說服力，但如果我們繼續探討掘進，就會發現嚴復的一系列重大轉變，自有其個體的與社會的合理性。他的思想，前後看似分野懸殊，卻有著一脈相承的內在聯繫，只是不同時期的側重點有別而已。他的復歸孔孟，並非簡單的皈依，而是深入探究的結果。如果說在英國留學時他就開始中西比較，認真而深入地探索富國強民之道，那麼回國後，特別是甲午戰爭後，他的個人探求便一直沒有止步。

早年的嚴復，將中國的腐朽落後歸結於沒有全盤西化的緣故，戊戌變法失敗後更是如此。而八國聯軍佔領北京之後，清廷開始實行新政，某些方面甚至超過了戊戌變法時期所頒布的改革措施，可中國社會仍處於混亂頻仍、求治無望的狀態，嚴復不禁大感失望。隨著西學的大量湧進，各種觀念思潮紛至沓來，往往泥沙俱下、「恣肆泛濫」，大家莫衷一是，不知其可，攪得社會一片混亂。而民國初期在實行「平等、自由、民權諸主義」的過程中，「橘生淮南則為橘，生於淮北則為枳」，免不了派生出許許多多的弊端出來，西方好的東西沒有學到手，壞的方面則變得更其醜陋不堪。嚴復失望之餘，免不了審慎視之，持論漸趨中庸。

這種中庸也反映在他的個人性格之中——優柔寡斷，不做決絕之事。作為「籌安會六君子」之一，嚴復很大程度上是在楊度的鼓動下被迫加入的。袁世凱稱帝急需社會名流支持與捧場，時人眼中的大名流僅有三人——章太炎、梁啟超、嚴復。章太炎正被袁世凱軟禁於京，梁啟超與袁世凱有所謂戊戌告密的血海深仇，唯一可以拉攏的，只有嚴復一人。袁世凱大兒子袁克定前往試探，結果碰了個軟釘子。楊度三次前來拜訪，當嚴復弄清其本意後，第四次前來時，便托辭不見。當天夜晚，楊度派人送來一信，說非由嚴復作為籌安會的發起人不可，這是袁世凱的指令，如果堅持拒絕恐怕不好，並說已經替他簽名，明天就要見報了。嚴復雖然認識到袁世凱復辟帝制的倒行逆施及不可為之，但他用軟硬兼施的手段迫使嚴復就範，在潛逃無門的情況下，他只有保持沉默，聽之任之。更何況，他與袁世凱有著近三十年不錯的交情，礙於情面，也不好一下子撕破臉皮，只好採取明哲保身、虛與委蛇的態度——閉門謝客，深居簡出，凡與籌安會有關的活動，都稱病缺席。就在籌安會成立的第七天，梁啟超發表〈異哉所謂國體問題者〉一文，極力反對帝制復辟，在社會上引起強烈震動。袁世凱環顧四周，認為只有嚴復出面撰文，才能駁倒梁啟超，以達「正本清源」之奇效。他派親信給嚴復送來一張四萬元支票，請他寫文章駁難，嚴復當時想也沒想便予退回。

洪憲帝制在全國人民的一派反對聲中結束，袁世凱一氣之下臥病不起，病逝於新華宮。嚴復認為袁世凱的失敗，並非帝制自為，而是「就職五年，民不見德」之故。他仍表示，共和萬萬無當於中國，只有君主立憲才能救中國。在一種相當複雜的情緒中，嚴復寫了一首〈哭項城歸櫬〉以作悼念，然後就完全退居政界之外，沉浸於整理國故，批點《莊子》之中。儘管如此，他仍不斷地關注著社會現實與世界變化，當歐戰、內戰爆發之時，他又著文評議。

一九二〇年十月二十九日，病魔纏身的嚴復回到故鄉福州，定居在郎官巷一幢由當時的福建省督軍兼省長李厚基贈送的住宅中。

「投老還鄉一小樓，身隨殘夢兩悠悠。」精神追求的執著與社會現實的殘酷，加之病情不斷惡化，風燭殘年的嚴復，在日益痛苦的折磨中，淡漠政治，洞穿人世，心緒顯得十分迷惘、灰暗而悲觀。他在致熊純如的一封書信中寫道：「還鄉後，坐臥一小樓，看雲聽雨之外，有興時，稍稍臨池遣日。從前所喜歷史、哲學諸書，今皆不能看，亦不喜談時事。槁木死灰，唯不死而已，長此視息人間，亦何用乎？」

一九二一年十月三日，嚴復預感來日不多，給兒女留下了六條遺囑。其中第一條，便是「須知中國不滅，舊法可損益，必不可叛」。幾千年封建專制統治孕育而出的「舊法」固然也有精華，但更多的則是糟粕，如果不叛不離，就無法走向現代文明。而遺囑的最後一條，更是令後人深思不已：「事遇群己對待之時，須念己輕群重，更切毋造孽。」己輕群重，與他早年所追求的西方民主、自由似乎圓鑿方枘。此時的嚴復，早年那種血脈賁張、激進圖強的豪邁，已是他生命中十分遙遠的童話。

一九二一年十月二十七日，嚴復在郎官巷故居終於走完了他那複雜而沉重的生命旅程，享年六十七歲。

當年的嚴復，確曾走得很遠很遠，即以今日視之，某些方面仍具有一定的先進性與超前性。他在分析中國國情特徵時曾經指出，中國尚處於宗法社會階段，強烈的排他性遏制了文明之機的浸入與長成，從而導致民智低下，民力不振。他據此有力地反駁康有為只須三年變法中國即可富強的偏至論，認為變革於中國之艱且難，除民眾的德、智、力須大力推進外，還須破小人把持之局，抑僥倖之門，萬眾一心奮鬥幾十年，方能出現新氣象。嚴復的這些言論在當時並未引起人們的重視，全都沉浸在一派過於樂觀的氣氛之中，以為一個自由繁榮、民主富強的新中國，轉瞬之間就可誕生在世界的東方。幾十年過去了，近百年過去了，當我們從是非恩怨、曲折徘徊的歷史迷宮中走出，回首嚴復當年的啟蒙之路，這才發覺他曾經推崇並期望過的東西，直到今天，仍沒有完成，沒有實現，甚至不具備施行的條件還在原地兜圈子。因此，只要我們的現代化轉型沒有徹底完成，民主機制沒有真正建立，自由的期許並未全部兌現，嚴復就永遠也不會過時。

6. 慈禧：悲劇時代的悲劇人物

頗有意味的是，慈禧留下的遺命，其中一條卻是「以後勿再使婦女預聞國政，此與本朝家法有違」。「與家法有違」當屬堂皇之語，就慈禧的內心與本意而言，她是否感到女人主政於國於己都是一場悲劇，才於死前反省，流露真情，特意立此遺命？

一

慈禧太后於晚清執掌實權，看似偶然，實則是中國古代封建社會循著昔日慣性軌道進入末世之後的一種必然呈示，一次頗具意味的「盤點」與象徵：封建專制的一個最大特點便是幕後交易、暗箱操作、不擇手段，慈禧雖非集大成者，但其垂簾聽政使得這一特徵更加具象化、表面化、象徵化；封建王朝越強大越繁榮，便越開放越陽剛，越窮困越衰弱，則越封閉越陰柔，晚清時期既是大清王朝的暮年，也是兩千多年中國封建社會的末年，由女人慈禧長期主政，自是積貧積弱、陰柔至極了；慈禧前後三次垂簾，操縱權柄長達四十七年之久，「百足之蟲，死而不僵」，這也是中國封建社會具有「頑強」生命力的一個真實縮影，慈禧只須依附其上，憑藉其慣性便能享受專制特權「終生制」，一直幹到老幹到死，最後才無可奈何地撒手而去……

慈禧的一生，從出生而老邁直至七十三歲病逝，總是籠罩在諸多朦朧而神秘的色彩與謎團之中，正如垂簾聽政時那躲在布簾背後若隱若現的身影，大有呼之欲出之勢，卻又難窺其人，難睹其面。

首先是身世之謎，諸多野史、軼聞、逸事、筆記在傳聞故事的基礎上穿鑿附會，大肆渲染，僅出生地就有「北京說」、「浙江說」、「安徽說」、「內蒙說」、「山西說」等五種說法。就連慈禧被選入宮，也經過一番加工處理「目的化」了，虛構為創建清朝的努爾哈齊與古代海西女真葉赫族有著不共戴天的世仇，姓葉赫那拉氏的慈禧為報先祖之仇，便開始了一系列進宮受寵、奪權弄權、顛覆清廷的「宏偉大業」。還有一則更為離奇卻為普通百姓深信不疑的故事，某縣令吳棠派雜役攜銀三百兩祭奠亡友，卻將銀兩誤送到慈禧姊妹送父歸喪的船上，吳棠為「放長線釣大魚」，也就將錯就錯地扮演了其父亡友的角色。慈禧將這一無疑於雪中送炭的仗義之舉銘記於心，以後知恩圖報，任命吳棠為四川總督。又傳慈禧最初受咸豐寵幸，是因擅長地方曲調之故，所以又派生出兩種傳說，一說她生在江南，唱南方小曲是其「拿手好戲」；一說她家貧無以為生，便在北京充當號喪女以資餬口，擔任喪娘的閱歷練就了慈禧喜曲善唱的獻媚本領……

其實，根據故宮檔案記載，慈禧老家就在北京西單牌樓劈柴胡同（今北京西單辟才胡同）。以慈禧先祖、父親的任官時間及地點推測，她的出生地應在北京。而葉赫那拉氏家譜中的記載則十分明確：慈禧生於道光十五年十月十日（一八三五年十一月二十九日）卯時，出生地北京西四牌樓劈柴胡同，取名葉赫那拉·玉蘭，剛一出生，計有男差、婦差各八人精心照料。近來在中國第一歷史檔案館發現一份清朝皇帝遴選秀女名單，上有慈禧妹妹，也即醇親王奕譞福晉、光緒皇帝生母的選秀記錄，記著她的出生年月、生世淵源等，特別是詳細住址一項，可進一步證實慈禧確為北京人。於是，「浙江說」、「安徽說」、「內蒙說」便不攻自破，但始於一九八九年六月的「山西說」卻令人真偽難辨。「山西說」認為慈禧是漢人，出生在山西長治縣西坡村一個窮苦農民家庭，四歲時賣給他人，十二歲又轉賣給潞安知府惠徵——也就是清宮檔案記載的慈禧父親為婢。後受知府夫人看重，收為養女，咸豐二年（一八五二）以葉赫那拉惠徵之女應選入宮。「山西說」之所以受到專家學者重視，在於有大量的慈禧遺蹟、遺囑、遺物以及民間傳說為憑。但此說也有許多經不起史家推敲、考證的存疑之處，可視為「北京說」的一個參照，「對慈禧研究中一個薄弱環節的重要補充」。於「山西說」有興趣的讀者，不妨參閱《慈禧是山西長治人》一書。

不論出生北京還是山西，慈禧於一八五二年選入皇宮，這是一個「鐵板釘釘」不可否認的事實。其時，作為慈禧的親父也好，養父也罷，惠徵還在安徽寧池太廣道任道員。第二年惠徵在鎮江病逝，已在宮中被封為蘭貴人的慈禧，尚沒有本事走出宮門半步。也就是說，所謂慈禧扶柩歸鄉，吳棠錯送銀兩等相關傳說純屬子虛烏有。一個最起碼的事實，那就是慈禧太后終其一生，根本就沒有到過江南。

其他傳得「有鼻子有眼睛」的野史趣聞，也多屬捕風捉影、胡編濫造，可在類似的考證中剝去言之鑿鑿的外衣，澄清事實，使其「原形畢露」，還歷史以真相。

慈禧所置身的時代，是一個男人專權，女人飽受歧視，缺乏最基本「人權」的封建時代。清廷明確規定，女人不得參政、議政、主政。因有民族壓迫這重枷鎖，漢族女性較滿族女子尤受欺凌，從小裹腳遭受身體摧殘，「三從四德」的心靈摧殘更是伴隨一生，就連入選宮女的資格也沒有。「山西說」如若成立，慈禧剛一出生，便「定格」於社會的最底層，兒時的苦難肯定令她不堪回首。有一次，慈禧忍不住對身邊的女官德齡說道：「自余髫齡，生命極苦，爾所知也。以余非雙親所愛，尤覺毫無樂趣。吾娣所欲，親必與之。至於余者，靡不遭呵叱。」慈禧兒時不受雙親喜愛，經常受到他們的呵叱，奇怪的是，妹妹卻極討父母歡心，對她簡直是百依百順。這是否從另一角度證實慈禧確為惠徵養女？當然，也有可能是慈禧從小個性太強的緣故。不然的話，她十六歲時便具有「五經成誦，通滿文，二十四史亦皆瀏覽」的本事，則無從解釋。按「山西說」推算，慈禧十二歲被一農民轉賣給惠徵，先為奴婢，後為養女，為婢時不可能求學，也就是說，在不到四年的時間內，要達到史書所記載的個人學養，這種可能性微乎其微。不管怎麼說，兒時「極苦」的生活，既是她生命向上的頑強動力，也是她一輩子揮散不去的沉重陰影——此後在宮廷中極力追求、鋪排的豪奢生活，便是一種變態的補償。

慈禧從社會底層晉為貴族，後躍居為掌控大清帝國命運的主宰長達近半個世紀之久，被外國人評價為「慈禧太后在中國歷史上沒有第二人，在世界歷史上也絕無僅有」。她比皇帝還要皇帝，那些歧視女人的男人無不對她俯首帖耳，所有王公大臣無不誠惶誠恐地匍匐在她的腳下不敢仰視，戰戰兢兢而又心悅誠服地頂禮膜拜，哪怕當時最優秀、最權威的「極品男人」曾國藩、李鴻章、張之洞、左宗棠、胡林翼等，也被她玩弄於股掌之間。在男性執掌所有發言權的社會與時代，慈禧以一名女人身分抗衡「反撥」，達到他人難以企及的「相對高度」，除了機會與幸運，更多的恐怕在於其鮮明的個性、突出的才華、超越他人的能力，以及對封建傳統文化的因勢利導與「合理」運用。

八旗秀女選入宮中，由下至上分別為宮女、答應、常在、貴人、嬪、妃、貴妃、皇貴妃、皇后，層次等級極為森嚴。後宮佳麗如雲，慈禧從一名普通宮女脫穎而出，是其成功的第一步。廣為流傳的慈禧當年以蘭貴人的身分躲在宮中某一綠蔭之處，在已買通的太監「牽線搭橋」下，靠南方小調撩逗皇上，取悅聖心，不過是一則想當然耳的傳聞而已。慈禧其實根本不會南方小曲，她喜好的是京劇、山西梆子等北方戲，興趣來了，當然也會唱上幾曲。慈禧獲得咸豐帝的寵幸，由多重因素的綜合效應所致。她天生麗質，容貌出眾，據德齡在《慈禧太后私生活實錄》中所記，古稀之年的慈禧「還是一個很美麗動人的女性」，一雙手「不僅白膩，而且是極柔嫩，決不在我們年輕人之下」，由此可以推想五十年前豆蔻年華之時的慈禧該是多麼嬌美出眾。英雄愛美人，皇帝愛美女，自古皆然。加上她又是那麼地聰明伶俐，善解人意，使得咸豐帝「初幸慈禧之日，頗有惑溺之象，〈長恨歌〉中所謂『春宵苦短日高起，從此君王不早朝』者，彷彿似之」。對此，慈禧曾不無得意地對人說道：「宮人以我美，咸妒我，但皆為我所制。」此語不僅道出了貌美遭人嫉妒之事，更反映了慈禧工於心計，極有手腕，其他宮女根本不是她的對手。此後她將這種手段用於官場政治，就更其老辣遊刃有餘了。

慈禧既懂滿語，又通漢文，入宮前便具有一定的「國學」基礎，並非某些宣傳品所說的那樣不學無術，全然愚昧無知。從她留下的一份親自草寫的早期詔書中那不少的錯別字，可知其文化水準不是太高，但她對書本有著一種異乎尋常的迷信，入宮後仍長期讀校古書、臨書作畫不已。她特別愛讀《紅樓夢》，幾乎到了略能背誦的程度，並常以賈太君自居。據《慈禧寫照記》所載，太后「能為詩詞，出筆清新，非同凡響。又能為古文辭，得大宗氣派」，「獨能振筆疾書，洋洋千言不窮，斯真稀有之才」，又說她「最富記憶力……彼於古名家之詩文詞，能滔滔背誦，如數家珍」。咸豐帝懶於國事寄情聲色，不少奏章便讓慈禧代閱。因她書法不錯，有「端腴」丰采，又「常命其代筆批答奏章」。慈禧於權力似乎有著一種本能的興趣與敏感，她津津有味地做著這一切，還相機參與政事，為咸豐出謀劃策。日子一長，就對最高權力機構的一套運轉模式瞭解得一清二楚，為日後的垂簾聽政提供了便捷與基礎。可以想見的是，沒有這段執掌清廷政權的實習與鍛煉，若對政事一無所知，此後的垂簾聽政便無法施行。

慈禧地位的遽變與尊顯，最關鍵的一項，是她生下了咸豐帝唯一的兒子載淳。就連慈禧生子這一被清宮記錄在案的大事，也有稗史野乘煽動想像的翅膀，舞動生花妙筆，說載淳並非慈禧親生，而是她將另一名產子的宮女毒死後搶奪而來的獵獲物；還有一本小說虛構得更為有趣，文中描寫慈禧確曾做了母親，只是所生僅為一名女嬰，後在太監們的幫助下，才從宮外偷偷換回一個男孩。以上兩說作為茶餘飯後的談資未嘗不可，若認定為歷史事實，則不值一駁。慈禧如若沒有確鑿的生養兒子這個重要砝碼，其他一切都是鏡中月與水中花。對此，別的宮女就是不服氣也不行，有本事你也培育一名皇子競爭嘛。有人說這就是天意。天意也好，人為也罷，總之是慈禧憑此而扶搖直上了，在產下載淳當天，未滿二十二歲的她就被晉封為懿貴妃。因當時後宮沒有皇貴妃，慈禧之上，只有一位貞淑賢明、心地善良的孝貞皇后，她便一躍而成為後宮第二號人物。

二

真正考驗慈禧並改變其命運的日子，當屬咸豐帝病逝的一八六一年。

第二次鴉片戰爭向縱深發展，英法聯軍突破清軍一道道嚴密的防線進佔大沽口，攻陷天津。當軍機處奏報這一敗績時，正在圓明園與后妃歡宴的咸豐帝當即束手無策放聲痛哭，皇后鈕祜祿氏與其他嬪妃更是無計可施，哭成一團。唯有慈禧一人表現得十分鎮靜，只見她走上前來勸說皇上道：「事危急，環泣何益？恭親王素明決，乞上召籌應會之策。」是的，哭是解決不了問題的，只有拿出對策才行，慈禧的臨事不亂、極有主見由此可見一斑。這種素質既是後天練成，更多的則屬與生俱來的個人稟性與天賦。

英法聯軍乘勝進軍，北京岌岌可危，咸豐皇帝更是嚇得不行。他不想留在北京與洋人周旋，更不想成為他們的俘虜，便將一個爛攤子交給恭親王奕訢全權處理，自己則率一班朝臣嬪妃逃往承德避暑山莊。就在咸豐出奔前夕，身為懿貴妃的慈禧，則極力勸說皇上留在京城，抵抗到底。受傳統文化影響，慈禧不僅不崇洋不媚外，骨子裡更有著一股本能的排外復仇情緒。

一八六一年八月二十二日，逃往熱河的咸豐帝病故。第二天，皇后鈕祜祿氏被尊為母后皇太后，因其徽號為慈安，故稱慈安太后，又因她住在紫禁城內被稱為東宮的鍾粹宮，又名東太后；作為新皇同治的生母，懿貴妃被尊為聖母皇太后，因其徽號為慈禧，故稱慈禧太后，又因她住在紫禁城內被稱為西宮的長春宮，又名西太后。如果不是英法聯軍入侵，咸豐不會死得這麼快；如果不是死在承德避暑山莊，而在京城崩駕，慈禧也沒有機會很快除掉以肅順為首的八大贊襄政務大臣；更重要的是，咸豐帝的臨終遺詔為慈禧奪權提供了可能，因新皇年僅六歲，不得不由大臣輔佐，為防重臣篡位，他指定了八位贊襄政務大臣互相牽制，又將兩枚刻有「御賞」與「同道堂」字樣的隨身印章分別賜給皇后與皇帝，皇后的那一枚自然歸慈安，而皇帝的這枚則由慈禧保管。贊襄政務大臣草擬的諭旨，唯有蓋上兩方印章方能生效，慈安的「御賞」蓋在起首，為印起，慈禧保管的「同道堂」蓋在結尾，為印訖。咸豐為防後患，煞費苦心地設計了的這一多方牽制的權力平衡機制，既不突出垂簾的皇后，也不顯耀輔政的大臣，並且缺了任何一方，政令便無法下達，「垂簾輔政，兼而有之」。表面看來，似乎可行，可在實際操作過程之中，問題很快就來了。就在咸豐死後第二天，兩宮太后與顧命大臣之間便起紛爭，漸呈水火不容之勢。衝突的結果眾所周知，那就是兩宮太后與恭親王奕訢聯手，以閃電般的神速，兵不血刃，成功地發動了辛西政變，將肅順為首的輔政集團「一網打盡」。政變的領導人為慈禧、慈安、奕訢，但起決定作用的唯有慈禧，她的果敢、機敏、縝密、冷靜、機詐等個性特徵第一次充分「亮相」，在令人瞠目結舌的同時，又不得不為年僅二十七歲的她謀劃之老道、手段之熟練、行動之周密、處置之精當而歎服不已。

咸豐屍骨未寒，他留下的自以為天衣無縫的權力制衡措施便遭徹底破產。「天無二日，國無二主」，中國幾千年封建統治的土壤不僅長不出民主的幼芽，就連分權機制也不可能真正運行。除了專制、集權、獨裁，別無他種選擇。因此，咸豐精心制訂的權力平衡機制最終只能是一種選擇與結局——要麼兩宮太后集權，要麼襄贊大臣獨裁，絕無長期並存運行、相安無事、相得益彰之理。

咸豐帝在設計權力制衡機制時絕對沒有想到的是，正是由他而一手打破了努爾哈齊家族及滿清朝廷那不可逾越的慣例，為女人主政、垂簾聽政大開了方便之門。咸豐帝如若地下有知，當作何感想？

辛酉政變成功，接下來的事情便水到渠成、順理成章了——一八六一年十一月十一日，新皇同治正式登基；然後，由六部九卿花費十多天時間，制定垂簾聽政章程十一條，規定皇太后享有批閱奏章、召見大臣、裁決政務、任免官員等一應大權；十二月二日，兩宮隆重舉行垂簾聽政大典，將整個過程規範化、儀式化、制度化：但見養心殿內，新皇載淳御座之後，放置八扇做工精緻的黃紗屏風，屏風一左一右地端坐著慈安與慈禧兩位太后。朝會開始，議政王奕訢率所有大臣叩拜，然後，奕訢進前站於皇帝御案左側。大臣所上奏摺，皆由奕訢轉呈皇帝，並向兩宮太后提供處理意見。經由屏風後面的兩位太后最終裁決之後，將處理意見反饋給奕訢，再由他傳達給朝廷百官。

一個嶄新別致、令人喪氣的時代——垂簾聽政就這樣在晚清拉開了帷幕，中國封建社會末期的歷史發展，也因此而留下了一道曲裡拐彎、盤旋回環的獨特軌跡。

三

清末早期的垂簾聽政實為東宮太后慈安與西宮太后慈禧兩人共同主事。慈安小慈禧兩歲，不善言辭，忠厚老實，為人十分懦弱，無論大事小事，都由慈禧一人說了算。兩宮並尊，東宮甚至比西宮更顯尊崇，但慈安對權力沒有半點興趣，加上慈禧確實具有他人難以企及的經世治國之才，慈安更是不願與聞政事了。她與慈禧一左一右地坐在黃紗屏風背後，就像聾子的耳朵——一個「擺設」。兩位太后同時執政，信譽更佳，威望更甚，特別在某些時候，慈安還可作為慈禧的一塊擋箭牌，成為慈禧政治鬥爭的需要與裝飾。正因為如此，兩宮太后才能兩次一同垂簾聽政，相安無事地共掌政權二十年。

縱觀慈禧一生，她最為熱中的就是權力。她愛權力甚過愛真理、愛兒子、愛財物，說她是一個權力迷、權力狂、權力癖一點也不為過。權力是她行事的最低底線，在不危及地位與權力的前提下，慈禧常以開明、善良、通達的形象出現在世人眼前。而一旦觸及權力之爭，她會不計利害、不擇手段，穩、準、狠地置對方於死地。在她眼裡，權力就是根本——既是生存之本、生命之本，也是發展之本、未來之本，有權力就有一切，沒有權力一切都是泡影。在一個有著幾千年官本位封建傳統的國度，慈禧這種認識無疑是相當清醒而深刻的。權力是她的禁臠，容不得任何人染指；她以權力為「試金石」，生殺予奪地決定、主宰著他人的命運。

恭親王奕訢，就因為掌權過重，成為慈禧垂簾聽政後第一個教訓與懲治的對象。

奕訢不僅是晚清滿族集團中最有識見與才華的人物，也是中國近代史上一個重量級的關鍵人物。道光帝有九個兒子，咸豐帝奕詝與恭親王奕訢分別為道光帝第四子、第六子。清廷祖制，立賢不立長，命運之神只要稍稍眷顧奕訢，那麼登上皇帝寶座的將不是咸豐帝奕詝，而有可能是奕訢。咸豐以仁愛孝敬著稱，奕訢則以機敏聰慧見長。道光晚年立儲，合適的人選只有他們兩人，游移的目光在奕詝與奕訢身上掃來掃去，猶豫再三，無法決斷。傳說咸豐聽從老師杜受田之計，才華比不過奕訢，便盡可能地在道光面前顯示自己的仁愛厚道。一次，眾皇子圍獵於南苑，文武雙全的奕訢捕獲最多，而奕詝卻一箭不發。道光詢問其故，奕詝答道：「眼下正是春天，鳥獸孳養孕育，不忍傷生。」道光情不自禁地讚道：「此真帝者之言！」父皇一言九鼎，天平無可挽回地偏向奕詝，但對才華橫溢的奕訢，道光帝又心懷依戀，不由得打破清廷秘密建儲規矩，同時立下兩份硃諭藏於金匱之中，特為奕訢留下一席之地：「皇四子奕詝立為太子，皇六子奕訢封為親王。」

後來的事實證明，道光帝在奕詝與奕訢兄弟倆的選擇上犯了一個大大的錯誤。咸豐登基後風流成性、無所作為，為帝國與民族的未來埋下了禍根。與之相對照的是在軍機處行走的恭親王奕訢，思想開放，勇於任事，幹練豁達，受到宮廷內外的一致認可與讚譽。咸豐帝本來就因立儲之事對奕訢耿耿於懷，他的異常活躍更是令他疑忌不滿，加上恭親王奕訢極力為病重的生母——康慈貴太妃爭取皇太后封號，兩人發生爭執，矛盾終於激化。兄弟倆反目成仇，咸豐帝當即罷免恭親王的一應職務。英法聯軍進軍北京，咸豐帝倉皇北逃，卻不顧奕訢安危，命他留在京城與洋人交涉，將一個爛攤子交他處理。熱河病危時，也不許奕訢前往探視，在遺詔中更是將他完全排除在權力核心之外。

慈禧雖居深宮，但對皇宮的明爭暗鬥，卻能「明察秋毫」，這不能說不是她的過人之處。她正是利用恭親王奕訢的怨恨不滿，主動伸出橄欖枝，雙方聯手，一舉擒獲贊襄政務集團的八位大員。如果沒有恭親王的配合，決不會有改變宮廷政治格局的辛酉政變。作為孤兒寡母的慈禧，只能是長期忍氣吞聲，遭受肅順等人的頤指氣使與凌辱折磨。

一八六一年十一月三日，就在辛酉政變第二天，慈禧一改清代先例，連發兩道諭旨，先授政變有功之臣恭親王奕訢為議政王，在軍機處行走；又馬上補授宗人府宗令，掌管皇族事務，位居內閣六部之上。

表面看來，慈禧給了恭親王前所未有的權力與榮耀，但就實質而言，她還是擔心奕訢專權尾大不掉，預作防範有所保留。議政王可能是慈禧的一項發明，她所實現的，既不是代行皇權的攝政，也不是襄助君王的輔政，而是大權獨攬的聽政——在她手下具體辦事的恭親王只具參政、議政資格，最後的決斷，還是兩宮太后，也即慈禧一人，其心機不謂不深。

時間一長，手握實權的恭親王不免得意忘形，對兩宮漸漸不尊。慈禧不滿，奕訢不服，一次，兩人因政見不同發生矛盾，竟當面爭執起來。慈禧說：「你事事與我為難，我革你的職！」奕訢毫不相讓地回道：「臣是先皇第六子，你能革我的職，不能革我皇子！」慈禧氣得大呼小叫，誣說恭親王要動手打她。一旁太監見勢不妙，趕緊將奕訢勸出。

兩人的矛盾越積越深，慈禧確確實實地感到自己的權力與權威受到了極大的挑戰與威脅。已經聽政四年的慈禧，對處理政事、控制官員早已駕輕就熟，哪怕沒有經驗豐富、精明能幹的恭親王輔助，也能使帝國正常運轉了，於是，她決定踢開不聽使喚、礙手礙腳的奕訢。正在這時，善於觀察時局、見風使舵的編修蔡壽祺摸準了慈禧與恭親王之間微妙而複雜的關係「脈搏」，決心投靠、效忠慈禧。一八六五年三月三十日，他上疏參劾恭親王，列舉出奕訢所謂的四大罪狀：貪墨、驕淫、攬權、徇私。慈禧如獲至寶，乘機發難，以同治皇帝名義宣佈兩宮皇太后懿旨：「恭親王著毋庸在軍機處議政，革去一切差使，不准干預公事，以示朕保全之至意。」

詔書一發，頓時惹得「朝野駭愕」，中外一片譁然。不論是宗室親貴，還是部院大臣、外省督撫，都為奕訢鳴不平，他的一班心腹幹將更是紛紛上書抗爭，就連洋人也有干涉之意。這是一場雙方都沒有料到會出現如此局面的較量，慈禧感到了奕訢力量之強與影響之深，立時罷免，時機尚不成熟，但諭旨已下，又不便收回，弄得她十分棘手；奕訢仗著自己的身分、能量與才華，以為慈禧奈何他不得，等到諭旨下達，方知這位嫂子非同一般，是一名不可小覷的鐵腕人物，最讓奕訢不得不有所顧忌的是，小皇帝同治為慈禧兒子，她可隨意控制利用，以皇上名義堂而皇之地頒發具有慈禧個人慾望與色彩的聖旨，君命如山，任是誰也無法抗衡。也就是說，慈禧握有至高無上、為所欲為的絕對權力，稍有不慎，奕訢極有可能像肅順等顧命大臣那樣人頭落地。他越想越憂慮，越想越害怕，不得不趕緊表示讓步。這對騎虎難下的慈禧來說，正好也有了一個台階，於是，她傳旨召見奕訢，面加訓誡。奕訢剛一進門，就雙膝跪地，痛哭謝罪不已。慈禧眼見目的已經達到，迫於內外壓力，令恭親王「仍在軍機大臣上行走」，但議政王的頭銜則給摘除了，目的是「以示裁抑」。

慈禧與恭親王奕訢的權力之爭，最終以慈禧的勝利而收場，她的地位因此而變得更加鞏固，權威變得更加尊崇，往後去，再也不會有第二個「愣頭青」膽敢與她公開對陣叫板了。恭親王經此打擊，「事無巨細，愈加畜畏之心，深自斂抑」，往昔的傲氣、銳氣、志氣等風骨全然消失，好像換了一個人似的，變得唯唯諾諾、謹小慎微。

垂簾聽政名義上是兩宮主政，但大清王朝的實際統治者、主宰者唯有慈禧一人。在長達二十年的共同主政期間，慈安與慈禧只在兩件事上有過不快：一次是慈安命令山東巡撫丁寶楨誅殺慈禧寵愛的太監安德海；另一次是同治帝挑選皇后時，慈安與同治帝綁在一塊，與慈禧唱反調，選中了她不喜歡的阿魯特氏。此外，便無任何重大分歧與爭執的記載，兩人一直保持著相當融洽和諧的關係，這在中國古代後宮史上也極其少見。於是就有人發揮想像，說這種長期的平衡關係，主要是慈禧懾於咸豐帝臨死前留給慈安太后的一紙詔書，他擔心慈禧以子為貴、擅權跋扈、難以控制，命慈安在關鍵時刻亮出密詔，制服慈禧，將其處死。所以慈禧一直小心翼翼不敢躐等，雖長慈安兩歲，但仍嚴守嫡庶之分稱她為「姊姊」，一應政事明知慈安沒有異議，事先也要請示一番，「恂恂不敢失禮」。其實，這正是慈禧的虛偽狡猾之處，是她工於心計的表現，所謂如達摩克利斯利劍般懸於頭頂的的密詔，純屬子虛烏有。

然而，就在她們倆相安無事二十年之後的一天夜間，慈安突然身亡。

先是慈禧患血崩病臥床不起，這時的皇帝已由同治變為更加年幼的光緒，一應政事只得聽由慈安一人打點。等到慈禧病癒之時，前一天還在召見軍機大臣處理國事，身體並無半點異樣的慈安卻於二十四小時內暴病而卒。當然，清廷留下的官方記錄只能是「正常病死」；而以民間視角觀之，神秘的死亡與慈禧機詐、陰柔、殘忍的個性結合在一起，自然要生發出許許多多的想像、猜測、懷疑與推論。於是，就有了慈禧逼迫慈安吞鼻煙壺自盡與慈禧暗下毒藥殺死慈安這兩個不同版本的傳說。

到底是正常死亡，還是慈禧謀殺？專家、學者對此進行過許多合理的研究、分析與解釋，大多認為慈禧沒有必要毒死慈安，也就是說不具備充分的「作案」動機。但是，也沒有無可爭議的確鑿憑據予以證偽，難以徹底驅散迷霧、解開疑團、廓清事實。

不論慈安屬何種死亡，總之是對晚清的影響相當之大。儘管慈安清心寡慾不聞政事，也少有政治謀略與手腕，但只要她在世一天，就能多多少少地對慈禧構成一種無形的威脅與潛在的壓力，不得不心存幾分顧慮與忌憚。慈安逝世，哪怕木偶般的「擺設」也不復存在，紗簾後長期一左一右的並排格局變成了捨我其誰的唯一，直到此時，慈禧才真正實現了高高在上、唯我獨尊的「遠大理想」。

四

在中華帝國的版圖上，慈禧就是主宰，就是真理，就是一切，只要願意，她可以不受任何約束地為所欲為。

然而，她尚不能做到癩子打傘——無法無天的地步！

自哥倫布（Christopher Columbus, 1451-1506）航海大發現以後，整個世界便不以個人意志為轉移地向近代化、一體化過渡，封閉了幾千年的古代中國被裹挾著不可避免地捲入其中，先進與腐朽、文明與野蠻、侵略與抗爭進行著一場場血與火的殊死搏鬥。作為大清帝國的主宰者、決策者與「發言人」，慈禧個人的一舉一動關乎近代中國的發展進程與走向，受到西方列強的高度重視，只要不合乎他們所認可的標準與要求，就要對其進行規範與約束。慈禧固執地以為，我在自己的國土行事，並沒招你惹你，洋人憑什麼多管閒事？據德齡《御苑蘭馨記》所載，外國使節對中國內政的干涉常使得慈禧怒火中燒：「他們憑什麼要對不起我呀？這又不是他們的國家，他們根本管不了我們的家事！我罰我的百姓還罰不起嗎？我派到國外的外交大臣要是也批評他們的國事，他們的政府能喜歡嗎……他們不喜歡我們的生活方式，但我們只要自己喜歡好了。他們不喜歡儘管可以離開，我們又從沒有去請他們來。」舉一個類似的例子，就好比家長懲罰自己的孩子，將他打得死去活來，鄰居出面勸解，甚至呵斥、阻止，家長會覺得我毒打自己的孩子是天經地義的事情，外人憑什麼指手劃腳、說三道四、橫加干預？對此，我們不能以粗暴干涉之類的語彙簡單界定，這裡面涉及到教育方法、自由人權等許多複雜的問題，並非三言兩語所能道清。

洋人的不時干涉弄得慈禧權威受挫、顏面受損，而西方列強又過於強大，她不得不忍氣吞聲，將怨恨壓在心頭。一直隱忍，長期壓抑，發展到最後，慈禧終於在忍無可忍的情形下「拍案而起」，來了一個總爆發，喪失判斷能力與個人理智地作出震驚中外的決定——同時向西方十一國列強宣戰，要將所有洋人趕盡殺絕！

慈禧走向歇斯底里的狂怒失控狀態，使得中華民族差點陷入亡國滅種的萬劫不復深淵，這是一系列有著連鎖反應的因果鏈，外力與內因多重合力長期作用的結果。

第二次鴉片戰爭時期，英法聯軍進軍北京，慈禧極力勸阻咸豐帝逃奔熱河，要他留在京城抗戰到底；於英法談判代表巴夏禮（Harry Smith Parks, 1828-1885），她也極力主張殺掉；清廷與英法議和，簽訂《北京條約》時，慈禧「深以為恥，勸帝開釁端」……從慈禧早期的這些反應與表現來看，居於深宮的她雖熟諳政治權謀，但對西方的認識，仍跳不出傳統的「蠻夷」觀念，對清朝的綜合國力及西方各國的情況根本就不瞭解，在很大程度上帶有想當然及情緒化的味道，這種外交基調對執掌實權後的慈禧影響至深。

慈禧在辛酉政變中成為清廷的實際掌權者，因積極支持洋務的開明派代表人物奕訢與她為難，慈禧突如其來地對他作出革去一切差使的決定，洋人對此極為不滿，處處干涉。一八八四年她五十歲生日之時，本想上上下下地慶祝一番，結果中法戰爭爆發，攪了她的好事，雖然耗銀十一萬兩置辦許多行頭砌末，可哪裡還有什麼心情過生日？好不容易熬過十年，等到六十壽辰之時，六十花甲，一個十分吉利的圓滿數字，這回無論如何要舉國同慶了。兩年前就專門成立了生日慶典處，慈禧要將六十壽誕搞成一個全國性的大型活動，以頤和園為中心舉行盛大典禮，從紫禁城到頤和園分設六十處景點，建造各種形式的龍棚、經壇、戲台、牌樓和亭座，每處預算耗銀四萬兩。正當慶典緊鑼密鼓地準備之時，沒想到向來就不放在眼裡的島國日本也來湊熱鬧，竟敢跑上門來與堂堂的大清帝國叫板。慈禧怒不可遏，洋人一直欺負咱們因為實在打不過人家就算了，可一個小小日本也想佔便宜，豈非不自量力挨扁欠揍嗎？慈禧一氣之下，就想好好地教訓教訓日本這島國，「不准有示弱語」。清廷積弊，沒想到軍隊也積弱得不堪一擊，無論是海戰還是陸戰，頻頻傳來的消息除了失利，就是失敗。眼看勝利無望，如若繼續下去，戰事曠日持久，必將影響六旬慶典。慈禧心中，個人壽誕比國家戰爭更為重要，是大清朝廷壓倒一切的頭等大事。其實，日人開戰，正是覷準了慈禧的要害與軟肋：「今年慈聖慶典，華必忍讓。」果不其然，慈禧一旦發現戰爭影響慶典的「苗頭」，態度急轉，由主戰很快變為主和。為此，常有史家扼腕歎息，如果不是慈禧太后的六旬慶典從中作梗「搗蛋」，上下一心，集全國人力、物力、財力與日決一死戰，鹿死誰手，還真難逆料。於是，戰爭的結局及此後的東亞勢力格局，或許就此全面改寫。

中日之戰的失敗恥辱徹底震醒了國人沉睡的迷夢，康有為、梁啟超等人振臂一呼，一場學習、仿效西方的戊戌維新變法以前所未有的激進姿態亮相於十九世紀末的中國歷史舞台。於維新變法這樣牽一髮而動全身的大事，沒有當時已經「退居二線」的慈禧首肯，半步都不可能前行。但她於改革變法是有條件的，那就是「凡所實行之新政，但不違背祖宗大法，無損滿洲權勢，即不阻止」。還是因為權力，已經親政的光緒帝基於急於求成的良好心願，不顧一切地違反慈禧訂立的二品以上官員由她任免的權力遊戲規則，罷免了阻撓改革的屬一二品大員的禮部六堂官，任命楊銳、劉光第、林旭、譚嗣同「在軍機章京行走，參預新政事宜」。此後，光緒又一而再、再而三地向慈禧的權力挑戰。他請開懋勤殿以架空軍機處，改變過去的施政體制，另立一個由維新派人士控制的新的權力機構，以達到架空慈禧的目的。他準備聘用富有經驗的外國政治家作顧問參與變法，召見日本前首相、明治維新元老伊藤博文。守舊派對此一片恐慌，認為「伊藤果用，則祖宗所傳之天下，不啻拱手讓人」……慈禧認為光緒的改革步子走得太快太遠，一些事情做得出格過頭，在短短的三個月時間就發佈了二十七道重要詔書，最為關鍵的是，觸及了她的地位，挑戰她的實權，危及她的利益。慈禧先是冷眼旁觀，「由他去辦，俟辦不出模樣再說。」然後將光緒身邊的得力幹將撤職，使其成為真正意義上的「孤家寡人」，一點點地束縛他的手腳，最後決定重新「出山」，訓政收權。慈禧雖為女人，卻有著穩、準、狠的鐵腕手段與凌厲風格，由她一手培養起來的光緒皇帝根本就不是她的對手，而維新派領袖康有為、梁啟超等一班書生與她相比也非同一重量級別的「選手」。於是，慈禧一出手，光緒的權力立時被收回，維新派不是被抓就是出逃，頓時分崩離析。僅僅一百零三天的戊戌變法就此中途夭折，幾乎所有已經推行或即將推行的變法措施全部凍結終止。

一場轟轟烈烈的維新變法運動就這樣無可挽回地失敗了，而另一個影響中國近代歷史進程的關鍵人物袁世凱卻由此脫穎而出。維新派領袖看準了小站練兵成功、擁有七千多名新建陸軍的袁世凱，決定用其對付守舊派，光緒下旨將他破格提拔為正二品級別的候補侍郎。一天深夜，譚嗣同在康有為等人的推舉下拜訪袁世凱，出示光緒密詔，命他誅殺直隸總督兼北洋大臣榮祿，帶兵包圍頤和園控制慈禧。一個眾所周知的事實，就是袁世凱口頭應允，而暗地裡卻出賣光緒，投靠慈禧太后。然而，這又是一段顯得撲朔迷離的歷史，近來據專家根據大量文檔、史實考證，袁世凱在沒有賣身投靠之前，慈禧就已行動，將光緒從養心殿移居瀛台控制起來。袁世凱在慈禧已然警覺、榮祿預作防範的情況下，以駐防天津的區區七千兵力攻取北京圍困頤和園捕殺太后，無疑於以卵擊石，對率兵舉事不得不慎之又慎。夾在名正言順的皇帝與執掌實權的太后之間，也真讓袁世凱左右為難、舉棋不定。其實，就當時的情形而言，袁世凱除了遵旨率兵舉事慘遭失敗、出賣光緒投靠慈禧這兩條路外，還有第三種方案可供選擇，那就是兩邊都不得罪，裝聾作啞，沒事似地像過去的老樣子繼續「埋頭苦幹」，光緒不會供出袁世凱，譚嗣同等維新派領袖肯定也不會出賣他。事實也正是如此，哪怕面對慈禧的嚴厲審問與呵斥，光緒帝一直都沒有承認所謂的密詔之事，這也成了戊戌政變中一樁無法考證的懸案。

然而，袁世凱最終選擇了背叛光緒。其實他走的是一著險棋，皇帝是名正言順的主子，出賣光緒，一切利害關係姑且不論，僅在道德層面，便將自己變成了一名小人。時至今日，所有檔案材料都已解密，各種史實相互證明，袁世凱的主動告密，的確發生在戊戌政變之後。然而，正是他的告密——圍園劫后說——使得慈禧咬牙切齒，怒不可遏，她一輩子都在耍弄別人，沒想到由她一手扶植、培養的光緒帝卻膽敢向她發難，且欲置她於死地。政變由此向前推進了一大步，慈禧的目的不再僅僅局限於收權主政，而是變本加厲地嚴懲不貸、否定一切。她立即下令處死捕獲的戊戌六君子，緝捕康有為、梁啟超等在逃的新黨中堅人物，將移居瀛台的光緒帝囚禁起來，將侍奉光緒的二十多名太監不是處死就是從軍，無一倖免。做完這一切，慈禧猶不解恨，索性一不做二不休，準備將光緒帝廢掉。

令慈禧沒有想到的是，西方列強對此積極干預，表示出前所未有的強硬。他們對光緒的戊戌變法主動開放學習西方抱有好感，擔心以慈禧為首的頑固守舊勢力「回復到四十年前排斥外國勢力的時代」。當慈禧對外大肆宣傳光緒帝病重準備取而代之時，在華公使很快覺察出隱藏其後的陰謀，英國公使堅持要派一名外國醫生為皇帝診病以判真偽。於是，她想直接廢掉光緒的計劃不得不有所收斂與妥協，便退後一步，暫緩廢帝，先立大阿哥（即皇長子）。

光緒二十五年十二月二十四日（一九〇〇年一月二十四日），慈禧一改清廷自雍正皇帝開始就已不立太子的成例，正式宣佈「立端郡王載漪之子溥儁為大阿哥」。她先是舉辦了一場宴會，邀請各國公使參加，趁公使夫人們玩得高興的時候提出欲立大阿哥的想法，夫人們竟置若罔聞地集體沉默，沒有一人表態。爾後，她又遍邀各國公使出席冊封大阿哥儀式，結果沒有一人到場，慈禧不禁惱羞成怒。

在慈禧看來，這些遠道而來的洋人，不知為什麼總是與她過不去地時時作梗。她想好好舉行壽誕大慶，每次都讓外人鬧得不愉快；她發動政變，洋人不給她好臉色；她要抓捕康有為，洋人出面保護；她要廢除不知圖報、不聽使喚、衝動狂妄的皇帝光緒，洋人反對；她示意妥協了，退後一步只立大阿哥，洋人依然抵制；還有，那些基督教徒跑到中國，提倡與中國傳統悖逆的一夫一妻制，鼓動百姓入教鬧事，根本不把大清帝國的法律習俗放在眼裡；而英、法、德、俄等西方列強更是在大清帝國的版圖上各自劃分勢力範圍，瓜分中國巧取豪奪……由個人恩怨到家恨國仇，它們紛紛攘攘地匯聚慈禧心頭，一股強烈的復仇慾望無法克制：「外國人已經成為中國的禍根，但願有什麼方法能讓他們永遠離開中國，那我將成為世界上最幸福的女人！」

恰在這時，義和團運動如野火般在華北大地熊熊燃燒，他們焚毀外國教堂，殺死洋人教民，打出了「扶清滅洋」、「助清滅洋」的旗號。這種強烈的排外狂潮與慈禧報復洋人、發洩積怨的心理情緒正相契合。可她畢竟與洋人打了幾十年交道，深知他們的「功夫」與厲害，不敢輕舉妄動。而傳得神乎其神的義和團法術——水火不懼、刀槍不入猶如添加的氧氣與燃料，使得慈禧心中幾近黯淡的復仇火苗呼啦啦地上竄不已。為謹慎行事，慈禧派遣刑部尚書趙舒翹到京畿一帶、大學士剛毅赴保定查探虛實。兩人經過一番實地調查後發現，所謂的拳民都是一些市井無賴，實不堪用。返京途中，兩人不期而遇，免不了一番商量揣摩，覺得慈禧讓他們外調暗訪的真實意圖，就是加以利用，以雪洋人逼迫過甚的心頭之恨。遂決定隱瞞真相，投其所好。於是，兩人上呈的結果如出一轍，都說義民忠於朝廷，沒有他心，民氣可用。慈禧聞言，自是高興得眉開眼笑，覺得長期積淤心中的大仇小仇，終於可以發洩報復了。對此，蔣廷黼在《中國近代史》中一針見血地指出：「利用『民心』或『民氣』對外，是林則徐、徐廣縉、葉名琛一直到西太后、載漪、剛毅、徐桐傳統的法寶。」

一九〇〇年六月十六日，慈禧吩咐召開有光緒皇帝在坐，王公大臣、六部九卿一百多人參加的御前會議，討論向洋人開戰復仇的重大國策。因反對者眾多，殿廷辯論激烈，一時和戰不決。第二天，御前會議繼續舉行。就在這關鍵的節骨眼上，一封所謂的洋人四條照會傳到慈禧手中，其中一條便是勒令太后歸政。權力是慈禧的最後一道底線，是可忍，孰不可忍？她決定豁出去了拚死一搏，不由得情緒激昂地高聲叫道：「今日釁開自彼，國亡在目前，若竟拱手讓之，我死無面目見列聖。等亡也，一戰而亡，不猶愈乎？」群臣懾於慈禧淫威，只得紛紛磕頭道：「臣等願效死力。」這時，慈禧想了想，又為自己開脫道：「今日之事，諸大臣均聞之矣。我為江山社稷，不得已而宣戰，顧事未可知。有如戰之後，江山社稷仍不保，諸公今日皆在此，當知苦心，勿歸咎予一人，謂皇太后送祖宗三百年天下。」六月二十二日、二十四日，又連續開了兩次御前會議，宣戰之事形成決議。光緒二十六年五月二十五日（一九〇〇年六月二十一日），慈禧以光緒帝名義，向西方列強十一國正式發佈宣戰詔書。

「文革」時期，江青不知是有意尋找，還是無意見到，總之是讀了當年慈禧發佈的這篇情緒激昂、義正辭嚴的宣戰詔書，不由得心悅誠服地歎道：「太后至少有宣戰勇氣！」其實，詔書剛一頒布，慈禧就意識到自己犯下大錯，後悔不已。又一時無以更改，只好暗中囑意緩攻使館，盡可能地留有轉圜餘地。

事後考證，所謂的洋人四條照會純係偽造，一種說法，是江蘇糧道羅嘉傑得到消息密告榮祿，榮祿立即密報慈禧；另一說法，照會由端郡王載漪在大沽炮台失陷當日偽造，經榮祿進呈，因為洋人的百般阻撓使得策立溥儁為大阿哥、承續皇帝大統成為泡影，作為父親的載漪便假慈禧之手，以報洋人一箭之仇。

五

慈禧一輩子在皇宮生活了五十多個春秋，獨斷乾綱，兩次成功地發動宮廷政變，以個人喜好與家族利益兩立皇儲，三次垂簾聽政，其政治生涯大致可劃分為四個階段：一八五三年到一八六一年，在權力的漩渦中掙扎浮沉，終於脫穎而出；一八六一年到一八七四年，執掌實權，重用漢人，整頓吏治，使得清廷渡過危機，出現了所謂的「同治中興」；一八七四年到一八九八年，排斥異己，控制光緒，不擇手段地鞏固個人實權，置個人享樂於民族國家利益之上；一八九八年到一九〇八年，發動戊戌政變，廢除變法詔令，經過八國聯軍的武力干預與倉皇出逃之後，慈禧突然間變得開明起來，重啟被她否定過的維新變法之門，施行更加開放的改革措施。然而時不我待，清廷已多次棄卻改革變法、繁榮圖強的大好時機，「清末新政」作為氣息奄奄狀態下的一抹亮點，怎麼也改變不了大清王朝衰朽覆亡的命運與結局。

慈禧作為一個統治了近代中國長達四十七年之久的實際統治者，我們進行分析、研究、描述時，應將其性別作為一個重要的考量因素。

女人的生理、心理特徵在許多方面有別於男人，加上中國幾千年歧視女性的深厚傳統，「牝雞司晨，國之大難」的觀念早已深入人心，女人執政，比男人遇到的阻力更大，承擔的風險更多，受到的非議更甚。中國古代臨朝太后不少，人們熟知的就有漢高祖皇后呂雉、東漢章帝皇后竇氏、西晉惠帝皇后賈南風、唐高宗皇后武曌、遼朝景帝皇后蕭太后、清初真正的開國之主孝莊太后等，但執掌權力時間最長、影響最大者莫過於武曌（即武則天）與清末的慈禧太后。慈禧與武則天，兩人既有相同相似之處，也有諸多區別。比如她們與聞政事的時間都很長，慈禧實際掌權四十七年，武則天參與執政與獨掌大權共五十年之久；兩人外貌都妖冶動人，深得皇上寵幸；她們那擁有三宮六院的皇帝丈夫死後，兩人在私生活方面都不甚檢點，只不過武則天毫不掩飾地選擇男寵玩弄男性，慈禧則做得比較含蓄，顯得謹小慎微，她沒有固定的男寵，因為常聽淫曲，常看淫戲，就偷偷摸摸地挑選戲班裡那些漂亮的戲子留宿；兩人都善於發現人才，重用人才；都具有鐵腕風格，為了權力不擇手段地殘酷鎮壓異己，哪怕自己的親人也不放過……然而，她們之間的區別又是那樣地顯而易見，武則天以太后身分直接登上皇帝寶座，成為中國歷史上唯一的女皇，慈禧則一直躲在幕後，給人的印象總是那麼鬼鬼祟祟、雲山霧沼、神秘兮兮；武則天將個人私事與國家大事分得一清二楚，慈禧則將二者攪在一塊，常置個人利益於國家權益之上；武則天胸懷寬闊，善於納諫，有雄主之風，慈禧則心胸狹隘，嫉妒心強，事事以自我為中心；武則天身上透出的是一種霸氣，她開創了一個開放、清明而博大的時代，慈禧則以權謀、機詐著稱，使得清朝末年越來越陰柔，越來越腐朽，加速了晚清覆亡的命運；武則天留給後人的評說是褒多貶少，而對慈禧的評價，過去幾乎全部是負面的，似乎近代歷史的所有過錯都應該由她一人來承擔，甚至出現了「老妖婆」、「妖精」、「賣國賊」之類的罵名，近年雖然客觀了一些，但更多的仍是譏刺與貶抑……

任何人都不可能超越他（或她）所置身的時代與環境，慈禧與武則天之間的差異及其產生的不同效應、不同評價，不僅是個人性格使然，更是不同時代作用下的必然結果。

武則天的成功很大程度上得益於她所處的唐代——那是中國古代文明史上最為開放、博大而強盛的王朝，也是一個充滿激情與創造力的時代，猶如一個人的生老病死，唐朝是中國古代文明的壯年與盛年時期，武則天所要做的，只需順其自然、順應潮流，就能獲得名垂青史的成功，就能彌補乃至反撥所謂女人執政猶如「牝雞司晨」的負面影響。

而慈禧所置身的晚清，則與武則天的唐朝形成鮮明對照，如果說唐朝是中國古代歷史的正劇與喜劇，那麼清末則是一齣典型的悲劇，悲劇的主角，無疑就是慈禧。

如果沒有席捲全球的近代化風暴，沒有外人的窺視與入侵，沒有西方強勢文化的滲透，作為一個在中國古代封建社會中相對強盛的王朝，如若處於昔日山海隔絕或是相對封閉的環境之中，尚有一定的資本自我陶醉、優哉游哉。然而，時代變了，置身於列強環伺的夾縫之中，列祖列宗留下的傳統文化不僅沒有教導後人如何學習吸收西方異質強勢文明，反而以一種虛幻的優勢與頑固的姿態，不斷地束縛著孝子賢孫們前行的手腳。

就歷史的規律與本質而言，千古未有的大變局時代，呼喚具有開拓性的偉大人物，領導廣大民眾衝破羈絆、轉變觀念、更新知識、創造未來，而歷史與命運選擇的卻是慈禧！作為女人的她，又怎能改變、超越往昔的傳統與束縛呢？她所缺少的，正是偉岸與氣魄。

正因為她是一個女人，所以從來就沒有什麼建功立業、名垂青史的豪情與抱負，沒有引導國家走上康壯大道的規劃與藍圖，更不用說如俄國彼得大帝（Peter the Great, 1672-1725）那樣求變圖強、大力改革的雄心壯志了。她有著過人的機敏與才華，但目光短淺，沒有遠大的識見；她擁有至高無上的權力，卻沒有為國謀利、為民造福的公心，特別是普通百姓的利益與死活，她似乎從來就沒有想過；她是一個女人，一切憑著感覺走，當然，在每走一步的具體過程中，她還是相當用心的。比如辛酉政變，開始時根本就沒有想到要奪權，只是肅順集團欺負孤兒寡母，逼人太甚，她才以一個政治家的風度，縝密地設計、完美地施行了這場具有決定意義的政變。慈禧沒有雄心壯志，也就不思進取，十分地局限於滿足，許多事情見好就收，不向縱深處推進。比如洋務運動，僅只限於技藝層面，不去觸動制度、文化的內在方面，張之洞正是摸準了她的「脈搏」，才不失時機地拋出了一部《勸學篇》，從理論上為洋務運動劃定圈子與框框。慈禧以個人權力為中心，無理性，無規劃，無條理，受著一些刺激，憑著個人喜好，走到哪兒算到哪兒，結果差點將整個國家引入了一條死胡同，若非傳統文化具備較強的自我修復能力，華夏民族有著無可比擬的堅韌與頑強，亡國滅種之災，並非危言聳聽之語。

慈禧一生最為熱中的東西主要有兩樣：一是權勢，二為享樂。

慈禧對權力的喜好，先是具有一種潛在的本能；然後是咸豐帝的誘導，使她在處理政事的過程中，獲得了一種擁有支配他人命運的快感；最後則是一種慣性與需要，咸豐帝病逝時慈禧年僅二十七歲，也就意味著往後的大半輩子歲月得永遠守寡。一朵怒放的鮮花，那襲人的香氣大多時候只能是孤芳自賞。年輕女人的自然慾望與正常情感長期處於壓抑狀態，文藝家可以將此昇華為偉大的文藝作品，而作為政治家、權謀家的慈禧，只能是轉化為更加追求權慾，在指揮與統治他人的過程中，獲得一種類似於情慾滿足的快感。慈禧對權勢的依戀與追求簡直達到了無所不用其極的變態程度，她喜歡看大臣們的磕頭跪拜、誠惶誠恐與唯唯諾諾；她大到國家政治、軍事決策，小到所有親戚的家常事務，包括某一王府格格的婚配等，事無巨細，都要過問，插手管管，而她的嫉妒心又很強，最見不得別人比她活得更好；她最喜歡那些因其手中權力而獲得好處的人們對她宣誓效忠、歌功頌德，她規定，一定級別的朝廷官員升遷後都要向她叩首謝恩；她的話一言九鼎，哪怕皇帝也要看她臉色行事，凡她拍板裁決之事，就斷然不可另行更改……

一九〇〇年八月十五日凌晨，八國聯軍攻打北京，輔國公載瀾急馳入宮奏道：「夷兵要攻東華門了。」慈禧於慌亂中穿上宮裝，做出投水自盡的姿態。載瀾急忙拉住她的衣服勸阻道：「不如且避之，徐為後計。」她當然不會就此自殺，也就順水推舟地「虛心納諫」，哭哭啼啼地換了一身青衣，裝成一位老婦模樣，像年輕時隨同咸豐帝倉皇出奔那樣，趕緊逃離京城。所不同的是，上次逃奔方向為東北，此次則避走西南，行前仍不忘拉上光緒皇帝作為「人質」與「籌碼」。

西方列強佔領北京，本來要將慈禧作為禍首予以懲處，可經過與清廷的談判代表奕劻、李鴻章等人反覆磋商後認為，中國不能沒有慈禧太后，否則將會「群龍無首」，天下大亂。於是，決定在保住慈禧權位的前提下，提出懲治主犯、謝罪賠款等一系列相當苛刻的談判條件。

慈禧抵達西安，方知洋人並無勒令歸政之事，心情不覺由連綿陰雨變為陽光普照。只要能夠保住統治地位不受威脅與侵犯，其他的一切，都好說得很，臭名昭著的「量中華之物力，結與國之歡心」，就是在這一背景下出台的。當然，慈禧的本意，並非像那些攻擊她的人所理解的那樣，要盡最大可能地出賣國家利益與主權，而是在「不敗和局」、保持大清帝國完整的情形下，以盡可能少的「物力」與代價，求得西方各國的頷首與歡心。經此逃難的悲劇與屈辱的求和，慈禧雖然愈顯衰老疲憊，可頭腦卻清醒了許多。一番逃難，從另一角度而言，也算是給了她一個走出深宮，瞭解民情的機會。同時經過一番驚嚇與教訓，她發現洋人並不佔據領土，也不要求改朝換代，他們孜孜以求的，只是經濟利益，要將中國納入世界一體化、近代化的框架與進程之中。迫於壓力，也是出於認識的轉變，慈禧還在羈留西安的逃難時期，就開始以光緒帝名義頒布變法詔書了。此後，她更是將清末變法推進到制度、法律、文化等方面的內容，甚至準備變更國體，籌備君主立憲了。

這時的慈禧，在情感上開始對洋人的物事生出幾分好感來，比如她特別欣賞西人的衣著服飾，西人則評：「太后極喜西裝，謂亭亭玉立，飄飄如仙子之舞，極惹人愛。」對巴黎的時髦裝束也十分羨慕，對法國的香水香粉、鍍金鏡子更是喜愛得不行。在談及中西建築時，慈禧認為「吾國雖古，然無精美之建築如美國者」，並生出一番「周遊全球，一視各國風土」的念想。當然，如果慈禧真的能夠成行，肯定會成為當時轟動世界的一條特大新聞。愈到晚年，慈禧愈對西方物質生出親近與依賴，比如她喜歡坐火車，喜歡喝咖啡，喜歡聽留聲機，離不開電燈，時不時打打電話，坐坐汽車……由己推人，慈禧明諭各地，選派官員出國遊學，又遣五大臣出洋考察各國政治以作立憲之資。正因為這些帶有急轉彎味道的親近西方之舉，慈禧的面目，又給漫畫成了出賣國家主權、向西方獻媚的「洋奴」。

當然，慈禧之所以向西方靠攏，學習模仿，並不是出於國家與民族的利益，以達強國富民之效，她著眼的目的只有一個，那就是保住權力——不僅保住個人權力，也要保住滿人的統治地位。權力就是生命，為了它，一切都可上下其手，她可不管什麼美麗醜陋、善良邪惡、光明黑暗。所謂的「君主立憲」，只要滿人繼續高高在上，這樣的變法當然也是可以施行的。她想延續滿清統治，其所作所為實則加速了瓦解之勢。為限制權力與鞏固政權，她對漢人的態度實在令人不齒，一句「寧與友邦，不與家奴」，也從另一角度證明慈禧並非漢人血統，可見出生地「山西說」中認為她是一名經人轉賣的漢族女子，並非事實。

慈禧除掌權弄權外，她的另一癖好就是貪圖享樂。中國皇帝又名「天子」，自古以來莫不以天下之富供上天之子一人享用，而慈禧作為一名追求感官享樂的女性，其奢靡鋪排，更是在某些方面達到了登峰造極的程度，令人咋舌不已。

據有關資料記載，慈禧太后一天的平均生活費用約四萬兩紋銀。她每頓飯要上整整一百道菜，這些菜都得精工細作而成。比如她喜歡吃鴨子，就由一名大廚專門用文火燉熬，一次熬一隻，一般需兩三天做成；再如吃豆芽菜，要派專人一根一根地拾掇，將每根豆芽根部的鬚兒摘除，並且不能折斷豆芽本身；為防他人下毒，所有進餐用的盤子都用銀子做成，每道菜只吃三口，第三口剛一下肚，就有太監將盤撤下。

在服飾方面，慈禧約有衣服兩千件；鞋子三四十雙，一雙新鞋平均穿五六天；所有的襪子只穿一次，而這些襪子都由上好絲綢織成；更為荒唐的是，很愛洗澡的慈禧洗一次澡，得四個宮女侍候，用香皂塗塗抹抹，拿毛巾反覆搓洗，僅一個澡洗下來，就需要一百條毛巾。一次，慈禧乘火車去奉天，便有一節車廂專門為她運載服裝、鞋襪、毛巾等物什。她所佩戴的手飾，在形式、質地、種類等方面，更是花樣繁多。據《清宮瑣記》所敘，太后「每日所戴之首飾，其狀態顏色，尤必與其衣服之狀態顏色相稱，日新月異，無一從同。人之富於美之觀念者，吾未有見過於慈禧太后者也」。

慈禧六十壽誕時，共計花費白銀約一千萬兩，以當時的行情計算，可以組建一支北洋艦隊；而修建「安度晚年」的頤和園，又花去白銀約三千萬兩；僅此兩項計算，老太后獨自一人就消耗掉了四支北洋艦隊，其「威力」遠遠超過甲午戰爭中的日本艦隊。如果有人對她追求「高品味」的生活提出質疑、予以勸諫，她便惡狠狠地說道：「今日令我不歡者，吾亦將令彼終生不歡。」

慈禧貪權專權，自然也不是一天到晚或一年三百六十五天全部沉浸其中。她也有休閒放鬆的時候，將業餘生活打點得十分「滋潤」。她愛聽戲，特別是北方京劇、梆子戲；愛觀魚，愛養花，愛鴿子，還懂得飼養寵物，蓄有一隻猴、一隻貓；她還會剪裁衣服，調弄化妝品，據說手藝相當不錯，堪稱一流。還是《清宮瑣記》，裡面就有這樣一段話：「太后自己所穿衣服之式樣及其色，均由自己親為裁理。」

慈禧生前逐歡享樂，死後也備極哀榮。慈禧陵墓於一八七九年開始建造，直至一九〇八年去世，前前後後、斷斷續續建了三十年，耗費銀兩不計其數。而棺內的殉葬品，包括珍珠、翡翠、寶石等各類珍寶，據有關專家估算，價值約白銀六千萬兩。其中僅鳳冠上一顆最貴重的珍珠，大如雞卵，重約四兩，價值便達一千萬兩白銀。

慈禧常說，一個女人如果不愛美，活著就沒有什麼意思了。只是她以整個帝國的財政與經濟為代價，將所謂的「愛美」推向揮霍享受的極至，這種超級變態的窮奢極欲，實則掏空了晚清那本來就已腐朽的支柱與大廈。

六

表面看來，慈禧的日子似乎過得十分風光滋潤，但其內裡，是掩飾不住的孤獨、淒涼、失敗與悲哀。

慈禧與其他普通女人一樣，的確特別愛美，從晚年留下的幾張「經典」照片來看，都裝扮得花枝招展，與鬆弛打皺的皮膚、柔中透威的面孔不甚諧調。她追求感官享受，講究生活品味與生活情趣，渴望浪漫，哪怕老邁了，還做著五彩繽紛的夢幻，希望周遊世界。而作為封建專制集權下的一位大權在握的最高統治者，又不得不盡可能地收斂、控制女人那與生俱來的柔弱本性，以鐵腕手段、霸權風格、殘忍心態治理國家。慈禧最讓人恐懼的是一雙眼睛，據宮女回憶，太后有時也拉拉家常，一副安詳閒散的樣子，眼中泛著柔和，談著談著，一旦涉及要害問題，目光頓時變成一道似乎洞穿對方的利劍，讓人心驚膽顫。凡是與她聊過的大臣，無不感到看似輕鬆的話語背後，藏著一股凜然殺機，唯恐出現半點差池，全都一身緊張，兩腿觳觫，虛汗直冒，往往是一場談話下來，後背早已濕透。

慈禧精力十分旺盛，朝見大臣，「從容處置家國大事，歷三小時無倦容」。慈禧反覆無常，性情乖戾，「時常表現出沒有必要的殘忍無情」。在令他人恐懼的同時，她自己也受著角色錯位的深度困擾，作為一名女人，卻要承擔男人那不堪重負的職責，所謂「高處不勝寒」，她沒有能夠完全敞開心扉的真正朋友，沒有本真意義上的情人，親戚們也怕著她不敢走得太近，就連人間最寶貴的母子親情這最起碼的天倫之樂，她也享受不到。

慈禧只有一個至親的寶貝兒子，那就是同治帝載淳，按說應該視為掌上珠心頭肉，看得比自己的生命更加重要。可面對發動宮廷政變後政權不穩、太平天國未能剿滅、西方列強虎視眈眈的局勢，她不得不將身心與精力，全部投入政事之中，也就忽略了兒子親情。而同治帝在她眼中，更多時候只是一個符號——高高在上的帝王，萬民景仰的天子，大清帝國的象徵。因此，她施予兒子的，大多是要求，是說教，是束縛，是訓斥，她希望同治成為一名流芳千古的完美帝王，而不是一個撒嬌的兒子。日子一長，同治對她的感情，除了敬畏，便是淡漠與疏遠。與此相反的是，東太后慈安則對同治噓寒問暖、關愛有加，他反而將慈安視為親生母親。

慈禧因教育不當，同治帝年歲漸長，心中反而生出一種強烈的叛逆情緒，與她公開對著幹。比如，他主張擒殺慈禧寵愛的太監安德海；故意不選慈禧喜歡的富察氏，而是與慈安站在一起，挑選了阿魯特氏；慈禧對此極為不滿，多次要他「眷顧」自己喜愛卻位居第二的慧妃富察氏，同治帝反感至極，索性不召任何妃嬪侍寢，又耐不住青春期的慾望與衝動，便偷偷跑到外面的青樓妓院狎邪淫樂。

正因為有著大量嫖妓尋歡的事實，身患烈性傳染病——痘症（即天花）而逝的同治帝，就有了死於梅毒之說。

年僅十九歲的同治帝猝然病逝，對慈禧的打擊自不待言，可她卻能強忍悲痛，表現出沒事一般，甚至還面帶微笑地召集王公大臣議事。這所議之事並非為同治帝發喪，而是考慮如何繼續垂簾聽政，將大清實權攥在手中，趕緊「擇其賢者」建儲。同治無子，按清朝祖制，得從下輩皇侄中立嗣。名為「集思廣益」，實則是眾人不得不服從她早就定好的「盤子」：以同治帝的同輩，醇親王之子載湉為儲，即此後的光緒皇帝。正當眾人唯唯諾諾之時，嚇得渾身發抖的醇親王奏道：「稟太后，皇上春秋正旺，建儲似不合祖制……」直到這時，慈禧才厲聲宣佈：「然則皇上已駕崩了！」宮內頓時響起一片無可抑制的悲痛哭泣。也不知此時的慈禧是否與大臣一同哭泣，史書沒有記載，但以其逞強的個性而言，為維持尊嚴，估計她得強忍悲痛不讓自己失態。但在私下，作為一個失敗的母親，她無時無刻不在思念兒子：「自此我之境遇大變，希望皆絕。」據德齡《慈禧太后私生活實錄》記載，每逢同治帝的生辰或忌日，慈禧整日枯坐，臉上堆滿愁苦的陰霾，眼裡盈滿悲痛的淚水，回憶著兒子生前的瑣事與細節。只有失去兒子之後，她才覺得親情的珍貴，於深深的思念中一個勁地對德齡誇獎同治：「他的儀表的大方和華貴真是人世間所不易見到的……相貌的好看，還是不值得稱道的事情，最難能可貴的是他的孝順和守禮……」

醇親王乃道光第七子，咸豐帝弟弟，其妻子更是慈禧親妹，正因為這種關係，慈禧才選擇了醇親王之子載湉。就親情而言，載湉既是她的外甥，也是她的侄子，長期沉浸在失子之痛中的慈禧，也就將新立的小皇帝光緒視為親生兒子，盡心盡力地呵護培養。她曾回憶道：「皇帝抱入宮時，才四歲，氣體不充實，臍間常流濕不乾，我每日親與塗拭，晝間常臥我寢榻上，看著天氣寒暖，親自為他加減衣衿，節其飲食。皇帝自在醇王府時即膽怯，怕聽到大聲特別是雷聲，每有打雷下雨，我都把他摟在懷裡，寸步不離。皇帝三五歲後，我每日親書方紙，教皇帝識字，口授讀《四書》、《詩經》，我愛憐唯恐不至……」

作為一國之主的慈禧，像一個慈母似地為光緒做著這一切，也確實難為了她。只是意想不到的是，她的這番苦心結果付諸東流，悲劇再次重演，不僅沒有換來親情與報答，兩人最終反目為仇。

關鍵的原因，還是慈禧身上那無可更移、無時不在的威嚴。舉行登基大典之後，四歲的光緒跟隨兩宮皇后接見醇親王奕譞。離開親生父母與家庭的光緒一見父親醇親王，當即跪下哭道：「阿瑪，咱們回家。」慈禧見狀，自然不會像那些普通女人一樣婆婆媽媽地勸啊哄的，便以其慣有的方式一聲怒吼：「皇帝，成何體統！」光緒嚇得驚惶失措，哇哇大哭。等到奕譞退出宮時，光緒又大哭大叫著追趕不已，慈禧趕緊叫當值的太監一把將他按住。光緒對著醇親王奕譞離去的方向，拚命掙扎著放聲哭嚎：「阿瑪呀，我的阿瑪呀……」

登基當天的這一場景似乎定下了光緒此後三十多年皇帝生涯的基調，陌生、孤獨、恐懼、遺棄、冷落等多重情愫嚴重影響了他正常的生長與發育。對慈禧，他更是有著一種撕扯的兩難複雜心理，慈禧是他的伯母兼姨媽，並且扶立他當了皇帝，又視他為親生兒子，可謂有大恩於他。可光緒因長期籠罩在慈禧的權威與恐懼之下，心頭難以對她生出愛意。有恩不報不說，反而湧出冷漠與厭惡之情，這於從小受著傳統教育的光緒而言，內心深處也就長期藏有一種無法自拔的負罪與內疚。其實，他更多的還是思念自己的親生父母，他格外想念父親醇親王，特別喜歡吃母親帶給他的零食。而慈禧卻殘忍地將這種親情斬斷，希望能夠全部轉移到她的身上。自光緒進宮後，慈禧就立下了斷親情、立威嚴、傳孝道等三條規則，為了達到這一目的，「西太后待皇上無不疾言厲色，少年時每日呵斥之聲不斷，稍不如意，常加鞭撻，或罰令長跪……」

光緒無從抗拒這種強加的親情，無法逃避慈禧的無上權威與嚴密控制，表面雖然「見西太后如對獅虎，戰戰兢兢」，暗中則施以消極對抗的方式。也不知是從什麼時候起，光緒與慈禧，就這樣在一種相互消耗折磨的關係中，彼此成為對方無法征服的敵手，難以解脫的噩夢。

慈禧為滿足權慾長期垂簾聽政，一再推遲為光緒選后，後又強行將他不甚喜歡的桂祥之女葉赫那拉氏立為皇后，大婚後迫不得已撤簾還政，還是緊緊抓住大權不放，將光緒親政後對朝政的最終裁決合法化、制度化。

光緒一直隱忍著，卻又無從反抗，戊戌變法是其長期積怨與憤怒的總爆發。他曾明確通過慶親王奕劻轉告慈禧說：「太后若仍不給我事權，我願退讓此位，不甘作亡國之君。」慈禧聞言大怒：「他不願坐此位，我早已不願他坐之。」此時的光緒，仍沒有看清慈禧的內心與本質，對她抱有一種幻想。

雙方的怨恨由暗到明，由裡到表，無法緩和之時，不得不付之一場殊死對決。光緒自然不是慈禧對手，只能再次成為刀俎下的「魚肉」，任憑慈禧宰割。

他被慈禧囚禁在瀛台，後又挾持著倉皇外逃，兩宮回鑾後，慈禧接過光緒戊戌變法時曾經被她否定的改革大旗，一變而為積極推行新政的開明者。本該「大出風頭」的光緒，這時卻躲在了幕後，似乎完全被慈禧擊敗，顯得默默無聞，陷入深度憂鬱之中，對什麼也不感興趣了。

外界難見光緒皇宮生活，難窺真實心態，就是周圍那些監視他的太監，恐怕也無法明瞭他的一些真實想法。

其實光緒並未死心，於暗中依然作著較量，他所憑恃的就是年輕，是未來，他在積蓄，在等待。據美國傳教士何德蘭（Isaac Taylor Headland, 1859-1942）所著《慈禧與光緒》（*Court Life in China : The Capital, Its Officials and People*）一書所敘，光緒曾向一位他認為不會出賣他的人傾吐肺腑之言說：「我沒權，沒伴，就連內監也像是不把我當回事似的。這宮裡最下等的人哪一個不比我強？可總有算賬的那一天。太后也不能總活著，我一旦再坐上龍椅，會讓那些叫我這樣的人也受受我那份罪。」

與此同時，我們從一份光緒三十三年、三十四年的內務府「進呈書籍檔」中發現，光緒帝在這段時間索要了一百多種關於西方政治史與日本新政、憲法制度方面的書籍。這也說明他並沒有待著閒著，而是大量閱讀、思考，心存希望地積極準備著，為日後的君主立憲進行充分的積累與準備。一旦慈禧亡故，他就準備放手大幹，將自己的治國理想付諸實踐。可見光緒經過戊戌變法失敗的沉重打擊，也多少懂得一點韜光養晦之道了。

然而，一部中國近代史，總是讓我們喪氣扼腕，光緒三十四年（一九〇八）十月，七十三歲高齡的慈禧臥病在床，數日不起。那些曾經得罪過光緒，擔心慈禧死後遭到報復的小人開始在她耳邊進讒，說光緒帝聞知太后病重，喜形於色。慈禧一聽，自然大怒不已：「我不能先爾死！」於是，光緒帝也就真的死在了慈禧前面，比她早死不到二十小時。

皇帝與太后，一對親密的生死冤家不到一天時間先後辭世，實在是太不正常了，給人們留下了足夠的想像空間。於是，關於光緒之死，也就出現了多種說法：一說為袁世凱投毒，因為戊戌維新的出賣使得光緒帝對他咬牙切齒，他擔心光緒重登龍椅後性命難保，便買通宮人下了毒手；另一說法，認為是慈禧暗中謀害；第三種說法，光緒乃病重自然死亡。二〇〇八年十一月二日，由大陸清史研究專家組成的「清光緒死因」專項研究課題組以法醫學檢測手法，經過五年的探尋研究之後，正式宣佈光緒死於急性砒霜中毒。一段長達百年的光緒死因之謎似乎就此破解，然而，到底是誰施以毒手？真凶仍籠罩著神秘的雲霧難以廓清。除袁世凱、慈禧外，還有人認為是李蓮英。綜合前因後果及各種證據，我們更傾向於將光緒的死因歸結於慈禧的操縱與謀害。以她的個性、手腕、心計而言，絕對不願留下曾遭自己軟禁、挾持、迫害，與她誓不兩立的光緒皇帝繼續活在世上否定她的一切。

光緒帝過早辭世，對中國未來的發展走向影響至深。費正清、賴世和（Edwin Oldfather Reischauer, 1910-1990）在《中國：傳統與變革》（*China：Tradition and Transformation*）一書中寫道：「三十七歲的光緒帝的神秘之死使得中國喪失了向君主立憲過渡的最好機會，君權也落入了那些無知而自負的滿族親王之手。」如果光緒健在，君主立憲如日本那樣獲得成功，此後的日子，必是和平多於戰亂，建設壓倒破壞，民主多於專制……最起碼今日的法制民主建設，不至於仍處於啟蒙階段。

慈禧彌留之際，念念不忘的仍是手中大權，她抓住最後一線光陰，趕緊冊立新皇。上帝決定她的生死，她要決定別人的命運，甚至是大清帝國的命運。她對皇位繼承人的安排與設計，與三十四年前立嗣光緒時如出一轍，選親而不是擇優，從葉赫那拉家族與愛新覺羅的關係出發，局限在兩姓的交叉點上，選中了光緒帝兄弟載灃不足三歲的兒子溥儀。

頗有意味的是，慈禧留下的遺命，其中一條卻是「以後勿再使婦女預聞國政，此與本朝家法有違」。「與家法有違」當屬堂皇之語，就慈禧的內心與本意而言，她是否感到女人主政於國於己都是一場悲劇，才於死前反省，流露真情，特意立此遺命？不然的話，這不是對她一生的徹底否定嗎？作為一名特別要強不肯認輸的女人，她會這樣做嗎？

慈禧一死，清末的政治權威不復存在，互相牽制的各派力量頓時失去平衡，積鬱已久的各種矛盾在權力真空中全部爆發，清廷內部百病叢生，地方與中央的離心力加大，國內立憲派積極推行政治改革，海外革命黨人加快武裝推翻大清朝廷的步伐……

其實，慈禧以其相當敏銳的「嗅覺」，早已感知到在風雨飄搖中苦苦掙扎的清廷危險來自何方。一九〇七年，當端方由湖北巡撫調任直隸總督入京晉見時，她就不無憂慮地對他說道：「造就人才的是湖北，我所慮的也在湖北。」

如若慈禧晚死，大清王朝極有可能要多延續一些時日。

作為一名女人，封建末世的實際統治者，平心而論，慈禧也有許多「出彩」的地方，留下了不少亮點。比如發動辛酉政變後，她就沒有擴大打擊面，僅僅處死三人，處分十六人，共計十九人而已，表現出一個政治家的風度與胸懷；她「用人公平」，排除阻撓，重用漢族大臣，其力度之大，超過以往任何一任清朝皇帝；她支持重用左宗棠，平定西北，收復新疆；她昭雪冤獄，不惜處分一百多名朝廷官員，為一普通民女小白菜平反；她盡可能地爭取女性權益，強調女子的獨立精神，認為女人應該有自己的生活與精神空間，女子應該讀書識字，清末新政時鼓勵開辦女子學校，一九〇六年下令禁止纏足；沒有慈禧支持，早期洋務運動便不可能興起，為減輕阻力，她殺雞儆猴，有意打擊頑固保守勢力的代表人物，當時有名的理學大師，又是同治皇帝的師傅倭仁；由她大刀闊斧、自上而下推行的清末新政，其改革的力度與深度一直沒有引起我們的足夠重視，很多方面都超過了戊戌維新，私營企業開始大力發展，外資的引進與利用成為國內建設資金不足的一個有力補充，廢除延續了一千三百年的科舉考試，特別是將改革由技藝推進到了制度層面——預備君主立憲。近代所有的落後、失敗與貧弱，都可歸結於封建專制統治下整個國家的制度性群體愚昧，只有不遺餘力、大刀闊斧地推行制度改革，中國的民主與富強才有可能獲得成功，否則便是一句空話……

而慈禧更多的則是失策，囿於自身的弱點與識見，做出了許許多多影響國家命運的錯事。比如她打壓傾向西方、銳意改革的恭親王，中止派遣留美幼童，挪用海軍軍費修建頤和園，中日戰爭期間不顧一切地舉行六十壽誕慶典，發動戊戌政變葬送維新變法錯失改革良機，利用義和團盲目排外……

慈禧哪怕死後，仍以悲劇的方式影響著中國的政治發展與權力格局。

作為悲劇人物的慈禧，她的一些想法與行為總是適得其反、事與願違。意欲死後永遠享用、埋入陵墓的大量珍貴陪葬品，結果惹得無數盜墓者垂涎不已，睡在寢陵的她半刻也不得安寧。一九二八年，軍閥孫殿英打著「崩皇陵也是革命」的幌子，幹出了一件「前無古人，後無來者」的驚天大事——身為軍長的他，率領三個師的部分軍隊盜竊東陵。陵墓炸開，棺槨打開，已死二十年的慈禧仍然面色如生。為取出含在她口中的一顆夜明珠，一把刺刀捅入她的嘴中，兩邊嘴角被割開一直延伸到脖根。為搜求藏在她身上的所有寶物，慈禧屍身的所有衣服被扒掉，僅剩一條紅色貼身褲衩和一隻吊在腳尖上的襪子。兩名士兵見狀，淫慾大發，準備上前姦屍，若非官長擔心慈禧屍體發霉變質、士兵染上不治之症而加以喝斥阻止，她將遭受世間最為邪惡的羞辱。儘管如此，慈禧屍骨仍被「砍為碎片，四處丟散，無從辨認」，「其慘狀真是目不忍睹」。

東陵被盜的消息傳開，中外一片譁然，最感恥辱與氣憤者，當數慈禧於臨死前選立的末代皇帝溥儀，他發誓報仇雪恨。正是在這種強烈情緒的支配下，溥儀已分不清正義與邪惡，結果在日人的策劃下，於一九三一年的一個夜晚出逃，回到了他的先祖之地東北老家，成立偽滿洲國，成為日本侵略者操縱的傀儡，淪為民族叛逆與戰爭罪犯。

不論正說反說，只要客觀一些，我們就不得不承認，慈禧的確是一名曠世奇女，有清一代的大人物。正如《慈禧外紀》所言：「慈禧必為中國歷史上一極有名之君主，其聰睿之識，沉毅之才，遠出尋常男子之上。」

若論中國近代史中影響最大者，我們也不得不承認，此人便是慈禧。其他關鍵性人物的重要影響，或局限於某一方面，或停留在某一時段，而慈禧則屬長時間、全局性的深刻影響與改變。只是這種影響與改變，負面多於正面——置身列強環伺、內外交困的封建末世悲劇時代，籠罩在無法擺脫的悲劇意識、悲劇宿命與悲劇陰影之中，慈禧以其失敗的悲劇性一生，將中華民族推向了更加黑暗的悲慘境地。

7. 康有爲：傳統「烏托邦」

康有為一個最大的失誤，就在於不懂得中國黑暗的官場學，看不到事情的實質，抓不住問題的關鍵。他以為只須打動光緒皇帝，改革大業就可一帆風順了。

一

據出身書香世家的康有為回憶自述，他四歲時「已有知識」；五歲「能誦唐詩數百首」；六歲那年，家族長輩課以屬對，上聯為「柳成絮」，他不假思索地脫口對以「魚化龍」，對仗工整、意境奇崛、超然脫俗，擔任教諭的伯父康達棻當即讚歎不已：「此子非池中物！」十二歲在連州一年一度的龍舟競渡賽上，他當場賦詩「二十韻」，驚得州吏連呼「神童」，特贈「漆硯盤盒數事」以資鼓勵。

然而，被視為「神童」的康有為在科舉道路上卻歷經坎坷，讓那些對他寄予極大希望的康氏家族長輩不禁大跌眼鏡：他從十四歲就開始參加童子試，屢次應試，屢次落選。最後還是憑藉祖父在連州訓導任上駕舟救災，不幸殉職的蔭庇，獲了個蔭監生的資格，才得以赴京參加順天鄉試。而六次鄉試，就有五次落第，直到光緒十九年（一八九三），已是三十五歲的他，才以第八名的成績考中舉人。

莫非康有為的「神童」之譽，乃無端吹捧浪得虛名？事實並非如此，梁啟超說他「腦筋最敏。讀一書，過目成誦；論一事，片言而決」。一次，康有為曾相當自負地對眾人言道：「少時讀六朝文，皆能背誦。」接著又說：「少時喜歡讀杜詩，至今仍能背誦全集。如諸君不信，請任提一句，我即可連接下句，不遺一字。」康有為的確有著過人的聰慧穎悟，攻讀也十分刻苦，八股功底相當扎實，用他自己的話說，就是「時為制藝文，援筆輒成」，「但不好為之，不工也」。也就是說，他的心思並未完全專注於科舉一途。

康有為的個人興趣非常廣泛，閱讀相當繁雜，除科考必讀的儒家典籍外，還系統地飽讀諸子百家、經史文學，就連當時最新出版的《瀛寰志略》，也有過一番認真研讀。這種看似有所失實則更有所得的閱讀，全賴兩位叔祖父提供了他人難以企及的條件——先是在左宗棠手下立有軍功的伯祖父康國熹在故鄉廣東南海縣西樵銀塘修了一座藏書萬卷的澹如樓；其後任過福建按察史的叔祖父康國器回鄉，又在澹如樓對面新建書樓一座，收藏各類卷帙浩繁的經集雜史及新版圖書數萬冊。

面對浩翰的「書海」，求知慾非常強烈的康有為簡直「忘乎所以」了，他剛剛放下這本，馬上又揀起那本，還想翻翻更多的卷本。新鮮好奇充斥胸間，他一個勁地東啃西食、大嚼大嚥，恨不得將兩座藏書樓的所有書籍吃遍啃透。這種「得博群籍」的粗讀，嚴重分散了他的精力，影響了他的科舉仕途。對此，他似乎不以為然，仍我行我素，「不務正業」地翻看「閒書」。

十一歲那年，康有為父親病逝，生活與學業便由祖父康贊修及諸叔父們打理。在「一人得道，雞犬升天」的古代社會，個人的功名利祿往往牽扯到整個家族的榮耀與利益，一個享有盛譽的「神童」，卻在科舉場上屢屢失利，連最起碼的秀才「資格證書」也拿不到手，不禁弄得康氏長輩們頗有幾分難堪。他們為他急得不行，嚴加督責的同時，鑒於過去接受的主要是家庭教育，便找了一位名師——人稱「九江先生」的晚清宿儒、義理學大師朱次琦為他指點迷津。朱次琦不僅是康有為祖父的老朋友，他的父親及幾位學問不錯的叔父都出自朱先生門下。光緒二年（一八七六），十八歲鄉試再度落第的康有為前往禮山草堂，正式拜朱次琦為師。

朱次琦主張經史兩學相互貫通印證，學問應「濟人經世」關涉國計民生。他要求弟子們讀遍二十四史，特別是《史記》、《漢書》、《後漢書》、《三國志》，更要深研精讀。康有為在朱次琦門下一學就是三年，其間只回家過兩次，一次是祖父去世結廬守靈，另一次是回家娶親。三年系統學習，康有為熟讀四庫典籍，「得聞中國數千年學術之源流，治教之政變，九流之得失，古人群書之指歸，經說之折衷……」

在此，我之所以花費筆墨強調康有為的讀書歷程，是因為興趣愛好、博覽群書及系統閱讀，對他有著舉足輕重的作用與影響，塑造並改變了他的整個人生。他能夠高屋建瓴地進入社會，全賴一生所鑄學問——以學問為根基，以學問為武器，以學問而救國。

剛入禮山草堂，朱次琦給康有為的唯一訓示，只有兩個字：戒傲。歷代文學家、哲學家中，朱先生最推崇韓愈，要求學生們多讀其文，尤其是他的代表作《原道》。康有為卻與老師意見相左，認為韓愈「道述淺薄」，「不過文工於抑揚演灝，但能言耳，於道無與，即原道亦極膚淺，而浪得大名」，並生發開來，認為上千年來的文學大家皆屬裝腔作勢之輩，實無人真正瞭解「道」、懂得「道」。認識不同，見解相左，本屬正常，朱次琦也未加嚴責，只是笑了笑，說他的想法太狂了一些。沒想到在同學中卻產生了極大的反響，說他目無尊長、膽大妄為到了極點，並帶來了一定程度的「恐慌」——「漸駭其不遜」。

康有為不是那種泥古不化的書呆子，他一邊閱讀一邊思索，對辭章考據之學，對程朱理學不禁產生了懷疑。書讀得越多，就越覺得「私心好求的安心立命之所」，無法在故紙堆中找尋。於是，不由得拋開書本，閉門謝客，什麼也不讀地靜坐養心。他盡可能地使自己進入寧靜澄明之境，在王守仁式的「吾心即是宇宙，宇宙即是吾心」的體驗中，康有為似乎進入了超越個體的博大境界。對此，他在《康南海自編年譜》中寫道：「靜坐時忽見天地萬物皆我一體，大放光明，自以為聖人，則欣喜而笑。忽思蒼生困苦，則悶然而哭……」

對這種老師厭惡的靜坐打禪方式，同學們先是感到奇怪，後見他「歌哭無常，以為狂而有心疾矣」。康有為經常沉浸在這種忘卻周圍世界的個人內心之中，「飛魔入心，求道迫切，未有歸依之時」，此種情形與洪秀全病中進入譫妄與夢魘狀態，視自己為上帝派到人間斬殺妖魔的「天王」有著一定的相通之處。所不同的是，洪秀全視幻為真，無以自拔，康有為卻能及時地回到現實世界。

儘管如此，這次深陷其中的走火入魔仍在他心靈深處留下了難以抹去的隱患，帶來的影響與後果不可小覷。比如他此後便一直沒有走出聖人的虛幻，孔子有素王之稱，他自號「長素」，不僅以「聖人」自視，更有超越前聖孔子之意；比如他在某些事情上不近人情的頑固與偏執，便與「歌哭無常」表現出來的人格分裂疾患極其相似……

求道而不得，與老師朱次琦在求道的方法問題上又有分歧，加之同學們認為他既狂且癲，康有為終於離開了禮山草堂，告別家人，來到位於廣州西南六十八公里的西樵山，入住白雲洞的三湖書院，潛心研習佛道。

置身幽山，行吟流泉，睡臥林石，騁思遊想，於康有為而言，這是一段率真隨性、恣意浪漫的美好日子。他或坐或眠，或行或奔，或歌或哭，或吟或嘯，在一種無拘無束、自由自在的物我兩忘境界中，由義理之學轉向佛道之學。他吸收佛學精義，希望自己有一天也像大慈大悲的釋加牟尼那樣普渡眾生。在對道教五勝道仙術的苦修中，康有為則進入了另一種走火入魔——「視身如骸，視人如豕」。看自己是一堆骷髏，見他人是一群豬玀，這樣的修練算得上大徹大悟、真正得「道」嗎？

苦苦尋「道」而不曾得「道」的康有為怎麼也不甘心，這時，他認識了一位歸鄉省親、遊逛西樵山的朋友——廣東番禺人、翰林院編修張鼎華。一番交往，特別是通過張鼎華對三朝以來夷務交涉的介紹，康有為得以「盡知京朝風氣，近時人才及各種新書」。聯想起以前在藏書樓讀過的《海國圖志》、《瀛寰志略》、《職方外紀》等書籍，不禁對西方社會產生了濃厚的興趣，決計前往英人治理的香港見識一番。

從南海到香港十分便利，也不需要像此後那樣辦理各類進出證件與通行手續。光緒五年（一八七九），康有為第一次踏上了香港這塊屬於中國人的「異土」，恍惚進入了一個不敢相信的夢幻世界：「靈島神皐聚百旗，別峰通電線單微。半空樓閣凌雲起，大海艨艟破浪飛。夾道紅塵馳驃褭，沿山綠圃鬧芳菲。傷心信美非吾土，錦帊黃靴滿目非。」英人統治僅三十多年，原本荒涼的漁村般的彈丸之地，竟發生了如此翻天覆地的巨大變化！在親眼目睹的震驚中，康有為對西方社會不禁有了全新認識：「覽西人宮室之瑰麗，道路之整潔，巡捕之嚴密，乃始知西人治國有法度，不得以古舊之夷狄視之。」他不得不承認西方的資本主義，大大優越於中國的封建傳統制度。於是，萌生了向西方尋找真理的念頭，在香港購買大量西方書籍而歸，馬上進入另一種全新的如癡如醉的閱讀之境。

正是在西學的啟迪下，康有為的人生觀、世界觀發生了根本轉變。通過對香港的感性認識，以及閱讀中所吸收的西方自然科學與資本主義政治理論，比照、反觀、審視中國，康有為深刻地認識到封建社會、傳統文化實在是太陳腐、太落後了。在又一次對《海國圖志》的潛心閱讀中，他認為只有學習西方，仿行西方，建立君主立憲制，變法圖強，舊中國才能找到繁榮強盛的成功之路。

康有為的這種求學、閱讀、尋「道」之路，離叔父們希冀於他的科舉之途實則越來越遠。在母親「汝祖以科舉望汝，汝不可違」的督促下，一八八二年，他不得不以蔭監生的資格，第一次赴京參加順天鄉試。

失之東隅，收之桑榆。科考雖然落選，但康有為幾乎因此而「走讀」了半個中國，特別是返程時途經上海，作為第一批開埠通商口岸，一個鮮為人知的沿海縣鎮，已成為萬商雲集、高樓林立、街衢縱橫、五光十色的大都會，康有為再次感到西方力量的強烈衝擊。「道經上海之繁盛，益知西人治術之有本」，他又一次傾囊購買西書，「大攻西學書，聲、光、化、電、重學及各國史志，諸人遊記，皆涉焉。」據有關資料記載，上海江南製造局譯印西學新書，三十年間共出售一萬二千冊，僅康有為一人，前後購書就達三千多冊，約占銷售總量的四分之一。

傾囊四處求購西書，如飢似渴學習吸收，將中學各流派，西方各學科集於一身。正是這種兼收並蓄的博大胸懷，造就了一個全新的康有為，從而逐漸構建起個人獨特的思想體系，為此後的開堂講學、著書立說、維新變法等一系列活動與發展，奠定了充沛的底氣與雄厚的基礎。

二

就某種程度而言，我們不得不承認，康有為鍥而不捨的問學求道，從中國傳統文化的角度來看，的確帶有一定的「先知先覺」色彩。

康有為從朱注六經、科舉制藝到經世致用、義理經學為第一變，轉向佛道之學為第二變，求道西方為第三變，如果說第一變出於康氏長輩「無意插柳柳成蔭」的安排，那麼第二變、第三變則完全出自內心的渴求與自覺。特別是鑽研西書，沒有老師的教學指點，又不懂外語，僅憑大量購買的翻譯之書，他一本一本地啃著，硬是於那些枯燥深奧的數學、物理、天文、地理、生物等自然科學中，探出了一些門道，「現買現賣」地用這些剛剛學來的算術幾何、星雲以太、宇宙演化、地質嬗變及生物之學，剖析中國的過去、現在與未來，還將西方幾何學中的「公理」、「實理」等活學活用於他最早寫就的《人類公理》、《公理書》等書中。難能可貴的是，康有為並非一味信奉西學，而是合西學與過去鑽研的諸子之學、苦苦修悟的佛學道教於一體，探索長期孜孜以求的「道」，用他自己的話說，就是「合經子之奧言，探儒佛之微旨，參中西之新理，窮天人之頤變，搜合諸教，披析大地，剖析古今，窮察後來」。

也許是參研學問過於用心刻苦之故，一八八五年三月，康有為突然頭痛大作，並影響到眼睛，「不能視文字」。如果是短暫的疼痛，忍一忍，也算不得什麼，可一連就是好幾個月。他無法忍受，又不得不忍受，於坐臥不安中，每天只好用毛巾裹住腦袋，呻吟著在室內無可奈何地轉來轉去。母親遍請名醫高手前來醫治，均感束手無策。時間一長，連康有為自己都感到絕望了，不禁默默地整理過去的筆記手稿，等待死神降臨。康有為相信天命，以為人的一生全由上天安排造作，他還特別迷信風水，熱中扶乩問卜，所以他並不懼怕死，並對自己能夠綜合古今中外之學，「既聞吾道，既定大同」十分滿意，可以平靜而無憾地死去了。

結果自然是沒有死成，救他一命的竟是那些購回的西書。平靜等死的日子裡，康有為開始研讀西醫之書，並如法炮製西藥，以自己為試驗品服用療治。憑著幾本西醫書籍，康有為竟然妙手回春、起死回生，病情有所好轉後，又在西樵山白雲洞隱居調養一段時間，第二年春天，便恢復如初了。

從此以後，康有為更加信服西學，並將閱讀研究的重點，由自然科學轉向社會、哲學、歷史、政治、教育等「泰西之政」。

與一般人不同的是，康有為對科舉功名並不熱心，於多次落第，他自己真的一點也不在意，長期不倦的刻苦攻讀，只以求學問道為指歸。正因為超然於個人的功名利祿之外，於科舉也就顯得相當地無所謂了。也許是兒時天資過於聰穎出眾，師長過於寵愛誇獎之故，康有為從小就顯得頗為自負，自視甚高，「以經營天下為志」，性情嚴肅，不苟言笑，活像一個小大人。這種自負與自傲並未隨著科舉失意的打擊有所收斂，反而隨著學問的精進不斷增強，有時竟達到了不能恰如其分地認識自己，乃至目空一切的地步。他所追求的，是一種經天緯地、包容宇宙的大視野、大學問、大道德、大理想。哪怕陷入走火入魔、如癡如狂的境地，也不同於洪秀全科舉打擊的染病譫妄，而是參悟求學所致。他先是在儒聖孔子身上吸取營養，以「正心、修身、齊家、治國、平天下」為理想；參禪問佛後，便以釋加牟尼為榜樣，欲拯救災難深重的民眾於困厄苦海之中；而西方文明的強烈刺激，於西學的不斷鑽研，更是激發他以聖人為榜樣，改革傳統社會的意志與決心。與此同時，他仍一個勁地堅持科考，早先是出於母親及家族長輩的督責，後來則是希望博取功名、佔據要津，以便更好地改造社會，實現自己的遠大抱負與宏偉目標。

康有為介入社會、干預政治、實施抱負的最初途徑，主要是上清書、開學堂、著新書。

光緒十四年（一八八八），康有為利用再次赴京應順天鄉試的機會，於十二月十日大膽向光緒帝上書，這便是有名的〈上清帝第一書〉。

在五千多字的上書中，康有為字斟句酌，話說輕了，無疑隔靴搔癢，重了又有觸犯「龍顏天威」之險。他向光緒分析內憂外患的嚴重局勢，針對朝政弊端，提出了「變成法、通下情、慎左右」的變法主張。「變成法」就是要打破祖宗之法不可變的傳統觀念，變法興治，「十年之內，富強可致」；「通下情」，是希望皇上禮賢下士，集思廣益；「慎左右」，認為作為國家的最高統治者，皇上應該明辨忠佞，去奸臣，近忠良，以一身正氣帶動百姓，共同治理朝政。

在等級制度嚴格異常的封建社會，作為一介沒有任何功名的布衣，康有為並無上書皇帝的資格，試圖通過他人代遞傳呈，也沒有成功。上書雖未呈達光緒之手，但其內容卻感染、激勵著無數書生百姓，一時間，〈上清帝第一書〉被人廣為傳抄，康有為的名氣，也開始在京城慢慢「唱響」。

「撫劍長號歸去也，千山風雨嘯青峰。」上達天聽受挫，康有為回到故鄉，一方面潛心著述，一方面收徒講學，傳授新學，培養人才。

光緒十七年（一八九一），康有為在拜門弟子陳千秋、梁啟超的邀請下，先於廣州鬧市中心的長興里邱氏書屋開堂講學，後因「來者日眾，舊址不敷周旋」，校址一移到衛邊街鄺氏祠，再移至廣府學宮文昌殿後的仰高祠，正式命名為「萬木草堂」，取萬木培植成棟梁之意。學堂所收學生，不論門第貴賤、年齡大小、學問高低，只要接受維新變法理論，皆可進入深造。招生方式別具一格，授課更是別開生面。康有為根據自己的求學問道經驗，從變法的需要出發設置課程，以孔學、佛學、宋學（陸王心學）為體，以史學、西學為用，可謂上下古今兼顧、中西文理俱備。康有為每天都要給學生授課四五個小時之久，所講內容「以窮理創義為要旨：

……求廣大之思想，脫前人之窠臼，闢獨得之新理，尋一貫之真諦」。此外，學生主要靠自己讀書、寫筆記。萬木草堂有一個藏書豐富的圖書室，據學生回憶，「是以康先生所藏書為基礎，同學們家藏的書，則自由捐獻」而成。學堂「每人給一本功課簿，凡讀書有疑問或心得即寫在功課簿上，每半個月呈繳一次」，然後由康有為批示作答。學堂不分年級班次，也沒有考試制度，「全在功課簿上窺察各人造詣之深淺」。應該說，萬木草堂不僅是中國第一座引入西學為傳授內容的新式私人學堂，也是第一座以素質教育為主的學校。

康有為切入社會的方式無疑是十分高明的，對上，呈書以打動皇帝；於下，通過培養一批維新變法的知識分子骨幹力量，從而啟迪、喚醒廣大民眾。「草堂徒侶，康門弟子，其全盛時，數以千計，蓋遍於各省矣。」據統計，從一八九一年最初的長興學舍，到一八九八年清廷下令封禁，萬木草堂先後培養學子達三千餘人，不少成為維新變法的棟梁之材。

從學問到實踐，從底層到上流，康有為經過一番不懈探索，對社會現實，也算有了相當深刻的認識。他清醒地意識到幾千年封建專制統治的荼毒之深，改革之艱與變法之難，決心從理論方面入手，推翻頑固的守舊體系，樹立嶄新的變法思想，以達啟蒙、維新、變法、富強之效。為此，康有為創作了他的成名作也是早期代表作《新學偽經考》與《孔子改制考》。

不少學者認為，康有為的兩部奇書《新學偽經考》與《孔子改制考》淵源於晚清著名的經學家、思想家廖平的《知聖篇》與《闢劉篇》，有人乾脆就說兩書抄襲廖平。說者言之鑿鑿，廖平本人當年就有指控，而康有為卻極力回避甚或否認，倒是弟子梁啟超較為客觀持平，說老師康有為「見廖平所著書，乃盡棄其舊學」。

按理說，一位集中西學問於一身，並以「聖人」自詡的大家，完全沒有必要去做抄襲他人這種偷偷摸摸有損道德聲望的事情。廖平為今文經學大師王闓運及門弟子，曾任張之洞幕僚，一生教學為業，主要研究經學，以經學六變著稱，主張「尊今抑古」。他將「抑古」思想寫成《闢劉篇》，認為《周禮》等古文經傳多由劉歆偽造；以「尊今」思想寫成《知聖篇》，說西漢今文經傳才由孔子改制而作。康有為與廖平早就相識相知，也曾看過他這兩部手稿。一個無可更移的事實，那就是康有為肯定從廖平的著述中受到啟發與影響，並援入《新學偽經考》與《孔子改制考》之中。創作受到啟發影響，引用他人資料是一回事，而抄襲則又是另一碼事了。在此，我們無意考證甄別，僅著重於作品的影響與人們的認可，會心於美國學者列文森（Joseph Richmond Levenson, 1920-1969）在《儒教及其現代命運》（*The Review of Confucian China and Its Modern Fate*）一書中所言：「不管康是否一位抄襲者，但正是他臨危不懼地改變了歷史。」

同樣是對「新學偽經」的考訂，廖平的著眼點在於經學正統的學術問題，而康有為卻將其納入變法改制、救亡圖存尋找理論根據的政治框架。秦始皇焚書坑儒，人們以為六國典籍及民間藏書已被燒盡，漢代秦立後，便四處搜求耆老宿儒，憑藉他們的口耳相傳、記憶誦讀，硬是復原了昔日的孔子六經。及至漢武帝末年，事情陡然起了變化，一批藏得很深、未被焚毀的典籍陸續被人發現。如此一來，就出現了兩種不同的經書，並形成了兩個分歧日甚、相互排斥、水火不容的學派——今文經學派與古文經學派。今文經學推崇孔子，認為他是「托古改制」的政治家，身受大命的「素王」，以治《公羊學》為主；古文經學則將時代推得更遠，崇奉周公，以治《周禮》為要，認為六經不過是一些史料，孔子僅是一位史家而已。先是今文經學盛行，到了西漢末年哀帝時，一位致力於古文經學研究的學者劉歆助王莽篡權，被封為國師，於是古文經學成為官學與顯學。因王莽篡漢建立的朝代名新朝，於是，劉歆的古文經學又稱新學，意即「新朝之學」。自此以後，今文經學便一落千丈，直到清道咸年間，才慢悠悠地緩過一口氣來，大有死灰復燃之勢。

《新學偽經考》中所要考證的，就是劉歆所傳經學的真偽，對他一手捧起來的古文經學予以否定。經過一番論證，康有為得出的結論是，秦始皇焚書，並未毀及六經，漢初所傳，全是孔門足本；因此之故，西漢經學，便無所謂古文者；大凡所傳古文，皆為劉歆偽作；劉歆之所以作偽，就是為了湮滅、攪亂孔子的微言大義，幫助王莽篡奪政權。

康有為拿劉歆與新學「開刀」，得出了一切古書都需重新考證、檢查、評估的結論，動搖了正統清學的立足點，也就難怪梁啟超將其視為「思想界之一大颶風」了。

如果說《新學偽經考》是「破」，那麼《孔子改制考》便是「立」。不破不立，有破有立，邊破邊立，這才是康有為離經叛道的本意與目的所在。

《新學偽經考》以今文經學為正宗，奉孔子為聖人，認為自東漢以來的孔子六經全為劉歆偽纂，那麼，孔子的「真經」與「大義」到底是什麼呢？這，便是《孔子改制考》所要解決的問題。

又是一番考據論證，康有為得出了新的結論：《詩》、《書》、《禮》、《易》、《樂》、《春秋》等先秦六經為孔子親作，但其中關於神農、黃帝、堯、舜、禹以及上古文物、制度均不存在，全為孔子假托。孔子何以「托古」造假？在於先秦時期，周衰禮廢，為求通達，孔子不得不進行「改制」。如此一來，聖人孔子就成了中國最早的改革先師與樣板。

至於孔子設計與改革的具體內容，康有為給出的答案是，孔子將社會發展的過程分為必須經歷的三個階段，即據亂世、升平世與太平世。據亂世對應於君主專制時代，升平世為君主立憲時期，而太平世屬民主共和時代，此乃人類社會的最終歸宿。於是，康有為筆下的歷史觀，再也不是傳統的治亂循環模式，而是由低級向高級不斷過渡的發展史觀。

康有為認為目前中國所處的時代，正是升平世，按照孔聖人在兩千多年前早就設計好的藍圖，就是要廢除專制統治，實行君主立憲。

《孔子改制考》的目的，由此昭然若揭，不過憑藉孔子的權威，利用他的神聖，打著他的旗號，行社會改革之實。此書一出，所帶來的實際效果，是繼《新學偽經考》的「颶風」之後，又在思想界造成了一次更加震撼的「火山大噴發」。

三

中日甲午戰爭爆發，陸軍在朝鮮一觸即潰，北洋艦隊全軍覆沒，日軍海陸並進直入中國領土，京城岌岌可危。清廷不得不屈辱求和，準備簽訂割地賠款的《馬關條約》。

正在北京參加會試的康有為聞訊，不禁義憤填膺，拍案而起：「嗚呼噫嘻！萬里之廣土，四萬萬之眾民，而可有此約哉！」當即奮筆疾書，以一天兩夜時間，草擬了一份一萬八千多字的上皇帝書，是為康有為〈上清帝第二書〉，內容主要如下：一曰拒和，建議皇帝下詔，鼓天下之氣；二為遷都，「旅順已失，威海既隳，海險無有，京師孤立」，建議遷都西安，變被動為主動；三是練兵，以強天下之勢，然後力戰；四乃變法，提出富國、養民、教民、革新庶政等變法方案。

〈上清帝第二書〉寫成，康有為在弟子梁啟超、麥孟華等人的幫助下，聯絡廣東、湖南兩省以及全國各地前來京城應試的舉子簽名，共同上達皇帝。因漢代實行征辟制度，凡徵召入京任職的文人學士，全以公家車馬接送，時人稱為「公車」。科舉選士制度確立，入京參加考試的舉人沒有這種待遇了，但「公車」之名卻沿襲下來，人們仍以「公車」稱呼那些入京應試的舉子。因此之故，康有為發起的這場史無前例的上書活動，又稱「公車上書」。

「公車上書」近來多遭學人詬病，原因在於籠罩其上的神聖光環在新的考證與史料面前被打破。據《康南海自編年譜》所敘，康有為發動十八省一千三百多名舉子聯名上書被都察院所拒，後在其所著《汗漫舫詩集》中，又有如下文字：「東事戰敗，聯十八省舉人三千餘人上書，次日美使田貝索稿，為人傳鈔，刻遍天下，題曰〈公車上書記〉。」康有為帶頭聯合十八省舉子齊集松筠庵聚會確有其事，因中途有數百人取回「知單」，所以列名的舉人只有六百零二名，加上領銜的他，實際數字為六百零三人。正在這時，《馬關條約》已經簽字的消息傳來，康有為第二天又得知自己考中進士，「公車上書」就此擱淺，並未上呈，所謂都察院被拒也屬虛構。

其實，簽字人數的多少與是否上呈並非特別重要，重要的是「公車上書」產生了轟動性的影響，喚醒了「吾國四千年之大夢」，人們爭相「索稿傳鈔」〈上清帝第二書〉。

通過理論著述《新學偽經考》、《孔子改制考》以及「公車上書」，康有為維新變法的領袖地位無可置疑地得以確立。

然而，康有為給自己的定位實在太高，早年就以「聖人」自詡，以睥睨天下的姿態待人接物，以傳之後世、流芳千古的想像活在今生、奮鬥不止。他在廣州萬木草堂講學時，孫中山有意結交，並托人轉達此意，不料康有為回道：「孫某如欲訂交，宜先具門生帖拜師乃可。」孫中山覺得他過於妄自尊大，也就打消了交往的念頭。康有為不做第二，只做第一，從來不願屈居人後，「長素」之號便是其真實寫照，哪怕名列孔子之後也不甘心。作為一個有著七情六慾的塵世之人，康有為實在難以達到先知先覺、十全十美的聖人境地，所以不得不在一些事情上大加琢磨做點手腳：一是作秀，二是造勢，三是做假。比如《新學偽經考》與《孔子改制考》借用新的史料，參考新的成果，受到他人的啟發，本來是再正常不過的事情了，而極其自信、自尊與自誇的康有為為了顯示自己先知先覺、超越常人的「風采」，不得不「斬釘截鐵」地否定他與廖平有著任何牽連與瓜葛。是啊，超然的聖人，哪能拾人牙慧，容下半點污垢與缺點？結果適得其反，知情者據此擁有足夠的理由認為康有為為人不仁，是一個抄襲、剽竊他人的偽君子。就留傳下來的有關「公車上書」的原始資料而言，都由康有為及其門生弟子撰述，而專家學者只要稍稍往裡開掘，翻檢、參考、比照、歸納同時代其他人的記述，就會發現許多難以自圓其說的破綻，於是，一段歷史就在抖落刻意的偽裝、去掉精心的塗飾中回歸本原。「聖人」康有為像這樣的做假偽飾還有不少，後面的關鍵緊要之處，我們當有所提及與指認。

沸騰的熱血與赤誠的吶喊，直到引起帝師翁同龢的注意，得到他的保舉與推薦，康有為的行為才慢慢與其朝思暮想的目標掛起鈎來。

不久，康有為又呈〈上清帝第三書〉，這回總算感動了「上帝」，經過一番周折，終於「上達天聽」。康有為共上清帝七書，內容不外籲請皇上集思廣益，富國養民，教士練兵，設立議院，頒行憲法，推廣新政，發憤圖強。

受中日甲午戰爭失敗的強烈刺激，光緒皇帝滿心希望勵精圖治，卻又找不到路徑與方法，大有一種有力無處使的鬱悶之感，康有為的上書內容，與他心中的一些想法可謂不謀而合。光緒閱後先是高興，「上覽而喜之」，眼前一亮，頓覺柳暗花明；繼而相當重視，破格令軍機處抄錄三份，在他上朝的乾清宮及處理政務的勤政殿各留一份以作備覽，另一份傳發各省大員，原件送交慈禧太后「懿覽」；接著頒發上諭，按康有為上書的有關內容，令各部院堂官及各省將軍督撫專摺保奏人才。

康有為欣喜不已，又一鼓作氣地連呈〈上清帝第四書〉、〈上清帝第五書〉，結果兩書都被工部扣押，沒能到達光緒手中。維新的曙光剛剛破曉，幾縷光線還來不及擴展，東方天空的魚肚白，就被倏忽而至的烏雲遮蓋了。

猶如一個正在蹦跳的皮球突然刺穿一個洞來，嗤地一聲怪響過後，康有為不禁全身洩氣。失望至極，深感改革維艱，事不可為，就想在河水結冰之前離開京城，南返廣東。

一八九七年十二月十一日，北京南海會館汗漫舫，康有為裝好行李準備啟程。就在這時，上完早朝的翁同龢氣喘吁吁地趕了來，他並不是前來送行的，而是力勸康有為留下，「告以上眷至篤，萬不可行。」康有為被光緒帝的誠意及翁同龢的鼎力舉薦感動了，打好的行李又搬回他在京城的常住之所汗漫舫。

於是，第二天就有給事中高燮正式上摺保薦康有為，並請皇帝予以召見。結果遭到恭親王奕訢及禮部尚書許應騤等人的反對。翁同龢再行保薦，光緒皇帝在老師的鼓動下，自然心有所動，而恭親王奕訢又奏道：「本朝成例非四品以上官不准召見，今康有為乃小臣，皇上若欲有所詢問，命大臣傳語可也。」當時的康有為，雖然中了進士，卻因頑固的保守派所阻，殿試、朝考卷被逐出十名之外，僅授了個工部虞衡司主事的六品芝麻官。據傳康有為能夠考中進士，還是沾了弟子梁啟超的光。那屆科考典試總裁為頑固的守舊派官員徐桐，他對宣傳維新變法的康有為早就恨之入骨，事前便與其他考官暗通聲氣：「粵省卷有才氣者必為康祖詒（康有為字），即勿取。」考官閱卷時，將梁啟超的試卷誤認為康有為的卷子，結果梁啟超給乃師康有為當了一回「替罪羊」，名落孫山。

皇帝雖集所有大權於一身，有時也不得不受制於「祖宗成法」，不能肆無忌憚地為所欲為。光緒皇帝則更甚，慈禧太后這道無法突破、難以擺脫的「緊箍咒」幾乎制約了他一輩子。四品以下的官員不能見，普通老百姓更不可能一睹「天顏」了，皇帝的高高在上、神秘莫測由此可見一斑。不得已，光緒皇帝便命總理衙門大臣在總署平日接見外國公使的西花廳召見康有為，「詢問天下大計，變法之宜」。

李鴻章、翁同龢、軍機大臣榮祿、刑部尚書廖壽恆、戶部左侍郎張蔭桓出席了這次召見會。張蔭桓因事中途退出，榮祿話不投機提前離去，三個小時的召見，自始至終只有李鴻章、翁同龢、廖壽恆三人參加，就變法的一些具體事宜，向康有為提出詢問。

好不容易才爭來這樣一次難得的機會，康有為自然抓住不放，作答時，顯得胸有成竹，時而侃侃而談，時而義正辭嚴，時而據理力爭，大有四兩撥千斤的派頭與氣勢。

次日早朝，贊同變法的翁同龢將此次會見的情形向光緒帝作了彙報，稱讚康有為是可用之才。其實，翁同龢早就在光緒面前說過「有為之才，過臣百倍」，「請舉國以聽」之類的話。難能可貴的是，翁同龢的這種誇獎完全發自內心，他曾在致密友的一封書信中寫道：「康梁有其經世之才，救國之方，此弟之所以冒萬死而不辭，必欲其才能得所用而後已也。」

光緒聽了翁同龢的進言，心頭又是一陣振奮與激動，決定馬上親自召見康有為。還是恭親王奕訢出來作梗，說先可以讓康有為將變法意見呈上，果若可行，再予召見不遲。光緒帝不好駁回，只得依言而行。

康有為此次遵旨呈送光緒皇帝的條陳，即〈上清帝第六書〉。一八九八年一月二十九日呈總理衙門代奏，因許應騤攻擊阻撓，結果扣壓了一個多月，直到三月十一日才送達光緒手中。康有為得知第六書送達皇上的第二天，又呈《俄彼得變政記》一書及〈上清帝第七書〉。

康有為提供給光緒皇帝的變法藍本，就是俄國的變法與日本的維新。繼《俄彼得變政記》之後，又進呈了《日本變政考》。康有為建議光緒帝學習彼得大帝變法的勇氣與發憤的精神，效法明治維新的變法理論與內容措施，「以俄彼得大帝之心為心法，以日本明治之政為政法。」在康有為的激發下，光緒皇帝深刻地認識到，「若不變法圖強，社稷難資保守」，於是，他決心以彼得大帝與明治天皇為榜樣，以銳意進取、狂飆突進、催枯拉朽之勢，進行一場從上到下的全面改革。

一八九八年六月十一日，光緒帝頒布〈明定國是詔〉，轟轟烈烈的清末維新變法就此拉開序幕。

這是一場僅僅存在了一百零三天就告夭折的變法，所以又稱「百日維新」。關於慈禧太后發動政變、袁世凱叛變告密之類有關戊戌變法的記敍與資料實在是多之又多，在此，我們沒有必要重複饒舌，僅從康有為的角度，對這場見仁見智的運動稍作審視。

作為改革的總設計師，康有為與實際領導人光緒皇帝之間，僅在維新變法運動開始之後，即一八九八年六月十六日，才有過一次兩個多小時的召見，這也是他們一生中唯一的一次見面。這次會見，君臣之間可謂推心置腹，康有為給光緒出了不少好主意，如建議不撤舊衙門，只增新衙門；不革舊大臣，只擢用小臣，多召維新人士破格提拔；所有變法都以詔書下發，不交各衙門複議，以避免議駁減少阻力；還定下了廢除八股的基調，並提及如何籌措資金、譯書遊學等諸多事項……這場談話的信息量不謂不大，密度與質量不謂不高，但如棼絲般的諸多問題，僅憑這兩個多小時，怎能一一解答、解套？

康有為被召見後，光緒帝想委以重任，召集軍機大臣相商，結果再次受到守舊官員嫉恨，僅建議讓他在總理衙門章京上行走。光緒帝無奈，只好給了他這麼一個六品閒職。為避嫌疑，也不敢再行召見，便特許他專摺奏事之權。於這賜予的特權，不知什麼緣由，康有為一次也沒用過，每有新的謀策及所編書籍，仍由他人代遞。只有上呈，沒有下達，光緒帝與設計師無法溝通交流，在具體執行的過程中，必然大打折扣。最要命的是，變法第四天，慈禧太后就強令光緒帝下詔，以「漸露攬權狂悖情狀，斷難勝樞機之任」為由，令協辦大學士、戶部尚書翁同龢「開缺回籍」。翁同龢不僅是光緒的老師，也是他的左右手與主心骨，無論大事小事，他都要與翁同龢商量。沒有翁同龢的支持、推薦與激勵，康有為的上書無法呈達光緒之手，光緒也不可能痛下決心振作精神奮發有為。作為支持維新派的重臣與帝黨領袖，翁同龢一去，等於失去了變法的核心人物，光緒帝神情恍惚，在一些關鍵性的問題上，無法自持自重。葉昌熾在《緣督廬日記》中寫道：「康梁之案，新舊相爭、旗漢相爭、英俄相爭，實則母子相爭。」翁同龢如若留任，別的不說，最起碼可在光緒與慈禧之間起一種至關重要的調和作用。戊戌事變後翁同龢為此不禁歎道：「老臣在，不至決裂至此。」戊戌之變惹怒慈禧的，主要是康有為針對她個人的兵變之舉。作為女人的慈禧一激怒，就完全失去了理智，將中國的政局弄得一塌糊塗，結果走向了維新變法、發憤圖強的反面。

變法中的光緒帝一直處於真正的孤家寡人狀態，他在朝廷中的幾乎所有支持者相繼被慈禧除掉——志銳遭遣，文廷式革職，翁同龢被逐，就連過去在帝、后之間起緩衝作用的軍機大臣李鴻藻也於一八九七年死去。「上扼於西后，下扼於頑臣」，無人可以諮詢、商量、交流，本來就神經質、好衝動，並有憂鬱傾向的光緒皇帝，稍不如意便顯得躁動不安、暴怒難抑、一意孤行。他總想將一應大事一口氣辦成，據不完全統計，百日維新期間，光緒帝頒布的新政諭旨多達二百八十六件，內容包括政治制度、機構改革、發展工業、建設鐵路、開辦銀行、改革教育、加強國防等等，涵蓋面之廣，幾乎包括了社會的每一層面。年僅二十七歲的光緒帝在沒有經驗、沒有左右臂膀、沒有強大支持勢力等情形下，不免操之過急，忽略了改革的阻力與艱難，忽略了事情的發展與進步得有一個循序漸進的過程。

人們往往將維新變法的失誤大多歸罪於康有為，認為是他的書生之見與急於求成所致。其實，只要我們稍加分析，就會發現康有為這種「黑鍋」背得實在有點冤枉。他不僅沒有掌控、左右政局的實權，就連與光緒再見一面的機會也不可得。康有為與皇帝之間的聯繫，便是上書「遙控」。光緒招惹慈禧最早動念發動政變的事件，便是下旨撤除衙門與裁汰冗員，慈禧曾特別「指示」，二品以上官員的任免必須經過她的「首肯」。光緒一氣之下將懷塔布、許應騤等禮部六堂官全部罷免，好比捅了一個「馬蜂窩」，惹得一班幹臣向慈禧大告惡狀。其實，康有為在與光緒的唯一一次交談中，就明確建議，不撤舊衙門，不革舊大臣。光緒一激動一發怒，就忘了康有為的「指點」，身邊又無「高參」籌劃，「導火索」就此點燃。康有為不能及時地將自己的謀略上達天聽，君臣無法密謀決策，難以校正改革的失誤。戊戌維新變法，既缺乏通盤考慮，也沒有什麼有條不紊的規劃與切實可行的措施，更談不上穩紮穩打、循序漸進，基本上是光緒獨自一人，按照康有為過去的上書內容，參照俄國、日本的改革經驗，在一種急躁失控的情緒之下，「跟著感覺走」。如果說在促成光緒帝毅然下定決心變法時，康有為的確起過關鍵的決定性作用，那麼在改革的具體路徑及施行過程中，他所發揮的實際作用，顯然被誇大了。

當然，康有為在百日維新期間，也有著不可推卸的重大責任。

國家的積弱，社會的保守，國民的惰性，幾千年的沉重包袱非一日所能形成，更非一日所能丟棄。作為一介書生，康有為缺少從政經驗，把改革看得過於簡單。比如軍機大臣召見時，他與因署任直隸總督前來謝恩的榮祿在朝房相遇，榮祿問他有何「補救時局之術」，康有為說：「非變法不可。」榮祿道：「固知法當變也，但一二百年之成法，一旦能遽變乎？」康有為回道：「殺幾個一品大員，法即變矣。」可見康有為對待變法的認識與態度，顯然太過天真草率。涉及制度的深層次改革固然需要流血，但不是殺幾個高級官員就能解決根本問題的。以為改革一蹴可就，沒有團結可以團結的力量，將原本可爭取的對象，也推向了變法的對立面。

康有為一個最大的失誤，就在於不懂得中國黑暗的官場學，看不到事情的實質，抓不住問題的關鍵。他以為只須打動光緒皇帝，改革大業就可一帆風順了。如果換上另一個朝代與另一個皇帝，事情也許可行，然而，他似乎半點也不明瞭光緒的後面，雖隱實顯地坐著大權在握、虎視眈眈的太后。就連曾國藩、李鴻章、左宗棠等重臣都畏之如虎，且能將他們玩弄於股掌間的慈禧，康有為竟然視而不見。慈禧太后雖然歸政，可她仍能翻手為雲，覆手為雨。對此，就連康有為的弟弟康廣仁也看得十分清楚，他說皇上「無賞罰之權，全國大柄，皆在西后之手，而滿人之猜忌如此，守舊大臣之相嫉如此，何能有成」。要想變法成功，對慈禧太后唯有爭取，得到她的同情、理解與支持，不能忽略她，萬不可刺激她，更不能惹怒她。康有為似乎從來就沒考慮過慈禧太后的威嚴與力量，是無意間的疏忽，還是有意為之？最後，他也將改革的成敗與否歸於慈禧，只是這種歸結的落腳點，不是化解矛盾，而是完全激化，結果勢不兩立。他想利用袁世凱，史家學者們都說他過於輕信了一個兩面三刀的陰謀家。問題的癥結不是輕信與重用，而是他在考慮動武的時候，根本就沒有想過，根據當時的情勢與權力格局，不存在圍園擒后這種可能。如果沒有此謀與袁世凱的告密，維新變法也會中斷或者延緩，但不可能被恨得咬牙切齒的慈禧全盤推翻，慈禧也不會產生廢除光緒另立新帝的念頭，更不會發生由一系列因素而形成的合力所導致的八國聯軍進佔北京……

中國古代社會的每一次重大變革，從王安石變法到張居正改革，再到戊戌維新，皆從儒家原典與傳統社會尋找變革動力，結果無一不以慘敗而告終，這也說明中國傳統社會缺少變革的內驅力，缺少轉型的機制與可能。

四

在戊戌維新的最後時刻，康有為欲挽狂瀾於既倒，除密謀由譚嗣同策反袁世凱外，還策劃由畢永年帶一百人進頤和園捕殺慈禧，又想利用大刀王五及湖南會黨發難，還向英、美公使求援，並讓伊藤博文在覲見慈禧太后時「剴切陳說」使她回心轉意……他盡心盡力做了所能做的一切，將個人的生命能量發揮到了一種少有的極致，雖無力回天，但其精神與勇氣著實可嘉。

也許是意識到了維新變法在最後時刻的重大失誤，康有為至死都不承認自己有過密謀兵變之舉。策反袁世凱的確鑿證據自不待言，而削髮為僧的畢永年後來也留下了一本《詭謀直紀》，記下了當年所發生的一切。為了掩蓋捕殺太后兵戎相見的計謀，對譚嗣同臨刑前的絕筆詩也作了一定的篡改。「望門投止思張儉，忍死須臾待杜根。我自橫刀向天笑，去留肝膽兩崑崙。」一百多年來，譚嗣同的這首〈獄中題壁詩〉不知激勵、鼓舞過多少中華優秀兒女，而原詩卻與流傳的有所區別：「望門投止思張儉，直諫陳書愧杜根。手擲歐刀仰天笑，留將公罪後人論。」將「擲刀」改為「橫刀」，最後一句的「公罪」之論全部改寫，也就抹去了武裝奪權的痕跡，顯出一種忍辱負重、捨身成仁的氣概。

被康有為及其弟子篡改的還有所謂的「衣帶詔」。維新變法進行到第九十五天，光緒帝在慈禧的脅迫下壓力重重，自感情形不妙，卻又無計可施，便給他所信任的軍機四卿之一楊銳下了一道密詔，讓他與林旭、劉光第、譚嗣同等人籌商，想出既不得罪太后，又能使改革繼續進行的辦法。而康有為卻將「密詔」改為「衣帶詔」，將詔書的對象由楊銳改為他本人，將內容改為要康有為等人「設法相救」。譚嗣同遊說袁世凱發動軍事政變，向他出示「衣帶詔」時，機警狡猾的袁世凱當即就表示懷疑，而光緒帝也一直否認自己下過這樣的密詔。幸而楊銳的兒子保存了父親交給他的密詔原本，楊銳交給康有為的光緒密詔只是一份抄本。

光緒當年確曾派人給過康有為一份密詔，只是內容有別。因局勢惡化，光緒讓他前往上海「督辦官報」，「汝可迅速出外，不可遲延。汝一片忠愛熱腸，朕所深悉。其愛惜身體，善自調攝，將來更效馳驅，共建大業。」關於「衣帶詔」的篡改，學界另存一說，康有為是在這份密詔的「汝可迅速出外」之後，添加了「求救」二字。如此一改，就變被動的外出避難為主動的尋求救兵了。

變法失敗，康廣仁、楊深秀、譚嗣同、林旭、楊銳、劉光第等戊戌六君子喋血菜市口。康有為在英人的幫助下僥倖逃脫清廷的嚴厲搜捕，經香港逃到日本，可謂九死一生。此後的康有為，便以「更生」為號，所致力的「事業」，就是延續「百日維新」中斷的一切，保皇復辟。

一個沒有功名官爵的書生，在一個有著幾千年森嚴等級的封建社會裡，受到最高權力統治者光緒皇帝的器重，托以經天緯地的大任，掀起了一場前所未有的維新變法，這一切，看似比登天還難，卻神話般地在康有為身上實實在在地發生過。因此，他對光緒皇帝感恩戴德不已，但求肝腦投地、以身相報。自變法失敗倉皇出逃，就將自己的生命置之度外，在逃亡船上聽說光緒已死，康有為痛不欲生，當即給弟子寫了一封絕命書，就要投海自盡。幸而被英人濮蘭德（John Otway Percy Bland，1863-1945）攔住，說傳聞不可信，不妨弄清確鑿消息後再說。他之所以活著，彷彿就是為了光緒皇帝。此後逃到日本，康有為求助於英、美、日各國，希望列強共同干預，勒令慈禧太后歸政。眼見沒有結果，又遠赴加拿大、英國等地，每到一處，都以偽造的「衣帶詔」為據，發表演講，鼓動海外華僑支持皇上復政，共同參與他的保皇大業。他發起成立「保救大清光緒皇帝會」，短短兩年時間，就在世界各地的華人社會刮起了一股保皇旋風。當時海外華人共五六百萬人，遍及五大洲二百餘埠的保皇會成員竟多達百萬餘人，如此大規模的世界性華人統一組織，哪怕在華僑史上，也屬第一次。可見康有為的活動能量之大，並非某些人想像的呆子型書生，而是一位善於利用廣泛資源創造神奇的人物。此後的庚子勤王，創辦學校、報刊與實業，與同在海外活動的以孫中山為首的革命派針鋒相對，便是在「皇上一復辟，可立行變法自強，立與民權議政，立與國民自由自主」的信念下展開，他堅信「聖主必復，中國必全，幸福必至」。

在流亡海外的十六年時間裡，康有為環球三周，四渡太平洋，九越大西洋，八過印度洋，還在北冰洋待了一個星期，遊歷四十二個國家和地區。對此，他以相當自豪的口吻說道：「若我之遊蹤者，殆未有焉。」又說「足跡已遍天下，覺大地無可遊者」。就現有資料而言，這樣的遊歷與行程，的確創造了「國人第一」的奇蹟。當然，他的這種遊歷，並非單純的遊山玩水，而是考察各國歷史、地理、政治、制度等，「比較中西」，以作未來發展之借鑒。一九〇八年，光緒帝駕崩，正在南洋的康有為聞訊，有如五雷轟頂，當即發起各種致哀悼念活動，並為光緒服喪百日，然後才剃髮除去喪服。

儘管光緒已死，復辟無望，但康有為還是堅持唯有君主立憲才能救中國，繼續維護清朝統治。辛亥革命爆發，滿清政權覆亡，皇帝被推翻了，君主沒有了，康有為仍一意孤行地不改初衷，堅持保留君主名號，造出一個「虛君共和」的新名詞，以代替過去的「君主立憲」。他認為虛君的人選有二，一為宣統皇帝溥儀，另一位就是孔子的後裔衍聖公。正是在這樣的思想支配下，康有為在張勳復辟的醜劇中扮演了一個不甚光彩的角色——請出已經退位宣統溥儀，恢復大清國號，改一九一七年為宣統九年，廢除民國刑律，實行君主立憲政體。儘管康有為在復辟王朝中不獲重用，僅戴了個弼德院副院長頭銜，但他以「文聖」自詡，建言獻策，草擬了一大堆有關尊孔教、復讀經、除滿漢、表忠烈、續世爵、復紳士、改新律、起遺老之類的詔書。結果鬧劇只演了十二天，就在討逆軍的槍炮聲中匆匆收場，康有為不得不逃進位於東交民巷的美國使館尋求保護。

正如真理與謬誤只有一步之差，聖人與小丑、聖人與罪人其實也只有一步之遙。如果說戊戌維新受挫，康有為的出逃尚有一種激盪人心的悲壯剛烈之感，那麼於張勳復辟鬧劇草草收場中的溜之大吉，則顯得十分滑稽可笑。

同樣的失敗逃命，前者推動了歷史的發展與進步，後者則屬典型的逆歷史潮流而動。國人雖然習慣了兩千多年的封建帝制，但他們早就憤恨於這種迫不得已的苟且偷生。「敢有帝制自為者，天下共擊之！」封建帝制一旦被推翻，要想回到變態的過去，民眾肯定不會答應。表面上看，都是盡心盡力地輔助皇帝，但時間有先後，性質便判然有別，前者為英雄，後者不過在歷史的舞台上扮演了一回丑角。

逆歷史潮流而行，就連得意門生梁啟超也不得不站出來反對他，康有為自然是氣得半死。於是師生失和，分道揚鑣，相得益彰的「康梁」並稱，在一段時間內變成了互為政敵的「康梁」反目。

康有為的故步自封、頑冥不化，固然與其個性因素密切相關，比如性格怪異、好走極端、過於自尊、不肯認錯等等；同時我們不得不承認，這也是他的一種政見與認識。

變法失敗，康有為肯定有過一番深刻的反思，他晚年曾懺悔道：「追思戊戌時，鄙人創議立憲，實鄙人不察國情之巨謬也。程度未至而超越為之，猶小兒未能行而學踰牆飛瓦也。」作為冷靜的旁觀者，西人李提摩太說維新變法「敗於激烈，過於急進」；赫德（Robert Hart, 1835-1911）說維新派「不顧中國的吸收力量，三個月內所想改革的政事，足夠中國九年消化」。他們的評說無疑有著一定的道理。如果維新變法都有過速之嫌，那麼以中國的專制之深厚，民智之低下，民風之未開，革命是否更加急進激烈？於國人而言，民主、共和是否過於「鋪張奢侈」？其實，就維新變法以來中國一百多年的歷史發展情形而言，只要我們稍稍持平、客觀一些，就會覺得，保守的君主立憲制於古老的中國，實則具有一定的合理性，也就難怪民初有著較為廣泛的「市場」了。

康有為成立保皇會，在海外刮起保皇旋風，是因為報答光緒的知遇之恩，帶有一定的感情色彩。那麼光緒死後，他仍不遺餘力地鼓吹君主共和，則屬理性的政治認識了。他一生最恨者兩人，慈禧太后與袁世凱。可當清廷在慈禧的主持下宣佈預備立憲時，康有為不禁「大喜欲狂」，將過去大罵的「逆后」一詞，改為「西后」、「太后」乃至「聖母」。袁世凱出賣維新人士，康有為恨不得寢其皮食其肉，一有機會，就對他大加攻擊。但當辛亥革命革命爆發後，為使事情的發展納入君主立憲的軌道，康有為等人調整方略，提出了「和袁、慰革、逼滿、服漢」的八字方針，在一定程度上與袁世凱合作。當然，康有為後來又極力地反對過袁世凱的洪憲帝制，他所反對的，並非君主立憲體制，而是袁世凱個人——他認為袁世凱無法與「有清三百年之天子」相比，沒有資格稱帝。他對前清懷有一種刻骨銘心、忠貞不渝的感恩戴德，死前二十八天，即一九二七年三月八日，康有為慶祝七十壽辰，還穿著擔任工部主事時的前清官服，將末代皇帝溥儀親書的「岳峙淵清」匾額與贈送的玉如意一柄視為上寶，設香案遙拜，叩謝「天恩」。

五

為給改革披上合理外衣，對付頑固守舊派的攻擊，康有為抬出所謂的聖人孔子，托古以改制。《新學偽經考》、《孔子改制考》的內裡，實有著發揚光大孔教之意。康有為眼裡的儒教，不是諸子百家中的一種學問，也不僅僅是專家學者們認可的準宗教，而是一種地地道道的泛宗教與宗教。他將孔教與佛教、耶教、喇嘛教等其他盛行的宗教進行比較，認為孔教順人之情，極為自然，最適合於人類：「孔子之宗教，為人道宗教，社會程度較高時代之宗教也。其他各宗教，而神道宗教，社會程度較低時代之宗教也」，「孔教之教，乃世界文明大同時代之宗教也」，「在現代科學發明時代，最為適宜」。

康有為研究西方的近化化，從中發現了一個成功的文化秘密，那就是宗教的重要作用。因此，他要以中國的孔教擔當起整合民族精神資源的重任。他的主觀意圖，改革維新的落腳點，是以孔教為思想核心與基礎，以孔教為內在的凝聚力，聯合廣大的士大夫階層，團結全國四萬萬同胞，全民一心，勵精圖治，振興強盛。為達此目的，一八九七年，康有為在廣西桂林成立聖學會，將孔教教義付諸實踐。他曾決定將創辦的《強學會報》改用孔子紀年。維新變法中，又正式提出了建立孔教會的設想，向光緒皇帝上摺，提出成立孔教會的建議及具體方案。流亡海外，在他的倡導下，建立孔子廟，成立孔教會，開展保教活動，誠如他自己所言：「乃年來孔子之祠，尊孔之會，創發於海外，波靡於美、亞，風發響應，霧遝鱗萃。」

辛亥革命後回國，康有為發動門人在國內各地遍設孔教會，創辦孔教會雜誌，向袁世凱、教育部、內務部上書爭取合法地位。「宗祠孔子以配上帝，誦讀經傳以學聖人。」一九一三年夏，孔教會發動請願，要求將孔教定為國教，寫入憲法。他們將孔教視為一劑振疲起衰、救濟社會的靈丹妙藥：「定孔教為國教，然後世道人心，方有所維繫，政治法律方有可施行。」

康有為出任孔教會會長，原本力排古文經學、貶棄宋學的他，主動捐棄前嫌，將儒家各派納入他的麾下，並與昔日不共戴天的政敵袁世凱「攜手合作」。康有為借袁世凱權勢推行孔教，袁世凱借孔教為復辟帝制張本，他們相互鼓動，相互利用，上演了一齣「有聲有色」的尊孔祭孔鬧劇：發佈尊孔令，認為孔教「放之四海而皆準」；命學校祭孔，定孔子生日（農曆八月二十七日）為聖節，學校放假一天；在孔子故里山東曲阜召開第一次全國孔教大會暨正式成立總會，舉行大規模的祀孔典禮。以袁世凱一九一三年九月二十五日正式頒布〈祭孔令〉為標誌，康有為導演的尊孔復古鬧劇達至高潮。

儒家作為諸子百家中的一門學說，自有其存在的合理性與現實意義，但若不合時宜地將其拔高到無與倫比的高度，無疑於毀其根基，將一門本來包含諸多積極因素的學問弄得臭名昭著。康有為建立的是一種與現代文明格格不入的思想文化專制制度，因此，孔教運動自推動之日起，破產的命運就已注定。張勳復辟失敗第二年（一九一八），康有為不得不辭去孔教會會長一職，尊孔鬧劇就此黯然收場。

康有為推行孔教，助張勳復辟，在民國初年的兩場鬧劇中扮演看似主角，實為小丑的角色。對此，梁啟超毫不留情地說他老師已由一位歷史的巨人，蛻變成一個歷史的侏儒。

康有為常對人說：「吾學三十歲已成，此後不復有進，亦不必求進。」言語中透著一股少有的偏執炫耀與故步自封。他的失敗，在於學術方向雖然不斷變換，但其思想理論體系一旦形成，就基本沒有什麼發展了。社會不斷前進，康有為置身其中，沒有調整早期的思維定式與思想框架，不僅無法與世俱進，無法融入時代主流，無法與歷史發展的節律合拍，反而向落伍的方向轉化，將新生事物套入自己的思維定式、思想框架向後逆轉。

當然，無論後期行為顯得多麼可笑，康有為也足以稱得上是一位偉大的哲學家、思想家、改革家、教育家。他所堅持的尊孔復古、君主立憲，我們也不能簡單地視為頑固反動，應從他一生的理想追求、思想脈絡中加以理解。他托古改制，有借用孔子的功利主義味道，但其態度是真誠的，對孔子本人是虔敬的，對儒教也是信奉不二的。從《新學偽經考》、《孔子改制考》到成立孔教會、以定孔教為國教，是其思想向一種特定方向掘進、發展的結果。封建政體、傳統思想在革命的暴風驟雨中受到摧枯拉朽的打擊，原有的秩序不復存在，新的倫理規範沒有形成，人們在一種無所歸依的思想迷惘中行為失控，社會動盪不安，康有為所做的，便是重拾孔子，恢復舊的道德秩序。他的失誤在於忽略了社會的前進，還有另外一種選擇，那就是創造建設新的社會規範。以他淵博的學識、深刻的認識、廣泛的影響，完全可以致力於後者，然而，他卻「駕輕就熟」地順著自己的思想發展軌跡，選擇了尊孔復古。

康有為崇拜孔子，信奉孔教，但其「長素」的野心又使得他不斷地做著突破孔子、超越孔教的努力。晚年的康有為仍繼續努力不止，只是這種努力不是轉向新的領域，失卻了早期前往香港上海實地考察、大購西書而歸、刻苦鑽研探索的銳意進取精神。他以一種機械般的慣性在昔日的學問軌道上滑行，以成名作《新學偽經考》為序幕與開端，破除沿襲了一千多年的歷史迷執；以《孔子改制考》為發軔，建立起個人的思想雛型；而最後建設的巍峨大廈，構築的思想體系，便是死後八年才全部出版的《大同書》（全書三十卷，約二十一萬字，分為十部，生前僅在《不忍》雜誌上登過兩部）。

《大同書》才是他真正的代表作，從醞釀而創作、修改，到最後完成，經歷了一個相當漫長的歷程，前後長達二十年之久。早在戊戌變法之前出版的《孔子改制考》一書中，他以孔子「三世說」為基礎的大同思想就已形成。他給三世的定義是：文教未明為據亂世；漸有文教的小康社會為升平世；文教全備，遠近大小如一的太平世，便是人類最高，也是最後的理想社會——大同之世。

框圖既備，康有為「以勇禮義智仁五運論世宙，以三統論諸聖，以三世推將來」，開始了「添磚加瓦」的搭建、修築工程。他不僅吸取了中國古代，特別是儒家的學術成果，還以西方自然、社會科學為參照，並根據自己周遊世界的所見所聞，中西對比，博採眾長，苦心經營，不斷修訂，最終完成了具有完備形態體系的《大同書》。著名史學家范文瀾對其思想淵源與學術構架作過一番概述：「混合公羊三世說、禮運篇小康大同說、佛教慈悲平等說、盧梭天賦人權說、耶穌教博愛平等自由說，還耳拿一些歐洲社會主義學說，幻想出一個『大同之世』。」

《大同書》是一部超越了狹隘的民族視野，超越了中西方文化，從世界整體的角度進行論述的著作。康有為以其豐富的想像，獨特的思路，列舉人類社會現存的一切重大問題，力圖予以詳盡的分析，提出解決的途徑，給出理想的答案。《大同書》認為據亂世的封建制度是「惡濁亂世」，升平世的資本主義社會雖比據亂世有所進步，但仍然弊端叢生，他所嚮往的，就是屬於大同世界的太平世。這一人類的理想社會，是以「公產」為核心，以「公政府」為中樞，以「平等」為要旨，沒有剝削，沒有壓迫，沒有家庭，沒有國界，沒有軍隊，人人充分享受著高度物質文明與精神文明的極樂世界。

按照康有為的設計，大同社會是一個擁有最高福祉與終極完善的精彩社會，從辯證哲學的角度而言，這樣的社會根本不可能在人間實現，只存在於康有為的想像之中，帶有明顯的烏托邦意味。這一烏托邦既受到基督教中的理想天堂以及佛教中脫離了苦海的西方極樂世界的影響，又是傳統儒家思想地地道道的體現。他所描繪的大同世界，是一個政治組織化的世界性國家，就其實質而言，並非生命本質與世界本身的否定，只是對現存社會秩序的否定，是塵世幸福的擴展，是道德完美的體現，是天人合一的追求，屬於儒家型的烏托邦。因此，我們完全有理由將《大同書》視為康有為「文化身分的認同」，正如他經常暗示的那樣——大同學說標誌著孔子最高理想的復興。

面對西方文明強勢話語的霸道與挑戰，作出積極回應的中國仁人志士可謂多矣，但從人類文明的角度出發，以整個世界的命運為指歸，高屋建瓴地進行闡述，康有為即使不是唯一，至少也是國人中第一個進行這種思考與探索，並撰成論著的先行者。《大同書》的出版，對國人而言，無疑有著相當重要的建設意義，它被翻譯成多種文字在國外流傳，受到日本、美國、蘇聯、德國等國學者的高度重視，特別是美國學者湯普森（Laurence G. Thompson, 1920-2005）

，更是認為康有為的《大同書》是東西方古今所有著作中最為傑出的一部。

無論是立功，還是立言、立德，康有為都是一個徹頭徹尾的失敗者：以事功而論，他一輩子最為轟轟烈烈的維新變法事業歸於失敗，君主立憲變成夢想，復興孔教破產。就立言來看，《新學偽經考》、《孔子改制考》缺少學術價值，主觀臆斷的色彩相當濃厚，不少證據、資料看似有理有據，實則缺乏嚴密的學理基礎，經不起考究與推敲，剛出版就遭到學術界的非難與批駁，兩書的價值主要體現在當時的現實政治意義；而《大同書》就其整個體系而言，帶著明顯的空想性質，大同社會只是一種思想的演繹，一種理論的呈示，一個永遠也不可能在人類實現的烏托邦。從立德而言，康有為想將自己打扮成一名聖人，結果文過飾非，制假售假，適得其反，常為人所詬病，史學家大多不相信康有為自己的陳述，認為他有「倒填年月的毛病」。此外，他的一些言行常常自相矛盾，授人以柄：他提倡眾生平等，晚年卻使用奴婢數十人；讚美西方的一夫一妻制，卻五次納妾，六做新郎；他口稱戒殺，卻每天吃肉；他喜歡西學西器，而禮俗器物語言皆以中國為要；他歌頌民主政體，而專行君主立憲；他宣傳世界大同，卻事事以中國為核心；他學習信奉西方的自然科學，比如在桂林講學時突遇雷電風雨，便臨時改變教學內容，從聲學、光學、電學的原理原則，為學生現場講解宇宙自然現象，破除雷公電母之類的迷信思想，但又非常迷信天命、風水、扶乩、占卜之類的「國粹」，以為人的一生皆由上蒼安排造作，比如對戊戌之變的死裡逃生，就曾言道：「身冒十一死，思以救中國，而竟不死，豈非天哉！」

縱觀康有為的一生，雖然總在失敗的打擊中掙扎浮沉，且有過兩次小丑之舉，但他並非近代歷史的悲劇性人物。梁啟超曾評價康有為道：「若夫他人有著二十世紀新中國史者，吾知其開卷第一葉，必稱述先生之精神事業，以為社會原動力之所自始。」又說：「世人無論如何詆先生，罪先生，敵先生，而先生固眾目之的也，現今之原動力也，將來之導師也……中國不患無將來百千萬億之大政治家、大外交家、大哲學家、大教育家，而不可無前此一自信家、冒險家、理想家之康南海。」其實，康有為更多的，是喚醒了中華民族的自信，促成了晚清政治的改革，抒發了世界的大同理想，激發了人類的高貴情愫，描繪了傳統烏托邦的美妙圖景。他既有維新變法的實踐，也有傳統保守的頑固；既有西方民主的啟蒙，又有封建專制的愚昧；既有聖人的氣勢，又有庸人的流俗；既有天理的純粹，也有人慾的泛濫……他是一個失敗的改革家、守舊的政治家、空想的哲學家、獨特的思想家、成功的教育家，一句話，康有為集成敗毀譽於一身，是一位悲劇與喜劇兼而有之的正劇人物。

8. 梁啓超：「少年中國」的呼喚者

當任公（梁啟超之號）先生全盛時代，廣大社會俱感受到他的啟發，接受他的領導。其勢力之普遍，為其前後同時任何人物——如康有為、嚴幾道、章太炎、章行嚴、陳獨秀、胡適之等等——所趕不及。

一

提及梁啟超，時人總是「康梁」並稱。

康有為排列在前，並非他的光芒，遮住了梁啟超的丰采，而是一種習慣性的師生排序。「長江後浪推前浪」，作為學生的梁啟超，顯然達到了「青出於藍而勝於藍」的境地。如若比較，自然是康有為光灼於先，梁啟超閃爍其後。

認識康有為，是梁啟超人生的一大關鍵性轉折。

那是光緒十六年八月（一八九〇年九月）的事情。

與梁啟超一同在學海堂求學的陳千秋得知康有為敢於上書皇帝請求變法，南歸後攜眷遷到了廣州布政司前惠愛街的雲衢書屋，禁不住慕名前往謁見，立時為康有為的淵博學識與新穎思想所傾倒，毅然退出當時名列廣州五大書院之首的學海堂，改投康有為門下繼續學業。不久，陳千秋又熱情洋溢地向同窗摯友梁啟超介紹康有為的孔子改制、維新變法、救國救民等主張，梁啟超一聽，也被這些聞所未聞的嶄新思想所吸引。在陳千秋的鼓動下，梁啟超決定前往雲衢書屋，拜會一下康有為。

此時的梁啟超雖然只有十七歲，但他少年得志，十一歲成為秀才，十六歲考中舉人。天資過人、聰明絕頂的他，看起來似乎是一位比昔日神童康有為還要神童的人物。於時流推重的訓詁辭章學又頗有研習，自以為裝了滿肚子學問，有意無意間，免不了流露出幾分沾沾自喜的味道。就年齡而言，康有為比梁啟超大十五歲，但其「職稱」卻要低他一個檔次，只是一個相當於秀才資格的監生。就這監生的名分，也不是康有為自己考來，是受祖父因公殉職的蔭庇而獲得，稱蔭監生。按照一千多年的科舉習慣，梁啟超應是康有為的「前輩」。可想而知，身為舉人、自命不凡的梁啟超前去拜訪一名「準秀才」，多多少少肯定會有那麼一種枉駕屈尊、不以為然的派頭。然而，兩人初一見面，稍加交談，康有為「乃以大海潮音，作獅子吼」，梁啟超頓感「冷水澆背，當頭一棒」，只覺昔日所習，全是一些無用的舊學，一塊應付科舉考試的「敲門磚」。

梁啟超「且驚且喜，且怨且艾，且疑且懼」，當天晚上，竟然通宵未眠。過去不知花費多少精力與心血才「頗有所知」的訓詁、辭章之學，根本不是什麼學問，轉瞬間在他眼裡就成了一堆廢而無用的垃圾。憑藉與支撐轟然倒塌，自得與自喜蕩然無存，一時間，他心頭迷惘不已，茫茫然無所歸依，又如何能夠安然入睡？第二天，梁啟超又再次謁見康有為，虛心請教「為學方針」。「先生乃教以陸、王心學，而並及史學西學之梗概」，於是，梁啟超「決然捨去舊學」，像陳千秋那樣自動退出學海堂，「遂執業為弟子」，成了康有為的第二名學生。

康有為開設的講學內容——「以孔學、佛學、宋明學（陸王心學）為體，以史學、西學為用」——於梁啟超來說，簡直就是一場脫胎換骨的徹底改造，他認為自從「請業南海之門，生平知有學自茲始」。

先是陳千秋，然後是梁啟超，此後又有翁同龢、光緒帝，以及許許多多的熱血青年、朝廷大臣，在康有為的感召下成為維新變法的骨幹與生力軍。可見康有為身上，的確有著一股強大的磁鐵般的吸附力。當然，即使神靈也非萬能，康有為也常被那些無法進入其磁場的頑固守舊人士視為「癲狂」，稱作「瘋子」，罵為「叛逆」，時時受阻，事事受挫。

可以想見的是，如果沒有結識康有為，梁啟超的人生，不外乎循著千百年來一以貫之的軌道，在舊學的迷宮中兜圈子，經由科舉之途撈個一官半職，成為封建官僚機構中的一顆「螺絲釘」。然而，康有為如一道眩目的閃電出現在他的眼前，於閃電所照耀、指示的學問之真諦，梁啟超無法回避，也不可能放棄。這既是一種偶然與幸運，也是一種必然與宿命。他不得不聽憑心靈的召喚緊急轉向，讓那神奇的酵母在他的身上不斷發酵，催化出矯健生命所必需的豐富養料。

梁啟超師從康有為，在萬木草堂一學就是四年，度過了一段相當重要、富有意義的青春時光：他每天記下康有為的講義，「一生學問之得力」皆有賴於此；康有為創作《公理書》、《大同書》等著述，常與陳千秋辨析入微地商榷不已，梁啟超在一旁默默「聽受」，獲益匪淺；此後，康有為撰述《新學偽經考》，梁啟超幫助校勘；又著《孔子改制考》，他則從事大量的「分纂」工作……

一八九五年二月，梁啟超雖然結束了萬木草堂的學習生活，但在此後的幾年時間裡，他一直是康有為思想上的服膺者與政治上的追隨者。作為康有為的得意門生與有力助手，梁啟超幫忙做了許多事情，分擔了大量工作。比如轟動一時的「公車上書」，康有為於一天兩夜匆匆草就的長達一萬八千多言的〈上清帝第二書〉，便主要由梁啟超謄抄，然後又幫著聯絡、組織在京舉人簽名；他積極參與創辦強學會、南學會，先後擔任《中外紀聞》、《時務報》、《知新報》等報主筆，用那枝生花妙筆全面而系統地論述維新變法思想，對洋務派的專注練兵與購置機械等不知本源的做法提出尖銳批評，主張從「根本」上進行變法，內容涉及政治、經濟、文化、教育等各個領域；一八九七年十月應湖南巡撫陳寶箴之聘，擔任長沙時務學堂總教習，為維新變法培養了一大批中堅和骨幹力量，蔡鍔、唐才常、林圭等出色人才，全出自時務學堂，十多年後他曾自豪而傷感地回憶道：「當時學生四十人，日日讀吾所出體裁怪特之報章，精神幾與之俱化。此四十人者，十餘年來強半死於國事，今存五六人而已。」百日維新期間，他以六品銜專辦譯書局事務，雖未擔任重要職務，但許多重要的變法奏摺大多出自他之手，被康有為倚為左右臂膀……

自「公車上書」起，梁啟超的天才與勤奮、踏實與能幹、宣傳與主張不僅贏得了康有為的賞識與器重，也開始嶄露頭角、脫穎而出。特別是《時務報》上連載的政論文章《變法通議》，更使他聲名鵲起，「名重一時，士大夫愛其言語之妙，爭禮下之。自通都大邑，下至僻壤窮陬，無不知有新會梁氏者。」作為戊戌變法的綱領性文集，《變法通議》不僅達到了開發民智、啟迪民眾之功效，在維新變法過程中，也起到了一定的指導作用。一八九八年七月三日，光緒召見梁啟超，命他呈上《變法通議》，此後光緒皇帝頒布的一百多道變法條令，便時時閃現著《變法通議》的「影子」。

二

儘管成名作《變法通議》給梁啟超帶來了極大影響，聲譽直逼乃師，漸被人們稱為「康梁一體」，但他宣傳與論述、闡釋與發揮的，不過是康有為的政見與思想，尚未形成自己的思想理論體系，幾乎完全籠罩在康有為的光芒之中。

戊戌變法失敗，年僅二十五歲的梁啟超倉皇出逃，僥倖得脫，抵達日本東京後，為安全與方便起見，給自己取了個日本名字——吉田晉。不久，康有為經香港輾轉而至，經過一番戲劇般的逃亡歷程，師生倆在異國他鄉重逢，不禁熱淚盈眶、感慨萬端。康有為告知梁啟超，他在廣東新會的老家被抄，一鄉人奔走逃難，宗親中一孕婦突遭驚嚇竟至墮胎而死，所幸其父、其妻已攜全家逃至澳門。師生倆慘遭劫難，不僅沒有心灰意冷，反而堅定了君主立憲的政治目標。有家難歸，有國難回，便將目光與行動放在海外，與世界各地華人聯繫，盡可能地爭取廣大華僑與國際友人的支持。

日本自明治維新三十年來，資本主義蓬勃發展，已由一個不甚起眼的蕞爾島國躋身西方列強行列。梁啟超置身其間，目睹並感受著日本的先進與發達，深受刺激，更加堅定了奮發圖強的意志與信心。經過近半年的學習與努力，他終於攻克了日文這道「難關」，開始閱讀大量翻譯成日文的西方著作。中文譯著偏重於西方兵學與工藝，而日本則「廣求智識於寰宇」，政治、哲學、宗教、經濟、文化等，幾乎無所不譯，無所不備。梁啟超發現了一個在國內無法想像的西學寶庫：「其所譯所著之書，不下數千種」，「皆開民智、強國基之急務也」。他像一個飢餓之人，開始忘乎所以地大嚼大嚥，正如他自己所說的那樣：「自居東以來，廣搜日本書而讀之，若行山陰道上，應接不暇，腦質為之改易，思想言論與前者若出兩人。」

壞事變成了好事，逃亡反讓梁啟超眼界大開。以日文作「拐杖」，他漫步於人類先進文明綿綿不絕的知識山峰。日文譯著、西學寶典，成為繼康有為之後又一新的「酵母」，引導他開始一番新的探索與轉型。於是，過去無數受阻的路徑、未通的道理突然間變得暢達與顯豁，由此引發了一場思想觀念的巨變：由過去的今文經學，轉向西方資產階級的學說精髓，以天賦人權、自由平等塑造新的國民，建設新的國家。

自一八九九年十二月二十日始，梁啟超乘船由日本橫濱啟航，先後訪問、游覽了檀香山、澳大利亞及美國本土。出行的主要目的，欲在世界各地發展康有為創立的保皇組織，盡力促進維新變法。每到一地，梁啟超的活動範圍，主要集中在海外華人圈，不外乎交遊、集會、演講、籌款、組織，宣傳救國的改良主張，考察當地的風土民情。日本仿行西法而獲成功，已令梁啟超眼界大開、感觸深刻，一旦踏上西方資本主義民主的原創國家，梁啟超在不斷的比較中更是歎服不已：「從內地來者，至香港、上海，眼界輒一變，內地陋矣，不足道矣。至日本，眼界又一變，香港、上海陋矣，不足道矣。渡海至太平洋沿岸，眼界又一變，日本陋矣，不足道矣。更橫大陸至美國東方，眼界又一變，太平洋沿岸諸都會陋矣，不足道矣。」真是「不比不知道，一比嚇一跳」！梁啟超在「嚇」與「跳」中，詳細考察美國的社會狀況，旁及經濟、文化等諸多方面，探究美國民主自由、繁榮富強的內在緣由。「成功自是人權貴，創業終由道力強。」他得出的結論，是因為美國有十分完備的憲法、運行良好的國會、切實可行的制度以及震懾人心的精神指導。

以美國民主現狀反觀中國，自是不可同日而語，僅就生活在當地的華僑而言，以梁啟超有限的瞭解，不禁窺見了華人勤勞節儉、進取不息的背後，實有著令人歎息的短絀與缺陷：無政治能力（有族民資格而無市民資格），有村落思想而無國家思想，保守心太重，只能受專制不能享自由，無高尚之目的等等。「余不忍道，又不忍不道。」他發現舊金山的華僑社區環境骯髒，團體鬆散，打架鬥毆屢見不鮮，每逢會館選舉，更有凶案發生，遠不如美國白人社區。關於華人在美國的群體形象，他在《新大陸遊記》中具體地描繪道：「試集百數十以上之華人於一會場，雖極肅穆毋嘩，而必有四種聲音：最多者為咳嗽聲，次為欠伸聲，次為嚏聲，次為拭鼻涕聲。吾嘗於演說時默聽之，此四聲者如連珠然，未嘗斷絕。又於西人演說場劇場靜聽之，雖數千人不聞一聲。」「西人行路，身無不直者，頭無不昂者。吾中國則一命而傴，再命而僂，三命而俯。相對之下，真自慚形穢。」「西人行路，腳步無不急者，一望而知為滿市皆有業之民也，若不勝其繁忙者然。中國人則雅步雍容，鳴琚佩玉，真乃可厭……西人數人同行者如雁群，中國人數人同行者如散鴨。」對此，他借用一位友人的話一針見血地指出：「中國人未曾會行路，未曾會講話。真非過言。斯事雖小，可以喻大也。」又借一位法國學者之口予以評述：「國民之心理，無論置諸何地，皆為同一之發現，演同一之式。」

一番比較，梁啟超不禁由美國華人的生活方式及生存現狀，對中國國民性展開了深層的思索與探究。置身美國這樣的民主發達國家，華僑華人尚且如此，而在有著幾千年封建專制統治的中國本土，就國民的教育程度與人格素質而言，民主共和恐更難實行。由此得出的結論，差不多影響了梁啟超後半生的思想與實踐：「覺我同胞匪唯不能自治其國而已，乃實不能自治其鄉，自治其家，自治其身。」因此，中國不能行革命，不能實行美國、法國的民主共和制，只宜於英國、日本的君主立憲制，甚或是稍遜一等的開明專制。正因為國民素質低下，實有必要作振聾發聵之語，喚醒國民內心深處那潛藏已久的激情與活力，刷新舊貌，以新民風、振民力、造新人。

梁啟超精力旺盛，是一位名副其實的社會活動家、實踐家，但以其興趣及所長，更是一位宣傳家、教育家與啟蒙家。他以報刊與出版、文章與思想，作為鼓動「新民」、啟蒙「新民」的主要手段，「人群之進化，莫要於思想自由、言論自由、出版自由」，於約翰・穆勒的這一名言，梁啟超可謂情有獨鍾。

流亡日本不到三個月，梁啟超就在華僑的支持下以「主持清議，開發民智」為宗旨，創辦了《清議報》（旬刊）。他連續創作〈愛國論〉、〈自由書〉、〈少年中國說〉等文章在《清議報》發表，不僅開創了短評、時評等體裁，就連創用的「記者」、「黨報」、「機關報」等新聞專有名詞也一直沿用至今。《清議報》以「廣民智振民氣」深受讀者喜愛，發行量很快達四千多份，遍及世界各地，儘管清廷嚴禁《清議報》入境，但還是有一部分通過秘密管道偷偷運回國內。一九〇一年十二月二十二日，就在《清議報》出滿一百期的第二天，報館不幸毀於一場大火。一個半月後，梁啟超又以百折不回的意志創辦了《新民叢報》（半月刊），幾乎同時，又創辦了中國第一份專門刊登小說的雜誌《新小說報》，此後還創辦過《政論》、《國風報》等報刊。

《新民叢報》創辦不到一年，就由最初的發行量升至常銷量萬份左右，最多時達一萬四千餘份，在國內外設有九十七個銷售點，盛極一時。《新民叢報》「採合中西道德、廣羅政學理論」，注重國民精神氣質、心理素質的改造，以塑造近代社會的理想人格形象。傳統中國欲實行近代化，首先應當實現國民的近代化。為此，梁啟超在《新民叢報》上撰文抨擊君主專制制度，批判封建倫理綱常，剖析民族劣根性，大力傳播西學，倡導自由、自尊、進取、冒險、獨立、合群的思想，熱切呼喚「新民」的誕生。他心中的「新民」，不僅有著強健的體魄，更應積極上進，熱愛自由民主，善於求強致富，遵守法律秩序。他為「新民」定下十二條標準：公德、國家思想、進取冒險精神、權利思想、自由思想、自治思想、自尊、合群、毅力、義務思想、尚武思想、自我修養。他犀利地指出幾千年封建文化積澱在民族心靈深處的劣根性，主要在於中國人只講私德，不講公德；只知有家，不知有國，只顧一身一家榮華富貴，不顧國家興亡盛衰；柔弱尚靜不善競爭，依賴成性沒有獨立人格，渾渾噩噩缺少責任與擔當。他分析造成國民劣根性的內在根由在於數千年之專制與腐敗，並站在救亡圖存的高度，提出造就一代「新民」的途徑，主要在於推翻專制主義政體，實行民主立憲；學習其他民族長處，培養國民的團體意識、競爭意識、法律意識、公德意識以及義務觀念、自治思想、合群思想、國家思想等「近代精神」；繼承優秀的傳統文化遺產，從儒家倫理學說中提煉「新民」所應遵循的品格，如正本、慎獨、謹小等。培養「新民」應為「今日中國第一急務」，一旦「新民」橫空出世，那麼新制度、新政府、新國家也將隨之而來。

從早期的《時務報》到《清議報》、《新民叢報》，梁啟超不僅是創辦人，還是雜誌的主筆。隨著年齡的增長、經驗的豐富、時局的發展，梁啟超所辦雜誌越來越好，文章更具影響力。對此，著名詩人、文學家黃遵憲熱情洋溢地讚道：「《清議報》勝《時務報》遠矣，今之《新民叢報》又勝《清議報》百倍矣。驚心動魄，一字千金，人人筆下所無，卻為人人意中所有，雖鐵石人亦應感動，從古至今文字之力之大，無過於此者矣。」又說梁啟超「一言興邦，一言喪邦，茫茫禹域，唯公是賴」。事實也正是如此，《新民叢報》至一九〇七年八月停刊，歷時五年半之久，是梁啟超一生創辦刊物中時間最長、影響最大、最為成功的一本，被譽為「叢報界之魁首」。而由他親筆撰寫，發表在《新民叢報》上的文章，更使得二十世紀初幾乎所有青年學子為之傾倒折服。「得渠一言，賢於十萬毛瑟也。」作為「天縱之文豪」，當時中國輿論界的「驕子」與「執牛耳者」，梁啟超「一言」，勝過十萬枝毛瑟槍的威力。此說雖不無誇張，但也道出了梁啟超的確具有一股神奇的魔力。他的文字，常以其飽滿的情感、流暢的行文、新穎的觀點、豐富的知識、雄奇的辯論、嚴謹的邏輯、深刻的述評，令讀者癡迷不已：「讀時則攝魂忘疲，讀竟或怒髮衝冠，或熱淚濕紙，此非阿諛，唯有梁啟超之文如此耳！」胡適、魯迅、毛澤東、郭沫若、鄒韜奮、王芸生等人，無一不受過梁啟超文字的洗禮與思想的啟蒙。

可以毫不誇張地說，梁啟超開啟了中國近代以來言論史上一個極其重要的時代——梁啟超時代。

三

以「帝師」自居的康有為逃至日本，思想不僅沒有發生轉化，反而變得越來越僵化，越來越保守，總在保皇救主、復辟勤王、尊孔保教之類的老套中兜圈子、打轉轉。而年輕的梁啟超在「歐風美雨」的衝擊下，思想觀念、知識結構、學術風格、精神面貌較之戊戌變法時期，已發生了實質性的變化，可謂煥然一新矣。他在《新民叢報》上連載的一系列文章，後彙編成冊，是為《新民說》。作為中國最早的啟蒙傑作，《新民說》充分說明梁啟超已突破乃師康有為的藩籬與羈絆，形成了自己獨特的思想與風格，其影響也由「康梁並稱」逐漸超越其上。

認識不一，分歧日現，師生之間不免出現裂痕。梁啟超再也不談「偽經」與「改制」，對康有為倡設的孔教會「屢起而駁之」，他認為「孔學不適於新世界者多矣，而更提倡保之，是北行南轅也」。梁啟超傾慕西方的民權與自由學說，與康有為的文化保守形成鮮明對照，儼然形成兩個不同的思想派別。在政治上，梁啟超也與康有為的保皇主張針鋒相對，倡導「破壞主義」、「撲滿思想」，不僅傾向革命，還一度與孫中山、陳少白等革命黨人頻繁交往，有過與革命派合併組黨之意，「擬推中山為會長，而梁副之」。後又聯合韓文舉、歐渠甲、唐才常等所謂的「康門十三太保」，聯名致書康有為，勸他主張共和，退出政壇：「吾師春秋已高，大可息影林泉，自娛晚景。啟超等自當繼往開來，以報師恩。」

面對梁啟超的思想轉變及一系列言行舉止，可以想見的是，一貫自尊自負的康有為會採取怎樣激烈的態度與回應——由強烈不滿到責備訓斥，又嚴加督促，勒令梁啟超即刻遠離革命派，由日本前往美洲辦理保皇會事務，不許稽延！

鑒於多種因素，比如康有為作為導師的威嚴以及改良派同黨中的領袖地位對梁啟超長期形成的敬意與恐懼、支配與影響，比如梁啟超對革命派的一些思想尚存一定的保留態度等等，因此，他對曾不無謙虛地說過「啟超之學，實無一字不出於南海」的恩師沒有違逆，而是即刻打點行囊，忍氣吞聲地遵命而行。

於是，梁啟超似乎又回到了康有為的麾下，開始像過去那樣「賣命」效力。加之遊歷美洲，梁啟超經過一番耳聞目睹、實地考察、對照比較與思考探索，由共和政體的諸多弊病，得出民主共和不如君主立憲的結論；又由在美華僑生發開來的一番中美對比，認為中國國民素質低下，民智未開，「共和國民應有之資格，我同胞雖一不具」，「只可以受專制，不可以享自由」。如此一來，梁啟超的思想便開始轉向了，由靠近、認同乃至聯合革命黨人轉而反對革命與共和，由傾向共和政體一退而擁護君主立憲，再退而傾向開明專制。一九〇六年，梁啟超在〈開明專制論〉一文中寫道：「與其共和，不如君主立憲；與其君主立憲，又不如開明專制。」最後終與孫中山為首的革命派分道揚鑣，展開激烈論戰，並爭奪華僑和會黨群眾，在華人中募集資金，將孫中山好不容易建立起來的一些革命團體變成保皇會組織，兩人也因此而反目為仇。

與革命派決裂之後，梁啟超又通過和平請願、武裝暴動等方式，以實現君主立憲的思想主張。此時，他已成為改良派的實際領導人，聯絡、組織、策劃、活動等一切事宜均由他主持，康有為已逐漸成為一尊架空了的精神偶像與名義領袖。

一九一一年十月十日，武昌首義爆發。康有為驚懼萬分，擔心清廷被革命黨人推翻，君主立憲成為一張畫餅。於是，趕緊撰文抨擊國會政黨，斥責自由平等，拋出所謂的「虛君共和」政治理想。梁啟超緊跟乃師步伐，也將「虛君共和」作為海外立憲黨人的政治方針加以貫徹。但為了適應國內迅速發展變化的政治形勢，他又提出了「和袁、慰革、逼滿、服漢」的八字方針。

一九一二年二月十二日，清帝遜位，延續了兩千多年的封建帝制就此結束。君主立憲派已是無皇可保，無君可立，面對民主共和的洶湧大潮，梁啟超很快默認了這一新的現實，與頑固堅持「虛君共和」的老師告別，再次提請康有為退出政壇，不再過問政治。梁啟超此舉可謂一箭雙鵰，既表明了自己的政治追求，也為海外立憲黨人回國接近權力中心作了一個有力的鋪墊。但也遭到了康有為另外兩名弟子——徐勤與麥孟華的不滿，他們反對康、梁兩派公開分手。於是，康有為與梁啟超雖然政見不一，異途而趨，但在此後的幾年時間裡，仍維護著表面的師徒情誼，保持著藕斷絲連的關係與往來。

一九一二年十月八日，梁啟超終於結束海外流亡生涯，乘船抵達天津，回到闊別十五年之久的祖國。面對達官名流絡繹不絕的拜謁，以及社會各界人士的熱忱歡迎，梁啟超感到了從未有過的溫暖與補償；於喧鬧的宴請與轟動的演說中，更是得到了一種浮華的虛榮與滿足。對此，他在一封書信中寫道：「蓋上自總統府、國務院諸人，趨蹌唯恐不及，下則全社會，舉國若狂。此十二日間，吾一身實為北京之中心，各人皆環繞吾旁，如眾星之拱北辰……」得意之情溢於言表，但其所敘也確為當時各界歡迎之盛況。

此後的事實表明，梁啟超並沒有辜負國人對他的殷殷期盼與熱切矚望。特別是在袁世凱逆歷史潮流而動，公然帝制自為期間，無論是作為反對帝制的精神領袖，還是作為護國戰爭的實際主帥，梁啟超對推翻洪憲帝制，都起到了無可更替的關鍵性作用。

歸國後的梁啟超很快就投身到政治漩渦中心。為將民國納入他所欣賞並為之追求的兩黨政治格局，一段時間，他對政黨政治樂此不疲。一九一三年二月二十四日，梁啟超正式加入共和黨。為與國民黨抗衡，又組織策劃將共和黨、民主黨、統一黨三黨合一，力促進步黨成立。宋教仁被刺案發生之初，就連梁啟超也受到懷疑，被列為「刺宋之人」的「第二候補者」。其實，梁啟超與宋教仁雖然所持政見不同，但他們惺惺相惜，都十分推崇英美式的兩黨制，一上台執政，一在野監督，互為一體，兩者不可分割。宋教仁曾專程密訪梁啟超，對即將到來的國會大選，兩人相互勉勵。宋教仁說，你若上台執政，我願在野相助；否則我當政，也請你善意監督。梁啟超當即表示，一旦國民黨執政，進步黨願以在野黨身分在議會內進行監督。因此，被梁啟超視為「我國現代第一流政治家」的宋教仁被刺，他不禁哀憤不已，對卑鄙無恥的暗殺行徑撰文予以猛烈抨擊：「殲此良人，實貽國家以不可規復之損失。匪直為宋君哀，實為國家前途哀也。」梁啟超的目光與視野顯然高人一著，已明確預見到宋教仁被刺，將對國家與民族造成無可挽回的傷害與損失。

隨著興師討袁的「二次革命」失敗，袁世凱乘機擴大勢力，擴張權力。梁啟超環顧國內，覺得無人能與袁世凱相匹敵，為實現自己的政治理想，他決定拋卻前嫌，與「中國第一強人」袁世凱合作，擁護袁氏的開明專制統治。正如他在《護國之役回顧談》中所言：「想帶著袁世凱上政治軌道，替國家做些建設事業。」梁啟超的目的，欲通過自己的意志與努力，感化、影響袁世凱，促使他由開明專制走上立憲政體的軌道。他一再強調說：「開明專制者，實立憲之過渡也，立憲之預備也。」於是，進步黨與袁系力量聯手組建政權，成立了以熊希齡為國務總理的內閣。因司法總長梁啟超、教育總長汪大燮、農商總長張謇以及熊希齡本人都是全國聞名的社會名流，所以熊希齡內閣又被稱為「第一流人才內閣」。梁啟超以其聲望、經驗與才幹，成為這一內閣的骨幹乃至靈魂。

然而，梁啟超的希望很快就被無情的事實擊成碎片，化為泡影。袁世凱以軍警為工具，脅迫國會選舉自己為正式大總統，此後，又在專制獨裁的道路上越走越遠：公然下令解散國會，踢開「第一流人才內閣」，廢除曾經指天發誓遵守的《臨時約法》，取消責任內閣制，下令撤銷國務院，恢復清廷的大部分官場儀式，恢復文武官員的封建稱謂，恢復祀天祭典，以復古運動為先導，將總統終身制引向帝制復辟的不歸路。

由滿懷期待到徹底失望，一旦袁世凱的稱帝企圖日漸顯露，梁啟超擔心深陷其中不能自拔，趕緊背袁而去。鑒於梁啟超的特殊地位及影響，袁世凱自然是百般勸慰、極力挽留，希望繼續為他裝點門面、迷惑他人。辭職不准，梁啟超只有改請長假，但袁世凱只准假半月。無奈之下，便以「專事著述」為名，堅請辭職。袁世凱見梁啟超去意已決，強留無益，只好准辭。

一九一五年初，袁世凱的帝制活動日益頻繁，梁啟超成為拉攏的重點對象，希望他在變更國體上投贊成票。梁啟超「知禍將作，乃移家天津，旋即南下，來往於廣東上海間」。在離津南下之前，為了民族與國家的未來，也為他們曾經有過的私人情誼，梁啟超給袁世凱寫了一封長信，勸其趕緊回頭，不要稱帝自為。他在信中寫道：「啟超誠願我大總統以一身開中國將來新英雄之紀元，不願我大總統以一身作中國過去舊奸雄之結局；願我大總統之榮譽與中國以俱長，不願中國之歷數隨我大總統而斬。」言辭之真誠懇切，真可謂「臨書惻愴，墨與淚俱」。而袁世凱的回報，則是派出兇手，「各挾爆彈」，欲暗殺除掉之而後快。為阻止袁世凱的倒行逆施，梁啟超不顧個人安危，又與袁世凱的心腹愛將馮國璋一同北上力勸。當袁世凱一意孤行，復辟活動公開化之後，梁啟超不得不發揮自己的特長，舞動一枝生花妙筆，亮出「利劍」

，寫下傳誦一時的名文〈異哉所謂國體問題者〉，批駁楊度等籌安會成員及美國人古德諾（Frank Johnson Goodnow, 1859-1939）鼓吹帝制的觀點，向全國人民鮮明地表達自己反對帝制的堅決態度。還在文章發表之前，袁世凱已有所聞，派人送上二十萬元鉅款，請求文章不要發表。梁啟超自然不會為金錢所動。袁世凱又派人威脅不已，只因他深居天津租界，才免遭毒手。〈異哉所謂國體問題者〉在《大中華》雜誌率先發表，道出了「全國人人所欲言，全國人人所不敢言」之語，很快就被京津各報相繼轉載，舉國震動，成為護國討袁戰爭的一首亮麗序曲。

袁世凱的稱帝行為一旦暴露、公開，自然引起國內外仁人志士的強烈反對。孫中山領導的革命黨更是緊鑼密鼓地開展武力討袁，一九一五年十二月五日，革命黨人在上海發動「肇和之役」，結果以轟轟烈烈為開始，以徹底失敗而告終。就連實力雄厚的革命黨人也慘遭失敗，其他各反對派更是無力阻袁、反袁。於是，袁世凱加快了稱帝的步伐，準備於一九一六年元旦舉行皇位登極大典。

然而，袁世凱怎麼也沒有想到的是，另一支潛在而強大的反對力量正在密謀中形成。梁啟超與蔡鍔、湯睿等七人在天津商議對策，覺得舊國民黨人逃亡海外，國內的許多軍人、文人又被袁世凱收買，如果不將討袁的責任背在身上，恐怕中華民國從此就要完了。蔡鍔更是怒不可遏地說道：「袁世凱便安然登其大寶，叫世界看著中國人是什麼東西呢？國內懷著義憤的人，雖然很多，但沒有憑藉，或者地位不宜，也難發手。我們明知力量有限，未必抗他得過，但為四萬萬人爭人格起見，非拚命去幹這一回不可！」

梁啟超由「聯袁擁袁」，到「離袁勸袁」，最後不得不「反袁討袁」，他一生中最為輝煌的政治時期也由此而拉開帷幕。

於是，就有了蔡鍔在梁啟超的精心安排下，由北京秘密逃至天津，又經上海東渡日本，轉道台灣、香港、越南海防，然後乘滇越火車進入雲南。梁啟超則由天津入住上海租界，一方面遙控雲南局勢，一方面獲取北京信息，同時爭取南京馮國璋的支持。

一九一五年十二月二十五日，蔡鍔、唐繼堯、李烈鈞等人向全國通電，宣佈雲南獨立，反對帝制，武力討袁，一場聲勢浩大的反袁護國戰爭開始了。在此期間，梁啟超先後寄達蔡鍔書信五封，於政治鬥爭、軍事方略、財政收入等方面提出了切實可行的指導方案，對護國戰爭的順利進行發揮了重要作用。

就在護國軍進行艱苦的浴血苦戰之時，原來答應舉義響應的廣西都督陸榮廷坐視觀望，遲遲不肯行動。廣西不獨立起兵反袁，護國軍就無法按照原定的計劃，通過廣西進取湖南、江西，會師武昌，同時也難下廣東，打開海外援助的必經之道。梁啟超急得不行，趕緊給並不認識的陸榮廷寫了一封三千字的長信，分析形勢，曉以大義，並默許他可出偏師東下廣東擴大地盤。梁啟超的書信無疑發揮了關鍵作用，陸榮廷派代表到上海與梁啟超相商，並說只要梁啟超動身前往廣西，他將馬上舉兵反袁。梁啟超聞言，毫不猶豫地決定冒險赴桂，助陸獨立。他在給女兒的書信中寫道：「此行乃關係滇黔生死，且全國國命所托，雖冒萬險萬難不容辭也。」他取道香港，偷渡越南，忍著病痛，又由越南海防、河內、諒山，經鎮南關進入廣西，抵達南寧。令梁啟超感到快慰的是，還在赴桂途中，陸榮廷就已於一九一六年三月十五日宣佈廣西獨立，困窘的反袁局勢立時扭轉，實為護國戰爭取得最後勝利的一大關鍵與轉折。

四

面對全國日益高漲的反袁護國形勢，袁世凱於軍事失利、外交失敗、內部失和的無奈中，不得不於一九一六年三月二十三日下令取消帝制。他的目的，只想緩和局勢，擺脫危機，並不想就此退出歷史舞台，所以仍占居大總統高位不肯下台。

為團結南方各派反袁力量，一九一六年五月八日，作為南方統一政府的護國軍軍務院在廣東肇慶成立，梁啟超出任撫軍兼政務委員長，總理一切政務。按最初設想，「蓋袁氏既已叛國，失去大總統資格，依約法當由黎公（黎元洪）繼任也。」因此，護國軍政府連續發佈宣言、布告、電報，非去袁不可。梁啟超更明確指出：「袁氏一日在位，中國一日不寧。袁氏朝退，兵禍夕解。」

護國軍軍務院作為南方各派勢力的聯合體，可謂兼容並蓄，既包括了革命黨人、進步黨人，也容納了唐繼堯、陸榮廷、龍濟光等地方實力派人物。各派表面統一，但實際上仍我行我素，都在為本派利益明爭暗鬥不已。梁啟超不得不在各派勢力間苦力周旋，盡可能地將他們撮合成一個相對緊密的團體，在以武力迫袁退位的同時，準備與北方代表進行和談。五月二十日，梁啟超抵達上海，為探知馮國璋在袁世凱去留問題上的態度及尋求外援。五月三十日，當他得知父親已於三月十四日逝世的消息後，當即向護國軍軍政府提出辭呈。梁啟超一去，南北和談受到影響，也給此後張勳復辟造成了一定的可乘之機。

一九一六年六月六日袁世凱病逝，消息傳出，在上海居喪的梁啟超於次日連發數電，分致黎元洪、段祺瑞、馮國璋及各獨立省都督總司令，促請黎元洪就任民國大總統。黎元洪在眾人的一致擁戴下就任大總統後，梁啟超又致電黎元洪，希望他委任段祺瑞組織新內閣。六月二十九日，段祺瑞出任國務總理組織新內閣後，採取了一些肅清帝制影響的舉措，如懲辦禍首，裁撤帝制機關，廢止將軍、巡按等舊稱謂，解除報禁等。不久，護國軍軍務院也在梁啟超的力主下解散，國會召開，舊國會恢復。

從上我們看出，在護國討袁戰爭中，梁啟超起到了統領各方的核心作用。如果說創建民國為革命黨首功，那麼再造共和之首功，則非梁啟超莫屬。一介書生，竟擔負起左右捭闔、縱橫馳騁的重任，且出色地完成了歷史賦予的不朽使命，功勳永難磨滅。

也正是在護國討袁戰爭中，梁啟超終於與老師康有為撕破臉皮，雙方站在相互反對的立場上，公開決裂斷交。

梁啟超反袁，康有為也反袁，但師生倆反袁的立足點不一。梁啟超反袁是為了恢復共和，而康有為之所以反袁，則是因為袁世凱悖逆了大清正統，其目的還是維護封建帝制，只不過帝制下的對象不同而已。

一九一六年三月，梁啟超應陸榮廷之邀偷偷潛入廣西之前，出於禮節，派同為康有為門生的湯睿辭行。康有為對梁啟超的反袁行為表示讚許，卻「正色大聲疾呼」，提出復辟清室的要求。聲言如果不從，便成敵人與對手。袁世凱於三月二十三日被迫取消帝制，康有為則於四月四日在《上海周報》發表〈為國家籌安定策者〉一文，公開為清廷復辟搖旗吶喊，真是一波未平，一波又起。梁啟超忍無可忍，終於拿起筆來打破沉默，在《時事新報》上發表〈闢復辟論〉，以含譏帶諷的筆調，對康有為的復辟主張予以嚴厲抨擊：「吾既驚其顏之厚，而轉不測其居心之何等也！」又起草反復辟通電：「如有再為復辟之說者……罪狀與袁賊同，討之與袁賊等！」

一九一七年六月十四日，張勳率五千名辮子軍進入北京，密謀清室復辟。康有為在其電召下化裝成一名老農，興沖沖地登上火車來到北京參與策劃，幫著草擬一道道所謂的諭旨。

本想脫離政治，讀書做學問的梁啟超再也坐不住了，不覺拍案而起，再次捲入政治漩渦。他一面撰文發表反復辟通電，一面進入段祺瑞軍組織的討逆軍中贊畫戎機、出謀劃策。

沒想到辮子軍實在不堪一擊，僅僅四天時間，就在段軍的攻擊下土崩瓦解。一場上演了十二天的復辟鬧劇就此匆匆收場，溥儀不得不再次宣佈退位，張勳逃往荷蘭使館，康有為只好又將自己裝扮成一名老農逃往美國使館。

梁啟超在〈反對復辟電〉中半點不留情面，將康有為批駁得體無完膚：「此次首造逆謀之人，非貪黷無厭之武夫，即大言不慚之書生，於政局甘苦實無所知。」「武夫」指張勳，「書生」自然是康有為了。有人說他半點不給老師面子，不留絲毫餘地，梁啟超道：「師弟自師弟，政治主張則不妨各異，吾不能與吾師共為國家罪人也。」康有為哪裡受得了「大言不慚之書生」這樣的指斥？加上他因附逆遭通緝之日，正是梁啟超被任命為段祺瑞內閣財政總長兼鹽務署督辦之時。因此，於復辟之失敗，康有為不僅不反省，反將一肚子怨氣全部發洩在梁啟超身上，捶胸頓足，傷心落淚，寫詩大罵不已：「鴟梟食母獍食父，刑天舞戚虎守關。逢蒙彎弓專射羿，坐看日落淚潸潸。」他說梁啟超忘恩負義，違背倫常，連禽獸都不如。從此以後，康有為對梁啟超簡直恨之入骨，凡梁啟超贊成的，他必反對；凡梁啟超反對的，他則極力贊同；「康梁一體」被撕成隔離的兩半，大有勢不兩立、水火不容之勢。

但梁啟超對康有為仍執弟子禮，正如他所說的那樣，師弟自師弟，政治歸政治，是不同的兩碼事。經劉海粟等人一番積極斡旋，師徒倆緊張的交惡關係多少有所緩解。日後梁啟超專程赴上海看望，向老師連叩幾個響頭以示陪禮謝罪，而缺少氣量、固執己見的康有為卻難以釋懷，將他晾在一邊不願理睬。梁啟超備感尷尬，交談不到一分鐘，便匆匆告辭而出。一九二二年，康有為原配夫人去世，梁啟超又親往弔唁。

儘管如此，梁啟超還是念念不忘他們之間曾經有過的親密無間的師生情誼。一九二七年三月八日，康有為在上海隆重慶賀七十壽誕，梁啟超因事不能前往，便寫了壽文、壽聯托人送去。他將〈南海先生七十壽言〉親手書於八幅壽屏之上，對康有為頌揚備至，認為「戊戌以後之新中國，惟先生實手闢之」。壽聯則對康有為的成就予以充分肯定：「述先聖之玄意，整百家之不齊，入此歲來已七十矣；奉觴豆於國叟，致欣忻於春酒，親授業者蓋三千焉。」聯中暗將康師比作孔子，深合常以「聖人」自居的康有為之心。於是，對這個常跟自己過不去而被他稱作「梁賊啟超」的忤逆弟子，康有為臉上終於露出了幾分滿意的微笑。

就在舉行壽誕慶典半個多月之後，康有為竟於青島突然逝世。身在北京的梁啟超聞訊，痛哭不已。因康家生計困難，趕緊電匯數百元，以作棺材之資。又與其他康氏受業弟子在北京宣武城南畿輔先哲祠設靈位舉行公祭，聲淚俱下地宣讀祭文。還率清華院全體同學在法源寺開弔三天，披麻戴孝地身穿孝子服，站在孝子位上執禮甚恭。梁啟超生平最喜麻將，康有為逝世後一個月，他連麻將摸都沒有摸過一次。

梁啟超忘不了自己的學術、政治之基，實始於老師康有為，他要報答他的恩情。然而，正如他在〈保教非所以尊孔論〉一文中所說的那樣：「吾愛孔子，吾尤愛真理；吾愛先輩，吾尤愛國家；吾愛故人，吾尤愛自由！」

五

梁啟超素以善於吸收、因時而變著稱，這既是他的長處，也最為人所詬病。他自己也承認是一個「流質易變」的人，並說自己「太無成見」。頗有意味的是，作為老師的康有為卻又「太有成見」，總是以不變應萬變，所以故步自封、頑冥不化。梁啟超常「不惜以今日之我與昨日之我戰」，「所謂我操我矛以難我者也，今是昨非，不敢自默」。他的不斷變化，既有前進，也有退步，呈出一條略帶回環的曲線。總的來說，是以上升的趨勢順應潮流、趁勢而變、因時而行。最令人稱道與難能可貴的是，梁啟超之變，不是見風使舵趨炎附勢，不是為了一己私利與個人好惡的變色龍似的小人之變，而是基於民族的進步、大眾的福祉，站在時代前沿，憑著個人的赤忱與良心，以一種強烈的憂患意識與使命感的內在召喚，承擔一個本真意義上的知識分子所應具有的道義、責任與擔當，追求真理與正義，推動社會的發展與進步。所以梁啟超只有公仇，沒有私仇；只有公敵，沒有私敵；他既不盲從，也不諂媚，更不屈服；他是近代史上最無私心之人，既不追名逐利，也不擅權漁色，一輩子活得光明磊落、坦蕩無畏。

在中國近代重量級人物中，我心中最為服膺敬佩者，當數梁啟超。原因就在於他的多變與善變，為了真理與進步不惜解剖自己、否定自己，於天真中透出成熟，激情中蘊含深刻，超脫中見出執著，永遠保持著一份獨有的冷靜與清醒，吸收世界先進文明營養，站在時代潮流前列，與歷史同步。

有人作過統計，梁啟超一生約有十變（也有七變、八變、十二變之說）。捨科舉舊學，倡導變法維新，為第一變；由改良漸趨革命，為第二變；遊新大陸後，由贊同民主共和一退為擁護君主立憲，再退為倡導「開明專制」，此其第三變；面對清廷「皇族內閣」假立憲的行徑，為革命派前仆後繼的起義暴動所感染，認為革命比改良更能解決中國的出路問題，是其第四變；從倒袁轉向附袁，又由附袁起而反袁，為第六變、第七變；而第八變，則與乃師康有為徹底反目，參與蕩平張勳的擁清復辟；第九變，棄政從學，孜孜於著述與教育；最後一變，與嚴復、康有為、章太炎等近代啟蒙思想家殊途同歸，由傳播倡導西學，復歸儒家哲學，鼓吹「東方文明」。

梁啟超參與平叛張勳的第二次挽救共和成功，一九一七年出任段祺瑞內閣財政總長，以實現改革中國財政積弊的宏偉夙願。然而，時值各派軍閥混戰，段祺瑞擴軍不已，軍費開支直線竄升，全國財政陷入困境。雖經多方運力，無奈積重難返，不到三個月，梁啟超就在焦頭爛額的疲於應付中心灰意冷，向段祺瑞提出辭呈。自此以後，他才真正「金盆洗手」，徹底脫離政界。當他回憶自己的從政經歷時，不由得表明心跡道：「因為我從前始終脫不掉『賢人政治』的舊觀念，始終想憑藉一種固有的舊勢力來改良這國家，所以和那些不該共事或不願共事的人，也共過幾回事。雖然我自信沒有做壞事，但多少總不免被人利用我做壞事。我良心上無限痛苦，覺得簡直是我間接的罪惡。」

光陰荏苒，歲月磋砣，梁啟超為之奮鬥的民主、自由、富強遲遲沒有出現。於軍閥混戰的滿目瘡痍中，他仍苦苦地思考著、探求著。為尋求未來中國的光明發展之路，一九一八年底，梁啟超與蔣百里、丁文江、張君勱等七人，以「歐洲考察團」名義赴歐遊歷。在一年的時間裡，梁啟超等人先後考察了美國、法國、比利時、荷蘭、瑞士、義大利、德國。時值第一次世界大戰剛剛結束，「輸家不用說是絞盡脂膏，便贏家也自變成枯臘」。面對元氣大傷的歐洲，梁啟超覺得西方的物質文明，「我們人類不唯沒有得著幸福，倒反帶來許多災難」，「科學萬能」的夢幻破滅了。於深沉的反思中，梁啟超感到建立在物質文明基礎上的自由民主、代議政治等西方精神文明，大有搖搖欲墜之勢。於是，孔孟之學在他心中開始慢慢復活。歐遊歸來，梁啟超創作了《歐遊心影錄》，認為誕生於西方文明中的許多學問、方法、途徑並不適於中國，比如社會主義就是。當然，他也不是一味地妄自尊大、否定西學，而是提出了「化合」新文明、重建「新文化體系」的構想，具體分四步操作進行：「第一步，要人人存一個尊重愛護本國文化的誠意；第二步，要用那西洋人研究學問的方法去研究他，得他的真相；第三步，把自己的文化綜合起來，還拿別人的來補助他，叫他起一種化合作用，成了一個新的文化系統；第四步，把這新系統往外擴充，叫人類全體都得著他好處。」這種構想，與康有為面對西方文明的挑戰作出回應而創作《大同書》頗多類似，只是梁啟超未能向深處開掘，撰寫理論性、系統性的著述。

梁啟超息影政治後的十多年時間裡，主要時間與精力，放在了學術研究與教育事業，留下了《中國歷史研究法》、《清代學術概論》、《中國近三百年學術史》等極具價值的學術專著，他也因此而被公認為中國近代學術研究的開拓者與奠基人。教育方面，他在南開大學、清華大學長期講學，還在全國各地巡迴演說，僅一九二二年四月一日至一九二三年一月十三日的大半年時間裡，就為全國各地學校、團體先後公開演講五十餘次。其次數之多，聽眾之廣、題材之博，在中國近代學術演講史上首屈一指。

作為一代產生巨大影響、著作等身的國學宗師，梁啟超的學問慾遠甚於政治慾，哪怕涉足政壇，也沒有中斷學術研究，停止發表學術論文。他一生幾乎每天都在做學問、寫文章，且才思敏捷，下筆成章，一氣呵成，不必修改，留下了一千四百餘萬字的煌煌巨著，內容涉及史學、文學、哲學、法學、政治學、經濟學、社會學、新聞學、宗教學、金融學、科技史、國際關係、圖書文獻學、中外文化交流等諸多學科，上括古今，兼及中外，特別是在構建近代史學理論體系及全面總結有清一代學術發展史方面，成就最為突出。他不僅參與了中國近代後期的幾乎所有政治活動，並且從戊戌變法到一九二八年國民黨武力統一中國這三十年間所發生的一切重大事件，在他的著述中都得到了全面的反映。他的著作，即使撇開中西彙通、古今縱橫、影響深巨不論，僅就數量而言，也遠遠超過了朱熹、王船山等人，成為中國自古以來著述最多的偉大學者。這些文字，實屬中華民族的寶貴精神財富，但因數量過多，涉獵太廣，較為深厚，至今仍未能展開深入、系統的研究。既然研究不夠，遑論吸收消化？

梁啟超興趣廣泛、能力超群、求通求達、求新求異，在革命與專制、中學與西學、開明與保守、民主與封建之間變化、矛盾、徘徊不已。但是，他一生也有諸多不變之處——對社會、對人生始終抱有強烈的改造慾望，時刻保有剛強的毅力與旺盛的激情，其愛國之心、立憲之志、新民之道更是持久不變！正如鄭振鐸在〈梁任公先生〉一文中所言：「他的宗旨他的目的是並未變動的，他所變者不過方法而已。」

精力充沛、正當盛年的梁啟超本可為這個世界作出更多貢獻，留下更多財富，然而，平素不善保養的他積勞成疾，小便帶血，身患腎病。本非不治之症，結果碰上了一場偶然而倒楣的醫療事故，一九二九年一月十九日，梁啟超與世長辭，年僅五十六歲。

梁啟超的壯年早逝在當時就引起了社會各界的諸多猜測，直到一九七〇年，梁啟超之子梁思成因病入住父親病逝的協和醫院，才從自己的主治醫生那裡獲知父親病逝真相：一九二六年三月，梁啟超便血腰疼前往協和醫院求醫。醫院以最好的醫生、最先進的設備為其查驗，經X光透視表明，左腎有一處黑斑，患有腎結核，需切除治療。結果在手術時，值班護士用碘在梁啟超的肚皮上標錯了地方，而主刀卻沒有仔細核對掛在一旁的X光片，竟將好端端的右腎給割除了。手術後，梁啟超的病腎仍留體內，便血不止；而好腎又已割除，因此身體逐漸衰弱，病情惡化日甚一日，終至一病不起，自稱可活八十歲的他就此溘然長逝。協和醫院出現如此重大醫療事故，自然難辭其咎。他們雖然很快就發現了這一悲劇性的錯誤，但梁啟超作為一代影響巨大的思想文化巨擘，內情一旦公布，協和醫院的聲譽極有可能一落千丈，遂將事實真相作為「最高機密」歸檔，長期隱瞞。後來醫學教學講授如何通過X光片辨別左右腎臟，舉出梁啟超這一病例，遮蔽了幾十年的「最高機密」才大白於天下。而此前有關梁啟超的資料、傳記等，在述及此次手術時，因割除的是右腎，大多記述，也是說右腎長了一個瘤子，經手術割除，而病情卻未好轉云云。

與梁啟超的情形相反，康有為在中醫無效平靜等死的日子裡，僅憑研讀幾本西醫書籍，自己為自己診斷療治，竟然「妙手回春」、死裡逃生。梁啟超貽誤於西醫，當時就有著名文人陳西瀅撰文質疑協和醫院，質疑西醫：「腹部剖開之後，醫生們在右腎上並沒有發現腫物或何種病……他們還是把右腎割下了！可是梁先生的尿血症並沒有好。他們忽然又發現毛病在牙內了，因此一連拔去了七個牙。可是尿血症仍沒有好。他們又說毛病在飲食，又把病人一連餓了好幾天。可是他的尿血症還是沒有好！」陳西瀅據此認為「西醫就是拿病人當試驗品」。此文一出，徐志摩等人撰文大力支持，社會輿論頓時譁然，西醫一時成了眾矢之的。儘管梁啟超私下裡也認為「這回手術的確可以不必用」，但他是西醫科學的堅定支持者。面對一片反對西醫的聲音，躺在病床的他從維護科學與西學的角度出發，當即寫下〈我的病與協和醫院〉一文，既為西醫辯護，也是為科學辯護，希望人們不要因為個別病例的誤診而打倒西醫，全盤否定西醫的科學性。

借西方文明之火，以傳統文化為薪，鍛鑄新型國民，像一根紅線那樣貫穿著梁啟超人生之始終。他的畢生成就，既在學術、事功，更在迎接新世運，開出新潮流，呼喚新國民。他認為中國乃「少年中國」，他自己也是「少年中國之少年」。他歷來主張欲革新國家，必先革新國民的精神和思想。開展國民運動，最重要的就是塑造「現代青年」：「養足你的根本智慧，體驗出你的人格人生觀，保護你的自由意志。」他至死都在進行著啟蒙廣大民眾的努力，號召國民關心國家、關心社會、關心政治，開闢新中國，建設新世界。梁漱溟曾在〈紀念梁任公先生〉一文中寫道：「當任公（梁啟超之號）先生全盛時代，廣大社會俱感受到他的啟發，接受他的領導。其勢力之普遍，為其前後同時任何人物——如康有為、嚴幾道、章太炎、章行嚴、陳獨秀、胡適之等等——所趕不及。我們簡直沒有看見過一個人可以發生像他那樣廣泛而有力的影響。」這種影響，不僅惠及當時一代人，而是長期持續著，施及今天乃至未來。

記得筆者十八歲那年讀師範時，初見梁啟超的〈少年中國說〉，一下子就被他那汪洋恣肆、遼闊奔放、一瀉千里的激情與生動形象、詩意盎然、絢爛多姿的文字所吸引，不知不覺地深陷其中，直至花了幾個早晨的功夫將全文背下，才覺得完成了一樁重大任務似的心有所安。儘管篇幅有限，我還是忍不住將〈少年中國說〉的最後一段抄錄下來，作為本文結尾，與讀者諸君共享：

> 中國而為牛為馬為奴為隸，則烹臠鞭箠之慘酷，唯我少年當之；中國如稱霸宇內，主盟地球，則指揮顧盼之尊榮，唯我少年享之……故今日之責任，不在他人，而全在我少年。少年智則國智，少年富則國富，少年強則國強，少年獨立則國獨立，少年自由則國自由，少年進步則國進步，少年勝於歐洲，則國勝於歐洲，少年雄於地球，則國雄於地球。紅日初升，其道大光；河出伏流，一瀉汪洋；潛龍騰淵，鱗爪飛揚；乳虎嘯谷，百獸震惶；鷹隼試翼，風塵吸張；奇花初胎，矞矞皇皇；干將發硎，有作其芒；天戴其蒼，地履其黃；縱有千古，橫有八荒；前途似海，來日方長。美哉我少年中國，與天不老；壯哉我中國少年，與國無疆！

9. 孫中山：民國之父

提及功名，我們不得不特別指出的是，作為一名學貫中西的飽學之士，孫中山可能是中國近代史上唯一沒有陷入科舉怪圈的人物。他沒有參加過一次科考，就連這樣的念頭也不曾有過。

一

鴉片戰爭在帶給中華帝國炮火與災難的同時，也開啟了幾扇認識西方世界的窗口，喚起了沉睡不醒的有志之士與部分民眾。就地理位置而言，鴉片戰爭源於廣州，因此，廣州及其周邊地區——珠江三角洲，相應地佔有了得風氣之先的條件與便利。撇開其他不談，僅影響中國近代歷史的重量級關鍵人物，彷彿驚雷霹靂般一下子就湧現了洪秀全、康有為、梁啟超、孫中山等四位。洪秀全出生於廣東花縣（今廣州花都區），康有為的故鄉是廣東南海縣（今佛山南海市），梁啟超生長於廣東新會縣（今江門新會市），孫中山誕生於廣東香山縣（今中山市），這麼多風雲際會的頂尖級歷史人物，突然出現在以廣州為中心，半徑約一百二十公里的區域內，看似偶然，實屬必然。法國著名史學家、批評家丹納（Hippolyte Taine, 1828-1893）認為，一種文明的發生、發展及性質取決於種族、環境與時代三大因素。中國近代社會的發展變化，究其實，也是一種文明的發展與轉型——由傳統農耕文明向西方工業文明的轉化與變遷。種族因素姑且不論，環境與時代，的確成為極其重要乃至決定性的因素。

廣州在清廷近兩百年的閉關鎖國中，是唯一的一直對外開放的商埠，又因其毗鄰香港、澳門，較之廈門、福州、寧波、上海等其他四處通商口岸有著更多的地理優勢。珠江三角洲作為一塊難得的「風水寶地」，一時間因緣際會、人傑地靈、風起雲湧，也屬勢至所歸。基督傳教士經香港來到廣州，正是他們的通俗宣傳冊子成為洪秀全「太平天國」的源泉、基礎與動力；康有為若非涉足香港，由耳聞目睹的震驚，到大購西書而歸的刻苦研讀，就不會有此後的維新變法；梁啟超最初雖未親往香港、澳門，但他直接受益於康有為中西文化融彙的「乳汁」；孫中山則比他們三人走得更遠，十二歲就由水路經澳門遠赴美國檀香山，並在那裡習業讀書。

其實，早在孫中山之前，珠江三角洲就已走出了中國的第一位留學生——畢業於美國耶魯大學的廣東香山人容閎。一八七二年，又是他，作為學生監督、駐美副使率領中國最早的官派留學生——三十名留美幼童常駐美國，長期浸潤在「歐風美雨」之中。

孫中山「生而為貧困之農家子」，全家住一間簡陋小屋，靠租種幾畝薄田過活，難得吃上一頓米飯，常以白薯為食。家中自然無錢為他單獨聘請塾師，七歲時，便在別家私塾中附讀。九歲入村塾就學，村塾，是一種帶義學性質的學塾，經費從村中公產田收入中支出，以資助貧困子弟求學。也就是說，孫中山在赴美之前，已熟讀《千字文》、《三字經》、《幼學瓊林》、《古文評注》等訓蒙讀物，以及四書五經，奠定了一定的傳統文化基礎。

孫中山得以赴美，全賴遠涉重洋的兄長孫眉。憑藉自己的刻苦耐勞，孫眉在檀香山獨自經營了一所農牧場，後又開設商店，使得全家的經濟條件大為改觀。一八七八年，孫中山在遠赴異國他鄉途中，「始見輪舟之奇、滄海之闊，自是有慕西學之心，窮天地之想。」檀香山的五年習業生活，對年少的孫中山更是有著脫胎換骨的改造與變化。正是在這裡，孫中山親身感受到西方法制社會的良好秩序，讀到了華盛頓、林肯（Abraham Lincoln, 1809-1865）等偉人的傳記，接觸到民主共和思想，嫺熟地掌握了英語這門國際性語言，為此後七次周遊世界從事革命活動，大量閱讀西方原著，在海外聯繫外交、發表演說提供了極大便利。孫中山多次指揮革命黨人進行軍事活動，任過大元帥，可他沒有受過軍事訓練，從未有過參軍經歷，僅在檀香山就讀的意奥蘭尼書院（Iolani School），上過兵操課。隨著軍事口令，孫中山擺動雙臂，邁著健步，一副雄赳赳、氣昂昂的樣子。對這適於現代武器的新式操練，孫中山不僅感到有趣，也覺得很有意義。這恐怕算得上他早年唯一的軍事訓練了。在檀香山，孫中山還想剪掉辮子，加入基督教，只是遭到哥哥孫眉的極力反對而作罷。但他後來還是因為反對偶像崇拜，扯毀關帝畫像而惹惱孫眉，不得不聽從他的安排，中途輟學回國，返回故鄉翠亨村。

但孫中山終究不是「池中之物」，很快又轉入香港繼續念書，完成中學學業後，進入醫校學習西醫。當然，他在檀香山受阻於兄長孫眉的事情，很快就如願以償地得以實現——加入了基督教，剪掉了那根拖在屁股後面象徵屈辱的長長辮子。一八九二年七月，孫中山在香港雅麗醫校（即「香港西醫書院」，The College of Medicine for Chinese, Hongkong）。完成五年學業，以第一屆畢業生第一名的優異成績獲得醫學博士學位。醫師在英國被視為上等人，不僅具有頗高的地位，且經濟收入相當可觀。孫中山先後在澳門、廣州行醫，因其醫術高明，一時間聲譽鵲起，求醫問診者絡繹不絕。如果孫中山安於此道，一輩子滿可以過一種優裕富足的平靜日子。然而，醫生僅僅療治國民貧病羸弱的肉體，他的遠大志向，則是「借醫術為入世之媒」，「而從事於醫國事業」——療救滿目瘡痍、積貧積弱的舊中國，以及幾千年封建專制積澱下來的國民劣根性。

還在七八歲的時候，孫中山幼小的心靈，就播下了一顆排滿、復仇的種子。追根溯源，種子的播撒來自他的廣東老鄉洪秀全。翠亨村有一村民馮爽觀，早年參加過太平軍，也曾親眼見過「天王」洪秀全。太平天國失敗後，他不聲不響地回到故鄉，依舊做那不甚起眼的農活。有事無事，他會在村頭榕樹下繪聲繪色地給孫中山等一幫孩子講述當年太平天國的故事，從起義之初到天國覆亡，孩子們刨根究底地問著，他則一段一段地講著，孫中山總是聽得興致盎然、津津有味。一次，孫中山聽著聽著，竟情不自禁地歎道：「咳，要是洪秀全滅掉清朝就好了。」馮爽觀聞言，端詳了一會兒孫中山道：「你長得很像洪秀全，長大後就做洪秀全吧。」正所謂「說者無心，聽者有意」，孫中山自此真的就以洪秀全自許，毫不隱諱地稱自己是「洪秀全第二」。村裡的孩子們也管他叫「洪秀全」，那些大人們有時也跟著自家孩子「洪秀全」長，「洪秀全」短地稱呼他。做一個能夠推翻滿清統治的新的洪秀全，這便是孫中山兒時的具體追求與理想。

一八八四年中法戰爭失敗，孫中山清醒地認識到大清政府的「政治不修，綱紀敗壞」已無可救藥，從小埋下的反抗種子破土而出，決心「傾覆清廷，創建民國」。正如他在《建國方略》中敍述的那樣，於學業之餘，「致力於革命之鼓吹，常往來於香港、澳門之間，大發厥詞，無所顧忌」，但附和者甚少，多以大逆不道、中風狂悖而避之。而真正促使孫中山下定決心放棄醫業，開始政治鬥爭，成為一名職業革命家的轉折，在於上書李鴻章的失敗。

孫中山在宣傳推翻滿清革命的同時，對清政府多少還抱有一定的幻想，希望通過上書自薦，求知於當道的方式，改革弊端，以推動中國富強。因此，他早就醞釀著一份上清廷書。後來選擇李鴻章作為上書對象，一是李鴻章作為洋務運動的領袖，其思想的開明、時務的通達與新政的成效，著實感染了孫中山，認為他是「識時務之大員」；二是將李鴻章引為同道，因為他不僅信奉西醫，還是孫中山曾經就讀過的西醫書院的名譽贊助人；三呢，是因為康有為的上書都不能上達「天聽」，孫中山覺得自己既無功名又無官職，不會有官員敢於代呈，更難以到達皇帝手中，於是，就降格以求地轉向朝廷握有實權的要員了。提及功名，我們不得不特別指出的是，作為一名學貫中西的飽學之士，孫中山可能是中國近代史上唯一沒有陷入科舉怪圈的人物。他沒有參加過一次科考，就連這樣的念頭也不曾有過。

關於孫中山上書李鴻章，過去流行的說法，是他經人介紹，在天津前往李鴻章處拜訪，結果受到他傲慢無禮的接待。此外，還有孫中山冒死謁李鴻章，勸其革命等多種說法。但經史家嚴格考證，事實真相是，孫中山經人輾轉介紹，上書還是到達了李鴻章手中，但並未予以接見。不是李鴻章擺臭架子或耍「大腕」脾氣，而是中日甲午戰爭爆發，正在蘆台督師練兵的他，哪有心思顧及一位名不見經傳的醫生上書呢？因此，他經人反饋給孫中山的答覆是：「打完仗以後再見吧。」後來他們倆雖有過多次「再見」的機會，但終其一生都沒有打過一次照面。比如八國聯軍進佔北京時，孫中山運動時任兩廣總督的李鴻章割據獨立，卻因李鴻章奉旨北上議和而作罷。就在李鴻章北上途中，孫中山還暗地裡救過他一命。維新派視李鴻章為死敵，孫中山的幾個日本朋友也計劃暗殺他，因孫中山堅決制止反對才沒有下手。

至於當年那封呈給李鴻章的上書，李鴻章是否看過，也難說得很。其實孫中山的上書，雖是他十多年來苦苦探索的結晶，但與康有為上書皇帝激進的政治改革主張相比，只算得上一份溫和的經濟改革方案，他將富強治國的途徑，主要歸結為四條：「人能盡其才則百事興，地能盡其利則民食足，物能盡其用則材力豐，貨能暢其流則財源裕。」

連最起碼的經濟改革都難以付諸實現，孫中山一腔沸騰的熱血，頓時化作點燃晚清大廈的熊熊烈火。

二

孫中山乳名帝象，因母親信奉村廟中的北方真武玄天上帝（簡稱北帝），故名；入學時取名孫文；後取號「日新」，在與外國人交往時，常以「日新」的諧音「逸仙」自稱，所以歐美等國至今仍稱他為「孫逸仙」；「孫中山」之名，乃由他在日本東京一家旅店投宿時使用的日本化名「中山樵」演變而來，以中國姓、日本名拼綴而成，成為人們對他的尊稱。

孫中山在海外創立興中會，成立革命黨，組織革命軍，致力於推翻滿清政府，每次都以轟轟烈烈開始，以慘遭失敗而告終。國人歷來注重宣傳強調宣傳，輿論的力量之強大，有時真能達到「眾口爍金，積毀銷骨」的地步。清廷的文告、報紙等宣傳資料，都將孫中山視為土匪強盜，提及孫中山時，總是稱他為「孫汶」。「文」字加上三點水，就不是秀美如文了，而是佔據江河湖泊的草寇與強盜。清廷這麼一宣傳，不僅不明真相的群眾以為他真的是什麼紅眉毛、綠眼睛的土匪大王，甚至許多維新黨人、革命志士都對他產生了天大的誤會。比如留日學生最先知道孫中山時，都以為他不過是廣州灣的一名海賊；章士釗起先也有過類似誤解，後見到孫中山一封手札，字跡雄偉，當即「駭異」，這才改變過去認為孫中山目不識丁的草莽英雄形象；最有代表性的是前清舉人、國民黨元老吳稚暉，他最先知道孫中山，是從報紙上讀到的孫汶造反，第一次在廣州發動武裝起義失敗。他記住了「孫汶」這一名字，後來就一直關注他的行蹤，長期以為他不過一名長相魯莽、舉止粗野的江洋大盜而已。十年後，即一九〇五年春，已自命為革命黨的吳稚暉終於在英國倫敦與孫中山見面了，他根本就沒有想到站在眼前的孫汶或孫文，竟是一名態度誠懇、和藹可親的紳士！後來，兩人不僅成為一對交往密切的好朋友，吳稚暉還加入了孫中山創辦的同盟會，歷任國民黨中央監察委員、國民革命軍總政治部主任、國防最高委員會委員等要職。吳稚暉在晚年的一篇文章中寫道：「我起初不滿意孫文，就是因為他不是科第中人，不是經生文人，並且疑心他不識中國字。到認識以後，才知道他手不釋卷。」

作為一名被革命黨人譽為「先知先覺」、「天賜其勇」的領袖，孫中山所從事的革命事業要想擴大影響，獲得廣大民眾的同情、理解與支持，可想而知要付出多大的堅持與努力。清廷除武力剿滅外，其混淆黑白、掩飾真相的宣傳更是蒙蔽、欺騙了上自官僚，下至百姓的廣大民眾。除了武力暴動外，孫中山不得不「以革命的兩手，對付反革命的兩手」，一次次地宣傳革命黨人的政治主張。但在鐵板一塊的封建專制統治下，其收效總是微乎其微。一時間無法喚醒民眾，孫中山只有依靠那些少數覺悟了的革命黨人，以寶貴的生命為代價，在清廷力量相對薄弱的粵、滇、桂等邊境地區，百折不回地發動一次又一次武裝暴動。

要想撼動有著兩千多年深厚根基的封建皇權，實在是難之又難。首先是認識，別說普通百姓，就是那些站在時代前沿的優秀知識分子，也難以認同。鴉片戰爭之前的中國社會，從未出現過這樣一位先知先覺者。專制的土壤誕生不了民主鬥士，層出不窮的只是一些為封建專制「添磚加瓦」的臣民。西方文明伴隨戰爭的炮火與硝煙進入中國，受武力侵犯、強權逼迫，哪怕是好的東西，接受時也會產生一種心理扭曲與人格侮辱之嫌。在心靈的沉重痛苦與行動的舉步維艱中，傳統社會開始慢慢變化與轉型。林則徐睜眼看世界，但對高高在上的皇帝仍誠惶誠恐；曾國藩雖有過取代清廷之想，也僅限於個人內心深處的一閃念而已；洋務派開辦實業，目的就是維護風雨飄搖的清朝政府於不倒；洪秀全以橫掃一切的姿態，與清廷誓不兩立，但他建立的，是一種更加專制殘暴的統治，於人類政治與社會進步而言，實在是一種極端的反動；康有為、梁啟超出現了，他們也是換湯不換藥的維新而已；只有孫中山，才有了推翻滿清的認識與自覺。當然，他最先號召人們的民族革命旗幟，是從漢人的角度出發，取代滿清統治，「驅逐韃虜，恢復中華」。孫中山的偉大就在於能夠不斷地豐富發展自己，喚醒漢人的民族意識，驅逐滿清朝廷，然後推翻歷代皇帝依附其上的封建專制統治，像美國那樣，建立一個嶄新的民主共和國。即使今日觀之，也是中國歷史上的一項偉大壯舉。欲達到這樣的認識，進入民主共和的境界，於孫中山個人而言，尚屬不易，而要使國內精英接受，使廣大民眾理解，真是難之又難，所以孫中山一反「知之非艱，行之惟艱」的幾千年傳統認識觀念，旗幟鮮明地亮出自己的哲學思想——「知難行易」！

孫中山的影響，先是在國外造成了極大聲勢，然後才慢慢滲入國內。辛亥革命前的孫中山，大多時間都在海外活動，也就難怪有人不以為然地說他只是「半個中國人」了。

孫中山於一八九五年在廣州發動第一次武裝起義，在清廷的封鎖與歪曲下，民眾要麼不知，要麼以為是一次海盜行徑。起義失敗後他不得不逃亡海外，由香港乘船剛抵日本神戶時，已有日本報紙以「支那革命黨首領孫逸仙抵日」為題的新聞報導。孫中山一見，遂對同行的陳少白道：「革命二字，出於《易經》『湯武革命，順乎天而應乎人』一語。日人稱吾黨為革命黨，意義甚佳，吾黨以後即稱革命黨。」於是，「革命」一詞由是產生，取代了過去的「造反」、「起義」、「光復」等同類詞語，一直沿用至今。為爭取海外華人支持，考察、瞭解西方的民主制度，孫中山又前往檀香山、美國，後輾轉至英國倫敦。

在倫敦，孫中山經受了人生中一次生死攸關的考驗，被清駐英使館拘禁，準備雇一艘輪船將他偷偷遞解回國，然後殺害。關於他的被拘，孫中山在《倫敦蒙難記》（*Kidnapped in London*）中是說在馬路上遭兩華人挾持，事實上，是他自己進入使館宣傳革命被抓。據陳少白所言：「當時孫先生對我說，他早已知道公使館，他故意改換姓名、天天跑到使館去宣傳革命。後來，公使館的人疑惑起來，因為當時廣州起義之事傳聞還盛，以為這人或者就是孫逸仙。公使隨員鄧廷鏗，因為是同鄉，就試出他確是孫逸仙，於是孫先生就被他們拘禁起來了。」《倫敦蒙難記》用英文寫成，最初在英國出版發行。孫中山之所以撰文為「挾予而入」，是一種政治策略的需要，清廷公然在大街上抓人，實有侵犯英國主權行為之意。此後孫中山未予更正，也就以訛傳訛、積假成真，並被不少研究專著認同、徵引。

被拘的孫中山唯一能做的事情，就是自己挽救自己：讓清使館無視國際公例，限制人身自由的秘密為英人所知，通過外人迫使清廷屈服。經過一番努力，孫中山終於打動了一名年長的英籍僕人柯爾（Cole），在兩張名片上給家住倫敦的詹姆斯・康德黎（James Cantlie, 1851-1926）寫了一封短信，告之真相。康德黎原任香港雅麗醫校教務長，既是孫中山的老師，也是他的朋友。饒有趣味的是，六個月之前，就在孫中山準備離開檀香山的前幾天，他在火奴魯魯街散步，突然發現康德黎及其夫人乘坐一輛馬車迎面駛來。孫中山奮力一躍，登上馬車。倉促之間，康德黎夫婦大為驚異，以為暴徒行兇。後認出是改裝易服的孫中山，康德黎不禁與他握手相笑。到倫敦後，孫中山專程拜訪，康德黎夫婦熱情接待，並安排他在就近的葛蘭旅店（Gray's Inn）住下。

一八九六年九月十七日，孫中山神秘失蹤不知去向已經六天了，康德黎正為此焦慮不安，深夜十一點多鐘，柯爾妻子送來孫中山寫在名片上的密札。康德黎不敢怠慢，當即到警署報告，第二天正值星期日，他四處奔波，找遍英國外交部、警署、私家偵探等，直至晚上九點，都因周末休息而無甚進展。他擔心清使館提前行動將孫中山偷運出境，情急之下，想到了新聞媒體。只要報紙作為新聞予以報導，必然引起社會公論，事情定會出現轉機。於是，他趕緊乘車趕到《泰晤士報》（*The Times*），找到記者，將孫中山被清使館幽禁的前因後果詳加敍說。然而，《泰晤士報》並未及時報導，康德黎不得不通過英國外交部、警署、偵探等嚴密監視清使館，以防不測。直到十月二十二日，才有風聞此事的《地球報》（*The Globe*）記者前來採訪康德黎，率先以「革命家在倫敦被誘捕」為題加以報導。接著是倫敦各報記者一窩蜂似地湧到康德黎住所採訪，紛紛登載孫中山被拘一事，就連馬路邊的廣告牌上也有寫有相關新聞。清政府在英本土侵犯英國的特別主權與外交權利，不僅轟動倫敦全城，並且激怒了幾千市民，他們圍住清使館抗議示威：「如果不趕緊放人，就砸毀使館！」此時，英政府也出具正式公文，要求清使館放人。

在多方壓力下，陷入不義與被動的清廷駐英使館官員，不得不取消以七千英磅雇租一艘二千噸輪船運送孫中山回國的計劃。當孫中山步出幽室之時，使館外面觀者如潮，各報記者紛紛擁上前來，詢問採訪。

一樁壞事就此變成好事，孫中山之名，不僅傳遍全球，他的革命事業，也漸為世人特別是海外華人同情、理解與支持。

孫中山脫險後，又在倫敦居住了大半年時間，考察英國的社會風俗及政治制度，研究世界各派政治、經濟學說。據康德黎所述，他去得最多的地方就是倫敦大英博物館圖書館，閱讀有關政治、外交、法律、軍事、海軍的書籍；礦業、農業、畜牧、工程、政治、經濟等類，也佔據了他的注意，而且細心和耐心地研究。

孫中山理論思想的形成，實得益於他孜孜以求的廣泛閱讀，他一輩子可謂手不釋卷。據有關研究資料統計，在已刊行的孫中山著作中，共涉及七十多個國家與地區，兩千多個地名，一萬多名古今中外人物，一百餘件重要事件，一百五十多種主義、思想、學說、流派等。這些淵博的學識，實與他的考察遊歷、親見親聞以及虛心求學、潛心閱讀密不可分。當然，他不只是機械被動地吸收，而是盡可能地化為自己的血肉，結合中國的實際，思考探索，「把各國政治的得失源流，拿來詳細考察，預備日後革命成功，好做我們建設的張本。」

一九〇〇年十月，孫中山吸取第一次革命失敗的教訓，經過長時間的醞釀，利用八國聯軍侵華，清廷無暇南顧之機，乘勢發動第二次革命——惠州起義。起義之初，勢如破竹，參加義軍的民眾多達二萬餘人。此次起義雖堅持月餘，結果仍因敵眾我寡而歸於失敗。令孫中山稍感欣慰的是，上次廣州起義失敗，舉國上下，都視為「亂臣賊子，大逆不道」；惠州起義失敗，沒有了「惡聲相加」，有識之士還為之惋惜不已。可見孫中山從事的革命事業，已漸漸深入人心。

此後，孫中山又宣傳、組織、發動了萍瀏醴起義，廣東潮州黃岡起義，廣東惠州七女湖起義，廣西防城起義，廣西鎮南關起義，廣西欽、廉、上思起義，雲南河口起義，廣州黃花崗起義。於顛躓中爬起，於失望中振作，孫中山先後發動過十次大的武裝起義，全部慘遭失敗。直到一九一一年十月十日，湖北黨人發動的武昌首義爆發，這才一舉獲得成功，完成了「驅逐韃虜」的歷史使命。

三

武昌起義於孫中山來說，有一個怎麼也繞不過去的尷尬，那就是他並未領導這次起義，並且事後才在美國得知。

應該說，辛亥革命成功，是中部同盟會的功勞。孫中山偏重華南起義，以為邊陲地帶遠離清廷軍樞重地，比內地容易突破，且進退有餘。因此，雖多次失敗，他也並未調整戰略，仍著眼於再次發動南方邊境起義，並將經費的籌措，視為起義成敗的關鍵。而以譚人鳳、趙聲、宋教仁為首的同盟會員則鑒於過去失敗的教訓，在認識上與孫中山發生了嚴重分歧，自行成立了包括長江中下游各省在內的中部同盟會。在討論起義戰略問題時，宋教仁提出上、中、下三種方略：「在邊地進行為下策，在長江流域進行為中策，在首都和北方進行為上策。」事實證明，下策行不通，而上策的條件又不成熟，所以「取中策為好」。

武昌首義正是中部同盟會在「取中策」的指導思想下運動新軍而取得的碩果。武昌起義成功，革命黨人紛紛趕赴武漢，黃興以戰時總司令身分率民軍與清軍作殊死之戰，宋教仁起草《鄂州臨時約法》，而孫中山率一行則在美國宣傳演說、奔波籌款。十月十一日，經過一番旅途勞頓，剛剛抵達科羅拉多州丹佛市的孫中山不顧疲勞，工作到深夜才上床休息。直到第二天上午十一點鐘，孫中山才醒來用餐。經過回廊報館時，他順手買了一份報紙，進入飯堂翻閱，一行醒目的英文頓時躍入眼簾：「武昌為革命黨佔領。」

孫中山當時的驚喜之情可想而知，然而，他卻沒有及時回國領導這場轟轟烈烈推翻清廷的武裝起義，而是取道芝加哥赴華盛頓與美國政府接觸，又經紐約前往英國、法國。「吾當盡力於革命事業者，不在疆場之上，而在樽俎之間。」他的目的，一是爭取西方列強的支持與承認，二是向西方國家的財團、銀行借款，以資革命與建設。經費問題，一直困擾著孫中山，也被他視為革命的重中之重，以為只要擁有足夠的資金，一切事情就可迎刃而解。他甚至於將某次起義失敗的原因，直接歸咎於籌集的款項不夠。

赴歐活動的結果，是西方列強既不承認革命黨人建立的政權為中國的合法政府，也未借到一分錢款。失望之餘，孫中山不得不由法國馬賽港啟程回國，於一九一一年十二月二十一日抵達香港。從美國到英國、法國，孫中山一路行來，費盡口舌，結果一無所獲，白白浪費了兩個多月的寶貴時間而已。如果他及時回國領導革命，武昌首義後的中國格局，肯定會是另一番光景，至少不會出現南方革命軍互鬧分裂，出現武昌、上海（南京）兩個中心的局面。

由香港換船到達廣州，孫中山又犯了一個不大不小的錯誤：廣東的胡漢民等革命黨人力勸孫中山不要「北上」，而是「留粵」整頓軍隊，打好基礎。胡漢民為他分析說，滿清政府雖然人心已去，但袁世凱控制的數萬北洋精兵仍在，這一勢力不掃除，革命就談不上徹底，民主政權就無從建立。如果孫中山趕赴滬寧，「必被推戴，幕府當在南京，而兵無可用，何以直搗黃龍？」因此，他建議孫中山留下來，「就粵軍各軍整理，可立得精兵數萬，鼓行而前，始有勝算。」

胡漢民的分析，就此後的發展情形而言，確屬真知灼見。而孫中山卻認為「四方同志正引領矚望」於他，不由得說道：「我若不至滬寧，則此一切對內對外大計主持，決非他人所能任。」而事實並非孫中山所言，他的「捨我其誰」多少帶有盲目自信的味道。武昌首義後，未曾有人提出非由孫中山主政不可，除黃興等忠心耿耿的同盟會員真正矚望於他外，其他各光復省分的要員、原立憲派人士以及部分革命黨人所矚望的，卻是手握北洋重兵的袁世凱，只要他反戈一擊，推翻「貴族專制之滿清」，「當奉為大總統」。

孫中山滿懷激情，百折不撓，力任艱巨，心胸寬廣，毫無個人私慾雜念，全身閃射著一股浪漫的革命氣質，但他的確算不上一位精明出色、富於權謀的戰略家。他欲以其一心為公、滿身正氣以及大無畏的革命精神，與有著幾千年封建專制積澱的權謀文化、官場哲學進行較量，無疑於手持長矛與風車搏鬥的堂·吉訶德（Don Quijote）。

其實，在內心深處，孫中山也深知徹底改革中國社會之艱難，這種艱難可能遠甚於用武力推翻大清王朝與封建統治。當武昌起義進展迅速，全國各地很快響應，各省紛紛獨立時，他曾不無憂慮地說道：「這回革命一起……太過迅速、容易，未曾見有若何犧牲及流血，更不知前仆後繼之人及共和之價值，而滿清遺留下之惡劣軍閥、貪污官僚及土豪地痞等之勢力依然潛伏，今日不能將此等餘毒剷除，正所謂養癰貽患，將來遺害民國之種種禍患未有窮期，所以正為此憂患者也。」

認識是一回事，而行動則又是一碼事。作為一位有著豐富閱歷與經驗的仁人志士，孫中山既能深入其中，又能超乎其外地分析、審視中國社會，常能透過現象窺其內裡，抓住實質。他深刻地認識到中國的事情只能慢慢來，急不得，改造得有一個過程，但他又是一個被人稱為「孫大炮」的急性子，總希望革命能夠畢其功於一役，恨不得中國轉瞬間與英美比肩，甚至超乎其上，重現漢唐中華帝國之風采。急躁之時，不是被人利用，就是走向事情的反面，常令後人為之扼腕長歎。

孫中山身單力薄地倉促北上，作為聞名全國、享譽世界的反清第一鬥士，很快就以十七省代表投票，共得十六票的結果，當選為中華民國南京臨時政府的臨時大總統，由非法、秘密、在野的中國同盟會革命黨領袖，第一次公開亮相，正式登上中國近代政治舞台。他以一己之力，在任內盡可能地剷除封建餘毒，如頒行《中華民國臨時約法》，以國家法典的形式第一次宣佈人民享有的各種自由權與政治權，廢除行跪拜禮及「大人」、「老爺」等稱呼，提倡男女平等，限期剪辮放足，禁止種族歧視、刑訊逼供、亂捕仇殺、販賣人口、蓄養家奴、吸食鴉片等。

然而，孫中山北上組建臨時政府，在深得廣大民眾歡迎的同時，卻激起了長袖善舞的袁世凱的強烈反彈。南北正在議和，南京臨時政府成立，無疑打碎了他逼退清帝、贊同共和、出任總統的美夢。於是，袁世凱馬上改變態度，由贊成共和退為過去的擁護君主立憲，並作出武力南侵的姿態。

此時，身為臨時大總統的孫中山所遭受的壓力除了外部的袁世凱之外，還有來自內部的各種紛爭。當他從海外歸來時，紛紛謠傳他帶回大筆資金。當得知他「不名一錢也，所帶回者，革命之精神耳」，各方人士不免大失所望。進入南京臨時政府核心領導層的，只有黃興、胡漢民等極少數同盟會員全力支持孫中山；反正的舊官僚與立憲黨人根本就瞧不起孫中山，他們推選孫中山，只是利用他的聲望穩定社會秩序而已，所以他們不可能大力支持他，有的還公開與他對著幹；哪怕同盟會中的部分革命黨人，也對孫中山陽奉陰違。臨時政府沒有經費，孫中山想借款或是發行債券，議案不是遭反對，就是被「看冷」不予合作，無法通過。孫中山主張北伐，「革命之目的不達，無和議之可言也。」其態度之堅決，真可謂斬釘截鐵。然而，社會普遍厭戰，大部分革命黨人也希望南北議和逼清帝退位，如汪精衛就公開支持袁世凱出任民國大總統。孫中山要錢沒錢，要人沒人，事事掣肘，「政令不出南京，甚至出不了總統府」。同盟會老成員馮自由自海外歸來，拜訪臨時大總統孫中山時祝賀道：「我輩夙昔志願，竟成事實矣，何等痛快！」孫中山聽了，真是有苦難言，不由得皺著眉頭回道：「何來痛快？直苦惱耳！」

各種苦惱與壓力積在一起，孫中山只有附和眾議，向袁世凱伸出橄欖枝，多次公開表態：只要袁世凱贊同共和，清帝退位，他願將臨時大總統一職讓出。

此後的結果眾所周知，孫中山向南京臨時政府參議院提請辭職，袁世凱以十七票的「滿分」成績（比孫中山還多了一票），全票當選為中華民國臨時大總統。

其實，革命目的未達，舊社會勢力未除，孫中山是極不願意讓出臨時大總統之職的。而迫於無可奈何的現實，又不得不主動辭職，這將成為他心頭一輩子永難彌合的傷痛。

四

辛亥革命後，兩大事件激起了孫中山後半生的巨大轉變，使得他不斷向集權與左傾過渡：一是因「宋案」引發的「二次革命」，二是部下陳炯明的叛變。

袁世凱當選為民國正式大總統後，孫中山與他有過一段短暫的政治蜜月期。應袁世凱之邀，孫中山於一九一二年八月二十四日抵達北京，民國初年的兩位偉人，似乎握手言和、開誠佈公地坐在了一起。當晚的接風宴會剛一結束，袁世凱目送孫中山遠去的背影，情不自禁地說道：「不圖中山如此透亮！」而孫中山剛回府邸，便對人說道：「袁總統可與為善，絕無不忠民國之意，國民對袁總統，萬不可存猜疑心，妄肆攻訐，使彼此誠意不孚，一事不可辦，轉至激迫袁總統為惡。」在北京期間，孫中山與袁世凱會晤十三次，談話時間一般自下午四時至晚十時或十二時，有三四次更是談至凌晨兩點方告結束。內容涉及國政外交，兩人相談甚歡，大有相見恨晚之意。據有關資料記載，孫中山與袁世凱曾在兩次宴會上高呼對方萬歲，袁世凱所呼分別為「中山先生萬歲」、「孫中山先生萬歲」，孫中山回應的呼聲分別為「袁大總統萬歲」、「大總統萬歲」。兩人雖為一時激動所致，但顯然不是在作秀，而是出乎內心的真情流露。

就孫中山當時的本意而言，他的確想告別革命，從事國家建設，並不再過問國民黨黨務，一切全部交由宋教仁負責。國家經濟命脈在於交通運輸，鐵路又是交通運輸的重中之重，因此，孫中山想從事全國鐵路建設。他在一次宴席上說道：「讓項城（袁世凱字）做總統十年，練兵百萬，我經營鐵路設計，把鐵路線延長二十萬里，民國即可富強。」袁世凱回道：「建設鐵路，君自有把握；若練精兵，百萬恐非易耳。」孫中山是一個浪漫的理想主義者，袁世凱則是一個幹練的現實主義者，他由小站練兵起家，自然知道練兵不易，而他特授孫中山以「籌劃全國鐵路之全權」，並說「君自有把握」，要麼是不知建設鐵路之艱難，要麼就是有意恭維孫中山。孫中山說他修築二十萬里（十萬公里）鐵路，就當時的條件而言，實難達此目標，不過他心中的宏偉藍圖而已。據統計，一九四九年中華人民共和國成立之前，全國七十年共修鐵路二萬公里；截至二〇〇五年底，全國鐵路實際運營里程七萬五千四百三十八公里。也就是說，直到今天，全國鐵路也未達十萬公里。

實際情形是，孫中山在上海組織了一個鐵道協會，視察費用耗去百十萬兩，鐵路卻是一公里也未修成。

一九一三年二月，孫中山一行考察日本實業及解決經營鐵路經費問題。三月二十日晚，宋教仁被刺，正在長崎的孫中山獲悉，立即中止活動，於二十三日啟程回國。

孫中山的建設理想由此化為泡影，不得不回到過去，繼續投身政治革命，發動討伐袁世凱的「二次革命」。袁世凱則「看透孫、黃除搗亂外，別無本領。左是搗亂，右是搗亂……我即舉兵伐之」。

「宋案」爆發，昔日互相欣賞、對呼萬歲的兩位巨人立時「翻臉」，成為不共戴天的一對死敵。

不到兩個月時間，各地討袁相繼失利，獨立省分紛紛宣佈取消獨立，南方殘存的革命勢力幾乎被袁世凱全部摧垮。「二次革命」慘遭失敗，死難革命黨人一萬多人，被通緝或捕殺的旅長以上武職人員及廳長以上文職人員不計其數。孫中山、黃興、陳其美等革命黨人紛紛逃難日本。

檢討、反思「二次革命」，孫中山將失敗之由歸咎於內部不團結，行動不統一，紀律渙散，革命黨人不能聽從他的意見與指揮。「癸丑之役，文主之最力，所以失敗者，非袁氏兵力之強，實由黨人心之渙散。」特別是對國民黨第二號人物黃興，孫中山更是責備多多，他每提一議，比如「宋案」爆發後孫中山主張以武力先發制人，要到日本借款，擬親赴南京興師討袁等等，都遭到黃興的極力反對。為使革命黨恢復到同盟會時期的戰鬥精神，以進行「第三次革命」，孫中山決心嚴格整肅國民黨。一九一四年春，革命黨重要成員聚集日本東京，孫中山決定改弦更張，將國民黨改組為中華革命黨，於志願加入者，必須親書誓約，嚴肅宣誓，接受「附從孫先生，再舉革命」，「永守此約，至死不渝，如有二心，甘受極刑」等條件，並加蓋指模。《中華革命黨黨章》還以入黨時間之先後，將黨員分為「首義黨員」、「協助黨員」、「普通黨員」等地位不同的三種黨員，並以「元勳公民」、「有功公民」、「先進公民」區別對待，享受不同的權利。與此同時，又嚴格劃分黨員與非黨員界限，規定非黨員在革命時期不得有公民資格，造成黨員與黨員、黨員與非黨員之間的不平等，形成人為的黨內隔閡與黨群隔閡。

孫中山此種實行黨權高度集中、黨魁個人負責制的做法，將民主制度下的政黨拉回到專制集權下的舊式會黨，等同於混跡於江湖上的秘密會社，於一位長期追求民主與自由的領袖而言，無疑是一種嚴重倒退。

孫中山的做法遭到了黃興等黨內部分人士的強烈反對。其實，他們也並非從民主的角度提出異議，而是覺得宣誓、打手模之類的儀式有損人格尊嚴。

中華革命黨成立後，在鐵的紀律與管理下，革命黨人深入各省聯絡討袁，舉行暴動，施行暗殺，策動兵變，雖令地方軍政要員聞風喪膽，卻沒有獲得一次成功，就連聲勢最大的上海「肇和之役」，在一九一五年十二月五日起義當天，就慘遭失敗。

儘管如此，孫中山對反袁依然充滿必勝信心，哪怕片刻的灰心猶豫，也不曾有過。他在給美國友人的一封信中寫道：「我深信不疑，我一定能比推翻滿清更容易推翻袁氏政權，那一天為期不遠。」

孫中山預言的「那一天」真的說來就來。袁世凱恢復帝制，在梁啟超的策劃下，蔡鍔等人在雲南率先發動護國起義，陷入四面楚歌的袁世凱在憂慮惶恐中病逝。討袁護國成功，孫中山領導的中華革命黨所起的作用，只是部分協助而已。當然，與其說袁世凱敗於他人，不如說他敗於自己。如果不是他本人昧於時勢，倒行逆施，最終落得個眾叛親離的下場，無論孫中山怎樣下力「發功」，恐怕也一時難以將他拉下「馬」來。

袁世凱一死，一切問題似乎迎刃而解。孫中山馬上下令「罷兵」，停止一切黨務活動，解散革命黨領導的軍隊，「當息紛爭，事建設，以昭信義，固國本」。再造共和成功，孫中山念念不忘的，仍是建設之事。千頭萬緒之中，仍「以交通便利為第一要著」。

然而，孫中山是怎麼也回不到國家建設之路上去了。此時的他，又犯了一個相當天真而自信的錯誤，以為只要袁世凱一倒台，共和就有了保障。殊不知袁世凱之死，也就意味著北洋凝聚力的失去，中國社會，將陷入各路軍閥紛爭不息的混戰時期。孫中山沒有留下一支以作維持共和之用的強有力軍隊，等到事件猝發，形勢窘迫，也就悔之晚矣——精兵強將解散易，組織難。於是，促成孫中山後半生的另一巨變即已潛藏其中。

於南京臨時政府起草的《臨時約法》之後，袁世凱曾於民國三年（一九一四）又公布過一個符合他個人利益的《新約法》。《新約法》規定總統有如君主，可以獨攬一切大權，參政院不過總統的一個諮詢機構，總統只要經過參政院同意，就可解散立法院。在國人心中，《臨時約法》已成為民國象徵，「擁護民元《臨時約法》，即所以擁護民國。」鑒於袁世凱之後的北京執政府以《新約法》為準，孫中山不得不重舉大旗，再次發動護法運動，維護辛亥革命帶來的民主共和制。

維護約法必以實力為基礎，孫中山沒有軍隊，缺乏實力，只有尋找合作夥伴，利用軍閥反對軍閥。一九一七年七月十七日，孫中山借助陸榮廷、唐繼堯等西南軍閥勢力，率章太炎、朱執信、廖仲愷、陳炯明等人南下廣東，在廣州召開非常國會，組織護法軍政府，被推選為大元帥。孫中山力主北伐，恢復約法，但西南各省軍閥只是借重孫中山的影響，與北京政府分庭抗禮，「順時勢以保地盤」。孫中山處於西南各省軍閥的要挾與「夾縫」中舉步維艱，當他深刻地認識到南北軍閥如一丘之貉後，不得不憤而辭職，前往上海。

護法戰爭雖然勞而無功，但在運轉過程中，孫中山也擁有了一支看似屬於他的軍隊，這便是陳炯明的粵軍。護法軍政府成立後，孫中山事事遇阻，唯有作為革命黨人的廣東省省長朱慶瀾真心實意地擁戴孫中山，將他直轄的二十營警衛軍撥給孫中山作為護法軍的基幹隊伍，孫中山又以援閩名義，將這二十營人馬交給部下陳炯明前往潮汕擴充整編，然後開赴漳州屯駐。孫中山為其提供槍炮，典押自己的房屋維持部隊軍餉。一九一八年四月，他離開廣州前往上海途中，又專門視察這支隊伍，對其經費與彈械供應作出妥善安排。陳炯明不負所望，以八千人的隊伍為基礎，加強訓練，不斷擴編，在短短的時間內，終於打造成一支能征善戰，擁有兩萬人之眾的粵軍。一九二〇年十月，粵軍揮師西進，一舉擊潰佔據廣州的軍閥陸榮廷、莫榮新。孫中山得以從上海返回廣州，重組軍政府，一九二一年五月五日，出任廣東革命政府（非常）大總統。

孫中山對民國元年迫不得已的辭職耿耿於懷，心中一直存有難以抹去的「總統情結」。哪怕與袁世凱處於「蜜月」時期，準備一心從事經濟建設之時，對總統一職也心嚮往之。一次，孫中山對袁世凱說：「十年以內大總統非公莫屬。」有人問：「十年以後呢？」孫中山毫不掩飾地答道：「維持現狀，我不如袁；規劃將來，袁不如我。為中國目前計，此十年內，仍宜以袁氏為總統，我專盡力於社會事業；十年以後，國民欲我出來服役，尚不為遲。」

不料孫中山的話真的應驗了，辭掉臨時大總統的他，十年之後，出任非常大總統。只是此時的「服役」就職，他將面臨比民國元年更加嚴峻、複雜、凶險的政治局勢。

於是，一種奇怪的現象出現了，中華大地一時間出現了兩個中央政府——北京北洋政府與廣東革命政府，雙方都標榜自己為正統，視對方為非法；都以武力為手段，以消滅對方、統一全國為目的。

有了廣州這一大本營，又討平了廣西的陸榮廷桂系勢力，兩廣聯成一體，一九二一年十月八日，孫中山向廣東革命政府非常國會提出北伐議案，並獲通過。

然而，就在孫中山緊鑼密鼓地成立北伐軍大本營，以大元帥名義下達北伐令，分軍出師北伐並取得節節勝利之時，卻發生了一件令他做夢也沒有想到的非常事件——陳炯明叛變！

陳炯明在思想認識上與孫中山有著嚴重的分歧，他不主張北伐，認為「以廣東一省之力，而抵抗全國武人，殊非易事」。陳炯明的本意，是想從廣州著手，將廣東建設成方方面面起表率作用的模範省，推及西南，然後影響全國。基於這樣的思想，陳炯明對孫中山的出師北伐，武力統一中國極不以為然，認為是一種冒險，絕無成功希望，對其命令常常陽奉陰違或有意阻撓。比如孫中山要求調動四十營粵軍參加北伐，由廣東承擔北伐軍費，陳炯明不便公開反對，就以不作明確答覆的方式回避拖延。作為廣東人的陳炯明，以為廣州由他率領的粵軍打下，便將廣東視為個人地盤，既不容他人染指，也不願損耗自己為孫中山出力。如果將他們兩人作一比較的話，孫中山是一位名副其實的政治家，他高瞻遠矚、胸懷遠大，著眼點在於全國乃至世界；而陳炯明充其量只是一時得勢的政客，他的著眼點，是腳下的地盤與目前的蠅頭小利。

近來部分書籍、文章為陳炯明「辯誣」，說陳炯明是想推行美國式的聯邦制，實行聯省自治。其實，所謂的聯邦制、聯省自治，在中國這塊有著幾千年封建專制土壤的國度，只能起離心力的作用，那就是各路軍閥占地為王，將整個國家分裂成無數小國，給西方列強特別是日本的各個擊破、瓜分瓦解、乘機吞滅帶來便利。聯邦制於列強環伺的中國而言，只會加速崩潰的進程，帶來亡國亡種的慘劇。

即使認識有別，不予支持也就罷了，然而，以勢力範圍、個人利益為重的陳炯明忘了自己的實力資本，其實源於孫中山，更忘了孫中山對他的栽培提攜之恩，竟然發動武裝叛變，炮轟總統府，欲置孫中山於死地而後快。

陳炯明的這一舉動實在出乎孫中山意料之外，他想粵軍由自己一手培養，主要將領陳炯明、葉舉等人跟隨他多年，即使不贊同北伐，也不至於向他動武。然而他錯了！孫中山一輩子在很多事情上都顯得十分天真，或是過於輕信他人，或是將事情看得過於簡單，結果犯下無以更改的錯誤。當然，也正因為這種天真，使得孫中山始終保有著一股浪漫的革命激情與純粹的理想情懷，全身透射著一股特殊的人格魅力。

陳炯明叛變後，馬上派人聯繫吳佩孚，欲對孫中山南北夾擊。此舉一旦施行，北伐軍將陷入全軍覆沒的境地，孫中山此後東山再起的一點火種也將全部撲滅。幸而吳佩孚不屑與他聯合：「競存（陳炯明字）太無人格了，別人可以打中山，你不能打中山。」就連吳佩孚手下的將領曹錕、王承斌、熊秉琦也鄙視陳炯明，認為與他聯合，今後自己的部下效仿這種犯上作難怎麼辦？

陳炯明叛變孫中山，於公於私，都無半點可取之處。於私是犯上作亂，違反傳統人倫，德行有虧；於公則破壞內部和平，阻撓統一大計。對此，筆者以為李宗仁的一段話說得最為到位：「陳氏最大的錯誤，在於其為人有欠光明磊落。他身為革命黨員，受中山厚托，攬軍政大權於一身，如以中山計劃為不可行，大可剴切陳詞，力辯此計劃的非計。如中山不納，也大可潔身引退，以見一己的坦誠無私。做一個革命黨人，原應以國家民族為重，不能盲從領袖。而陳炯明既不敢公開提出自己的主張，對中山的計劃又口是而心非。到了最後關頭，竟至唆使部曲叛變，不論公誼私交，陳氏都不應出此下策，淪為叛逆，實不可恕。」

於陳炯明的叛變，孫中山可謂痛心疾首、後悔莫及：「文率同志為民國而奮鬥垂三十年，中間出死入生，失敗之數不可僂指，顧失敗之慘酷未有甚於此役者。」

因此，繼承孫中山北伐政策，統一全國後的國民黨總裁蔣介石，可以原諒他過去的一切政敵如吳佩孚、段祺瑞、曹錕等人，而對陳炯明，卻一直持不予寬恕的立場，不予理睬的態度。

一次，陳炯明部下兼好友馬育航問他，如果讓你重新選擇，是支持北伐，將聯省自治的理想推遲三五年，還是與孫中山決裂，讓聯省自治變得遙遙無期？陳炯明聞言，睜大眼睛，木然呆坐，長久默然。此時的陳炯明，心中是否產生了一絲悔意？然而，他也是一位極富個性的人物，一般不會輕易表露自己內心的真實情感。

一九三三年九月二十二日，年僅五十五歲的陳炯明在貧病交加中鬱鬱而終。

陳炯明叛變造成的直接後果，是中斷了北伐進程，但內裡的深遠影響，卻一直為人們所忽略：由孫中山個人及其領導的革命黨人，到中國社會的未來發展變化及走向，都或深或淺打上了因陳炯明叛變而留下的歷史烙印。

為肅清內亂，孫中山一方面聯合部分滇軍、桂軍等軍閥勢力組成討賊軍；一方面目光向外，獲取俄國援助，以俄為師，聯俄聯共，重塑國民黨，「改組黨務，創立黨軍，宣傳黨義」。

作為權宜之計，孫中山聯合軍閥討陳，便在某種程度上等於將自己降低到了軍閥的水準，與「樹立真正之共和」的目標越來越遠。隨著形勢的好轉，又不得不回過頭來驅逐、消滅那些曾經與之合作、利用過的軍閥。孫中山向西方列強呼籲援助，卻沒有任何一個西方國家支持他。即他在廣州成立的南方革命政府，也得不到他們的承認。唯有蘇聯，不僅主動廢除過去強加在中國頭上的一切不平等條約，並願意在外交上、物質上給予孫中山以實質性的幫助。這是他一生中得到的唯一一次國際援助，不得不十分珍惜並加以利用，正如他自己所說的那樣，就像一個溺水之人抓住了一根救命的稻草。但聯俄的結果，則使得孫中山在「向後轉」改組中華黨，崇奉一個領袖的基礎上，變得更加左傾倒退。對此，史扶鄰（Harold Zvi-Schifferin, 1922-）在《孫中山：勉為其難的革命家》（*Sun Yat-sen: Reluctant Revolutionary*）中一針見血地指出：「他愈瞭解布爾什維克的勝利，便愈決意要落實其一黨專政的計劃。」梁啟超也說他「晚年已整個做了蘇俄傀儡，沒有絲毫自由」。其結果是逐漸遠離英美主流文明，形成「一個領袖，一個政黨，一個主義」的威權政治體制：成立黃埔軍校，學習蘇聯紅軍將黨凌駕於軍隊之上組建黨軍；又將黨軍制度推而廣之以建立黨國，而黨國統治在某種程度、某些方面甚至要比皇權統治更加專制、更加殘暴……這樣的發展結果，恐怕是一輩子崇奉「天下為公」，追求民主自由的孫中山所萬萬沒有想到，也萬萬不願見到的！

五

一九二四年十月，中國政局出現了一次新的轉機。

北京政府陸軍檢閱使、直軍第三軍總司令馮玉祥在第二次直奉戰爭期間，趁直、奉兩軍在山海關、石門寨激戰之際，十月十九日突然回師北京，發動武裝政變，包圍總統府，囚禁賄選總統曹錕。接著迫使曹錕辭職，吳佩孚南逃，直系軍閥垮台。

北京政變得以發動，除直系內部矛盾外，實與孫中山革命理論的廣泛宣傳密不可分。孫中山曾指示于右任、焦易堂等秘密聯繫馮玉祥，送他六千本《三民主義》，一千本《建國大綱》

和《建國方略》。馮玉祥又將這些贈書作為必須悉心研讀的資料，分發給部隊官兵。據馮玉祥《我的生活》一書所述：「中山先生把他手寫的《建國大綱》命孔庸之先生送給我，使我看了對革命建國的憧憬，益加具體化，而信心益加堅強。其間，徐季龍先生奉中山先生之命，常常駐在我們軍中，教育總長黃膺白先生及其他國民黨友人亦過從至密，他們都多次和我洽商反直大計。」

因此，政變成功後的馮玉祥第一個想到的就是孫中山，馬上拍發電報，邀他北上，主持國家政局。

孫中山曾與段祺瑞、張作霖訂有共同討伐曹錕、吳佩孚的協議，如今曹吳已倒，和平的希望與曙光出現在東方天際，一向推崇武力奪取政權的孫中山，接電後當即決定北上，召開國民會議，以共同協商的方式達到革命之目的。這既是孫中山基於現實、依據情勢的一種調整與轉變，也是他晚年思想認識的向前發展。

赴京前夕，許多同志都勸孫中山不要北上自投羅網，因為那裡是北洋軍閥的範圍，他們的軍隊仍在，勢力仍強；那裡更是一塊封建皇權的凝聚之地，濃得化不開的專制氛圍，會令人壓抑、窒息。但孫中山慨然答道：「明知其異常危險，將來能否歸來尚不一定。然余之北上，是為革命，是為救國救民而奮鬥，又何危險之可言耶？況余年已五十九歲，雖死亦可安心矣。」

一九二四年十一月十三日，孫中山動身離開廣州，他的心頭，突然湧出一股莫可名狀的沉痛與悲壯：「這次北上，不論成敗，決不回來，革命大任，交黃埔軍校同志負之！」

頗有意味的是，孫中山每次離開廣州，似乎都有一種壯士一去不復還的悲壯情緒籠罩心頭。一九二二年出師北伐前，他曾說道：「北伐而勝，固勢不能回兩廣；北伐而敗，且尤無顏再回兩廣。」而此次可謂一語成讖，孫中山真的再也沒有回到生他養他的故鄉廣東，沒有回到他所建立的唯一一塊根據地。離開廣州時，他已患病在身，沿途二十多天宣傳革命的連續演講，與中外友人的頻繁會晤及通宵達旦的談話，還有瞭解情勢的不時讀報，大腦不停地思考國策大計……過度的勞累與憂憤，使得病情不斷加重。抵達北京時，他已病得不能走下火車，只能躺在一張籐椅上被人抬下，更不能像以前那樣進行聲情並茂、振奮人心、吸引大眾的演講，只能以傳單的形式散發一份簡短的〈入京宣言〉。

醫院診斷結果表明，孫中山所患肝癌已進入晚期。孫中山暴躁易怒，從醫學的角度而言，怒則傷肝，他的「大炮」性子顯然給他的肝臟帶來了一定的麻煩。如果他不是一位職業革命家，如果他對革命事業不是那麼過於急躁，如果他不是非常急切地考慮改變國家積貧積弱的現狀並為之長期焦躁、憂慮，那麼，他極有可能不會患上肝病，至少不是屬於不治之症的肝癌。

既已進入肝癌晚期，肉體生命非人力所能挽回，本是名醫的孫中山一旦得知實情，自能以一種達觀的態度面對死亡，在生命的最後時刻做一些力所能及的事情。

臨終前夕，孫中山留下了三篇遺囑，一為國事；二為家事；第三篇則用英語口述，由鮑羅廷（Mikhail Markovich Borodin, 1884-1951）、陳友仁、宋子文、孫科記錄，留給蘇聯政府。

在給蘇聯的遺書中，孫中山說道：「我遺下的是國民黨。我希望國民黨在完成其由帝國主義制度解放中國及其他被侵略國之歷史的工作中，與你們合力共作……我已命國民黨長此繼續與你們提攜，我深信你們政府亦必繼續前此予我國之援助。」孫中山已明確地預見到他締造的國民黨將對中國的政治、社會與前途產生極其深刻的影響，只是沒有想到蔣介石領導下的國民黨，會在短時間內違背他的遺願，令他所希望的國共、中俄長期而真誠的合作化為泡影。

關於家事，他一生坦蕩無私，所有積蓄全部用於革命，無甚家產，唯有華僑贈給他的一幢位於上海利愛路二十九號的房子，再就是一些常用的書籍與衣物。他最放心不下的是年輕的愛妻宋慶齡，宋慶齡真摯的愛情，是他不斷失意與打擊中的強有力的支撐，是他長期處於激動與暴躁狀態中的心靈的溫暖與撫慰。彌留之際，他感謝宋慶齡十年來為他獻出的美麗青春與純真感情，一再叮囑廖仲愷夫人何香凝，希望她好好照顧宋慶齡。

在留給國民黨的遺囑中，孫中山特別強調：「現在革命尚未成功，凡我同志，務須依照余所著《建國方略》、《建國大綱》、《三民主義》及〈第一次全國代表大會宣言〉，繼續努力，以求貫徹。」

孫中山的個人理論、學說與思想，主要體現在國事遺囑中他特別強調「務須依照」、「以求貫徹」的《三民主義》與《建國方略》之中。

一九〇五年，孫中山首次提出以民族、民權、民生為內容的「三大主義」；一九〇六年底概括為三大革命——民族革命、政治革命、社會革命；後確定為「三民主義」，即民族主義、民權主義與民生主義。三民主義源於林肯的「民有、民治、民享」，其意思，據孫中山的一次演講闡釋，「是要把全國的主權，都放在本族人民手內；一國的政令，都是由人民所出；所得的國家利益，由人民共享。」

孫中山的思想理論，有一個不斷形成、發展、充實、成熟的過程。三民主義學說，產生於民族主義，經過民權主義，完成於民生主義，三者互為條件、互相聯繫、互相作用。作為一個完整的體系，三民主義又有舊三民主義到新三民主義的過渡與發展。

前此曾經提及的民族主義，便由早期狹隘的「驅逐韃虜」，推翻滿清政府，到漢、滿、蒙、回、藏等族共為一體，熔為一爐，鑄成一中華民族，然後發展為反對帝國主義。

民權主義是三民主義的核心，孫中山認為：「世界潮流，由神權流到君權，由君權流到民權；現在流到了民權，便沒有辦法可以反抗。」因此，「主張民權，就是順應世界的潮流。」孫中山提倡的民權主義，最初含意是「建立民國」，即建立資產階級民主共和國。但孫中山並不滿足於西方民主國家的「三權分立」，他認為中國古代也有三權憲法，即考試權、君權、彈劾權，於是，便與西方資產階級國家的立法權、行政權、司法權來了個中外融合，提出「五權憲法」以「救三權鼎立之弊」。所謂的五權憲法，即立法權、行政權、司法權、彈劾權、考試權，他在《五權憲法之講解》中指出：「行政設一執行政務底大總統，立法就是國會，司法就是裁判官，與彈劾、考試同是一樣獨立的。」為使政權真正掌握在人民手中，孫中山提出了「權能區分」的構想。政治權力包括政權與治權（即權與能），人民享有的直接民權為政權，授予政府的權力與職能，屬治權。因此，「除憲法上規定五權分立外，最要的就是縣治，行使直接民權。直接民權才是真正的民權。直接民權凡四種：一選舉權，一罷官權，一創制權，一複決權。」用人民的四個政權管理政府的五個治權，「人民和政府的力量，才可以彼此平衡。」孫中山「權能區分」的理論，是想造成一個完全屬於人民使用，能夠為人民謀幸福的「萬能政府」。為達此目的，鑒於中國民智未開的情形，孫中山又設計了軍政、訓政、憲政等三個循序以進的方法與步驟。實行「軍政」，即以武力掃平群寇，清除障礙，奠定民國基礎；「訓政」即引導人民，實行地方自治；實行「憲政」，即為「建設完成時期」，以憲法為依據，解除軍政府的兵權及行政權，然後由國民公舉大總統，選舉議員，組織國會，一切政事按憲法辦理。依孫中山的想法，完成此程序，以九年為期，唯有「國民循序以進，養成自由平等之資格」，才能奠定「中華民國之根本」。

民生主義是三民主義的一個重要組成部分。如果說民族主義、民權主義是為了解決迫在眉睫的民族獨立與主權在民兩大問題，那麼民生主義則不僅是解決現實的生計問題，更著眼於歐美各國經濟發達之後所帶來的積重難返的社會問題，為中國未來的順暢發展提前設計預防措施。孫中山早期的民生主義內容比較單一，唯有「平均地權」而已。辛亥革命後，增加了發展社會經濟，「節制資本」等新的內容。概而言之，振興實業是民生主義的物質基礎；均富、同富，實現「自由、平等、博愛之境域」的大同社會，是民生主義的目標與理想；平均地權、節制資本，是實現民生主義的辦法。

《建國方略》則由《孫文學說》、《實業計劃》、《民權初步》三部分組成。《孫文學說》又名《行易知難》，屬心理建設範疇，孫中山以大量的事實，一反傳統的「知之非艱，行之惟艱」以及王陽明的「知行合一」說，推出了自己的獨特觀點——行易知難，對廣大民眾進行科學、民主、理性的啟蒙，分階段循序進入民主共和。《實業計劃》屬物質建設方面的內容，孫中山提出了涉及交通、農業、礦業等方面在內的六個龐大的實業發展計劃，每一計劃都有十分詳盡的規劃方案及具體的建設措施，形成一幅中國未來社會宏偉的經濟發展藍圖。這些計劃，雖然大多流於設想，但其廣闊的胸襟、超邁的視野、富於遠見的卓識實在令人欽佩不已，哪怕今天，對中國的社會發展與經濟建設仍具有一定的參考價值與指導意義。《民權初步》一章，則提出了中國的社會建設問題，集中宣傳他的政治啟蒙思想，對民權作了明晰的表述，視集會自由、出版自由、思想自由為基本的人權。《民權初步》於學理的探討不多，內容主要是對召集會議、選舉代表、發言表決、提議附議等方面的規定與說明。千里之行始於足下，孫中山的目的，是想在民眾中培養一種民主集會的習慣。集會是民主最起碼的基礎，他認為搞「民權」的第一步就是懂得如何開會，會中如何決議，決議後如何施行。

孫中山的《三民主義》與《建國方略》，並非憑空想像，而是基於中國現實，綜合古今中外文明成果的結晶。受社會時代與個人認識的局限，我們不難發現，孫中山對現代西方民主政治的瞭解不夠系統，研究也不夠深入，其思想理論的邏輯性尚不夠嚴密，某些方面帶有理想主義乃至虛幻空想的成分，也不乏粗陋失誤之處；但就總體而言，孫中山的論述大多富於創見，閃耀著真理的火花，予人以借鑒啟迪，許多內容永遠也不會過時。

孫中山能夠超越常人，就在於他不僅是一個革命活動家、社會實踐家，更是一位理論家與思想家。無論知識結構，還是精神氣質、思維方式，孫中山都不同於古代士人，也有別於近代知識分子。他的足跡遍及世界各地，融古今中外文明成果於一身，以高瞻遠矚、吞吐萬象、富於創新的雄邁與氣勢，創立理論，規劃未來，以理論指導實踐，將理論付諸實踐，將二者有機地結合在一起。所有這些，只有孫中山一人能夠做到，這也是他得以超越中國古代歷史人物的偉大之處。

《建國方略》完成後，孫中山繼續創作《國家建設》，內容包括民族主義、民權主義、民生主義、五權憲法、地方政府、中央政府、外交政策、國防計劃共八冊，與《建國方略》前後銜接、相互補充。令人遺憾的是，陳炯明叛亂，軍隊猛攻觀音山，總統府與粵秀樓被炮火夷為廢墟，他已完成的《民族主義》一冊，《民權主義》、《民生主義》兩冊的大部分，以及其他各冊的思想線索、提綱等「數年心血所成之各種草稿，並備參考之西籍數百種」，全部毀於炮火。

六

孫中山的一生，失敗總是多於成功，他曾以一種樂觀主義的口吻不無激情地說道：「我不善處成功，而善處失敗；愈失敗，我的精神愈煥發。」在近三十年的政治風雨中，他經歷過十一次武裝起義，三次建立革命政權，兩次改組國民黨，毅然舉起護國戰爭、護法戰爭、北伐戰爭大旗，最後北上議政逝於北平。當我們回望近代歷史，凝視這一成功與失敗、希望與失望、大起與大落、悲劇與喜劇相互交織的複雜而獨特的個體生命的人生軌跡時，分明窺見了一根貫穿始終，閃爍著眩目光彩的紅線，那就是孫中山的人格魅力。

孫中山一生追求聖賢人格，以中外偉人自我勉勵，特別推崇、景仰中國的遠古明君湯武及美國開國總統華盛頓。他一輩子矢志不渝的革命事業，其中的「革命」二字便源於湯武；他學習華盛頓，在關鍵時刻功成身退，只是中國的情勢，常迫使他不得不一而再、再而三地「出山」不已。他的人品之高尚，人格之偉大，哪怕政敵也不得不公認佩服。吳敬恆在致陳炯明書信中的一句話最具代表性：「孫文從不記人之惡，幾為古今中外少有。」事實也正是如此，哪怕令他痛心疾首至極的陳炯明，只要悔過，他也願重新接納，重歸於好。但倔強的陳炯明拒絕了孫中山，兩人最終未能握手言和。孫中山鮮有私仇私敵，卻有著無數公敵，但為了實現他的理想與目的，為了中國的前途與未來，他隨時準備捐棄前嫌與之合作。除了必欲徹底推翻的滿清朝廷而外，他幾乎與其政敵都有過一定程度的合作，比如康有為、梁啟超、袁世凱、陸榮廷、莫榮新、沈鴻英、張作霖、馮國璋等等。

長期的內外紛爭給孫中山造成的打擊與傷害，其內部的矛盾與分裂，又在某種程度上甚於外敵。陳炯明自不待言，楊衢雲、黃興、宋教仁、章太炎、馮自由等人，都在一定程度上令他心酸。

楊衢雲作為最早的社團——輔仁文社的首領，與孫中山的興中會合併，無疑壯大了反清鬥爭的革命力量，但內部紛爭也隨之而來。一次，孫中山與楊衢雲發生激烈爭論，楊衢雲一把揪住孫中山的辮子就要動武，孫中山只有隱忍不發。廣州起義前夕，革命黨人召開會議，推選一名「合眾政府大總統」，以作為革命成功後建立國家政權之預備。最有資格當選的，唯有楊衢雲與孫中山兩人，但擁護他們的雙方互不相讓，爭執非常激烈，幾乎鬧到翻臉大打出手的地步了。於是，孫中山只有主動謙讓，事情才得以順利解決。

黃興在設計國旗、發動「二次革命」、改組中華同盟會等問題上都與孫中山意見不合；宋教仁在國體上力主建立內閣負責制，還在其他一些事情上與孫中山對著幹；章太炎動不動就與孫中山過不去，在不明真相的情況指責孫中山貪污挪用捐款，鼓動罷免孫中山的同盟會總理職務；老革命黨人馮自由極力反對國民黨與共產黨合作，不滿孫中山的容共態度，多次指責，並要求孫中山「向黨員引咎道歉，以平多數黨員之公憤」……面對這一切來自內部明的暗的矛盾紛爭，孫中山所採取的，總是不計前嫌，以其寬闊的胸襟一一化解。他的身上，總有一個強大的磁場，吸附著一批又一批德才兼備的優秀追隨者，「一往無前，愈挫愈奮，再接再厲」，前仆後繼地完成他的遠大理想與未竟事業。

革命需要宣傳，信念需要傳播，孫中山的思想學說日益深入人心，在某種程度上與演講、宣傳、辯論、言說等密不可分。演講對傳播思想，感染聽眾至關重要，孫中山極富革命宣傳家的天賦與才華，無疑是一位極其出色的演說家。他認真閱讀過紐約出版的《演講修辭學》，對演講作過細心的揣摩與研究。林百克（Paul Myron Anthony Linebarger, 1913-1966）的《孫逸仙傳記》（*Sun Yat Sen And The Chinese Republic*）對孫中山的演講有過相當生動的描述：「中山說了幾句開場話之後，向前面走幾步，聽眾掌聲雷動。他靜默移時，再前進一步，掌聲又起，夾雜一片歡呼聲。他等了一等，將手舉起，聽從肅然，寂靜無聲。中山仍舉手靜默，屹立不動，乃開始演說。他演說時，差不多換了一個樣子，驟然響朗的聲音，中人如有電力。他的話句句真實，字字迅疾。他的聲音，準確鋒利像機關槍，高下徐疾，如合音節。他的演詞平穩如流水，煞尾清楚，戛然而止。他依然靜立在講廳回聲的中間，而他的話，已經深入聽眾腦筋裡了。聽眾的歡呼聲鼓掌聲又起……」孫中山每次演講，都能控制現場，籠罩全局，感染聽眾，鼓動人心。章士釗對孫中山的口才也深為折服，據張奚若《回憶辛亥革命》所記，章士釗曾經說過：「我每次去看孫中山，未進他的門以前，覺得他是不對的，可見了面聽他的講話時，又覺得他頭頭是道，確有道理，等到走出來之後，又覺得他還是錯的。」

其實，一個人對另一個人的信賴與崇奉，有時真的就是一種感覺，一席談話，孫中山就具有這種神奇的魅力。日人宮崎寅藏拜訪孫中山，僅僅一次談話，就對他佩服得五體投地，在他心目中的地位，一下子就上升為在日本、支那、東洋再也難以找到的思想高尚、見識卓越、抱負遠大的偉人。宮崎寅藏在《三十三年之夢》中寫道：「從此時起，我已把希望完全寄托在他身上了。」一個異國人，以一次談話為轉折，此後的一生，便全心全意乃至傾家蕩產地幫助孫中山進行中國革命，這種無私奉獻的國際主義精神實屬難得。

頗富傳奇色彩的是，孫中山憑著他的口才與人格魅力，竟然好幾次逃過暗探、想要出賣他的人及前來抓捕他的敵人士兵。

為了革命，孫中山不惜犧牲一切，但他又是一個有著七情六慾的凡人，他曾十分坦率地說過，他一生最愛，除了革命，就是讀書，然後是女人。這種直言，不僅沒有影響他形象的高大，反而讓人感到他的率真與豐富。

人格魅力是個人綜合素質的集中體現，是道德、品格、胸懷、無私的一種自然袒呈與流露，是模仿、偽裝不出來的。比如宋慶齡對孫中山的真摯愛情，說到底，也是他人格魅力的一種煥發與吸引。愛上一位比自己年長二十七歲，且長期稱為「叔叔」的長輩，別說外界阻力，僅個人的內心障礙，就難以消除。其實，在宋慶齡之前，也是作為孫中山英文秘書的姊姊宋靄齡，也對孫中山產生了一種親密而特殊的戀情。父親宋耀如從大女兒對孫中山隨員流露出的頤指氣使，以及她注視孫中山時那種無法掩飾的脈脈含情，及時發現了宋靄齡的內心秘密，趕緊派出他認為非常單純的二女兒宋慶齡接替大女兒的工作，人為地制止了一場單相思。令宋耀如沒有想到的是，宋慶齡比她姊姊陷得更深，走得更遠，竟然衝破重重阻力，置家庭及革命黨人內部的強烈反對於不顧，毅然決然向這位父親好友與「革命之父」表示：「我願做你的妻子，永遠幫你做革命工作。革命是不管年齡和世俗成見的。」

孫中山平易近人，沒有官僚脾氣，從不打官腔擺架子；他為人率直天真，極易輕信他人，所以常常受騙；他不吸煙不飲酒不喝茶，生活非常樸素；他博覽群書，手不釋卷，一輩子如飢似渴地吸收新知識；他從不為個人、親友謀取私利，在所題字幅中，孫中山寫得最多的就是「博愛」、「天下為公」。兄長孫眉是孫中山早年人生轉折的關鍵，但他對孫中山的叛逆思想極其不滿，時時加以管束，並將他送回國內，兄弟二人差點反目。後來，孫眉在孫中山的影響下，先是同情革命，後是捐款資助，最後則親自組織武裝起義。廣州光復後，為支持革命傾家蕩產的孫眉回到國內。一九一二年二月，廣東黨政軍各社會團體一致要求孫眉出任廣東都督，時任教育總長的蔡元培也表贊同，但孫中山卻以家兄質直過人，不適於政治予以拒絕。孫眉對此十分不滿，孫中山道：「你是我大哥，家裡的事，我可以聽你的，國家的事，可就不能隨便。」

孫中山的成功，很大程度上是其人格魅力的成功，他的身上透著一種眾望所歸的天生的領袖氣質，其真摯誠懇、樂觀主義、獻身精神感染著每一個正直的中國人；而他的失敗，則緣於中國封建專制的積澱過於深厚，以及民族的劣根性過於頑固。

辛亥革命勝利，孫中山、黃興等人不圖權位、功成身退，這在中國的歷史上，真像一道奇特耀眼的光芒刺破茫茫黑夜，西方民主政治的曙光，彷佛就要照臨古老的中華大地了。然而，令人沮喪的是，孫中山、黃興的辭職不僅沒有成為表率，形成一種「榜樣的力量」，改變人心歷史，反而使得獨裁統治得以順利施行，最終落得個軍閥大戰的混亂局面。也就難怪有人因此而責怪孫中山與黃興，說他們沒有負起善始善終的責任了。

最可笑又讓人不可理喻的是，孫中山下達「剪辮令」後，不肯剪辮的不是滿清貴族，而是以張勳、辜鴻銘等人為代表的一大批以忠臣自居的漢人。所有保皇黨人，都不是滿人而是漢人。辛亥革命後，圖謀恢復滿清復辟的，也是以康有為、張勳等為首的漢人。

孫中山在〈北伐宣言〉中寫道：「觀於袁世凱之稱帝，張勳之復辟，馮國璋、徐世昌之毀法，曹錕、吳佩孚之竊位盜國，十三年來，連續不斷，可知其分子雖有新陳代謝，而其傳統思想則始終如一。」這裡的「傳統思想」，自然是指腐朽的帝王思想與專制思想。面對民國招牌的有名無實，民國政治比晚清更為腐敗，官僚軍閥無惡不作的冷酷現實，一九二四年春，孫中山不禁憤慨萬分地說道：「歐美代議政體的好處，中國一點都沒有學到；所學的壞處卻是百十倍……」他由此認為「外國的民權辦法不能做我們的標準，不足為我們的師導」，所以目光轉向蘇聯，「以俄為師」，以黨治軍，以黨治國，加強集權。

孫中山的一生，以「二次革命」為界，可分為前後兩個部分。前半生以民族主義為己任，終於推翻了大清王朝。後半生以維護民主共和制度為目的，欲將這一外來的政治體制，建立在有著兩千多年封建帝制的土壤之上，總是遭到深層的社會文化心理的排斥與拒絕。於是，他不得不一次又一次地發動起義，武力護法，率軍北伐。然而，就在這長期不斷的革命過程之中，為統一號令、加強紀律、壯大力量，孫中山不得不一再集權，一再要求部下對他效忠。宋教仁、譚人鳳、陶成章、章太炎等人在論及孫中山時，都認為他有著很強的權力慾與領袖權，且民主素養不足，常常露出專制、不擇手段的習性。固執己見，難以採納不同的意見，極喜他人恭維，這些常人難以避免的缺陷，孫中山身上也時有流露。陳其美曾當面讚頌孫中山說：「你是最偉大的人，由你統治中國是天經地義的事，無論在中國還是在日本，哪有你這樣的人？」孫中山回道：「陳其美是最瞭解我的人。」

按照孫中山循序以進的「軍政」、「訓政」、「憲政」三個發展時期，「軍政」時期的執行者與「訓政」時期的所謂訓練者，往往高居於國家與民眾之上。就中國政治的發展走向而言，孫中山以追求民主自由為目標，沒想到卻背離了英美民主憲政，為國民黨的黨國集權模式，為蔣介石成為執掌軍政大權的獨裁者提供了可能。孫中山晚年曾公開提出個人不能有自由，只能講國家的自由。其結果是在國民黨的集權統治下，廣大民眾像對待帝王一樣對待黨，對待主義，成為沒有個性只有共性、沒有思想只有奴役的順民。短暫的共和曙光在東方的天空剛剛破曉，就被死灰復燃的國民黨一黨專制、集權與獨裁所吞沒。

孫中山領導的民主革命，確乎突破了中國兩千多年來改朝換代換湯不換藥的歷史怪圈，但又進入了另一種他沒有預料到的新的怪圈之中；或者說掙脫歷史怪圈之後的他，仍拖著一條長長的沒有完全進化的封建「尾巴」。比如孫中山的歸葬，為他修建的墓地叫中山陵，所謂的「陵」，便是中國封建帝王墳墓的稱謂；將他的靈柩由北京移往南京，被稱為「奉安迎柩」，停靈公祭稱為「奉安大典」，所謂「奉安」，是古代對帝后安葬及神主遷廟的一種尊稱；中山陵共三百九十二級，近三十層樓那麼高，民眾瞻仰孫中山的時候，一步一步地往上攀爬，真有一種朝聖般的感覺……這些，與他畢生所追求的民主主義，與他倡導的自由平等，確乎大相徑庭！

當然，如果上帝假以天年，讓他多活十年、二十年，哪怕幾年，孫中山的思想認識當會出現新的變化，他所領導的革命定會出現一種新的氣象。南北會早日統一，中國就可儘快地進入憲政改革與經濟建設之中。國民黨與共產黨不斷發展壯大，但在孫中山的領導下，也許會成為類似美國兩黨制的共和基礎，一執政，一在野，相互監督，輪流執政，以此過渡為真正的民主社會；即使分裂，也斷不至於出現血洗、屠殺、戰爭的暴烈慘劇；那麼日寇就不會乘虛而入，未來的中國，就會少掉無數血與火的劫難。

歷史無法假設，我們除了仰天浩歎，唯有內心泣血！

孫中山的革命成功於南京，他在南京就任臨時大總統，最後又葬於南京；他生於廣東，以廣東為革命根據地，在廣州就任非常大總統，但心中一直想著的，卻是離開廣東；他對北京的皇權統治深惡痛絕，正當他走向北京極有可能在各界的擁戴下成為正式大總統之時，卻身患重病撒手人寰，哪怕死後，也不願再待在這塊專制皇權籠罩著的地盤，而以南京紫金山為最後的歸宿之地，「因南京為臨時政府成立之地，所以不可忘辛亥革命也。」

寫到這裡，我不禁想到了孫中山兒時常以自詡的「洪秀全第二」，他「從來不說太平天國不好」，其反抗的底色，革命的基調，一輩子也沒有改變——就某種情形而言，孫中山還真有點「洪秀全第二」的味道：他們倆都起於廣東，而葬於南京；洪秀全建立拜上帝教實現人間天國，孫中山的三民主義、黨國模式多少有些類似；洪秀全北伐未能成功，建立的只是以南京為中心的一塊南方根據地，孫中山也曾北伐，建立了一塊以廣東為中心的南方根據地……

難道，這就是歷史的宿命？

儘管如此，孫中山畢竟後來居上，在很大程度上顯然超越了洪秀全：洪秀全未能推翻滿清統治，孫中山做到了；洪秀全建立的是畸形的虛幻天國，孫中山始終著眼於社會現實與中華大地；洪秀全的生活腐敗、窮奢極欲，孫中山是以為廣大民眾謀福利為宗旨；洪秀全的思想，吸取的只是斷章取義的西方宗教糟粕，而孫中山吸取的則是西方文明的精華，且從不排斥傳統，總是以傳統文化為根基，比如他設計的中山裝，前襟四個口袋，便象徵著「國之四維」——禮、義、廉、恥；洪秀全最後歸於徹底失敗，太平天國過後，留下的是「白茫茫一片大地真乾淨」，孫中山的革命則獲得了成功，他改變了近現代的中國歷史，其影響延及今天，仍將深刻地作用於未來……

孫中山是一位受到國共兩黨愛戴與敬重的革命領袖，國民黨尊稱他為「國父」，共產黨給他以「革命先行者」的榮譽；他將世界主義作為一個遙遠而崇高的目標，又享有「世界公民」的美譽。但由於孫中山本人的豐富與複雜，所以不同的政治派別，不同的風雲人物與研究者，都按各自的需要去理解他、塑造他。過去曾有過人為的拔高，將他視為一尊完美無缺的神靈；現在則有人故意譁眾取寵，肆意貶低攻擊，說他是一位機會主義者、冒險主義者，說他迷信武力、出賣國家主權等等。其實，這樣正反兩種極端的評價與態度都不正常，應回歸客觀與理性，還其歷史的本來面目：他是人，不是神；他有缺陷，但無大過；他給歷史帶來過一定的負面影響，但主觀願望及個人品德無可指摘。

無論我們怎樣對待、研究、評價孫中山，有一點卻是毋庸置疑的，那就是不管什麼時候，不論何種情形，孫中山都是中華民族的歷史偉人。於是，不由得想起了郁達夫曾經說過的一段話：「沒有偉大人物出現的民族，是世界上最可憐的生物之群；有了偉大人物，而不知擁護、愛戴、崇仰的國家，是沒有希望的奴隸之邦。」

一九一六年九月，孫中山被杭州錢塘江潮那洶湧澎湃、驚心動魄的宏偉氣勢所震撼，在給浙江海寧乙種商科職業學校題詞時，不禁揮毫寫道：「世界潮流，浩浩蕩蕩，順之則昌，逆之者亡。」但願每位炎黃子孫銘記中山先生這一政治名言，並以此自勵。

10. 袁世凱：揮之不去的專制與皇權

正是從他編練的新軍中，走出了四位民國總統（袁世凱、馮國璋、徐世昌、曹錕），六位民國總理、陸軍總長（段祺瑞、王士珍、段芝貴、唐紹儀、張懷芝、靳雲鵬），還有三十四位督軍，這不能不說是袁世凱的功勞，也是他創造的一個不大不小的近代奇蹟。

一

若論念書學習，袁世凱天資平平。但就個人綜合素質與智慧才華而言，他還真是一位常人難以匹及的人物。有人說他不學有術，此話半點不假。袁世凱生就的性格，好動不好靜，於舞槍玩棒、騎馬馳騁、習拳弄武格外醉心，而一提讀書，他就頭疼沒勁。志向不在讀書，所以在這方面給人的感覺，就顯得較為平庸。在近代重量級人物中，袁世凱別說與學貫中西的嚴復、康有為、梁啟超、孫中山及國學深厚的曾國藩、林則徐等人相比，即使與學問素養並不怎樣的李鴻章、洪秀全也不在同一檔次。但生於「家世為儒」的大戶之家，又不得不在父輩的督責下刻苦攻讀，堂叔袁保恆將他安排在北京念書時，僅聘請的老師就有三人，分別教袁世凱作詩、寫字、習八股文。在他人的逼迫與外界的壓力下，做自己半點也不喜歡的事情，可想而知，袁世凱該是感到多麼地壓抑與痛苦。因此，他兩次參加科考，兩次落第，也就不足為怪了。後來，他與張之洞聯名上書取消科舉制度，這雖是清末新政的一種需要與先聲，屬其中的一項重要改革舉措，但與他早年這段刻骨銘心的痛苦經歷應該說也不無關係。一九〇五年，慈禧以光緒帝名義發佈上諭，宣佈停止科舉考試。袁世凱將其視為一生中最為得意之事，很是高興了一番，以後還常掛嘴上屢屢提及。

袁世凱不喜念書，不等於他無視功名。其實，他的自尊心極強，一心想著出人頭地。他早年的幾首詩中，都透著一股建功立業、志向遠大的非凡氣度。比如〈雨花台懷古〉：「我今獨上雨花台，萬古英雄付劫灰；謂是孫策破劉處，相傳梅鍋屯兵來。大江滾滾向東去，寸心鬱鬱何時開？只等毛羽一豐滿，飛下九天拯鴻哀。」再如〈感事〉：「眼前龍虎鬥不了，殺氣直上干雲霄；我欲向天張巨口，一口吞盡胡天驕。」兩次科考落第，袁世凱又羞又憤地說道：「大丈夫當效命疆場，安內攘外，焉能齷齪久困筆硯間，自誤光陰耶？」他將儒家典籍束之高閣，將應考詩文付之一炬，開始尋求其他獵取功名的騰達之途。

在一個以科舉考試獲取功名為正途的社會，其他方式不是為人不齒，就是難之又難。袁世凱先是準備捐官，生母劉氏、嗣母牛氏拿出好不容易積攢起來的幾個私房錢讓他進京謀職，結果被他揮霍得一乾二淨。後到上海謀事，也混得不甚如意。這時，正在山東登州幫辦海防的淮軍慶字營統領吳長慶寫信給袁世凱，「招其往學軍旅」。吳長慶何以主動給一位名不見經傳的後生寫信？原來他與袁世凱嗣父袁保慶結為拜把兄弟，兩人情同手足，袁保慶逝世，吳長慶不忍見世侄如此落魄，想有意拉他一把。袁世凱自是求之不得，於是，一八八一年五月的一天，他離開上海，前往山東吳長慶帳下投筆從戎，正兒八經開始了他的軍旅生涯，邁出了躋身仕途的第一步。

初到吳營，吳長慶想好好培養培養，讓他跟著幕府名流張謇、周家祿學習歷練。據張謇回憶，若對袁世凱「課以八股，則文字蕪穢，不能成篇。謇既無從刪改，而世凱亦頗以為苦」，但只要讓他「辦理尋常事務，卻井井有條，似頗幹練」。事實證明，袁世凱不喜讀書，不善文字，對實務不僅勤奮努力，且極具天賦，辦事效率極高，常能於紊亂的棼絲中抽出主線，抓住實質，使得不少難題迎刃而解。袁世凱能辦實事這一優點與特長深得吳長慶的好感與信任，不久便委任他為慶軍營務處幫辦（相當於今日軍訓處、作戰參謀之職）。

個人的追求喜好、天賦才幹一旦找到合適的土壤，也就意味著向成功邁進了一大步。一個我們不得不承認的事實是，袁世凱於正途之外脫穎而出，一步一步地向上攀爬，最後終於登至頂峰，除了機遇而外，更多的，則是憑著他的實力與努力。

袁世凱最早的發跡之地，恐怕連他自己也沒有想到的是，竟在清廷的藩屬國朝鮮。

一八八二年七月，朝鮮爆發了士兵起義、貧民響應的「壬午兵變」。為幫助朝鮮平定內亂並防制日本，清廷令丁汝昌率海軍三艦、吳長慶率淮軍六營在七日之內趕赴朝鮮。軍情緊急，時間倉促，吳長慶成立前敵營務處，袁世凱負責軍需物資供應及勘定行軍路線。限令六天之內完成的事情，他三天就辦得穩妥齊全。他帶領前敵營務處數人率先在朝鮮登陸，在選定大軍登陸地點，勘探進抵漢城的行軍路線及營務料理等方面，辦得有條不紊。吳長慶率部抵達朝鮮南洋港，令某營為先鋒次日登陸，該營管帶以士兵連日勞累、不習航海、多數暈船為由請求稍緩。吳長慶大怒，立撤其職，令袁世凱代理。袁世凱受命後在兩個小時之內就完成了所有登陸準備，幹練的才華一時顯露無遺。

袁世凱雖然科舉不中，但長期的應考誦讀，打下了一定的國學基礎，這就使得他不同於過去的八旗、綠營舊式軍人。他膽量極大，但又不是那種一味蠻幹的莽夫，稱得上有勇有謀。無論從戎治軍，還是後來的從政治國，他一直慣用的手法，便是軟硬兼施：一手拿刀子，一手拿票子。拿刀子就是殺人，他生就一副敦實的五短身材，腰粗腿短，但一眼望去，卻有不怒而威之狀，特別是雙目圓睜時，透出一股咄咄逼人的殺氣，令人悚然生畏。他殺起人來從不心慈手軟，朝鮮是其最初的「練刀」之地。慶軍剛入朝鮮時，軍紀敗壞，常入民宅騷擾，影響極壞，袁世凱予以嚴懲，當即斬首七人，撤辦數人，一時名聲大振，就連投身軍中的吳長慶本家親故，也無不畏服。此後，袁世凱更是以殺人不眨眼立威揚名於世。而一手拿票子，就是不惜重金收買有用之人。袁世凱記憶力極強，哪怕一面之交，數十年後仍能準確地說出對方的姓名與籍貫，這也為他廣泛結交、籠絡他人帶來了不少便利。更多時候，袁世凱則是兩手齊出，恩威並施，控制他人，為其所用。

一八八二年八月二十八日凌晨，慶軍應朝鮮國王李熙之請，出兵鎮壓「壬午兵變」。袁世凱率領一支清軍配合行動，殺死了幾十名參與者。戰鬥中，袁世凱一路放槍，帶頭衝在最前面，他的堅毅勇敢感染了部下，起義很快得以平定。於是，吳長慶在給清廷的呈報中將他好好地讚賞了一番，說他「治軍嚴肅，調度有方，爭先攻剿，尤為奮勇」，報以首功。年僅二十三歲的袁世凱就這樣以「平叛英雄」的姿態，先後進入了李鴻章及光緒皇帝、慈禧太后的視野。李鴻章以其「治軍嚴肅，剿撫應機」，薦以同知補用，賞戴花翎。清廷准奏，袁世凱一下子躍升為朝廷五品官員，後又吉星高照，接替回國的吳長慶，奉命總理營務處，兼會辦朝鮮防務，統帶慶字營。

從一八八二年隨軍入朝，到一八九四年離開，袁世凱在朝鮮一幹就是十二年（其間有過兩次回國）。由一個無名小卒到朝鮮為之依賴、清廷為之倚重的監國大臣，袁世凱在朝鮮的確辦了不少實事與大事。

他久居軍營，用心揣摩，漸漸地就有了一些個人練兵、帶兵心得。他主動為朝鮮編練親軍，不到一年，就「成效大著」，「其技藝嫻熟，步伐整齊，堪稱勁旅」，不僅博得朝鮮君臣讚賞，就連西方洋員，也頗為稱道。

一八八四年，朝鮮開化黨人在日本的指使下發動「甲申政變」，挾持國王李熙，殺害大臣，組建新政府。袁世凱聞訊，不待清廷指示，當機立斷，冒著生命危險率軍攻打王宮。支持政變的日軍開始反擊，經過一番激戰，袁世凱終於救出朝鮮國王，一舉粉碎了甲申政變與日本趁中法戰爭之機謀取朝鮮的企圖。

袁世凱在政變的關鍵時刻採取果斷行動，這也是近代中日軍事較量的最後一次勝利。他也因此而得罪了日本，日人「撼之刺骨，百計排陷之」。怨仇一旦結下，此後便不停地找他的岔子，不斷給他添亂，直至洪憲復辟時期，日本對其帝制自為先是認同，爾後突然反對，在其背後予以致命的一擊。

袁世凱在朝期間，雖有過一定的挫折打擊與心灰意冷，但總的走勢呈上揚態勢。以實權為重的他很少關注道家學說，對抱陰守陽、韜光養晦不感興趣，不怎麼懂得藏拙守愚、適可而止的道理。甲申政變平定後，袁世凱一旦得勢，就趾高氣揚、居功自傲，很快成為眾矢之的，受到方方面面的譴責、反對與攻擊，陷入窘境的他不得不托辭母病，請假回國。

不久，清廷欲將軟禁在保定的朝鮮大院君李是應釋放歸國，加以利用。李鴻章擬讓袁世凱護送，經其保奏，清廷委任他為「駐紮朝鮮總理交涉通商事宜」的全權代表，並以道員升用，加三品銜。返回朝鮮，袁世凱阻止俄韓結盟，禁止朝鮮謀取獨立活動，維護華商及清廷在朝利益，在鞏固、強化中朝宗藩關係方面可謂盡心盡力。但是，他鋒芒畢露，一點都不講究藝術策略，不僅沒有吸取上次教訓，反而變本加厲，擺出一副監國大員、太上皇的架勢，遇事直入王宮，態度傲慢，頤指氣使，咄咄逼人。結果傷害了朝鮮君臣的自尊心，激起他們的強烈不滿，一方面要求清廷派員替換，一方面加速背離清廷。與此同時，袁世凱對朝鮮內政外交的過分控制，因阻礙了西方列強特別是日本的染指，也遭來他們的一致忌恨。

一八九四年，朝鮮東學黨起義，日本利用朝鮮君臣急欲脫離清朝的心理，趁機大舉進攻。袁世凱多次懇請日本大使談判的和平努力受挫，只有求助李鴻章派兵增援。李鴻章對敵強我弱的中日實力瞭如指掌，不想驟然開戰，一心指望俄、英出面調停，也就未派援兵。日軍布列朝鮮要津，以重兵包圍袁世凱使署，揚言派兵將他押送出境。孤立無援的袁世凱無奈之際，只好給李鴻章連連拍發電報，托病請辭回國。經人再三講情，李鴻章好不容易才予同意。李鴻章同意了，而清廷又不批准。經過一番周折，清廷總算也同意了，袁世凱如釋重負，正當他收拾行裝準備離開時，突然得到一個相當可靠的秘密情報：朝鮮東學黨人經過一番嚴密策劃，準備在他歸國途中尋機行刺。袁世凱得報，不得不改裝易服，在手持刀槍的武裝護送下，夜半時分從英使館出發，悄然離開漢城，變更原定路線，經仁川搭乘平遠艦返回國內。

就在袁世凱平安逃回天津的第三天，即一八九四年七月二十五日，日本海軍突然襲擊中國軍艦及運兵船隻。八月一日，中國被迫對日宣戰。

二

於中日甲午戰爭的爆發及其失敗，袁世凱負有不可推卸的重要責任。然而，這一切又非他一人所能扭轉改變。袁世凱置身其中，不過一個道具罷了，或者說僅僅扮演了一個「替罪羊」的角色而已。

日本入侵朝鮮蓄謀已久，只是早晚間的事情，並非袁世凱所能左右。自一八六八年明治維新之後，日本就確立了佔領朝鮮，進而侵略中國的大陸政策。以一八七五年迫使朝鮮簽訂《江華條約》為標誌，日本勢力開始滲入朝鮮。其實，袁世凱對日本的野心早就洞若觀火且有所警惕。他對朝鮮君臣的刻意壓制適得其反，惹得曾經因平定王午兵變對他感恩戴德的國王李熙反目為仇，使得中朝關係日趨惡化；他極力排斥日本勢力，擊敗日軍，挫敗親日派發動的甲申政變；他同意朝鮮請兵助剿東學黨起義，結果被日人利用……所有這些，不過讓日本找到了可資利用的「藉口」與「渠道」而已。然而，作為駐紮朝鮮的全權代表，袁世凱也有不少失誤失策之處，比如他輕易透露了清軍即將出兵助剿東學黨起義的計劃；對日本出兵朝鮮沒有充分而清醒的認識，使得清廷未能及時備戰。當然，即使袁世凱極富預見地做好了他應該做的一切，也無法改變甲午戰爭的最終結局。戰爭是交戰國之間綜合實力的較量，清廷的積弱與腐朽決定了這是一場無法獲勝的戰爭。作為朝鮮的監國大臣，袁世凱處置失當，回國後沒有受到任何懲處，只因他在危急時刻曾多次急電李鴻章請求派兵增援，這也說明清廷對日本的蓄意開戰多少有所認識。

縱觀袁世凱一生，大致可以分為四個重要階段：駐軍朝鮮，出任清廷駐朝全權代表，個人才華得到了一定的展示，引起了朝野的廣泛關注；小站練兵，成為威震一方被維新派看重的新建陸軍統帥；投靠慈禧太后，出賣康有為、譚嗣同等維新黨人，借此獲取晉身之資，一躍而成為直隸總督兼北洋大臣，再授外務部尚書、軍機大臣；罷官回籍後東山再起，先後出任清廷內閣總理大臣，民國臨時大總統、正式大總統，直至帝制自為、黃袍加身，自己將自己逼上眾叛親離的絕路。

袁世凱人生的每一重要階段，都有著一些呈螺旋狀循環上升的類似經歷與曲線軌跡：憑藉勤奮努力，利用時勢機緣，一點一點地往上爬；當爬到一定的高度時，突然懸空一腳掉下；然後進入另一新的階段，繼續步步攀升；再次掉落，等待時機再次攀爬……他就這樣不懈地堅持著，一直爬到不能再爬的峰巔。而不懂適可而止的他朝前又是一腳，結果墮入萬劫不復的地獄與深淵，背上無法洗清的千古罪名。

袁世凱在朝鮮差點小命難保，好不容易積累起來的一點資本幾乎輸得一乾二淨，落魄逃歸，在天津散居了一段時間。當然，他並不甘心於自己的失利與失敗，已嘗到權力滋味與甜頭的他，以其特殊而敏銳的政治嗅覺，於表面的無所事事，卻緊張地觀察、分析著時局的發展與走向。

如果從道德的角度評判衡量，袁世凱的個人品質令人非議之處著實多多。為了功名與升遷，他會挖空心思、不擇手段地抓住關鍵人物加以利用。一旦可資利用的價值不多，「餘熱」有限，就會馬上拋棄對方，甚至落井下石，反目為仇。他曾拜張謇為師，隨著地位的上升，袁世凱對張謇的態度隨之也起了變化，變得不甚尊重、不以為然了，稱呼也由過去的「老師」變為「先生」，後又改為「某翁」、「某兄」，「愈變愈奇」。作為江南名流的張謇何曾受得這等悶氣，惱怒之際，不禁與其他幕友聯名寫了一封數千言的長信，說他小人得志、忘恩負義，如此之類的話語送了一大堆，將他好一頓臭罵。袁世凱也被深深刺痛，兩人於是斷交。如果沒有吳長慶的主動接納與栽培舉薦，袁世凱何去何從，命運還真難逆料，其發跡更是難以想像。應該說吳長慶不僅是他的世交長輩，也是他的大恩人。然而，當他徑直攀緣上另一棵「大樹」李鴻章，擁有一定的資源，聲望逐漸提高後，便「露才揚己」，說吳長慶生性膽小，難圖大事，開始有意奪權，兩人關係日漸疏遠。袁世凱能引起光緒皇帝、慈禧太后的注意並不斷升遷，與李鴻章的大力賞識與多次保奏密切相關。李鴻章對他的稱讚可謂絕無僅有：「環顧宇內，人才無出袁世凱者。」剛開始，他對李鴻章的知遇之恩感激涕零，但一到關鍵時刻，就做出不利於李鴻章的事情。袁世凱對中日兩國實力、軍力深有瞭解，甲午戰爭爆發，他料定清廷必敗，那麼李鴻章必將因此而失勢。於是，袁世凱急欲改換門庭，加緊暗中活動，尋找新的晉身之階。甲午戰爭還在進行之際，他便秘密進京，遍訪好友，散佈不利於李鴻章的真情內幕，如李鴻章對日交涉如何軟弱，兩次調回吳長慶軍隊如何失算，與伊藤博文所訂條約如何錯誤，他本人在日處理朝鮮問題時李鴻章如何掣肘，淮軍紀律如何敗壞，等等等等。為表白洗刷自己，袁世凱還將自己與李鴻章之間的往來電文摘要抄錄數十份，呈送京城意欲投靠的要人如軍機大臣李鴻藻、軍機大臣兼戶部尚書翁同龢、兵部尚書榮祿、慶親王奕劻等人。這些權貴大多與李鴻章有著方方面面的錯綜複雜的矛盾糾葛，為博取他們的歡心，以圖東山再起，袁世凱便以這種貶損李鴻章的方式，來迎合他們極欲「摧折」他的心理。本已處境不妙的李鴻章遭此一擊，更是大受詬病，一時間彈章四起，言路紛乘。他在幕僚面前不禁歎道：「至一生事業，掃地無餘……此中苦況，將向何處宣說？」

一番「緊鑼密鼓」的活動很快就見成效，正是這些新靠山的聯合保奏與舉薦，光緒帝下旨，任命袁世凱為新建陸軍督辦大臣。

當然，袁世凱此次獲得成功，部分出賣李鴻章，只是其「系統工程」的一個有機部分而已。為巴結這些達官權貴，他動用一切關係四處活動、八方經營，如拜李鴻藻之門，是經好友徐世昌介紹；與翁同龢結識，走的是堂兄袁世勳的路子。拜師托請拉關係，「走後門」只能混個臉兒熟，貶損李鴻章也只能獲得他們的一點好感，而要讓他們站出來真正說話辦事，袁世凱憑藉的，還是自己的才能與實力。甲午一敗，清軍的衰弱腐朽暴露無遺，朝野上下，自然出現了一片強軍禦侮的呼聲。袁世凱「獨具慧眼」，一下子就抓住了問題的核心與要害，及時拿出了一個整頓舊軍、改練新軍的計劃，包括擬建新式陸軍的營制、餉章，聘請外國軍官的合同等，上呈督辦軍務處。他還根據自己的治軍經驗寫了一本名為《治兵管見》的軍事專著，被凡見過此書的人「目為奇書」。袁世凱久居軍營，在朝鮮有過編練新軍的經驗，對中、日雙方軍隊也算得上知己知彼，理論與實踐兼具一身，加之具有日軍加害於他的深仇大恨，內心湧動著一股強軍興國的澎湃激情，因此，本來就對袁世凱已經認可的李鴻藻、翁同龢、榮祿、奕劻等人，對他的才華也就格外地賞識。在他們的共同舉薦下，袁世凱受到了光緒皇帝的召見。不過就當時的情形而言，文韜與武略、理論與實踐兼備的合適人選，除了袁世凱，一下子還真的找不出第二個。

一八九五年十二月十六日，袁世凱奉旨前往距天津六十餘里，離北京三百里許，素有京津南大門之稱的小站，接管定武軍，督練新建陸軍。

袁世凱的人生，也因此而進入了第二個重要階段。

清軍由八旗、綠營，經曾國藩的湘軍、李鴻章的淮軍，已發生了重大變化。軍備由早期的弓、矢、刀、矛等冷兵器，發展到鳥槍、火銃，然後又配以洋槍、大炮等新式軍械，其發展趨勢，已由中世紀的原始軍隊向近代化軍隊日漸過渡，且戰鬥力也在不斷提升，湘軍超過八旗、綠營，淮軍又超出湘軍之上。但就總體而言，清軍之編練，並未達到真正近代化的程度。特別是中日兩軍對壘，清軍簡直可以稱得上不堪一擊、一觸即潰、一潰千里。袁世凱投筆從戎置身慶字營，已深刻認識到淮軍之不足。因此，他在編演朝鮮親軍時，在淮軍勇營的操練之外，又採用了英美裝備與德式操法。而小站練兵，他更是全盤更新：聘請了十多名德國、日本、美國軍事教官；武器裝備由德國進口，清一色的曼利夏步槍、馬槍、手槍和格魯森速射炮，包括電台、手錶、帳篷、雨衣、雨帽、毯子等，全部都是洋貨；他成立新建陸軍督練處，下設參謀、執法、督操三個營務處，以及糧餉局、軍械局、轉運局、軍醫局、教習處等，訂立各種章程，完善軍隊的組織制度；建制更是以德國和日本的近代化軍隊為準，分為步、炮、馬、工程、輜重等五個兵種。

新建陸軍（簡稱新軍）以過去的四千七百五十名定武軍為基礎，後又在河南、山東、皖北、蘇北、奉天等地招募了二千二百五十名，共計七千人。新軍不像湘軍、淮軍那樣私自招募組成，但袁世凱從曾國藩、李鴻章身上吸取養料，決心將其打造為一支替他效忠的「袁家軍」。為此，袁世凱任命軍官，多用自己親信；還有一部分則為陸軍大臣蔭昌與李鴻章推薦的軍事骨幹，他便通過拜把兄弟、收義子門生等方式，建立緊密牢靠的宗法式關係，讓他們成為他的心腹死黨。為讓官兵效忠，新軍各營都供奉有袁世凱的長生祿位牌，每日上操、下操集合之時，將領都要大聲問道：「咱們吃誰的飯？」所有士兵異口同聲地回答：「吃袁宮保（袁世凱曾被宮廷封為太子少保，簡稱『宮保』）的飯！」再問：「咱們穿誰的衣？」再答：「穿袁宮保的衣！」又問：「咱們為誰出力？」又答：「替袁宮保出力！」

如果說袁世凱發跡於朝鮮，那麼他真正起家，便是小站練兵。在幾千年的中國封建社會裡，誰握有軍權，誰就能夠左右政局，主宰全國。歷經十多年摸爬滾打，早已深諳官場之道的袁世凱自然十分看重這支即將崛起的新軍，幾乎將所有心血付諸其中。他每天都要身穿軍服，足蹬馬靴，腰紮皮帶，斜掛佩刀，白天觀操，夜晚巡營。且軍令如山，法紀嚴明，一旦發現違法亂紀者，嚴懲不貸。比如一天晚上巡營時，他發現一名士兵偷偷吸食鴉片，當即抽出佩刀將其斬殺。袁世凱深知淮軍剋扣士兵餉銀的陋習，為防止新軍出現類似舞弊現象，每於餉銀發放之時，他總是親自監督，保證讓每一分餉銀如實發放到普通士兵手中，這也博得了士兵們對他的特殊好感。為讓官兵效忠於己，打起仗來勇往直前，袁世凱不僅經常訓話，要他們「公忠體國，深明大義」，「親上死長」，還像曾國藩那樣編了一首〈勸兵歌〉，讓新軍士兵扯開嗓門唱個不休：「為子當盡孝，為臣當盡忠。朝廷出利借國債，不惜重餉來養兵。一兵吃穿百十兩，六品官俸一般同。如再不為國出力，天地神鬼必不容。自古將相多行伍，休把當兵自看輕。一要用心學操練，學了本事好立功。二要打仗真奮勇，命該不死自然生。你若常記此等話，必然就把頭目升。如果全然不經意，輕打重殺不容情。」

洋為中用，古為今用，將古今中外熔為一爐，袁世凱繼曾國藩、李鴻章之後，將操兵、練軍、治軍簡直發揮到了極致，進入到一個全新的層次。於是，他編練的這支新建陸軍，彷彿橫空出世，很快就成為一支國內最具戰鬥力的近代化軍隊。

袁世凱練軍成功，同時也使得小站新軍成為創練新軍的模範樣板，全國各地再度添練新軍，必從小站抽調軍事骨幹擔任教官。正是從他編練的新軍中，走出了四位民國總統（袁世凱、馮國璋、徐世昌、曹錕），六位民國總理、陸軍總長（段祺瑞、王士珍、段芝貴、唐紹儀、張懷芝、靳雲鵬），還有三十四位督軍，這不能不說是袁世凱的功勞，也是他創造的一個不大不小的近代奇蹟。

三

小站新軍是袁世凱的看家資本與起家基礎，他能繼續前行，一步步邁向權力的頂峰，自然得益於這支一手創建起來的新軍。然而，新軍在給他帶來權力與榮耀的同時，也帶來了危機與危險。袁世凱的最後失敗與覆滅，也出自這支新軍。

早在練軍之初，袁世凱就被監察御史胡景桂參了一本，說他「徒尚虛文」，「浪費國帑」，剋扣軍餉，誅戮無辜。一般而言，只要被監察御史參奏，一旦查出什麼紕漏，就會小命難保；哪怕沒有什麼問題，也會惹出一身臊，最輕也得撤職。因此，袁世凱聞訊，好似被人當頭一棒，再度感到了官場的險惡，不覺「心神恍惚，志氣昏惰，所有夙志，竟至一冷如冰」。幸而奉旨查辦的榮祿在觀看編練只有三個月的新軍洋操表演之後，對其煥然一新的軍紀軍容大為讚賞，「旌旗一色鮮明，頗有馬鳴風蕭氣象」。據有關資料記載，最令榮祿稱奇的是，袁世凱居然能把軍隊練得像家養的鴿子一般，放收自如，一聲呼哨，曲盡其妙。因此，他不僅以查無實據、「毋庸置議」覆奏，還將袁世凱著實褒揚了一番，說他「血性耐勞，勇於任事」，是一個

「不可多得」的將才。一樁壞事就此變成好事，袁世凱「扭虧為贏」，不降反升，雖仍專管練兵事宜，但已加官為直隸按察使。

小站練軍初成，一時間令各方矚目。

維新變法期間，袁世凱因其手中擁有的資本與實力，再次被推到了「風口浪尖」。當缺乏實力的維新派感到變法有異，即將遭到慈禧太后的殘酷扼殺之時，他們的目光，不禁落在了身居小站、手擁兵權的袁世凱身上。加上袁世凱一度傾向維新，是強學會的發起人之一，並捐錢五千元，還提出過一套自己的改革變法方案。於是，康有為認為：「可救上者，只此一人。」他想利用這支雄居海內的新建陸軍進攻京城，保護光緒皇帝，保證變法持續長久地進行下去。在他的建議下，光緒皇帝兩次召見袁世凱，誇他兵練得好，將其提拔為候補侍郎，許以專摺具奏之權，告訴他以後可與榮祿各辦各事。

只要稍具政治頭腦的人，就可知道光緒的這種頻繁召見背後所隱藏的真實含意。這自然引起了慈禧、榮祿的警覺，為防袁世凱被維新派所用，狡猾的榮祿製造英俄兩國在海參崴開戰的謠言，趁機調動軍隊駐紮長辛店與天津陳家溝，切斷新軍由小站進入北京的必由之路。

一方倚重利用，一方早有防範，袁世凱就這樣被置於帝黨與后黨兩派勢力並不對等的夾縫之中。

眼看光緒不保，戊戌變法即將失敗，維新派領袖無計可施，只有將最後的賭注押在袁世凱身上。康有為道：「往袁處明言之，成敗在此一舉。」於是，就有了見諸各種史書的譚嗣同夜訪袁世凱，要求他舉兵誅殺榮祿，囚殺慈禧，發動軍事政變的記載。

袁世凱在譚嗣同的一再追問下被迫表態，因慈禧與光緒有前往天津閱兵的計劃，他流露出一副大義凜然的氣概，說「誅榮祿如殺一狗耳」，但前提是「若皇上在僕營」，並表示馬上返回天津加緊部署。

袁世凱雖未進入權力中樞，但對宮廷之爭多少耳聞，憑他敏銳的政治嗅覺，深知帝、后兩黨的矛盾已經不可調和，且攤牌在即。他似乎聞到了一股濃濃的血腥味道。光緒雖為皇帝，實權卻握於慈禧之手，軍權盡歸榮祿。就榮祿當時掌控的軍隊而言，北洋其他各軍四五萬，淮、泗各軍七十多營，京城旗兵數萬。而袁世凱的小站新軍雖為一支勁旅，但只有區區七千人，出兵最多六千，怎麼也不可能在后黨警覺防範的情況下攻入北京。因此，他趁閱兵之際，在自己的地盤上收拾榮祿與慈禧，看似托詞，實則切實可行。這也說明袁世凱的確能夠審時度勢，不好虛言空言。但問題的關鍵是，事情並未拖到閱兵那一天，慈禧就發動了宮廷政變，將光緒囚禁在南海瀛台，宣佈重新訓政。

過去的一致說法，都是袁世凱出賣了維新志士。但據近年來史學家的研究考證，事情似乎有了一定的變化與轉機，那就是慈禧發動政變在前，袁世凱告密在後。

以袁世凱的老奸巨猾，在沒有最後角逐之前，他決不會輕舉妄動，不論是帝黨、后黨，哪一方他都得罪不起。榮祿是袁世凱晉升得勢的恩人，這對追求實利不以道德為準繩的他來說，越過這層障礙並不困難，但只要他稍有異動，或者說稍有不慎，那將不是他「誅榮祿如殺一狗耳」，而是榮祿殺他「如誅一狗耳」。光緒是高高在上的皇帝，他也不敢得罪，儘管光緒無權，可要整治袁世凱這樣的臣下，還不是隨時就可搞定的事嗎？

袁世凱被逼到了一根細細的鋼絲上，並且不走還不行。可只要一邁腳，身子就會失去平衡，摔得粉身碎骨。

事實真相是，袁世凱將維新黨人的「殺祿圍園」計劃藏在了肚裡，當時並未告密，而是從北京匆匆返回天津。在天津的他得知慈禧發動了宮廷政變，心頭真是又驚又懼。結局已見分曉，現在不是他殺榮祿與慈禧，而是榮祿與慈禧決定他的命運與生死了。他心裡十分清楚，「戊戌政變」的起因在於權力之爭，並非他與譚嗣同的密謀洩露，不然的話，他就不可能全身回到天津了。但是，密謀暫時沒有洩露並不等於永遠不被洩露。怎麼辦？是將維新黨人的計劃繼續深埋心中，還是向榮祿和盤托出？一時間，他彷徨無主，怎麼也拿不定主意。不說吧，又擔心維新黨人有所招供。說了吧，對自己很是不利。在一個有著幾千年專制皇權的國度，出賣百姓崇奉的皇帝，毫無疑問將被置於全體國人鞭撻拷問的境地；況且慈禧已是風燭殘年，年輕的光緒一旦重新執政，那時的他，必將死無葬身之地，遭致誅滅九族之禍。並且就是說了，因有參與之嫌，且未及時告密，還有「馬後炮」的投機之意，不僅難以博得慈禧、榮祿的歡顏，很有可能會加速他的滅亡。那兩天的袁世凱，可真是絞盡腦汁、左右為難。說，還是不說？於他而言，真與哈姆雷特（Hamlet）「生存，還是死亡」的命題相似，有著同等重要的意義。兩相權衡，袁世凱最終還是選擇了說！

他說了，儘管情況不妙，或許還有一條生路。而不說，只是死路一條。因為他不說，並不等於別人不說，維新黨人是一個群體，不少機密屬於「共享」，他可以相信譚嗣同不說，但難保那些被捕獲而知內情的其他維新黨人面對嚴刑拷打的審訊能夠守口如瓶。只要透出半點口風，他袁世凱哪怕有十條小命也將玩完。

於是，袁世凱先告密於榮祿，榮祿再呈於慈禧。譚嗣同在戊戌政變中根本就沒有引起慈禧的注意與重視，這便是直到政變發生四天之後，才有捉拿他的通輯令發佈的緣故。如果說譚嗣同死於袁世凱之手，那可真是半點也沒有冤枉他。袁世凱的告密並未直接造成維新變法的失敗，但無疑起到了推波助瀾的作用，致使包括「戊戌六君子」在內的大批維新黨人被捕被殺、被革被逐，所有維新變法的成果盡遭毀棄。據說囚在瀛台的光緒不恨慈禧，說「我確實有對不起太后的地方，她把我拿下是應該的」；也不恨榮祿，說「他是太后的人，他為太后辦事，這也是對的」；獨有袁世凱，一直到死，都是他心頭最為痛恨之人。他先是在紙上常常提筆寫下「袁世凱」三字撕碎；猶不解恨，後來便畫一隻烏龜，在龜背上填寫袁世凱姓名貼在牆上，用小竹弓一個勁地射擊；一陣射擊過後，再一把扯下，剪成碎片，「令片片作蝴碟飛……凡以此為常課。」

就戊戌變法的結果及評價而言，康有為、梁啟超等維新領袖及「戊戌六君子」是人們心目中的變法英雄，光緒是人們同情的受害者，慈禧、榮祿是既得利益者，最倒楣的似乎只有袁世凱一人。政變發生第七天，有人對榮祿說：「袁世凱奉詔殺你，既同謀又出首，此人首鼠兩端，不是東西！」榮祿為他辯解道：「袁世凱是我的人，無所謂首鼠兩端。」決定袁世凱命運的關鍵人物還是慈禧，袁世凱雖然告密，但慈禧仍將他歸於維新一黨，且參與圍園密謀證據確鑿，「居心叵測」，加之並未主動自首，所以「欲置之重典」。這「重典」會有多重？在一個「人治」社會裡，不論輕重與否，只要慈禧一句話，袁世凱的腦袋就得搬家。所幸榮祿出面，力保相救，總算將功折過，就此逃過一劫。而最要命的是歷史評說，長期以來，袁世凱在戊戌變法中都扮演了一個鼻梁塗白的不光彩角色，背上了「賣主求榮」的罵名。

就本質而言，袁世凱不僅同情維新，還真屬維新一派，此後的事實將充分證明這一點。並且就維新變法這一事件本身而言，一九一四年，身為民國正式大總統的他，不僅追認「戊戌六君子」為先烈，還在京師建立祠宇，將事實宣付清史館立傳。當然，他這樣做，也不排除對當年的出賣之舉有著一定的懺悔與掩蓋之意。

四

袁世凱簡直像個魔術大師，眼看就要身敗名裂，死無葬身之地的他，竟然搖搖晃晃地走過了那根細細的鋼絲繩而安然無恙，除了投機取巧，也不能不歸結於他運氣不錯。

將功折過，袁世凱的性命保住了，地位也保住了，走過一段人生的低潮期，他又開始往上升遷，進入了人生的第三個重要階段。一八九九年六月十六日，袁世凱升任工部右侍郎，年底署理山東巡撫。一九〇〇年三月十四日實授山東巡撫，正式成為實權在握的一方諸侯，這也是他由軍權伸向政權而邁出的關鍵一步。這一年，以山東、直隸為中心的義和團運動爆發。如何對待在自己管轄的地盤上如火如荼的義和團，是剿，還是撫？於袁世凱來說，又是一場新的考驗。做對了，就是繼續晉升的資本；而一旦出錯，人命關天，後果不堪設想。在講究實利的袁世凱眼裡，事情無所謂是非與對錯，只要於己有利，就是錯，也會勇往直前，否則，他會立時退避三舍。

在處置義和團事件上，他還真動了不少腦筋，具有個人的分析、判斷與見解。義和團宣傳「扶清滅洋」，能否「扶清」，一時難見分曉，但「滅洋」之論，對西方列強深有瞭解的袁世凱自然嗤之以鼻。義和團宣傳的請神附體、刀槍不入，特別是神乎其神的表演確實迷惑了不少官員百姓，這對十分講究風水迷信，相信命由天定的袁世凱來說，多少也有些疑疑惑惑。耳聽為虛，眼見為實，崇尚實幹精神的他決定親自檢驗一番。那些吹噓刀槍不入的神漢，此前之所以多次表演成功，是因為買通關節、內外配合之故。而袁世凱則動真格的，在他的嚴格監督下，哪有什麼刀槍不入的肉體？於是乎，一槍一個，兩槍一雙，中彈者當即斃命。神話就此破滅，所有的吹噓在一瞬間化為泡影。

謊言一旦戳穿，袁世凱毫不猶豫地舉起了屠刀，對山東境內的義和團予以堅決鎮壓。據他自己對外國人所言，他在山東前後共殺拳民四千多人。

慈禧利用義和團剿滅洋人為己報仇，竟然喪失理智地向西方十一國列強同時宣戰，袁世凱對轄內洋人洋教施以有效的保護措施；清廷多次令他派兵馳援勤王，他就是抗旨不遵；部下主動請纓，他也不准允；後又積極參與劉坤一、張之洞等人發起的東南互保運動之中……袁世凱這樣做，無疑保存了自己的實力，他不派兵勤王，也就避免了像其他幾支武衛軍那樣在八國聯軍的打擊下，幾乎全軍覆沒的下場。庚子之亂後，清廷五支武衛軍，只剩下袁世凱這支保存得相當完整的武衛右軍，成為清末唯一擁兵自重的大臣。但他違抗朝廷聖旨，如若惹惱生性多疑、手段殘忍的慈禧，決不會有什麼好果子吃。對待慈禧太后，他與其他封疆大吏一樣，唯恐巴結不及、效命不夠。每次覲見，總是誠惶誠恐，回話時戰戰兢兢生怕說錯了什麼，一場召見下來，由於緊張過度，以致全身都是汗水。因此，袁世凱走的又是一著險棋，但他又不能不這樣做。他不能聽憑拳民驅洋教殺洋人造成混亂無法收拾，他更清楚地知道，以其編練的雖是國內一流勁旅的新軍對付強大的八國聯軍，無疑於以卵擊石，除了像其他四支勤王的武衛軍那樣遭致覆亡的命運外，不會有更好的下場。事情既然做了，他只有儘快想法彌補，繼續走榮祿的門子，向慈禧表達忠心。北京陷落後，慈禧讓他接濟經費，他半點不敢怠慢，先後派人送去白銀二十一萬兩，綢緞二百匹及大量食物。倉促逃亡的慈禧得了袁世凱接濟，心頭的感激自不待言。慈禧到達西安，他奉送大批軍火以供保衛之用。和約將成之際，他作好迎接慈禧回鑾的充分準備。袁世凱摸準老佛爺的脾性與心思，一年多的逃亡生涯，使她受足了氣吃夠了苦，回京的她，需要的就是金錢、體面、豪華與排場。他獻給慈禧的，首先是兩座豪華的彩棚，一座紮在保定車站，一座落在北京城門，猶如「凱旋門」一樣讓敗逃而回的慈禧在燦爛的鮮花、亮麗的彩燈照耀下，產生一種虛幻的凱旋而歸的感覺，踏著雖老邁踉蹌但自豪無比的步伐，回到她舒舒服服的安樂窩——頤和園。其次，袁世凱獻上的是以巧取豪奪手段搜刮弄來的一百萬兩銀子，在當時國庫空空如也的情況下，一百萬兩白花花的銀子，樂得慈禧太后笑眯了雙眼。最後，袁世凱別出心裁地準備了兩隻供太后賞玩的鸚鵡，當李蓮英將鳥籠捧到離慈禧兩三尺遠的地方時，兩隻鸚鵡突然亮開嗓門清脆地叫道：「老佛爺吉祥如意！」「老佛爺平安！」慈禧見狀，簡直笑開了懷，一年來所有的窩囊委屈隨著鳥兒殷切的叫聲頓時煙消雲散。袁世凱發現，老佛爺是真正地高興了，直到這時，他心中的一塊石頭才終於落下。

於是，「眾望所歸」的袁世凱被清廷正式任命為直隸總督兼北洋大臣，成為大清帝國的實際「宰相」。後又一身兼任督辦商務大臣、電政大臣、鐵路大臣等八個大臣之職，權勢遠遠超過當年的曾國藩與李鴻章。

於是，清朝末期一個新的時代——袁世凱時代就此拉開帷幕。

這是一個被史家與大眾忽略了的多少算得上充滿生機、煥然一新的時代，其中最亮麗的出彩之處，便是被稱為「清末新政」的社會變革。清末新政無論就改革的廣度，還是力度與深度，都超過了戊戌維新變法。慈禧為打消顧慮，清除鎮壓「百日維新」的負面影響，推動這場新的改革，赦免了康有為、梁啟超、孫中山三人之外的其他所有維新派、革命派黨人。就實質及影響而言，清末新政的有力推動者、實際執行者便是大權在握的袁世凱。一位採訪過袁世凱的美國記者稱他「素質全面」，具有「異常才智」，「雖然不是清國的改革之父，但他能讓改革繼續下去」，「清廷革創之政，幾乎均出其手。」可見袁世凱是清末新政中名副其實的改革「旗手」。只因他後來稱帝自為，一生中的諸多功績被有意無意給抹殺殆盡了。

具體而言，袁世凱的清末新政改革主要表現在以下幾個方面：

一、增練新軍。借助小站練軍經驗，袁世凱以「滾雪球」的方式擴練新軍，使得北洋新軍增至六鎮八九萬人，占當時全國新軍總數一半以上，成為日後主宰中國長達二十多年之久的強大力量。他的計劃，是要編練三十六鎮新軍。

二、創建巡警。袁世凱參照西法創設警務總局，開辦巡警學堂。一九〇二年八月接收被八國聯軍佔領的天津時，因不准清廷在天津周圍二十里內駐紮軍隊，袁世凱靈機一動，從北洋新軍中抽調三千軍人編為巡警，進行一番警務訓練後堂而皇之地開進天津，明知內情的外國人也無法干涉。不久，袁世凱又在所轄範圍內建立起一個遍及城鄉的警察網。後清廷設立巡警部，直隸經驗成為樣板推向全國。

三、改革司法制度。一九〇六年九月，清廷根據西方「三權分立」原則改革官制，改變傳統的司法、行政不分狀況。袁世凱在天津縣率先改革試辦，並設立專門學堂培養司法人才。他還改良監獄，制定監禁制度，對完善清末司法制度有著積極的推動作用。

四、推行地方自治。地方自治是西方民主政治的一種表現，清廷預備立憲，令直隸等省先行試辦。袁世凱領命後馬上創辦自治局，成立自治研究所，開展普及自治教育活動。並嚴格按照西方的一套循序漸進，制訂有關章程，開會討論，完成選舉，成立議事會等。這些能夠體現西方資產階級民主精神的程序制度，對鐵板一塊的封建專制統治無疑是一種強大的衝擊與解構。

五、發展實業。袁世凱在這方面作出的成效最為顯著，他開辦了銀元局、官銀號等金融機構；依靠各地商會，制定一系列經濟法令八十多條，完善了市場機制；從盛宣懷手中接管全國最大的輪船招商局和電報局；創設了直隸工藝總局，興建了機器造紙有限公司、萬益有限公司、電燈有限公司、濟安自來水有限公司、北洋勸業鐵工廠、北洋煙草公司及最著名的唐山啟新洋灰公司、灤州煤礦有限公司，僅工藝總局出資助辦的就有初等工業學堂、縫紉公司、造胰公司、牙粉公司、玻璃廠等一大批企業；他多方告貸籌措資金，排除各種干擾阻擾，督促修建中國歷史上第一條由中國人自行設計、自籌資金、獨立修築的京張鐵路。如果不是袁世凱慧眼識珠，委任詹天佑為總工程師兼會辦路務，詹天佑的個人才華未必能夠得到及時而充分的發揮。鐵路開工時，他派幕僚給詹天佑送去一座自鳴鐘以示關懷，後又寫有〈致詹天佑函〉，以「修築京張鐵路，乃大張我國人志氣之舉」相勉勵。我們在謳歌詹天佑的同時，也應該記得袁世凱在修築這條鐵路時所發揮的主要作用。一位美籍華人史學家在提及京張鐵路時，曾客觀地說道：「它是由袁發起、提出和取得的驚人成就。」

六、廣興教育。袁世凱多次領銜上摺，奏請停止科舉考試。科舉制度廢除後，袁世凱大辦新式學校。據有關資料統計，直隸所辦各類學堂及學生總數位居全國第二，而直隸學務資產則名列各省之首……

面對袁世凱取得的這些引人注目的新政業績，就連曾經怒斥過他並與之絕交的張謇，也不由得歎道：「頗覺袁為直督之能任事，此人畢竟與人不同。」又說「頗感袁世凱才調在諸督上」。

然而，袁世凱並不滿足於此，他想繼續前進，將這場改革運動推向極致——由器物而制度，實行君主立憲。他逢人便稱：「官可不做，法不可不改。」自告奮勇地提出將直隸作為立憲的試點省分，面奏慈禧太后，說立憲應先組織內閣，從改革官制入手。按袁世凱的改革方案，立憲最重要的是設立資政院與責任內閣。資政院為疏瀉輿論的清議機構，責任內閣實質上就是架空皇帝，由總理大臣、副大臣代替皇帝行使職權。袁世凱的這一涉及制度的深層改革方案，雖能推動大清帝國的封建專制向西方民主政體轉型，但也不乏個人私心。他想在擁有京津軍警力量的同時，進京與慶親王奕劻同時組閣，奕劻為國務總理大臣，他做副總理大臣，在控制朝政的同時，為自己預留後路——慈禧已是日薄西山，說不定哪天腿一蹬眼一閉，光緒就會從瀛台走上前台，成為名副其實的皇上。他心裡比誰都清楚，光緒對他的出賣定會不依不饒。而一旦架空皇位執掌朝政大權，哪怕慈禧故去，也就沒有後顧之憂了。

袁世凱想像美妙的事情，做起來卻招到了來自方方面面的反對。宗族皇室得知袁世凱不讓他們參預政事，醇親王載灃拔出手槍抵住他的胸膛厲聲叫道：「爾如此跋扈，我為主子除爾奸臣！」幸虧奕劻及時趕來排解，載灃才沒有扣動扳機；守舊派認為這種政治權力的重新分配會引起社會動盪，難以施行；立憲派認為袁世凱推行的只是「大臣專制政體」，而不是真正的君主立憲體制；就連那些太監，聽說袁世凱的改革方案中有一項是裁撤他們，於是，百餘名太監趁他下朝之機將其攔住，百般謾罵圍攻，又是奕劻出面勸解，擔保絕不裁除太監，才給袁世凱解了一圍。要說這些都算不得什麼，最關鍵的是引起了慈禧太后的疑忌與不滿，她擔心責任內閣制成立後君權旁落。因此，袁世凱的立憲改革不僅沒有成功，反被慈禧太后的另外兩名寵臣——瞿鴻禨與岑春煊借機參了一本（史稱「丁未大參案」）。他幾乎動用了所有看家本領，通過花錢打點、疏通關係、偽造假證等手段，好不容易才沒有「翻船」。但仍被慈禧以明升暗降之法讓他離開北洋新軍，進京擔任軍機大臣兼外務部尚書。

該來的事情終於來了——慈禧太后病入膏肓，眼看就要死了，而光緒皇帝正年輕著呢。不過總算袁世凱命大，結果是光緒與慈禧在一天之內相繼辭世。袁世凱正心驚肉跳地夜夜做著惡夢呢，光緒死在慈禧前面的消息讓他吁了一口長氣，也就難怪有人捕風捉影地放出謠言，說是袁世凱派人毒死了光緒皇帝。不過他的長氣還未吁完，報應就從天而降了。宣統帝溥儀繼位，其父載灃監國，為攝政王。早想一槍結果袁世凱性命的他大權在握，加之要為同父異母兄長光緒帝報仇，剛一上任就準備拿袁世凱開刀。

袁世凱躲得了初一，躲不過十五，又一次被推到了鬼門關口。

好在張之洞極力勸諫，加上載灃擔心處決袁世凱會引發新軍鬧事，也就手下留情饒他一命。但是，攝政王載灃仍給袁世凱以嚴厲的懲處——以「足疾」為由，罷免他的一切軍政大權，將其開缺回籍。

在此稍加提及的是，辛亥革命成功，載灃被迫退位後的四十個春秋裡，心頭常常追悔莫及的事情，就是當年罷了袁世凱的官而沒有乾脆利落地將他殺掉。

五

袁世凱的性命是保住了，但他又從頂端跌落在地，從京城回到河南安陽洹上村，成為一介無官無職的平民，彷彿回到了人生的最初起點。

剛回河南安陽的日子，他垂釣、下棋、看戲、吟詩，過得十分悠閒。歷經險惡風浪、大起大落的他，也真想就此隱居算了。讀者見得最多的袁世凱「名照」，可能就是那張身穿蓑衣、頭戴斗笠、手執釣竿的「閒雲野鶴」照。這是一張他曾寄往上海報紙發表過的照片，以示淡泊名利，再也無意於政事。其中雖不乏作秀成分，但多少也反映了袁世凱當時的心境。他還為此題詩道：「百年心事總悠悠，壯志當時苦未酬。野老胸中負兵甲，釣翁眼底小王侯。思量天下無磐石，歎息神州變缺甌。散發天涯從此去，煙蓑雨笠一漁舟。」有人認為這是袁世凱一生中寫得最好的詩，事實上這首詩無論是意境，還是氣韻，也確屬上乘之作，絕非一介武夫所能吟出，其詩才、文采遠在此後的其他民國領導人段祺瑞、馮國璋、曹錕、張作霖等以及更後的國民黨領導人蔣介石、李宗仁之上。

然而，「曾經滄海難為水」的袁世凱終歸不是一介普通草民，他一手訓練起來的新軍，用心培植的黨羽仍忠心於他。他們時不時地前來洹上村問計「請安」，他的心境實在難以安靜、悠閒下來，不得不關注外面時局的發展。為此，洹上村專門設立了一個電報處，那看不見的頻頻電波又慢慢喚起了袁世凱心中沉睡的慾望。自信隨著慾望也在不斷地增長，他認為自己不會久處困境，總有一天將龍騰虎躍，再度出山。

機會說來就來，只是沒有想到這機會竟由革命黨人為他帶來。武昌首義一聲槍響，袁世凱又被送到了歷史的前台，成為世人矚目的焦點。他的人生，也因此而進入第四個，也是最後一個重要時期。

這是一段人們十分熟悉的歷史。革命黨人佔領武漢三鎮，清廷命陸軍大臣蔭昌率北洋新軍前往鎮壓，可這些袁世凱的舊部停停走走、走走停停，就是不聽蔭昌指揮。怎麼辦？唯有請出袁世凱，問題才能迎刃而解，就如李鴻章讓他護送大院君返回朝鮮時所說的那樣：「今如演戲，台已成，客已請，專待汝登場矣。」而袁世凱也不是那麼好請的，他以「足疾」未癒為由推辭不出，既是對載灃的當初開缺予以報復，也是繼續要挾，增加出山籌碼。直到被清廷由湖廣總督改任為內閣總理大臣，提出的召開國會，組織責任內閣，解除黨禁等六項條件被全部接受之後，「足疾」也就霍然痊癒了。想當初，袁世凱不過想撈一個內閣副總理大臣，就差點栽了跟頭，如今則由清廷將內閣總理大臣的頭銜拱手送上門來，他還要故作姿態地拿捏一番，也真算出夠了氣，玩足了味。

袁世凱畢竟是袁世凱，剛剛走馬上任，北洋軍隊就一口氣攻下了漢口，接著又拿下了漢陽。稍微鼓氣，就可攻下武昌，收復武漢三鎮。然而，袁世凱在佔領漢陽後卻主動叫停，以英國駐華公使朱爾典為中間人，開始與革命黨人談判。他審時度勢，覷準了這一談判的有利機會：武昌岌岌可危，留而不攻，算是給了南方革命黨人一個大大的「人情」，在對他袁世凱產生好感的同時，必將生出新的希望——讓同是漢人的他反戈一擊，取代滿清，達到恢復中華的目的。是的，袁世凱是這麼想的，也是這麼做的，他可不願繼續充當清廷鷹犬，像他的前輩曾國藩、李鴻章那樣永遠讓清廷玩弄著當槍使。不，他不能這樣，他要向清廷報仇！所謂的以「足疾」對「足疾」，不過開開玩笑，小試牛刀而已。這些年，他袁世凱真是受夠了清廷的鳥氣，好幾次在鬼門關前徘徊復徘徊。而這次，他再也不能繼續低聲下氣當走狗了！同僚曾笑他，說他老袁不僅孝敬滿清王爺，就連太監也要巴結，給他們塞錢不說，見了李蓮英，還得單腿下跪呢。是的，他袁世凱真的給這位太監總管下跪過，可這是他心甘情願的嗎？不是，是殘酷的現實逼的，逼他袁世凱比太監還要太監。這樣的窩囊氣他早就受夠了，他不能再忍了，他要做主人，要取而代之。如今機會來了，稍縱即逝，他要緊緊地抓握在手。他留下武昌不攻，也可就此威脅、要挾清廷，以達一箭雙鵰之效。

事情一步一步地往他設計、預想的方向發展。南北雙方派出代表，經過多次正式的及私下的談判，雙方條件漸趨一致，最後歸結為兩點：國家採何種體制，民主共和還是君主立憲？以及袁世凱在新體制中的位置。若行君主立憲，肯定還得保留滿清皇帝。這，不僅袁世凱不願，革命黨人更不會答應，「驅逐韃虜，恢復中華」是其首要任務，連最起碼的這一點都做不到，那還叫什麼革命？袁世凱心中或許閃過直接由他接替皇帝的念頭，可面對關山重重般的艱難險阻，也只能是想想而已。因此，南北議和最後達成的雙方能夠接受的條件，只能是實行民主共和制，並允諾由袁世凱出任大總統。

正在這時，孫中山由海外回國，被推選為中華民國臨時政府的臨時大總統。一九一二年一月一日，孫中山在南京宣誓就職。

袁世凱突然被孫中山斜插了這麼「一槓子」，他的如意算盤被打亂，不禁惱羞成怒，馬上指使北洋四十多名主要將領聯名通電，以強硬而反彈的姿態，贊成君主立憲，反對民主共和。孫中山反應迅速，馬上致電袁世凱，只要逼清帝退位，便讓位於他。袁世凱不信，一面製造輿論「收拾大局非袁莫屬」，一面加緊備戰。孫中山毫不示弱，自任總指揮，出兵六路北伐。然而，孫中山此舉很快就遭致列強的威嚇及內部反動派的掣肘，如與袁世凱之子袁克定結為拜把兄弟的革命黨人汪精衛，就公開指責孫中山貪戀總統之位，破壞和議。於是，孫中山不得不停止北伐，在致伍廷芳電中要他轉達北方代表，第三次強調，「如清帝實行退位，宣佈共和，則臨時政府決不食言，文即可正式宣佈解職，以功以能，首推袁氏。」

總統之位有了保證，袁世凱彷彿吃了一顆定心丸，開始回過頭來對付清廷，加緊逼宮。

其實，袁世凱滿可以用武力解決問題，但他不願背上欺負「孤兒寡母」的罵名，便以軟硬兼施的手段，迫其主動讓位。作為一名由中國封建社會脫胎而出的典型官僚，袁世凱每做一件名聲不怎麼好的事情，總要弄出一副冠冕堂皇、儼乎其然的樣子。哪怕正事、好事，也不直截了當地明言，而是道出一些含含糊糊的話語，做出一些轉彎抹角的樣子，讓部下去揣摩、領會、迎合。善用機謀、慣耍手段，是袁世凱的人生策略與信條之一。

早在清末新政時期，袁世凱首次接受外國記者採訪時，這位名叫托馬斯・F・米拉德（Thomas Franklin Millard, 1868-1942）的美國記者就以其敏銳的嗅覺得出一個結論：袁世凱將滿懷自信地登上權力的頂峰，與此同時，也將面臨危機四伏的凶險。他認為袁世凱「不但十分明瞭這些危險的源頭所在，而且也知道這些危險在他前進的道路上可能會發生怎樣的作用」。

事實也正是如此，每當袁世凱向權力中心邁進一步，便會伴隨大禍臨頭的凶險。就在他加緊逼宮之時，革命黨人已將其列為實施暗殺的頭號目標，死神又一次向他露出了猙獰的笑臉。一九一二年一月十六日，約摸中午時分，袁世凱入宮議事後打道回府，途徑王府井丁字街時，進入了革命黨人的第一道伏擊圈。嚴伯勳首先發難，奮力投出一顆炸彈，將袁世凱乘坐的馬車炸翻，衛兵長袁金鏢等十多人當場死亡。奇怪的是，濃濃的硝煙中，袁世凱居然毫髮無損。由軍營中崛起的他自然知道怎樣保護自己，只見他趕緊從翻倒的馬車中爬了出來，猛然躍上馬背，折入路南的一條胡同，不顧一切地向前奔竄。沒想到正好闖向第二道伏擊線，早已守候在街口酒樓的革命黨人黃芝萌和張先培推開窗戶，準備再次投彈。就在這時，軍警出現了，彈未投出，兩人束手就擒。緊接著，埋伏在安東市場門口進行第三道襲擊的革命黨人楊禹昌因自我暴露，也遭逮捕。革命黨人密謀策劃了相當嚴密的三道伏擊線，彷佛冥冥中有神靈護佑似的，袁世凱竟然連闖三道鬼門關脫逃，平安回到家中。

刺殺雖然沒有成功，但將袁世凱嚇得魂飛魄散，不敢隨便走出府中。想想也真夠害怕的，當時要不是馬車駛得太快，炸彈扔得稍稍滯後，他早就一命嗚呼了。袁世凱能夠一步步地攀升獲取成功，除了堅忍不拔，上天眷顧，更有常人難以企及的機靈與智慧——他特別善於利用機會，將壞事變成好事，轉危為安，變禍為福。暗殺事件發生後，袁世凱稱病不朝，借機要挾清室退位，否則他將辭職。隆裕太后眼見袁世凱都遭刺殺，一個沒有多少膽子與主見的婦人更是嚇得不行，也就準備接受《優待皇室條例》退位。但是，一批宗室親貴成立宗社黨，發表宣言，堅決反對共和。關鍵時刻，又是革命黨人幫了袁世凱的忙，彭家珍冒死刺殺宗社黨首領良弼成功，滿清貴族聞風喪膽，紛紛逃離京城。與此同時，袁世凱對奄奄一息的清室再下一劑「猛藥」，在他的鼓動下，原先反對共和的北洋新軍突然轉向，四十六名將領聯名致電清廷，反對立憲，贊成共和。清室四面楚歌，走投無路，隆裕太后無奈之際，只好以宣統皇帝溥儀的名義，頒發三道詔書，第一詔宣佈退位，第二詔公布退位後的優待條件，第三詔勸諭臣民。

封建社會的每一次改朝換代，無不以皇族成員的血腥屠殺為代價，達到改姓易主的目的。清廷迫於壓力下詔退位，國家權力以和平的方式交接更替，這在中國歷史上是第一次，也是唯一的一次。當然，這也不是傳統的易代，不是由一姓交給另一姓的家族統治。清廷的退位，也意味著中國封建皇帝從此退出了歷史舞台。此後，哪怕有袁世凱的洪憲帝制，有張勳的擁清復辟，有滿洲國的群魔亂舞，不過回光返照耳。

南北和談成功，清廷和平讓位，不論袁世凱為了實現個人野心如何玩弄手段，但在客觀上避免了一場大的戰亂，使得生靈免遭塗炭。以前的相關史書，特別是教科書，總將袁世凱稱為「竊國大盜」。在民族與歷史的轉折關頭，袁世凱的確有趁人之危、趁火打劫之嫌，但他也是中華民國的開國元勳，算得上盜亦有道。如果我們不帶任何偏見，用「居功厥偉焉」加以形容，其實也不為過。

一九一二年二月十二日，也即清室下詔退位的當天晚上，袁世凱在外交部大樓親自動手剪掉那根拖在腦後，被漢人拖了兩百六十多年的屈辱長辮。他一邊剪，一邊哈哈大笑。這恐怕是平日刻板、少有笑容的袁世凱一生中最為高興的時刻。他怎能不高興呢？他不僅讓多次欲置他於死地的清廷乾脆徹底地死掉，也替漢人大大地出了一口怨氣，更為美妙的是，清廷那高高在上的位置，將由他取而代之。雖然共和了，不稱皇帝了，可他就是實際上的皇帝。大總統與皇帝之間，其實是可以畫上一道等號的，只是叫法不同而已。

不過呢，袁世凱似乎也過於樂觀了一點，要是想到日後的一些磨難與坎坷，他肯定就會笑不起來了，至少是笑得不會這麼天真與開心。

本來要實行美國的總統負責制，只因不信任他袁世凱，革命黨人因人而異，結果弄出一個內閣總理制，以限制總統之權，其實就是限制他袁世凱的權力。又提出不少要他接受的苛刻條件，比如建都南京，實際上就是讓他離開自己的勢力範圍，將其架空，成為一個傀儡。若論謀略手段，孫中山為首的革命黨人與他簡直不屬同一檔次。這些，老謀深算的袁世凱不僅一眼洞悉，且能施展計謀一一化解於無形。不過也有讓他難受的緊箍咒，那就是民國《臨時約法》。

一九一二年三月十日，袁世凱在北京就任臨時大總統，孫中山第二天就在南京公布《臨時約法》。這是一個由革命黨人單方面制定，並未經過袁世凱參與同意，而又一廂情願地非要他接受執行不可的憲法。孫中山此後多次發動的護法運動，護的就是這個《臨時約法》。

袁世凱在《臨時約法》所規定的總理內閣制下開始行使總統職權，作為一個在清廷專制制度中執掌國家大權、實權的舊官僚，他幾乎每辦一件事，都要經過內閣審議，議員副署。而內閣與議員們之所以設立，為的就是限制總統的權力，所以他每動一議，每辦一事，都深感掣肘。過去在軍隊，在朝廷，不論幹什麼，除了皇帝、太后而外，他袁世凱一言九鼎，誰敢說上半個不字？而當上了相當於皇帝的大總統，反而沒有以前的權威了，反而不能像以前那樣發話辦事了，袁世凱先是想不通，大發牢騷地說所謂的大總統，連一個省的都督都不如。在專制政體下做慣了官的他，自然無法適應民主政體。既不適應，以袁世凱的梟雄本色，肯定不會削足適履，不會去給誰當「小媳婦」，就想著突破既定的體制。於是，與內閣的矛盾衝突勢不可免。軍權、政權在握的袁世凱要想打破「遊戲規則」，玩出一些新花樣，還不是隨時就可搞定的事嗎？對待內閣與議員，他使出的殺手鐗，與小站練兵無疑，也是一手拿票子，一手拿刀子，先是收買，收買利誘不成，繼之以血腥鎮壓。

就民國初年的政治格局而言，推舉臨時大總統一職的主要人選有四位：孫中山、袁世凱、黃興、黎元洪。四人中呼聲最高的當數袁世凱，他為當時各方政治勢力所接受。十七省代表投票，袁世凱以多出孫中山一票的「大滿貫」，全票當選為第二屆民國臨時大總統。

眾望所歸的袁世凱相當於一隻「績優股」被普遍看好，哪怕發生了刺殺宋教仁的案件，順藤摸瓜地追查幕後兇手，結果拎出袁世凱與之有染。孫中山發動「二次革命」，袁世凱儘管無法洗刷「宋案」罪責，但國內勢力大多仍傾向於他。當時的雲南都督蔡鍔，在「二次革命」中也是站在袁世凱一邊的。民眾愛好和平不願戰爭是一個原因，而更主要的，是袁世凱在當時的確具有統攝一切的威望。民心的向背與戰爭的實力都在袁世凱一邊，所以「二次革命」爆發不到兩個月，孫中山領導的革命黨人便告徹底失敗。

前面我們曾經指出，袁世凱的性格中有著一個難以克服的致命弱點，那就是一旦得勢，便沾沾自喜，飄飄然不知東西南北，不諳節制之道，不懂韜光養晦，繼續一個勁地向前向前再向前，非將事情做絕不可，直至事與願違地走向反面。

隨著議員的收買或迫害，控制了內閣的袁世凱仍不知足，先是下令解散社會黨和一切「煽亂」的政黨，不久又下令解散國民黨，後來乾脆解散國會，停止議員職務。他由臨時大總統到正式大總統，又成立專門機構修改約法，出台《中華民國約法》（俗稱「袁記約法」），廢除責任內閣制，改行總統制，還弄出一些規定，使自己由任期總統成為實際上的終身大總統，並可傳嗣子孫。名有了，利有了，權有了，一時間，袁世凱可謂高高在上，萬民景仰，名義上是共和制的大總統，實則比封建時代的某些皇帝更加集權。可他仍不知足，一意孤行，要改共和體制為封建政體，改中華民國為中華帝國，要做名實雙至的皇帝稱孤道寡。

當袁世凱成為實際上的終身大總統時，就已經站在了山峰之巔。他忘了自己曾經認識到的每前進一步必將伴隨著的危險，他不知道僅能立足的峰巔四周全是懸崖峭壁，無論往哪個方向，只要向前跨出一步，全是萬丈深淵。對此，以他的智力與資歷應該深深懂得，可他偏偏進入了得意忘形的誤區，以為上面還有高峰，還要不斷地攀升。彷彿為了體驗繼續攀升的瞬間極度快感，袁世凱跨步朝前，「臨門一腳」，只是這「門」不是生門，而是一道死門與鬼門。

由眾望所歸到眾叛親離，只有一步之遙；由勝利到失敗，也只有一步之遙；由真理到謬誤，仍然只有一步之遙……世上許多事物，從左到右，由上到下，從正到反，看似遙不可及，實則僅僅一步之遙。

六

袁世凱稱帝自為，固然打上了個人的烙印，與其性格、心理等密不可分，但主要的，還是當時的社會環境與傳統的文化土壤所致。

袁世凱逼退清帝，對相命、風水、堪輿之類的東西更加迷信，在確定總統府居時，他請來了一位所謂的「大師」相度吉凶。這位風水大師卜了一卦，認為中南海居震、離兩方，而震為雷，為龍，為玄黃，乃帝王之所，有百利而無一害。於是乎，袁世凱就這樣在「大師」的指點下搬進了中南海居住。

自革命黨人針對他的刺殺案後，袁世凱雖然僥倖逃過一死，但仍心有餘悸，常懷杯弓蛇影之憂。住進中南海不久，又發生了一件恐怖案，不知是誰將一枚炸彈給扔進了府內，雖然是一枚沒有爆炸的臭彈。但在袁世凱心頭，自然又增加了一層恐懼的負擔。此後一直到死，素有果敢勇毅之稱的袁世凱長期深居中南海，只兩次走出新華門——一次郊天祀孔，一次祭祀先聖，這是兩次他非露面不可的重大活動，所以不得不撐著膽子親自前往。

他住在中南海這個到處都是帝王遺蹟的園子裡，不做皇帝夢倒反而有點不正常了。這裡的每棟樓宇、每棵樹木、每塊石頭、每處墨蹟，都是王者的符號與象徵，似乎都在向他述說著皇家的霸氣與帝王的夢想。袁世凱無時無刻不浸淫在這種濃濃的帝王氛圍之中，他的身與心，也在這極度的誘惑中日漸膨脹。他學古代盛世君王，想將國家治理得井井有條、強盛偉大，所以他勤勉有加，每天都在中南海居仁堂辦公。勞形於案牘之餘，還讓人呈進摘抄歷代帝王政治言行的《居仁日覽》，畢恭畢敬地捧讀不已，以為借鑒。

那些與他同樣居住中南海的家人僕人，也不斷地為本已濃烈的帝王氛圍「增光添彩」。袁世凱睡覺醒來必喝香茶一杯，一位茶童在送茶時，發現他還在鼾睡，下意識地朝床上望了一眼，一不小心，竟將朝鮮國王送他的一隻上等碧玉雕刻茶杯給打碎了。於是，茶童就說剛才看見睡在床上的不是一個人，而是一條全身閃閃發光、正欲騰飛的大金龍。此言說得袁世凱疑疑惑惑、恍恍惚惚，以為自己真是一條神龍下凡塵。結果撒謊的茶童不僅沒有受罰，反而得了一份袁大總統的賞賜。

茶童這樣說，其他僕人也捕風捉影，總說深宅大院深夜常有遊龍掠過，還有意製造出多起令袁世凱深信不已的假象與徵兆。兒子袁克定為了自己日後能夠繼承皇位，更是推波助瀾，極力慫恿父親推行帝制。他私自刻了一枚「大皇子印」的金印，那些溜鬚拍馬的人稱他「大皇子殿下」，他也安然受之。他走得最遠做得最為過分的事情，是對袁世凱封鎖消息，每天偽造日本人在北京辦的中文報紙《順天時報》送他呈覽。本是一份反對稱帝的日人報紙，結果讓他弄得面目全非，儘是一些支持、同意袁世凱改行帝制的文字。據袁世凱三女兒袁靜雪回憶，一次，她吩咐一名回家探親的侍女，讓她在返歸中南海時給她買一些愛吃的黑皮五香酥蠶豆。侍女將蠶豆用整張《順天時報》包了帶回來，袁靜雪一邊嚼吃一邊看報，無意中發現侍女帶回的這張報紙，竟與平時看到的假版《順天時報》不一樣。把戲被戳穿，袁世凱氣極，揮舞皮鞭將袁克定打得跪地求饒，他一邊抽打，一邊大罵長子「欺父誤國」。

如果說僕人、家人、親屬要他當皇帝尚懷一份個人私心，而外人眾口一辭，本來十分機敏的袁世凱不禁變得十分遲鈍起來，不得不跟著將信將疑了。他深居內宮，部下紛紛呈文，要求改行君主制，希望他早日登基稱皇。「籌安會」六君子中，除嚴復確有勉強拉扯之嫌外，其他五人對復辟帝制全都不遺餘力。特別是楊度，一直到死，都認為中國不適宜共和，「非君主不足以定亂，非立憲不足以求治。」據說有一次，楊度見兩乞丐吵架，其中一人道：「似你這等無法無天，都是因為共和民國沒有王法的緣故，假使皇帝復生，決不會讓你這等東西如此橫行。」楊度一聽，不覺大受刺激，原來乞丐也信仰帝制啊！廣大民眾的帝制基礎，恐怕是支撐楊度長期主張君主立憲的動力與源泉。洪憲帝制失敗，主張君主立憲的首領遭到通緝，他們不是逃竄就是降服，唯有楊度處變不驚，繼續堅持過去的觀點。一九一六年五月一日，楊度在一篇發表在京津《泰晤士報》上的文章中寫道：「政治運動雖然失敗，我的政治主張絕無變更。我現在仍是徹頭徹尾主張『君憲救國』之人，這四個字，一字不能增，一字不能減……我認為共和係病象，君主乃藥石，人民諱疾忌醫，實為國家之大不幸。」

在梁士詒、朱啟鈐、周自齊等一批京官的發動下，各省成立了人民請願團，在北京還成立了軍警請願團、商會請願團、學界請願團、教育請願團、人力車夫請願團，最讓人大開眼界的千古奇觀，是這些人居然別出心裁地拉出了兩個相當特殊的團體——乞丐請願團與妓女請願團。這團那團的目的只有一個，那就是敦請袁大總統順從民意早日稱帝，恢復中國自古就有的封建君主制，不要照搬什麼西方的民主共和制，那是洋人的玩意兒，咱們中國人可學不來！為首的梁士詒之所以如此賣力，就因為他在五路借款時拿了回扣，其手下又吞款貪污，害怕他人揭發，便以擁戴袁世凱稱帝，建立「殊世功勳」來贖罪。

作為一名專制體制的舊官僚，袁世凱一輩子與洋人、洋務打交道，與那些頑固派比較，思想並不保守，但就內心而言，他贊同、推崇的仍是君主立憲制，對共和、民主、平等、自由之類的概念不甚瞭解，也無法接受。不說他，就是長期生活在國外的孫中山，對其理解也不夠深刻，特別是在執行的過程中，動不動就會露出以傳統文化為背景與底色的專制的一面，難以進入真正的民主層面。美國人羅比・尤恩森（Roby Eunson）在《宋氏三姊妹》（*The Soong sisters*）中一針見血地指出：「不論是袁世凱還是孫中山，都不明白民主政府的真諦。對於腐敗透頂的舊專制統治變為民主政治的種種問題，他們誰也沒有作好思想準備。」讓一個舊官僚搞民主革命，也真是難為了袁世凱。他不懂民主，更不懂操作，也就無法容忍與民主有關的一切。當初贊成共和，並不等於他真的擁護共和，很大程度是為了當上大總統的一種權宜之計。他本人信奉君主立憲，部下及全國人民似乎全都擁護君主立憲，就在這時，連外國人也跑來湊熱鬧。美國人古德諾發表了一篇〈共和與君主論〉的文章，認為中國「大多數之人民智識，不甚高尚」，「中國如用君主制，較共和制為宜」。日本人賀長雄給袁世凱上了一道名曰〈新式國家之三要件論〉的條陳，條分縷析，認為中華民國不具備實行「新式共和制」必須具備的「三要件」。美國是西方民主制度最為徹底的國家，日本是採取君主立憲制相當成功的國家，旁觀者清，當局者迷，連美國人、日本人都認為共和制不適於中國，可見事實的確如此。

綜合各方面的信息以及自己的認識，袁世凱對恢復帝制深以為然。一股鼓噪、擁戴、勸進、支持、慫恿的民意如潮水般從四面八方洶湧而來，似乎他袁世凱不稱帝，國家反而就要動亂不堪了。過去的袁世凱十分清醒，並非那麼好糊弄，以辦實事著稱的他，除了自己的判斷外，還會進行一番認真的調查研究。比如瞭解下情，他會派出兩批互不相同的人前往調查，這兩批人要麼時間錯開，要麼互不認識。如果他們彙報相同，與他的個人推測、分析不甚離譜，他才確信獲知了真實消息。如果兩方的信息有出入，或是截然相反，他會再行派人調查，直到他認可為止。可自從進入中南海後，袁世凱的耳目就閉塞了，辦什麼事也不像以前那樣派人實地考察了。況且這稱帝的呼聲是那樣地高昂激烈，那樣地眾口一辭，就是有人造假，也造不了那麼多，維持得那麼久啊！

專制與皇權長期凝結在中華帝國上空，幾千年板結的封建文化土壤一時間難以長出民主的茁壯大樹。在國民意識深處，人人都有帝王思想，只不過範圍有大有小而已。一家之長的專制，各地大大小小的「土皇帝」，割據地盤稱王稱霸的軍閥……要麼為主，要麼為奴，就是難以民主平等。擁護帝制，事實上也的確是廣大民眾的心聲與反映。經歷了幾千年的封建皇權統治，他們實難適應一個沒有皇帝的國度，不知道如何生存，不懂得如何行為。一個剛剛學會站立的人，別說跑步，即便走起路來，也會踉蹌不穩。不唯普通民眾，哪怕社會精英也是如此。比如康有為反對袁世凱稱帝，並非反對君主立憲政體，而是反對袁世凱本人，他極力扶持的，是清室復辟。後來那些由袁世凱一手培養起來的北洋將領也反對他稱帝，也不是這些舊軍閥們多麼地信仰共和贊同民主，而是袁世凱稱帝後，以一姓之尊傳位於子，他們不想侍候、跪拜一個曾是晚輩的新皇袁克定，還因為帝制堵塞了他們通向最高權力的途徑，打碎了他們極有可能繼任總統的夢想。

就在這時，又傳來消息，遠在河南項城的袁世凱親生父親袁保中墓旁，長出了一條長達一丈多，形似龍狀的紫藤。袁世凱速派袁克定回鄉查看真偽，袁克定到達項城，很快寫了一封回信：「藤滋長甚速，已粗逾兒臂，且色鮮如血，或天命攸歸，此瑞驗耶！」天命所歸的遠不止於此，各地呈送的關於袁世凱乃真龍天子的各種祥瑞實在是太多太多了，就連京城的一位天文學家，也呈文給袁世凱，說他夜觀天象，發現一顆帝星高照某緯度，經勘測研究，帝星高照之地正是河南項城。今帝星正向北移，不久將抵達北京上空，照臨袁大總統的皇帝寶座……

民意難違，天意更是難違！

事情到了這種份上，袁世凱就是不稱帝，也不行了！

當然，也有反對他稱帝的，只是這樣的聲音過於微弱，簡直可以忽略不計。

既然稱帝成了他所面臨的唯一選擇，於是乎，袁世凱只有稱帝。

嚴格說來，是我們腳下這塊土地生長出來的各種動物，還有植物的共同努力，多方合謀，迫使袁世凱走了一步「臭棋」。只因這是他人生中的最後一步棋，所以連「翻盤」的機會也沒有了。

其實，袁世凱也是華夏民族的一分子，他就是我們中間的一員，我們的許多基因不僅類似，且源於同一血脈。

一旦袁世凱稱帝，革命黨人就及時有力地喊出了〈同盟會宣言〉中的一句名言：「敢有帝制自為者，天下共擊之！」

而首先發難的則是袁世凱倚為棟梁的蔡鍔。他將蔡鍔從雲南調來京城，可謂一石二鳥，既為了削藩，也預備著重用這位年輕有為的將軍，付以兵權，委以重任，徹底改造北洋系。蔡鍔對他也是感激不已，極願服從袁大總統的領導。孫中山「二次革命」時公開支持袁世凱的蔡鍔，在他準備恢復帝制時也沒有表示反對。可當楊度請他當說客，以弟子的身分勸說梁啟超支持袁世凱稱帝時，蔡鍔不僅沒有遊說成功，反被梁啟超一夜之間給拉了過去，堅定地站在老師這一邊，成為振臂一呼天下響應的反對袁世凱稱帝的第一人。

當然，就憑蔡鍔那幾千缺少彈藥、缺少糧秣、缺少後援的單薄兵力，袁世凱將其制服，根本不在話下。只因後院起火，過去的親信、北洋部下紛紛倒戈，才在氣恨交加的病痛中畫上了人生的句號。

據諸多史料記載，「北洋三傑」之一的馮國璋聽說袁世凱有稱帝之意，一次從南京前來拜望上司，便問外面的傳言到底是怎麼一回事情。袁世凱說：「我絕對無皇帝思想，袁家沒有過六十歲的人。我今年五十八，就做皇帝能有幾年？況且皇帝傳子，我的大兒子克定殘廢，二兒子克文假名士，三兒子克良土匪。哪一個能承繼大業？你儘管放心。」但袁世凱最後還是稱帝了，馮國璋覺得老頭子對他這樣的鐵桿親信也要說假話、行欺騙、耍計謀，真是出爾反爾奸詐無比，因此，他背叛起袁世凱來，也就顯得相當地理直氣壯、問心無愧。北洋將領中，馮國璋第一個通電勸袁退位。其實，就袁世凱一方而言，他當時說的也確是幾句大實話。他極其擔心自己像袁家的其他男人一樣不到花甲而亡，一過五十六歲，袁世凱就心虛氣短地念叨著，常將這樣的話掛在嘴邊，事實上他也真的沒能邁過六十歲這道坎。身體那麼強壯，精力那麼旺盛的一個人，竟被尿毒症打倒，說死就死了，終年五十八歲。馮國璋問話的時候，袁世凱還真沒打定主意要當這個皇帝，至少是當時不想當。後來決定要當了，也並非完全出於私心，他死後的傳位遺囑裡，內定的三位繼承人依次是黎元洪、段祺瑞與徐世昌，便沒有三個兒子中的任何一位。

所謂牆倒眾人推，樹倒猢猻散，恢復帝制轉瞬間成為一場鬧劇，由眾口一辭、潮水般湧來的勸進，突然轉為夜以繼日的來自全國各地的勸退、迫退、乞退乃至斥退。彌留之際的袁世凱算是真正體會到了一種無以言說的悲哀與悽愴，什麼奮鬥、名譽、金錢、權力等等之類的東西，此時此刻，已變得全然沒有意義。臨終前，他向侍疾榻畔的徐世昌說道：「他害了我！」「他」是誰？是兒子袁克定，還是「籌安會」六君子之首楊度，抑或另有所指？長期以來，這個「他」一直被人猜測不已。今日看來，袁世凱心中的「他」，應該說是一個泛指，凡是有著帝王思想的人，都是他所指的這個「他」。同時，袁世凱這不責己而怨人的臨終之言，也從另一角度表明，其實他十分清楚封建帝制不可為，繼續走下去危險莫測，只是被「他」牽制，受「他」所害，才極不情願地，或者說迫不得已地邁出了這一步。

「絕憐高處多風雨，莫到瓊樓最上層。」這是袁世凱二兒子袁克文的詩句。真是一娘養九子，九子九個樣，一心想繼承皇位的袁克定與淡泊名利的「假名士」袁克文還真是兩個截然不同的類型。袁克文所寫，便是乃父稱帝後的真實寫照。

袁世凱一生擁有四頂「高帽」——「竊國大盜」、「大獨裁者」、「賣國賊」、「復辟狂」。關於「竊國大盜」、「大獨裁者」、「復辟狂」，我們多多少少有所論及，下面就「賣國賊」的歷史真相，稍作還原與澄清。

袁世凱被指為「賣國賊」，是說他為了換取日本政府贊同復辟帝制的行為，不惜出賣國家主權，與日本簽訂「二十一條」。其實，他在「二十一條」的談判中，已盡了最大努力，將國家的損失減少到最低限度。袁世凱「耗盡了日本人的耐心」，日本政府向他發出最後通牒，逼他立刻簽約。他不願接受條約，但又不敢拒絕。如果拒絕，日本帝國主義肯定會再次發動一場新的大規模侵略戰爭。以疲弱的國力與強寇對壘，甲午之敗的慘禍又將重演。條約雖然簽下，但袁世凱卻有意讓秘書將其內幕透露出去，希望國際組織加以干涉。西方列強正困於第一次世界大戰無暇東顧，狡猾的日本政府也正是趁此機會強下毒手。袁世凱的目的沒有達到，而條約的秘密卻為國人所知，舉國上下，頓時一片震驚、憤怒與斥罵。一九一五年五月八日，袁世凱在條約簽字前一天通電全國，說不得已受欺，是國人的奇恥大辱。簽約後他發佈兩道密諭，定「五・九」簽字日為國恥日，望各省文武官員不忘國仇，要求「凡百職司，日以『亡國滅種』四字懸諸心目」，並「申儆人民，忍辱負重」。

其實，袁世凱早年在朝鮮與日人結仇，他一直耿耿於懷，從未有過消解。沒想到舊仇未報，又添新恨，他為此神志不寧、鬱悶憤恨不已。乃命丁佛言撰寫《中日交涉失敗史》，印刷五萬冊，秘密存放在山東模範監獄。他常對左右說道：「日本是中國最大的敵人，我們總有一天要打敗他們。那時候，這部書就可以問世了。」

如果真有什麼密謀，袁世凱稱帝，日人就不會出爾反爾地在他背後猛插一刀了。只因剛與日本簽訂「二十一條」，接著馬上稱帝，讓人將兩件事情聯繫在一起，便想當然地推測幕後必有什麼見不得人的骯髒交易。袁世凱病逝之日，有人在其書案發現他親筆寫下的一幅用以自輓的對聯：「為日本去一大敵，看中國再造共和。」

諸多事實表明，所謂袁世凱與日本簽訂「二十一條」換取復辟帝制的承諾，純屬子虛烏有。

蔣廷黼在《中國近代史》中評價袁世凱，說「他不過是我國舊環境產生的一個超等的大政客」。就某一角度來說，此言可謂一語中的。袁世凱脫胎於中國傳統文化，但他所吸取的，多是陰柔與負性的一面。他手腕靈活，計謀高超，縱橫捭闔，善於把握時機，玩弄權術，專任私黨，排斥異己，深諳封建官場哲學之精髓，且無師自通，有著非凡的政治天賦。他做事從不受道德的約束與羈絆，而是以實利、效果相權衡。若拿他與孫中山比較，他們兩人一個最大的區別，就在於道德、人格與理想。袁世凱無所謂道德人格，只想一個勁地往上爬，追求功名利祿，心中沒有什麼偉大的理想，更不會弄出什麼主義出來要求他人也要為之奮鬥乃至獻身。他雖不沉湎於酒色，但妻妾成群，還不避諱地常常出入妓院，所娶一妻九妾，就有大姨太、六姨太、八姨太等三人屬妓女出身。

表面看來，袁世凱將錢、權、名、利看得十分重要，而實際上，他卻什麼也沒有撈到手中。他一個勁地撈錢，花起錢來出手大方，從不吝嗇，比如他出任督撫後專門設有籌款局廣斂錢財，執掌北洋期間接手了李鴻章留下的八百萬兩銀子，其實這些錢財，並未用於個人揮霍享受，也不置辦私產，而是作為幕僚的開支，以及賄賂、收買與進貢；他不住地抓權，在掌權的過程中又不得不分權與放權，以致一手編練出來的新軍被手下的主要將領控制、利用，最後成為反對他的工具，真有一點搬起石頭打自己腳的味道；他不時地充當贏家，不斷地獲取成功，其實每走一步都十分艱難，彷彿在一根鋼絲上玩魔術般地艱難滑行；而名對他而言，不僅在其身前的每一重要階段就遭人病詬，而且死後，在一部中國近代史上，他是挨罵最多的一個人，幾與古代被視為惡貫滿盈的秦始皇、曹操、隋煬帝等人「比肩而立」。

只因下了一步復辟「臭棋」，當了八十三天皇帝，袁世凱身敗名裂，英雄頓時成為奸雄與狗熊。於是，他生前的業績被淹沒，缺點被放大，成為千夫指，成為「打倒在地，再踏上一隻腳，永世不得翻身」的敗類，成為近代歷史上壞得不能再壞的人物。如果說當年投票選舉臨時大總統時，其得票數超過孫中山，贏得一個「大滿貫」，那麼在挨罵這一點上，他也超過了挨罵挨得最厲害的「老妖婆」慈禧太后，幾幾乎可以拿一個「挨罵冠軍」的「金牌」了。因為至少清朝的那些遺老遺少，不會痛罵慈禧，只有他袁世凱，哪一方都不討好，得遭受所有人的斥罵：被他逼退的清室要罵，康有為、梁啟超等維新黨人要罵，孫中山及他身後的國民黨要罵，普通老百姓在他人的宣傳鼓動下得跟著罵，就連那些一手栽培起來的曾經跟著他風光不已、獲利多多的親信部下、北洋將領在表白自己的時候也會跳腳大罵……

袁世凱就這樣被人罵著一直罵到今天，估計一時難有翻身出頭之日，往後還得繼續罵下去，遺臭萬年。這可真是應了老祖宗留下的一句成語和諺語——一失足成千古恨。

11. 宋教仁：走向民主的挫折

一聲沉悶的槍響，一顆罪惡的子彈，不僅中斷了宋教仁的生命，也中斷了中國有史以來最有希望納入世界民主規範與軌道的進程，打碎了無數仁人志士美好的民主夢想。

一

暗殺宋教仁的那聲沉悶槍響，常使我們產生一種恍兮惚兮的時空錯亂之感，雖近一個世紀了，但彷彿就發生在昨日抑或今天，又似乎離我們十分遙遠，遠得像一個遙不可及的童話。

一九一三年三月二十日晚十點四十五分，上海滬寧火車站，一輛開往北京的列車升火待發，月台上人影幢幢，旅客如潮。應袁世凱急電相邀北上共商國是的國民黨代理理事長宋教仁在黃興、于右任、廖仲愷等友人陪同下，從車站特設的議員休息室出來，大家有說有笑地向檢票口走去。突然間，一顆子彈向宋教仁射來。沉悶的槍聲中，他當即彎下腰來，捂住中彈的肚子，對近旁的于右任痛苦地說道：「我中槍了。」送行的人們一面七手八腳地將他扶上一輛汽車，送往就近的老靶子路滬寧鐵路醫院急救，一面呼喊巡警抓捕兇手。

距宋教仁僅幾步之遠的兇手在第一槍擊中目標後，為防追捕，趕緊趴伏在地，又接連朝左、向右放了兩槍，有意製造混亂與恐怖。隨著兩聲清脆而刺耳的槍聲呼嘯著在空中掠過，兇手一躍而起，箭一般地迅速逃竄。奇怪的是，往日夜班車必有警察巡邏的車站，此時卻找不到半個巡警的身影。兇手身材矮小，逃跑中在光滑的地面摔了一跤，馬上爬起，跑不多遠，又沉沉地跌倒在地，他顧不得疼痛，又迅速爬了起來，飛也似地朝站外狂奔而去……

子彈由宋教仁右腰射入，傷及小腹與大腸，適近心臟，傷勢十分嚴重。醫院組織醫術高明的醫生全力搶救，實施手術，取出槍彈。術後雖注射了止痛藥，但宋教仁仍痛不欲生，輾轉呼號，慘不忍聞。他自認為「從未結怨於私人」，實在想不出遭致何人暗算，呻吟中不由得連聲歎道：「罷了，罷了！惜兇手在逃，不知誤會吾者為何許人。」疼痛稍止，便授意黃興代擬致民國臨時大總統袁世凱電文一封：他自感傷勢過重「勢必至死」，只是「今國基未固，民福不增，遽爾撒手，死有餘恨」，因此，希望袁世凱「開誠心布公道，竭力保障民權，俾國得確定不拔之憲法，則雖死之時猶生之年，臨死哀言，尚祈鑒納」。

當夜傷勢漸重，便血不止。第二日清晨，宋教仁神色慘變，危險萬狀，醫生檢視後說道：「病人腸臟已損，亟應開割，方有生望。」下午二時再行手術，修補腸臟，除去血塊，注射嗎啡。然病情更重，唯一息尚存。一九一三年三月二十二日凌晨四時四十八分，宋教仁因搶救無效與世長辭，年僅三十一歲。死前留有三事相囑：一、以書籍贈南京圖書館；二、請故人撫恤其家，善待其母；三、囑同志勿生悲觀，宜奮力國事，復興民族。

宋教仁遇刺殉難，舉國震驚，群情激憤，紛紛要求儘快緝拿兇手，特別是黃興、陳其美等同仁志士，更是怒髮衝冠，發誓報仇雪恨。

這一激起全國強烈反響的謀殺案究系何人所為，不僅宋教仁本人，社會各界也陷入迷惑，紛紛猜測不已。有人認為此案因黨爭而起，矛頭指向其他黨派；有人推定此乃宗社黨所為，企圖通過這種殘暴手段恢復滿清皇權統治；也有人猜測與袁世凱有關，可袁世凱剛一接到宋教仁被刺消息，就義憤填膺地說道：「豈意眾目昭彰之地，竟有兇人敢行暗殺，人心險惡，法紀何在？」並大罵刺客「何物狂徒，施此毒手」，當即通令全國「重懸賞格，緝凶歸案」。

兇手在逃，真相莫明，整個案情以及隱藏在案情背後的一切，頓時變得撲朔迷離。

同為肉體之軀的生命，某些個體的存在與失去，猶如一粒塵埃的飄浮與落地，顯得極其微不足道；而另一些重要人物的健在與離世，會給某一群體、民族、國家造成巨大的震撼與深刻的影響，甚至改變某一時段的歷史進程與發展走向。

不論兇手是誰，宋教仁的被刺身亡，對當時的第一大黨——國民黨來說，是一個無可挽回的重大損失；而對正在急劇轉型的中國而言，則嚴重阻礙了民主的發展與進程，使得本可脫胎換骨的古老國度，失去了一次千載難逢的機會，只有無可奈何地依然背負沉重的專制盔甲，蹣跚前行，離本真意義的民主政體與法制國家愈來愈遠……

二

出生於湖南桃源縣的宋教仁，對陶淵明的《桃花源記》自然從小熟稔於心，文中所記，便是他故鄉的風景、風情與風物，桃源縣也因此而得名。宋教仁曾在一篇文章中寫道：「湖南之民族，堅強忍耐，富於敢死排外性質之民族也。」也許是楚先民遺傳基因的作用及楚文化的熏陶，自號漁父的他，雖置身山青水秀、風景秀麗、偏遠寧靜的故鄉，但心中所嚮往的，卻是外面廣闊而喧鬧的世界。宋教仁祖父曾著有宣傳反清復明思想的《腹笥草集》一書，受家庭環境影響，自幼便有機會接觸《揚州十日記》、《嘉定屠城記》之類的反滿作品，一顆復仇救國的種子深埋心中，萌芽，終於長成遠大的志向與抱負。他一生追求並實踐著的社會理想，實與陶淵明筆下平和而寧靜的「桃花源」有著異曲同工之妙：人人享有自然的天賦人權，有「良田美池桑竹之屬」，有平等，有自由，過著一種「怡然自樂」幸福美好的生活。

宋教仁不到五歲便入私塾，誦讀之書，無非孔孟，可他對儒家中規中矩、文質彬彬之類的說教不感興趣，而專心於時事、軍事、地理等方面的著述。一八九九年，十七歲的宋教仁進入湖南漳江書院就讀，除繼續研習四書五經外，還接觸了數學、地理等新科目，特別愛好兵、刑、名、法等其他諸家學說，「尤酷好歷史輿地，許氏說文及古今政治諸書」，對天下山川形勢，瞭如指掌。心懷大志、滿腔激情的他，常與同學縱談國家大事，每至動情之處，便如江河般傾瀉而下、滔滔不絕。為此，大家便以「狂生」名之，一般同學擔心受到牽連，不敢與他走得太近。可宋教仁毫不在乎，依然我行我素，常與三五志同道合的朋友相邀，遨遊聚會，飲酒賦詩，高談闊論。作為一名政治家的宋教仁，卻又是一位典型的性情中人。政治常與心機謀略、沉穩冷靜、殘酷無情、出爾反爾、巧取豪奪連在一起，某位名人就一針見血、直言不諱地說過，好的政治家不應該是性情中人。宋案發生後，就有報紙認為宋教仁「不是天生的政治家，而是天真的政治家」。他這種熱心、率真、坦直、任性，也即「天真」底色的形成，實與漳江書院四年就讀的經歷密不可分。

一個初秋的傍晚，宋教仁與幾位同窗好友走出校園，登上桃源縣城城頭。極目遠眺，但見秀美的山河大地籠罩著一片夕陽殘照的紅光，肅穆、雄偉與壯麗之中，透著一股難以掩飾的蕭索、沉重與悲涼，宋教仁不由得喟然長歎：最輝煌燦爛的時刻，往往是隕落毀滅的刹那，人生何嘗不是如此！

年輕的他，竟有如此感慨，在其生命的底裡，是否對自己的命運與歸宿早有預感？

如果說四年漳江書院學習生活，宋教仁的反清革命思想尚屬自發的感性認識階段，那麼當他於一九〇三年春以第一名的優異成績考入武昌文普通中學堂後，接觸到大批革命志士與先進思想，特別是結識黃興之後，更是眼界大開，見識大增，此時的宋教仁，反清救亡思想已上升到自覺的理性階段，開始積極投身於革命實踐活動之中。

一九〇四年末，因策劃發動推翻清廷的湘鄂起義失敗，宋教仁不得不逃亡日本。留學東京期間，他對日本仿效西方，經過明治維新實行君主立憲後的迅速崛起，感觸特別深刻。追本溯源，宋教仁以敏銳的目光與感知，透過紛繁的表象，關注社會肌理與組織結構，對西方資本主義的民主政體、法律制度、財政制度、議會政治、組織形式等產生了濃厚的興趣，花費大量時間與精力進行認真細緻的研究，並先後翻譯了《日本憲法》、《俄國之革命》、《英國制度要覽》、《各國警察制度》、《澳大利匈牙利制度要覽》、《美國制度要覽》、《比利時澳匈國俄國財政制度》、《德國官制》、《普魯士官制》等多部政治制度著作。

社會政體的類型，根據主權者人民將政府權力所賦予的不同對象，可分為君主制、貴族制與民主制：如果將權力交給一個人掌控，就是君主制；賦予少數幾個人進行操作，形成貴族制；如果人民既保有立法權，又掌握著行政權，便是民主制。就當時世界民主制度而言，主要有兩種類型，君主立憲制與共和制。君主立憲制又分兩種，一種是以議會完全取代王權的英國模式，另一種是分割王權的日本模式；共和制也有兩種形式，美國式的總統負責制與法國式的責任內閣制。不論何種類型，民主制皆以「三權分立」作為國家政權的組織原則，立法權、司法權、行政權雖然你爭我奪，在不同的民主國家此消彼長、有強有弱，但三權不僅分開，而且保持著相互制約、彼此均衡的發展態勢。

反觀中國兩千多年來一以貫之的封建專制政體，「三權分立」聞所未聞，所有權力集於皇帝一身，皇帝是所謂的天之子，是唯一的主宰，可以凌駕於全體人民及一切物事之上，享有至高無上的決定權與處置權。

只要稍加比較，我們就不得不承認，西方式的民主制並非最好的政治制度，卻是人類社會迄今為止最人性化、最為完善、最合乎道德的一種政體。

隨著視野的開闊、研究的深入與認識的提高，宋教仁一方面繼續民族主義的抗清鬥爭，另一方面，則以西方民主政治制度改造並取代中國封建專制政體為目標奮鬥不已。在日期間，他因出色的組織才能與精湛的理論修養，深得留日同學讚許，被認為「非徒有破壞力且有建設力」。排滿反清是「破」，建立資產階級民主政體是「立」。不破不立，打碎與毀滅不是目的，只是過程與手段，關鍵在於構建一種先進的秩序，建設一個理想的社會。宋教仁努力追求的目標沒變，胸懷與認識卻在不斷變化、提升與超越：活躍在辛亥革命前後的宋教仁，既是運籌帷幄、折衝樽俎的革命家與組織家，也是一名宣傳民主、推行憲政的理論家與政治家。

一九〇五年一月，宋教仁作為主要發起人，成立了「二十世紀支那社」，創辦《二十世紀支那》雜誌，以研究學術為名，號召所有留日學生打破省區界限，實現廣泛的團結與聯合，為「樹二十世紀新支那之旗於支那」而奮鬥。不久孫中山抵達日本，與黃興就興中會與華興會聯合成立中國同盟會之事進行協商，宋教仁被舉為同盟會章程起草人。一九〇五年八月二十日，中國歷史上第一個資產階級政黨——中國同盟會——在東京正式成立，宋教仁被推為司法部檢事，《二十世紀支那》雜誌改組為同盟會機關報——《民立報》。

自中國同盟會成立之始，宋教仁的聲望便不斷上升，地位日益突出，「在當時實是國父的左右手，黨中有名的健將」。

由於認識、性格、觀念等各方面的差異，加上反清起義多次失敗，同盟會的主要領導成員孫中山、黃興、宋教仁、章太炎、陶成章等人相互之間產生了不可避免的矛盾與分歧。於宋教仁來說，主要是思想見解與孫中山有著一定的出入。鑒於同盟會傾全力在南方邊遠地區發動起義慘遭失敗的事實，宋教仁痛定思痛，不斷反思，於一九一〇年提出了調整、變更反清計劃的建議，這便是著名的「上中下三策」：上策為中央革命，一舉佔領北京，號令天下；中策設立中國同盟會中部總會，長江流域各省同時舉事，然後北伐；下策在雲南、兩廣、東北等地起義，佔據邊遠地區，再圖發展。下策屢次損兵折將事業無成，上策難度最大一時無從下手，唯有中策最為切實可行。為此，他提議道：「發難宜居中，不宜偏僻；戰期宜縮短，不宜延長；戰區宜縮小，不宜擴大。」譚人鳳、陳其美等同盟會主要領導及多數會員紛紛支持這一倡議，一九一一年七月，同盟會中部總會在上海成立，宋教仁當選為總務會幹事，分掌文事部。

宋教仁及時調整起義方略，為推翻滿清統治帶來了新的轉機。時值四川保路運動進入高潮，他抓住這一有利機會，迅速派遣要員前往長江流域八省設立分會，各分會皆受上海總部指揮，以聯成一氣，協同發展。

「能爭漢上為先著，此復神州第一功。」長江流域八省各分會機關相繼成立，在籌劃具體行動方案時，宋教仁將武漢列為重中之重。他的目光，放在了早有革命思想的新軍身上，促請譚人鳳前往武昌，力勸共進會、文學社兩派合併，相輔而行，伺機發動武裝起義。其實，早在一九〇四年華興會策劃湘鄂起義時，宋教仁就特別矚意於武昌新軍，認為「能夠運動新軍參加，槍桿子與軍隊就有了，而且革命之火，一經點燃，由新軍來佔領漢陽的兵工廠、楚望台的軍械局，也比較容易多了。能奪下這兩個地方，就不怕少槍缺彈了。這叫做『向敵借兵，就地取糧』，省錢省事……」

事實證明，正是同盟會中部及各地分會的成立與推進，才促成了武昌首義的爆發與長江流域各省的迅速響應，然後波及全國各地，取得了辛亥革命的最後勝利。

三

武昌首義爆發時，同盟會主要領導沒有一人身在武漢——孫中山在海外，黃興在香港，宋教仁在上海。舉義倉促，群龍無首，革命黨人只有臨時推舉原清軍協統黎元洪為湖北軍政府都督。

其實，宋教仁是最有可能出現在武昌領導起義的同盟會領袖。起義爆發半月之前，即一九一一年九月二十五日，湖北分會負責人居正奉命抵達上海，詳細彙報了湖北革命條件已經成熟，武昌新軍躍躍欲試的情況，催請黃興、宋教仁、譚人鳳迅速前往武漢主持大計。同盟會中部總會決定率先在武漢發動起義，南京、上海兩地同時響應，宋教仁、譚人鳳兩人趕赴武漢，同時派人至香港速請黃興。正在這時，譚人鳳突染重病住院，關押在武漢監獄的宋教仁密友胡瑛派一學生前來上海，痛哭流涕地敍說湖北條件尚未成熟，力勸不要提前發難。準備成行的宋教仁不禁猶豫起來，後因武漢事急，決定於十月六日動身。正待啟程，又因《民立報》事情難以抽身。十月八日，譚人鳳帶病出院，獨自一人前往武漢，船到九江，武昌新軍起事，進攻督署，清軍棄城而逃，武昌由是光復，首義獲得成功。被突如其來的革命聲勢嚇得躲在床下的黎元洪，在革命黨人的「逼迫」下，不得不出任湖北軍政府都督一職。

沒有及時趕往武漢，宋教仁追悔莫及，引為終生遺憾。譚人鳳也因此而將一些始料不及的禍事怪罪於他：「推原禍始，則皆宋遯初（宋教仁字）之遷延有以致之也。不然，當時內地同志，對於海外來者實有一種迷信心，安有黎元洪？無黎元洪，又安有此數年來之慘劇？」

譚人鳳之言雖有誇大其辭之嫌，但武昌首義爆發之時，倘若宋教仁在場，就不會有黎元洪極不情願之「出山」，倒也是實情。此後，宋教仁為將黎元洪拉下「馬」來，簡直費盡心機，也沒有成功。比如他組織各省留滬代表舉行會議，推舉黃興為大元帥（或大總統）負責籌組臨時政府，就是擔心武昌成為中央政府，黎元洪成為政府首領，於同盟會不利，才不得不如此而為，結果遭到了湖北集團以及在武漢的各省都督府代表的強烈反對，甚至有人認為他是在扮演「一幕滑稽戲」。武昌起義兩個半月，也沒能產生一個全國性的中心機構，給清政府帶來許多可乘之機，究其主因，當與同盟會不信任湖北軍政府，擔心黎元洪坐大密不可分。

起義爆發不到半月，宋教仁還是匆匆趕到了武昌。只是機會稍縱即逝，一旦錯過便永不再來，好些事情也無法挽回。歷史老人有時大方得不著邊際，有時又吝嗇得不近情理。一九一一年十月二十八日，宋教仁與黃興一同抵達武漢。清軍壓境，漢口危在旦夕，黃興一心所繫，是打退清兵，先立戰功，再作其他打算。而宋教仁的著眼點則在「立」，他力主組織中央臨時軍政府，以取得交戰團的合法地位。一番努力沒有成功，便轉向以建設新國家為宗旨的立法活動，以其精湛的法學知識及長期充分的積累準備，在短短的時間之內起草了《中華民國鄂州約法》。

《鄂州約法》是中國第一部以自由、平等、博愛等天賦人權為思想基礎，以三權分立為理論基礎的大法，它以法律的形式否定了封建君主專制政體，確立了人民的民主與自由權利，具有劃時代的開創意義。

「驅除韃虜，恢復中華，創立民國，平均地權」，乃同盟會的四大綱領，滿清政權被推翻，前兩條業已完成，接下來的任務當是「創立民國，平均地權」。而當時的情形，正如蔡元培所言：「會員大率以『驅逐韃虜』為唯一目的，其抱有建設之計劃者居少數。抱此計劃而毅然以之自任者尤居少數，宋漁父先生其最著也。」事實的確如此，從《鄂州約法》的草創，到此後《中華民國臨時約法》的制定，以及民國初期國會的運作，宋教仁都是中心人物，貫穿其中的，便是一個大寫的「立」字——創立、成立、樹立與建立。

同盟會核心領導成員中，孫中山與黃興、宋教仁之間，存在著一定的矛盾分歧。黃興總是以其豁達的胸懷，不計前嫌，彌合裂痕，與孫中山盡可能地在思想上完全認同，行動上步調一致。而宋教仁卻怎麼也做不到，他也想毫無保留地聽命於孫中山，可內心深處卻有另一個聲音在拚命地阻止他。宋教仁與孫中山目的一致，其分歧主要出於不同的思想認識，以及具體的行動計劃，絕對沒有半點爭權奪利的意思。辛亥革命前，他們的分歧在於發動反清起義的具體地點，孫中山一直著眼於邊遠地區，宋教仁則留意於中部長江流域。辛亥革命成功，共和國建設迫在眉睫，一九一一年十二月二十五日，孫中山從歐洲回國，立即討論組織臨時政府問題，他主張採取美國式的總統負責制，而宋教仁則主張法國式的內閣負責制。孫中山認為：「內閣制乃平時不使元首當政治之衝，故以總理對國會負責，斷非此非常時代所宜」。這一看法有著十分充足的理由，專制政體剛剛推翻，人們已經習慣了幾千年高高在上的皇權統治，皇帝垮台，而總統又形同虛設，國家一時間極有可能陷入混亂不堪的境地。其實，宋教仁此前也贊成總統制，包括不久前由他親自起草、主持制訂的《鄂州約法》、《臨時政府組織大綱》便取美國總統負責制。現在之所以反對總統制，極力主張推行法國式內閣負責制，主要是因人而設，從防範袁世凱的角度出發。南京臨時政府就要成立了，孫中山即將當選臨時大總統，但這一切都得附加「臨時」二字。早在孫中山回國之前，南北和議代表談判，訂立草約五條，其中就有「先推翻清政府者為大總統」；據傳黃興也在一封電文中說「袁能令中國為完全民國，決舉為大統領」；而民眾渴求和平，以為滿清政府推翻，只要戰亂平息，漢人中誰當總統都是一樣。眼見袁世凱即將坐收漁人之利，對他素無好感的宋教仁決計早為制約之計：「內閣不善而可以更迭之，總統不善則無術更易之，如必欲更易之，必致搖動國本。此吾人不取總統制而取內閣制也。」宋教仁的真實意思不便明說，所以提議無人理解響應，因責任內閣制設立總理，宋教仁遭到其他黨人反對不說，還被誤解為爭權奪利，想當總理。

誤解也好，反對也罷，宋教仁仍拚全力爭取。經過多次反覆磋商，他終於說服了孫中山，決定採取內閣制，孫中山就任總統，黃興出任國務總理。

臨時更改政體模式，不得不對取總統制的《鄂州約法》與《臨時政府組織大綱》中的相關條款進行修改。《約法》已成過去，而《大綱》則為即將成立的南京臨時政府藍本，修改須徵得各省代表同意。為此，宋教仁宴請各省代表，發表演說，陳述修改理由，而應者寥寥。加上宋教仁想當總理的謠言愈傳愈盛，《臨時政府組織大綱》後雖作了一定修改，但只承認增加副總統、國務員的位置，責任內閣制並未出現。

一九一二年一月三日，仿照西方資本主義共和模式的南京臨時政府成立，標誌著兩千多年封建君主專制政體在中華大地的結束，至少是形式上的最後終結。

一月十三日，宋教仁被任命為法制院院長，受孫中山委托起草《中華民國臨時政府組織法草案》。宋教仁力主堅持責任內閣制，規定臨時大總統公布法律及政令，須經閣員附署，明確限制總統權力。不久，又以《鄂州約法》、《臨時政府組織大綱》為基礎，制訂了《中華民國臨時約法》。三月十一日，由孫中山以臨時大總統名義正式公布。

《中華民國臨時約法》對國家政治體制作出規定：中華民國以參議院、臨時大總統、國務員、法院行使其統治權，並實行立法（參議院）、行政（臨時大總統、副總統及國務員）、司法（法院）三權分立原則。立法制約行政，法官獨立審判，不受上級官廳干涉。

《臨時約法》摒棄了孫中山一貫主張的民主共和模式，採取了宋教仁式的自由共和理論框架——責任內閣制，「採法國制，參議院為最高之機關，而國務院為責任之主體。」具體而言，責任內閣制通常設有內閣（中國稱「國務院」），由總理和總長組成；內閣由議會產生，並由議會中占多數席位的一個政黨組成，或幾個政黨聯合組成；內閣對議會負責，受議會監督，議會可決定內閣去留。總統雖然代表政府總攬政務，但其權力受到嚴重制約，公布法律、發佈命令須經國務員副署才能生效，不同意則可駁回。國務員由參議院任免，因此國務員只需對參議院負責，而不必聽命於總統。可見責任內閣制下的總統，是一名不負實際行政責任的國家元首。

平心而論，這種視人立法的隨意性手段，置國家大法為政治工具的做法，實在有失西方立法精神的客觀與公正原則。此外，就已經施行此種制度的法國而言，內閣制極容易造成政府頻繁更替，導致政局動盪不穩，這點也被革命黨人有意無意間給忽略了。

表面看來，宋教仁的責任內閣制可以有效地控制他所認為的「其人不學無術，其品更惡劣可鄙」的袁世凱，但其內裡隱藏著一個難以克服的誤區與罅漏：內閣之權如何得到社會力量的保障？如果手握軍權的袁世凱乾脆將其一腳踢開，以武力解散內閣，看似設計完美的民主政體，又將走向何方？

四

《中華民國臨時約法》一旦確立，革命黨人無不以為中國民主建設大功告成。

孫中山表示卸任後將致力於中國的鐵路實業建設，黃興常對人言「難可自我發，功不必自我成」，皆不再汲汲於功名權力之爭。一九一二年九月十六日，孫中山、黃興又與袁世凱協商，就民主共和政體的許多關鍵性問題，如行政與立法的關係，國會與政黨的地位，軍隊國家化等方面達成一致意見，制定了八項《政治綱領》。袁世凱表現出的開明通達，令一直有著防範心理的孫中山與黃興相當滿意。該做的似乎都做了，於是，也就放心落意地將國事完全交給了袁世凱。然後，孫中山成立了一家鐵路總公司，準備實現他花十年時間修二十萬里鐵路的諾言；黃興則辭去南京留守，交出兵權，解甲歸田。

一般而言，從封建專制脫胎而來的人物，難免留下舊社會的痕跡與烙印，而孫中山與黃興卻以一種功成身退的全新風姿，出現在新舊交替的中國近代歷史舞台，其高風亮節為中國民主事業的建設與發展，起到了垂範千秋的表率作用。

同盟會主要領導人物中，唯有宋教仁還在為政治、為國事呼號奔走，以達「鞏固共和，實行平民政治」之理想。責任內閣制的核心在議會政治，而議會政治的重心在於政黨制衡，因此，宋教仁將組織政黨視為民主共和的頭等大事。原來的同盟會屬秘密武裝暴動的革命會黨，帶有一定的草莽氣息。宋教仁決心「毀黨造黨」，以同盟會為基礎，將其改組為一個帶有建設性質的議會型政黨——從暗處走到陽光之下，「從事於憲法國會之運動，立於代表國民監督政治之地位。」

早在一九〇一年，清廷迫於各種壓力，開始推行立憲新政。清末立憲新政雖然出於維護滿清統治的目的，帶有一定的欺騙性，但與歷史上那些比附於古已有之的「三代遺意」以及「君民共治」的理想境界，以改善王權、美化王權的改革相比，一個最為顯著的進步，就是順應潮流，頒發了一道開放黨禁的諭旨，為立憲黨人的公開活動提供了政策保證。爾後又大量翻譯外國法律、法學著作（清亡前達四百多部），通過一系列仿行憲政、預備立憲的措施，否定了封建專制的無限君權，確立了資產階級的三權分立原則，在一定程度上為民國初年的民主運動奠定了基礎。

君主立憲制下的政黨，自然不同於中國古代的所謂朋黨。國人對歷史上那些「土生土長」

的黨派、幫派並無好感，常以「朋比為奸」、「結黨營私」一言以蔽之。而對西方民主體制中政黨的認識，也是通過與朋黨的比較逐漸形成：「政黨者，以國家之目的而結合也；朋黨也，以個人之目的而結合者也。」

有了清末十年開放黨禁的立憲基礎，辛亥革命成功後的民國初年，在實現西方民主政治的刺激與促進下，出現了一股組黨、建黨高潮。一時間政黨林立，派系紛呈，活動頻繁，正如時人所述：「集會結社，猶如瘋狂，而政黨之名，如春草怒生，為數幾至近百。」據有關資料統計，在一九一一年武昌首義至一九一四年國會解散的四年時間裡，全國公開活動的各種會黨多達六百八十二個，其中從事政治活動的黨派為三百一十二個。除同盟會外，當時主要的議會型政黨還有共和黨、民主黨、統一黨、自由黨、統一共和黨、中華社會黨、中華進步黨、公民急進黨、中華民國工黨、中華民國自由黨、民社、民國公會、國民協進會、國民共進會、中華共和促進會、共和建設討論會等等。

面對黨派過多，混亂紛立的局面，宋教仁認為並不利於「和平競爭」，只有組成「強大真正之政黨」，造成兩大黨對峙局面，才「合於共和立憲國原則」。其實，黨派雖多，但宗旨綱領大同小異，無非以「民主共和」、「利國福民」、「振興實業」等口號相互標榜。就其政治傾向而言，僅有同盟會派與非同盟會派之別，而有相當影響及號召力的，不過同盟會、共和黨、民主黨等十多個黨派而已。宋教仁決心建立一個在議會中佔優勢的政黨，控制多數席位，將實權攬在手中，以制衡他從來就沒有信任過，將責任內閣制曲解為總統集權制的袁世凱。在他積極而艱苦的努力下，終於促成了同盟會與統一共和黨、國民公黨、國民共進會、共和實進會的聯合，將其整合為一個新黨——國民黨。

一九一二年八月二十五日，國民黨在北京召開會議，正式宣告成立，孫中山到會發表演講：「合五大政黨為一國民黨，勢力甚為偉大，以之促進民國政治之進行，當有莫大之效果。」九月三日，孫中山被推選為國民黨理事長，此時的他，雖不能說完全厭倦政治，至少是對政治不感興趣了，誠如他在一封給宋教仁的信中所言：「民國大局，此時無論何人執政，皆不能大有設施。蓋內力日竭，外患日逼，斷非一時所能解決。若只從政治方面下藥，必至日弄日紛，每況愈下而已。必先從根本上下手，發展物力，使民生充裕，國勢不搖，而政治乃能活動。」因此，他堅決辭去國民黨理事長一職，委托宋教仁代理，「而專心致志於鐵路之建築」。

代理理事長宋教仁的興趣與著眼點，全在實際政治。作為國民黨的實際黨魁，他在武漢的一次演講曾慷慨激昂地說道：「以前，我們是革命黨；現在，我們是革命的政黨。以前，是秘密的組織；現在，是公開的組織。以前，是舊的破壞的時期；現在，是新的建設時期。以前，對於敵人，是拿出鐵血的精神，同他們奮鬥；現在，對於敵黨，是拿出政治的見解，同他們奮鬥。」在奮鬥方式的選擇上，宋教仁將選舉視為一劑靈丹妙藥：「我們要停止一切運動，來專注於選舉運動。選舉的競爭是公開的。我們要在國會裡頭，獲得過半數以上的議席，進而在朝，就可以組成一黨的責任內閣；退而在野，也可以嚴密的監督政府，使它有所憚而不敢妄為，應該為的，也使它有所憚而不敢不為。」

其實，約法也好，選舉也罷，都是信奉資產階級議會政治的革命黨人所制訂的一廂情願的「遊戲規則」。它們在世故圓滑的袁世凱眼裡，都是一些可有可無的虛幻之物。高興了，就拿這些規則往自己臉上「貼金」；不高興了，便置之不理。作為一代梟雄，袁世凱對革命黨人的所作所為，自然是心知肚明。一九一二年三月十日，袁世凱在北京就任臨時大總統，第二天，孫中山便在南京公布《臨時約法》，這是一部他並未參與制定卻要他宣誓遵守的憲政大法。孫中山追求的建國理念是集權於總統的美國政體，同盟會的革命方略以普通百姓民智未開、民主未識，於制憲過程也有一個循序漸進的合理安排，那就是分軍法之治、約法之治、憲法之治，三期九年完成憲政。而《臨時約法》不僅要求袁世凱馬上實行憲政，還以內閣負責制處處束縛他的手腳。《鄂州約法》是一回事，後來出台的《臨時約法》又是另一碼事，袁世凱會不知道改總統制為內閣制就是專門針對他的嗎？一九一三年十二月十九日的《政府公報》刊有一篇〈大總統訓詞〉，袁世凱就曾說道：「夫約法，乃南京臨時參議院所定，一切根本皆在約法。而約法因人成立，多方束縛，年餘以來，常陷於無政府之地，使臨時政府不能有所展布。」慣於耍弄兩面派伎倆的他，表面敷衍，暗地裡則在尋找著相應的對策。

我們審視當年的民主改革進程，只要稍稍抱以客觀公正的態度，就覺得體制「因人而異」的臨時更改，顯得相當草率，做得極不嚴肅。制度應該是對事不對人，不能說對孫中山就可以放心大膽地採用總統負責制，而對袁世凱就要約束架空。對此，袁世凱早就窩了一肚子火。後在執政過程中，袁世凱每發一議、每出一令都要經過內閣審議、議員副署，使他感到處處掣肘、極為不滿。因此，儘管內閣總理唐紹儀與他有過「二十年深交，生死一意」，也是他當初認可的最佳人選，結果兩人很快反目為仇。唐紹儀被迫出走天津，旋即正式辭職，第一任內閣僅三個月便在袁世凱的強力壓制下垮台。

宋教仁組建國民黨，主張政黨內閣，矛頭直指袁世凱，他也是洞若觀火。在與楊度的一次談話中，袁世凱說無論孫中山，還是黃興都好對付，「頂難駕馭的，只有一個宋教仁……以暴動手段，來搶奪政權，我倒不怕；以合法的手段，來爭取政權，卻厲害多了。」為擺脫日益困窘的境地，袁世凱使出了慣用的「殺手鐧」——收買。他先是許願，要讓宋教仁當總理，孰料「不戀權位，只重政見」的宋教仁堅辭不就。當然，為了孜孜以求的民主政治，宋教仁並非不願任職，只是總理之位，必須通過堂堂正正的競爭選舉，組成純粹的政黨內閣，名正言順地得之。封官許願不成，袁世凱又施以物質金錢腐蝕，特地召見宋教仁，贈送價值三千元的貂皮外套一件，後又托人贈以高達五十萬元可隨意支取的存摺一份。對此，宋教仁表現得光明磊落，全部退回不受。

收買不成，宋教仁在袁世凱眼裡，便成了專與他過不去的政敵、異己與障礙。譚人鳳曾言：「國民黨中人物，袁之最忌者推宋教仁。」

一九一二年十月十五日，宋教仁離京南下，回鄉省親。身居桃源，雖置身於陶淵明筆下那寧靜澄澈的境地，而外部世界的喧囂，卻不時攪擾、打亂他的心緒。於是，他不得不告別故鄉，順江而下，在擁有廣泛民意基礎的「大本營」——長江中下游各地發表演講，抨擊時政，宣傳政見。每到一處，都受到社會各界的熱烈歡迎，刮起了一股淩厲的「宋教仁旋風」。

正在這時，國會議員選舉結果揭曉，國民黨初選告捷，不考慮跨黨因素，國民黨取得參眾兩院總議席八百七十名中的三百九十二個，高達百分之四十五。而統一黨、共和黨、民主黨等三大黨的參眾兩院席位相加，也不及國民黨議席的三分之二。

宋教仁得知國民黨在中國歷史上屬於第一次真正的國會選舉中大獲全勝，不由得欣喜異常地說道：「自斯而後，民國政黨，唯我獨大，共和黨雖橫，其能與我爭乎？」躊躇滿志的他，不禁躍躍欲試，準備籌劃組織第一屆責任內閣，並考慮安排有關職位人選了。

五

一聲沉悶的槍響，一顆罪惡的子彈，不僅中斷了宋教仁的生命，也中斷了中國有史以來最有希望納入世界民主規範與軌道的進程，打碎了無數仁人志士美好的民主夢想。

無論出於何種目的，社會各方都希望儘快破獲宋教仁被刺一案。案件發生時，孫中山正在日本訪問，當即發出急電，「望黨人合力查明此事原因，以謀昭雪」；黃興與陳其美各方聯絡，致函上海公共租界總巡卜羅斯（Proth），懸賞萬元緝拿兇手；江蘇都督程德全、民政長應德閎通電全省各地官吏，協拿兇手，限期破案；滬寧鐵路局認為兇案發生在火車站內，有損鐵路局聲譽，也主動拿出五千元賞金緝凶……

隨著偵破工作的有力開展，原本撲朔迷離的案情真相，如剝筍般逐漸展現在世人面前：身材矮壯、滿臉橫肉的兇手，原清軍武官、山西人武士英被抓，可他並不認識宋教仁，也不知道所殺何人，只是流落上海生活無著，為了一千元大洋賞金，按他人提供的照片，如此製造了震驚天下的「宋案」。一番審訊，武士英很快就供出了主使人——江蘇駐滬巡查長、中華共進會會長應桂馨。應桂馨曾任南京臨時大總統府庶務科長，孫中山發現他品性不佳，為人奸詐陰險、驕橫跋扈，將其撤職後，他便來到上海謀職。緊急搜查位於法國租界的應桂馨住宅，在一無所獲的情況下，一位名叫周南陔的警探靈機一動，以計謀騙得應桂馨一名小妾的信任，從一個藏在牆角洞穴中的小箱內，獲得大量極其重要的信件與電報。這些電報、信件令人吃驚地表明，宋案竟與北京政府有關，牽涉到國務總理趙秉鈞、國務秘書洪述祖，此二人乃袁世凱心腹。事關中國政局，組查此案的巡捕房不得不慎之又慎。但無可更移的確鑿證據，都足以證明宋案確與國務院相連，且臨時大總統袁世凱也有推脫不掉的責任與無法洗清的嫌疑。比如一九一三年三月十二日，應桂馨在給洪述祖的密信中寫道：「若不去宋，非特生出無窮是非，恐大局必為擾亂。」三月十三日，洪述祖致電應桂馨：「毀宋酬勳位，相度機宜，妥籌辦理。」三月二十一日，也即宋教仁被刺第二天，應桂馨致電洪述祖：「匪魁已滅，我軍無一傷亡，堪慰，望轉呈報。」而此前的一封電文中，還有「來函已面呈總理、總統閱過，以後勿通電國務院」等語。

消息傳出，舉國譁然。孫中山再也無法安心開辦實業修造鐵路了，宋教仁遇刺，憑直感，他當即覺得此案與袁世凱有關，馬上結束日本訪問行程提前回國。三月二十五日抵達上海，當天召開國民黨高層幹部會議，認為「事已至此，只有起兵。因為袁世凱是總統，總統指使暗殺，則斷非法律所能解決，所能解決者只有武力」。宋教仁遇刺時，黃興正在現場，當時一氣之下，就想以同樣方式予以還擊，用暗殺手段對付袁世凱。後來冷靜下來，覺得已是民國時期，國家進入法治時代，不能輕易動用武力，應按法律程序解決。四月十六日、十七日，應桂馨、武士英兩犯由租界引渡到中國上海司法當局，所有與案情有關的證據全部移交。在黃興、陳其美等人堅持下，上海地方法庭決定於一九一三年四月二十五日公開審理「宋案」。

然而，就在開庭審理前一天，兇手武士英竟在嚴密的監護下中毒身亡。兇手目的昭彰，顯係殺人滅口，以掩蓋真相，干擾司法。本已明朗的案情急轉直下，再次陷入迷霧與僵局之中。四月二十五日深夜十二時，程德全、應德閎將「宋案」案情偵查情況及相關證據通電公布。《民立報》、《國風報》、《國光新聞》等全國報紙聞風而動，紛紛發表文章，稱北京政府為「萬惡之政府」，抨擊「政府殺人，政府暗殺人」。一時間，全國各地因刺宋案激發，變得動盪不安。

對如何妥善處理、解決刺宋一案，國民黨內部分歧很大，出現了兩種截然不同的意見。此時的孫中山，可謂完全看清了袁世凱集權獨裁的真實面目，認為靠法律無濟於事，只有迅速組織軍隊，通過武力奪取政權，才能解決根本問題。他說：「若有兩師軍隊，我當親率北上問罪。」以黃興為首的大多數國民黨人認為一旦開戰，列強會乘虛直入再次瓜分中國，況且國民黨實力與袁世凱的北洋軍隊相比，實力遠遠不及。會議一次次地召開，雙方認識不同，各執一端，也就無法制定具體而有力的應對反擊措施。

時至今日，當我們從袁世凱的角度揣摩分析，就會覺得他似乎沒有暗殺宋教仁的必要，至少不必如此匆匆忙忙地下手。

國民黨選舉獲勝，宋教仁組閣，大不了出任總理。其實，袁世凱早就想讓他擔任這一職位了，對此，他有什麼值得害怕的，且非欲置之死地而不可呢？如果說南方是宋教仁與國民黨的勢力範圍，那麼北京則是他袁世凱的地盤，他想做什麼，還不是隨時就可搞定的事情？宋教仁前來北京組閣，此等「送貨上門」，不是正好將他控制軟禁在手嗎？如果宋教仁能量大實在約束不了，再來懲治也不遲，在自己的地盤製造一兩起暗殺行為，弄出一些迷惑他人的假象，於袁世凱而言，還不是「小菜一碟」？難道擅長陰謀詭計的他就真的不明白，急煎煎地在上海火車站刺殺宋教仁，不僅要冒極大風險，且無論結果如何，都有惹火燒身之嫌？

也有人認為袁世凱之所以要將行刺地點選在上海，是為了嫁禍國民黨，讓他們互相猜疑，陷入分裂與內訌。此說十分牽強，經不起半點邏輯推敲。

要說對宋教仁最為忌憚的，當數國務總理趙秉鈞。國民黨獲勝組閣，他的地位眼看就要泡湯，作為一名將權力看得比生命更加重要的舊式過渡人物，他能不害怕嗎？因此，雖沒有直接確鑿的證據表明宋案由趙秉鈞指使，但他具有充分的作案理由。

當然，如果我們繼續往下就一些內在的秘密及本質性問題進行分析，又會覺得，袁世凱有著深層的作案動機。

宋教仁在長江中下游刮起了一股「宋教仁旋風」，在武漢、上海、杭州等地的演講中，抨擊北京政府在財政、外交上的措置失當，認為袁世凱實權在握過於強悍，準備提議罷免，推舉「最為愚呆脆弱之黎元洪」為新一任中華民國大總統，推行名副其實的內閣負責制。對黎元洪與袁世凱的認識，宋教仁也經歷了一個巨大的轉變。武昌首義爆發，黎元洪掌權，宋教仁千方百計制約他、架空他，後來發現有著「黎菩薩」之稱的他能力不足，野心不大，為人和善軟弱，態度也就起了變化。南北議和時，宋教仁曾作為「迎袁」專使之一，與袁世凱打過多次交道，對他素無好感。然而，在涉及到國家大局的穩定時，宋教仁卻站出來為袁世凱「說話」了。當時，同盟會中一派不願與袁世凱真正和談，主張黃興以迎袁為名，統兵北上，順便掃蕩北洋軍閥與封建殘餘勢力。說者十分輕鬆，一切的一切，在革命黨眼裡，彷彿都不在話下。宋教仁當即反駁，認為如此大事非同兒戲，切不可輕易而行。話沒說完，馬君武就大聲叱責他出賣南京政府，是袁世凱的說客，並伴以肢體動作，「以掌擊宋面」。孫中山當場喝令馬君武住手，要他賠禮道歉。宋教仁在馬君武怒不可遏的一記強擊之下，左眼受傷，流血不止，住了幾天醫院才得以痊癒。昔日「擁袁」受到誤解，只因「倒袁」條件尚不成熟，一旦事有所為，宋教仁便亮出了「底牌」。儘管內閣負責制處處束縛手腳，袁世凱畢竟還是堂而皇之的大總統，而一旦要他下台，由黎元洪取而代之，他肯定不會善罷甘休，也會像宋教仁一樣亮出自己的「底牌」。陽光人物怎麼也想像不出險惡小人如何躲在陰暗的角落裡咬牙切齒地違規操作，宋教仁雖為政治家，卻顯得格外天真，似乎半點也不懂得中國幾千年來一以貫之的黑暗的官場之道，以為公開選舉、一紙約法就能使國家、民族真正走上民主的正確軌道。即使退一萬步說，袁世凱沒有直接授意趙秉鈞下令刺殺宋教仁，但也有過一定的暗示或默許。不然的話，他就不會為趙秉鈞開脫辯解，認為憑著電文中的某一可疑之處，「欲指趙君為主謀暗殺之要犯，不合法理」，還說「近一二年來謀二三次革命者，無不假托偉人為嫁禍之謀，故需邀集法學家將各項證據詳細研究」。

直接兇手武士英已死，供出的幕後主使人應桂馨萬般抵賴，與應桂馨電函往來的洪述祖逃入青島租界，一時間又找不到趙秉鈞授意暗殺的充分證據，刺宋一案極有可能不了了之。

事實也正是如此，洪述祖在青島發了一個通電，說與應桂馨的聯繫，是假借中央名義，只想毀壞宋教仁名譽，並無謀殺之意。趙秉鈞便以洪述祖通電為據，將宋案推得一乾二淨，對上海地方檢察廳組織的特別法庭的傳訊，更是置之不理。不久，就連關押在上海監獄的應桂馨也被人劫獄救出，躲入了青島租界。

法律無法解決，剩下的唯有動武一途了。

老謀深算的袁世凱似乎早就作好了動武準備，他一生所崇奉的，一是貪詐，二是武力，貪詐不能解決的，便用武力。宋教仁倒下了，並不等於國民黨的瓦解與臣服，他知道孫中山、黃興等人一定不會善罷甘休。戰事必不可免，同時他也想乘此機會，一舉征服國民黨控制的南方各省，以達一勞永逸之效。四月二十六日，即宋案證據通電宣佈第二天，袁世凱不惜以五釐高息，與英法德日俄五國銀行團簽訂了二千五百萬磅的鉅額借款合同，作為動兵及賄買各方的備用資金。

國民黨主要領導人中，孫中山、李烈鈞始終堅持興兵討袁，或反對、或游移的黃興等人在袁世凱的步步緊逼下，觀點不斷改變，態度也在動搖，但意見仍未達成最後一致。直到袁世凱調兵遣將，軍事部署完畢，撕破臉皮向國民黨人攤牌發出通牒，並在六月分罷免李烈鈞、胡漢民、柏文蔚三位都督之後，國民黨內部才完全統一，倉促應戰，發動「二次革命」。

六

自「二次革命」爆發直到今天，長期存在著一種對其質疑的聲音：「二次革命」是否合法？有否避免的可能？

有人認為，在法律解決的空間依然存在，國會尚未停止運作的情況下動用武力，屬於非法。而就當時的實際情況而言，想用法律制裁趙秉鈞、問責袁世凱，無疑於癡人說夢。

又有人言，「當訴諸國民全體，先以國民全體之名義迫袁退位，倘若戀棧，乃興民軍，未為晚也」。這一說法固然有理，看似可行，可由誰來訴諸國民全體？如何組織操作？社會各界是否認可？只要稍加分析，就會覺得此說並無實際操作之可能。

還有人認為，「臨時總統，即將告終……則將來選舉，相約不投袁票，亦未嘗不可。」而事實則是當時的國會已處於袁世凱的操縱之下，議員們失去了自由投票的權利與可能。如若「二次革命」避免，國民黨人於宋案唯有不聞不問，一切聽憑袁世凱處置，還得拱手交出南方事權，由他納入「全國一盤棋」的專制集權範疇之內。

法律解決不成，又受袁世凱強力威逼，國民黨才迫不得已奮起抗爭。從一九一三年七月十二日李烈鈞在江西湖口宣佈獨立，至九月二日南京被北洋軍攻佔，九月十一日熊克武在四川失敗，不到兩個月時間，「二次革命」便告徹底失敗。

國民黨在力量遠遠不及袁世凱，又沒有充分準備的情況下倉促應戰，失敗的結果早在預料與注定之中。只是沒有想到慘敗得如此之快，所造成的負面影響更是難以估量，為軍隊干預政治開了一個惡劣的先例，錯失了一次千載難逢的整合改造當時各種武裝集團，向軍隊國家化轉軌的大好良機。當然，其主要罪責在袁世凱，但國民黨也難辭其咎。

就因果報應而言，所有參與刺殺宋教仁的個人最終都沒有得到好下場。

武士英在獄中被毒藥滅口；應桂馨雖被人劫獄逃過一難，但在「二次革命」後邀功請賞時惹怒袁世凱，於一九一四年一月十九日被他派出的京畿執法處偵察所殺；趙秉鈞得知應桂馨結局，不免兔死狐悲，無法掩飾對袁世凱的不滿情緒，為除後患，袁世凱乘趙秉鈞生病之際，派人送去毒藥逼其服下，一九一四年二月二十七日，趙秉鈞在其任職的天津督署中毒身亡。趙秉鈞之死，更加證實了袁世凱與宋教仁被刺有著無法洗清、難以擺脫的重大干係。袁世凱本人的結局眾所周知，一九一六年六月六日，在眾叛親離的憂慮、全國民眾的唾罵與討袁巨潮的惶恐中命歸黃泉。死得最晚的要數洪述祖，宋案爆發五年後，被宋教仁年僅十五歲的兒子宋振呂及宋教仁的秘書劉君白在上海外灘發現，兩人當場將他痛打一頓，又扭送至法院，後移交北京，被判無期徒刑。洪述祖不服判決，一再上訴。審判延續到一九一九年春，此時已是「五四」運動前夕，在全國民眾的強烈要求下，洪述祖的申訴不僅沒有成功，反被加重懲處，於一九一九年四月五日處以絞刑，臨刑現場慘不忍睹。

若從國家與民族、民主與憲政、政治與法律等角度而言，刺殺宋教仁這一悲劇所造成的嚴重缺憾，所帶來的一系列惡果，直到今天也無法彌補，難以消除。

刺殺的惡例一開，此後便不可收拾。民主選舉中，暗殺、威脅、動武、辱罵、拉攏、操縱、欺騙、收買、利誘、賄賂等層出不窮，雖手段各異，但本質歸一。直到今天，類似的醜行仍「源遠流長」，不斷上演。

因宋案引發的「二次革命」失敗不到一月，一九一三年十月六日，國會選舉臨時大總統袁世凱為正式大總統。十一月四日，袁世凱以參與「構亂」為由下令解散國民黨。而在兩年之前，他還視政黨政治為救國良方，清廷請他出山鎮壓武昌起義，他提出六項措施作為條件，其中一項就是解除黨禁。可他一旦當選民國大總統，就出爾反爾，倒行逆施了。此後，袁世凱更是偏離民主建設軌道，在專制復辟的道路上越走越遠：一九一四年一月十日強令解散國會，一九一五年十二月十二日改民國為洪憲元年，上演了一齣稱帝鬧劇，著實令人不齒。

宋教仁被刺一案既促成了袁世凱迅速垮台，也造成了中國民主政治的倒退以及反動勢力的更其猖獗。毫不誇張地說，宋案乃中國近代一大轉折，標誌著十七世紀以來歐美國家廣為採用的資產階級議會政治在中國的破產，象徵著近代中國與世界民主潮流接軌的努力歸於失敗。

在此，我們有必要將筆墨作一延伸，對此後中國政治的發展走向稍作描述。

「二次革命」失敗後，國民黨人員逃散，組織一片混亂。孫中山總結經驗教訓，認為此次失敗「非袁氏兵力之強」，「乃同黨人心之渙散」，決定重組中華革命黨。鑒於過去內部號令不一，孫中山反覆強調：「此次立黨，特主服從黨魁命令，並須具誓約。」規定凡入黨者必須宣誓絕對服從孫中山一人，「如有二心，甘受極刑」，並按指模。這些做法，無疑使一個議會政黨退回到舊式會黨的落後水準，打上了宗派主義的濃厚色彩。同時，孫中山對政黨功能也進行了重新定位，先是「一黨革命」、「以黨建國」，然後則「以黨訓政」、「以黨治國」。

一九一六年六月六日，袁世凱在內外交困中憂懼而逝，北洋軍閥各自為主，各自為政，互不買賬，中國陷入沒有休止的軍閥混戰。孫中山為革命呼號、奔走幾十年，組織會黨，發動起義，可長期以來，沒有一支屬於自己的正式軍隊。辛亥革命以前，主要是運動新軍反正。辛亥革命以後，則是借助一派軍閥勢力反對另一派，而這些軍閥沒有理想信仰，唯以利害關係為重，向背無常，弄得孫中山一敗再敗，好幾次差點被逼到走投無路的地步。當陳炯明發動叛亂炮轟總統府後，他才真正認識到「只有革命黨的奮鬥，沒有革命軍的奮鬥」，無法完成革命大業，建設一個新國家。於是，孫中山下決心組建一支屬於自己的軍隊。他向西方資本主義國家求援，可他們置之不理，長期以來，西方列強給予孫中山的幫助實在是少之又少。失望之餘，十月革命勝利後的蘇俄向他伸出了橄欖枝。猶如一個溺水之人抓住一根救命稻草，孫中山很快便與蘇俄達成有關協議。一九二三年秋，派蔣介石等人赴蘇俄考察紅軍的組織與訓練，仿照蘇俄模式，在廣州黃埔島上創辦了中國國民黨陸軍軍官學校，即後來人所共知的黃埔軍校。蘇俄派來軍事顧問，運來武器彈藥予以實質性的幫助與支持。在組建黃埔學生軍時，孫中山採取蘇俄紅軍的黨代表制，創建了中國歷史上從未有過的「黨軍制度」——黨凌駕於軍隊之上，軍隊成為政黨的工具，牢牢控制在黨的手中。這種黨軍制度很快便以其堅強的意志、嚴格的服從、鐵的紀律使得國民黨武裝力量在政治、軍事素質等方面完全超過了軍閥武裝力量，由黃埔學生軍推行於駐紮在廣東的其他革命軍隊以及北伐時的國民革命軍，確保了國民黨東征北伐的一系列軍事勝利。

先是施行「黨軍制度」，黨掌控軍隊；然後是「將黨放在國上」，「完全以黨治」。中國國民黨「一大」以後，孫中山將提高黨權，加強中國國民黨的領導作用視為推動國民革命的關鍵，倡導以黨治軍，以黨治政，黨權高於一切，「一切權力屬於黨」。

可見短暫的民主化實驗失敗之後，政治精英們已經失去了建設憲政民主制度的信心與耐心。

當然，在此我們應該看到，孫中山推行以黨治國，並非一黨治國，而是「聯俄、聯共、扶助農工」。

然而，當中國國民黨結束北洋軍閥統治，完成全國統一大業，於一九二八年成立南京國民政府，黨國體制取代民國憲政制度之後，中國的民主化進程就此完全中斷。

南京國民政府徹底篡改了孫中山「以黨治國」的本原思想，拋棄了他的「三大政策」，建立的是中國國民黨一黨專政的治國政治體制，施行的是「領袖集權」的主席制。其中心內容為「一個主義、一個政黨、一個領袖」：以實行「三民主義」為藉口，反對共產主義與資產階級民主主義；曲解「以黨治國」含意，實行國民黨一黨專政，反對共產黨及其他一切民主黨派、團體；為「一個統帥」大造聲勢，確保蔣介石的個人獨裁。

自一九〇一年清廷推行君主立憲，到民國創立，乃至北洋軍閥統治時期，中國的新聞出版自由、言論自由還是基本上得到了保證；不同政見的政黨，其活動也屬合理合法；公共人物特別是那些握有實權人物的言行，無時無刻不受到大眾傳媒的跟蹤與監督。而國民黨一黨專政之後，人民的新聞出版、言論自由沒有了，書刊被查封；除國民黨外，視其他政黨為非法，監禁其領導人，各民主黨派失去了存在與發展的空間……

中國國民黨一黨坐大、一黨專制的結果，完全走向了孫中山一輩子追求的民主政治的反面，特別是為奪取政權而建立的「黨軍制度」，更使得民主憲政最起碼的基礎——軍隊國家化成為泡影。其實，早在中華民國成立之初，孫中山就對「一黨專制」的危害有所預見，在改組同盟會時，就曾力圖避免一黨專權，認為「政府之進步，在兩黨之切磋，一黨之專制，與君主之專制，其弊正復相等」，又說：「文明各國不能僅有一政黨，若僅有一政黨，仍是專制政體，政治不能有進步。」可一連串的失意與失敗，使得他「急火攻心」，一心執著於打倒北洋軍閥，奪取革命政權，卻疏於對一黨專制的防範……

一切的一切，彷彿又回到了原來的起點，集權政體、封建愚昧、專制恐怖如沉沉烏雲籠罩在中華大地，民主、憲政與自由，成為只可追憶、無法抵達的美好夢想。中國民主之發展，真可謂一波三折，進一退二，正如蔣夢麟所言：「勝利的狂歡不久就成為過去，慶祝的燭光終於化為黑煙而熄滅。」

當我們站在今天，回望一段並未完全消逝的歷史，便愈益覺得宋教仁之死，對中國民主進程的挫折實在太大，所造成的影響是太深刻了。由直接殺手、間接殺手、幕後殺手、真正殺手等一系列大的小的、明的暗的、有形的無形的、偽善的猙獰的殺手們所組成的龐大的殺手集團，殺死的不僅僅是宋教仁個人，而是中國的民主政治！

每當我們想像著宋教仁被刺的那一瞬間，便覺得一顆陰險的子彈已化成無數，正猖狂地呼嘯著往來穿梭於頭頂的萬里長空；一記沉悶的槍聲也變成了聲聲驚悸的雷鳴，在我們的胸腔無休止地隆隆作響——宋教仁的個人悲劇早已演變為歷史、民族、國家的悲劇：在一個專制集權的土壤過於深厚，民主自由的空氣過於稀薄的國度，宋教仁似乎就此永遠倒在了血泊之中，他的身後，不僅沒有無數個宋教仁的站立與前仆後繼的悲壯，就連第二個宋教仁，也沒有出現……

一個早已習慣造神與下跪的民族，嘗試著站起身來挺直腰桿，看似容易，實則何其難也！

〈跋〉歷史的槓桿

曾紀鑫

很長一段時間，我視野裡的中國近代史，是教科書裡的近代史，是強勢媒體籠罩下的近代史。這是一部血與火的歷史，是遭受西方列強侵略、壓迫、剝削的歷史，是一段晦暗、屈辱、壓抑、喪氣得令人喘不過氣來的歷史。我不願提及，不願涉足，害怕所引起的苦痛使我難以忍受，害怕那片黑暗的天空將我吞沒，我盡可能地，有意無意地回避著。然而，由於種種原因，卻又不得不浸淫其中。特別是近年來，更是耗費了我大量的時間。令我意想不到的是，進入越深，瞭解越多，特別是觸摸到一些鮮為人知的事實真相與局部細節之後，對近代史的認識，竟發生了較大改變。

一部中國近代史，在很大程度上是被遮蔽了的歷史，被利用了的歷史。

重讀、深讀、細讀的過程，也是去蔽與還原的過程。

「這是最好的時代，這是最壞的時代，這是才智的時代，這是愚昧的時代，這是充滿了希望的春季，也是失望的冬季。」狄更斯（Charles Dickens, 1812-1870）在《雙城記》（*A Tale of Two Cities*）中對十八世紀法國大革命的評述，同樣適合於中國近代史。

一部中國近代史，既是封閉的，又是開放的；既是專制的，又是民主的；既是愚昧的，又是科學的；既是落後的，又是進步的；既是黑暗的，又是充滿光明與希望的；既是中國有史以來最好的時代，也是一個腐朽敗壞的時代……古與今、中與西、新與舊，以前所未有的態勢彙集一身、紛紜複雜、交錯並存，它們在對立中統一，在衝突中轉化，在涅槃中新生。

而教科書與過去的宣傳告訴我們的是，以鴉片戰爭為肇始，由於西方列強的入侵，推行殘酷的殖民統治，干涉、禁錮、遏制了中國的進化，從而導致了近代中國的落後、愚昧、腐敗、積貧與積弱。一句話，中國近代史上的幾乎所有災難，全由帝國主義一手造成。

然而事實並非如此！

學貫中西，早年推崇西方文明，晚年又回歸孔孟的嚴復認為，中國的病症並非由帝國主義負主要責任，其困境與落後百分之七十來自「內弊」。

嚴復的這種認識，無疑相當清醒而深刻。

鴉片戰爭的炮火打破了中華帝國幾千年鐵板一塊的封閉狀態，國人隨著林則徐那漸漸睜開的雙眼，透過彌漫的硝煙，開始窺視、打探、瞭解外部的世界——一個與中華傳統文明迥然相異的從未瞭解的難於想像的世界。

不錯，鴉片戰爭是屈辱的，我們以失敗者的身分不得已簽下了條約，打開了國門。但同時也應該看到，隨著中華帝國的積貧積弱、老邁僵化，我們的文明已失卻了往昔的博大、恢弘、開放、學習、拿來等基因與成分。華夏民族五千年前就有了原創的先進文明，而五千年後的傳統文明，卻並不先進了。自春秋戰國以降，中華原創文明每況愈下，由爭鳴的諸子百家到獨尊的唯一儒家，再降為儒家中的理學流派，又降為理學流派中的分支朱子學。道路越走越逼仄越狹隘，原本充滿智慧、富有活力的文明，成為一種知識與材料的累積，淪為一種區域性文明。

黑格爾說：「中國的歷史從本質上看是沒有歷史的，它只是君主覆滅的一再重複而已。任何進步都不可能從中產生。」此言雖不無偏激之嫌，但的確道出了中國社會、傳統、歷史中的諸多事實、本質與真相。中西文明是兩種體系與結構截然不同的文明，中華文明不論如何發展進化，其內裡怎麼也誕生不了西方「船堅炮利」式的異質文明。也就是說，如果沒有外部迫不得已的推動力量，沒有鴉片戰爭的爆發，沒有西人的來華，沒有西方文明的介入，沒有一種新的文明體系作參照，古老的帝國將沒有危機，沒有改革，沒有斷裂，沒有變異，仍處於封閉自斂、靜止循環、自我陶醉的狀態，仍是長辮、裹腳、皇帝、太監、宮女、磕頭、奴才之類的與專制皇權相適應的封建糟粕，仍走著千百年來一以貫之的軌道，在晚風的夕陽中唱著一首古老的歌謠，一直晃晃悠悠地唱到今天。

是鴉片戰爭打破了大清帝國的封閉，開啟了一個嶄新的時代。國門一旦打開，哪怕只是「猶抱琵琶半遮面」似地僅僅拉開一條縫隙，推開一扇窗戶，打開一道窄門，就再也無法關閉回到當初。中華文明在與西方文明的交流、碰撞中，舞台更為廣闊，內容更其豐厚。當然，伴隨著的，也有深廣的憂憤，不懈的求索，無邊的血淚，連續的受挫……猶如嬰兒分娩時的陣痛，不論何時，中華民族都難以逃脫這一冥冥中的劫數，不過時間或遲或早罷了。開放越早，就越能圖強自存；越遲越頑固，則失去的機會越多，付出的代價越大；如果完全拒絕開放與進步，則如那些至今仍生存於原始森林、孤僻荒島的部落居民，面臨全面失語、整體終結的悲慘命運。

一個不爭的事實是，如果我們全面開放，力求進取，順應潮流，早就融入世界文明體系，成為一個先進、自由、民主、強盛的國度了。

令人悲歎的是，受制於封建傳統文化，我們步履蹣跚。悠久的歷史、燦爛的文明反而成為民族前進的包袱，成為抗擊西方文明的利器，成為回避先進文明的遁詞與隱居所。歷史的惰性如鎧甲般堅硬厚重，在儒家教條文化的籠罩下，要想達到預期的收效與進步，真是難之又難。對此，費正清在《偉大的中國革命》（*The Great Chinese Revolution 1800-1985*）一書中寫道：「中國有一種深藏不露的文化優越感。當然，正因為這樣，他們在現代落後狀態中受到的恥辱感覺，也就格外強烈。總而言之，中國要現代化不得不比多數國家走得更遠些，改變得更多些，就是因為它停滯不前為時太長了。結果是有一種強大的惰性扼制力，使中國的革命性變革有痙攣性，有時內部抑止住了，有時還帶有破壞性。」

拿破崙有一句非常經典的名言常被我們自豪地加以引用：「一旦中國醒來，世界都為之震動。」可我們卻忽略了另外一名長期擔任中國海關總稅務司，對中國國情有著深刻瞭解的英國人赫德的一段論述：「這個碩大無朋的巨人，有時忽然跳起，呵欠伸腰，我們以為他醒了，準備著他做一番偉大事業，但是過了一陣，卻看見他又坐了下來，喝一口茶，燃起煙袋，打個哈欠，又朦朧地睡著了。」

一部中國近代史，由被動挨打，到觀望審視，而主動變法，仁人志士真是殫精竭慮，想盡一切辦法，用盡一切心機，追尋一切可能，付出一切代價，探索一切道路，可謂百藥嘗遍——林則徐禁煙、洪秀全造反、李鴻章洋務、康有為改良、孫中山革命……每次運動雖然都沒有獲得真正成功，但它們一環緊扣一環，新陳代謝，下環連著上環，循序漸進，一步一步地推動著中國社會朝著更加理性、更趨先進的方向呈螺旋狀上升發展。由器物的引進與模仿，到制度的學習與更替，發展為文化的變革與創新，器物—制度—文化，三個層次互相滲透，因緣共生，不斷推進，最後的落腳點便是國民性的改造。如果廣大民眾沒有從心理、思想、態度、行為等方面向近代化、現代化轉變，沒有「全人格的覺悟」，則器物的效率得不到充分的發揮，建立的制度將扭曲變形面目全非，一切美好的理想與設計，不過水中月、鏡中花而已。

「給我一個槓桿，我將撬動整個地球。」如果我們將古希臘哲學家、科學家阿基米德（Archimedes, 287-212 B.C.）兩千多年前發出的聲音類比於中國近代社會，那麼「槓桿」無疑就是西方文明，「地球」則是古老而板結的傳統社會。有了槓桿，還需一個強有力的支點，才能達到事半功倍之效。槓桿固然重要，如果沒有支點的話，將是無用之物。支點在哪裡？其選擇具有多種可能性。從理論上而言，最佳的支點只有一個，其餘的則為佳、較佳、一般、較差、差、最差。沒有最佳的支點，難以用力「發功」，槓桿哪怕再好，也無法撬動地球，無法改變鐵板一塊的中國封建社會。

無數仁人志士追求真理、改革社會、改變中國的過程，也是尋找槓桿，更是尋找最佳支點的過程。槓桿找到了，而落腳的支點，實在不敢恭維。當然，這並非仁人志士之過，而是歷史給予的選擇空間有限，傳統局限了他們的視野，現實束縛了他們的手腳。

系列文化歷史散文《千古大變局》，便是從「槓桿」的角度，切入一段距離我們並不遙遠的歷史——中國近代史。《千古大變局》不僅在時間上與我另一部以中國古代歷史為內容的系列文化歷史散文《歷史的刀鋒》相連接，創作體例也一脈相承。在鴉片戰爭至「五四」新文化運動這一時段內，以洪秀全、曾國藩、李鴻章、張之洞、嚴復、慈禧、康有為、梁啟超、孫中山、袁世凱、宋教仁等近代關鍵性歷史人物為載體，兼及林則徐、魏源、徐繼畬、郭嵩燾，從而探究、剖析、描述、反思中國近代歷史的方方面面。

整個創作過程中，我一個最強烈而深切的感受，便是近代歷史人物大都被漫畫化、臉譜化了——不是被拔高神化，就是被矮化鬼化。之所以出現這種情形，實與歷史賦予的使命密切相關。近代所面臨的任務，一方面要抵禦西方列強的滲透與侵略，維護國家的主權、獨立與尊嚴；另一方面，則要除舊布新，改變原有的社會運行機制，促使中國擺脫羸弱與困境，走向繁榮與富強。抵抗侵略、維護主權的英雄通常被推崇為道德與理想的楷模，比如林則徐就是；而另一類精英，既要經受自我認識、自我嬗變、自我轉型的痛苦煎熬，還得改革舊有傳統，觸及廣大民眾認可的固有觀念，觸犯某些集團的既得利益，遭致方方面面的誤解反彈、無端掣肘、謾罵指責乃至猛烈攻擊，在一種起而哄之的情緒化氛圍中，被「妖魔化」地貼上「漢奸」、「買辦」、「賣國賊」之類的標籤，比如郭嵩燾、曾國藩、李鴻章就是。當然，還有另一種情形，那就是政治的利用與宣傳的需要。

因此，《千古大變局》的創作過程，很大程度上也是去魅、去惑、去蠱的過程，為近代人物正視、正聽、正名、正身，去掉「神化」或「鬼化」的外衣，還原為七情六慾的真實的「人」。

中國近代史只有七八十年光陰，不過一個短暫的過渡期而已，與幾千年漫長的古代史相比較，就時間而言，簡直可以忽略不計。然而，它卻是中國歷史長河中一個極其重要的轉型階段，其內容遠比中國古代史更為豐富、複雜與深厚。

《千古大變局》是我創作耗時最長的一部作品。除了不斷地閱讀，不斷地吸收新的研究成果，不斷地思索，不斷地深化外，一個最大的問題，就是無法冷靜。我時常處於或激動憤慨，或鬱悶消沉的狀態。於是，就強迫自己停下筆來（嚴格地說是停止電腦的敲擊），待情緒平靜，復歸正常後「再續前緣」。無論個人，還是群體，乃至一個民族，只有冷靜客觀地正視自身，正視歷史，才是一種成熟的表現，才能扔掉包袱很好地走向未來。因此，我必須保持一種客觀的態度，既深入其中又超乎其外，不能被某種情緒、某一觀點所左右。我不得不再三再四地對自己說，要盡可能地客觀一些，公正一些，公平一些，留一份清醒與真實，還歷史以本來面目。儘管如此，當敲完最後一篇的最後一個字時，我仍然情不自持，熱淚盈眶……

我們生活在歷史之中，逝去的一切無時無刻不以或深或淺、或顯或隱的方式作用於我們，影響著我們。我們從歷史中獲得生存的定位與行動的立足點，獲得理性的思索與人生的啟迪。與此同時，我們的一切，也將凝為具有無數詮釋方式與可能的永恆歷史。

正是從這樣的角度與意義而言，孫中山的遺言不僅適合於近代和現代，也同樣適合於我們今天：「革命尚未成功，同志仍須努力。」

二〇〇七年十月二十三日深夜於廈門市太子山莊

國家圖書館出版品預行編目資料

千古大變局：影響近代中國的十一個關鍵人物 / 曾紀鑫作. -- 初版. -- 臺北市：遠流, 2009. 07

面; 公分. -- (實用歷史叢書)

ISBN 978-957-32-6488-0(平裝)

1. 傳記 2. 中國

782.1 98009901